21 世纪全国高等院校物流专业创新型应用人才培养规划教材

物流配送中心运作管理

主　编　陈　虎
副主编　肖　亮　付建平
　　　　蒋霁云　贲立欣

内 容 简 介

本书是面向 21 世纪高等院校物流管理专业应用型本科学生的核心课程教材。本书运用理论与实践相结合的方法，参考国内外物流配送中心研究最新成果，系统介绍物流配送中心运作管理的基本概念、相关术语、主要原理和方法，包括物流配送中心规划和选址、主要物流设备、流通加工、库存管理、作业管理、运输管理、信息管理、特殊货物运输管理、绩效管理等。全球化、知识化、人本化是 21 世纪的时代特征，为适应时代对人才基本素质的要求，本书力求选取最前沿理论并结合实际案例和我国物流配送中心运作管理发展现状，使教材具有系统性、理论性和可读性。

本书可作为工商管理类物流本科专业的教科书，也可以作为其他专业物流管理课程的教学参考书。

图书在版编目（CIP）数据

物流配送中心运作管理/陈虎主编．—北京：北京大学出版社，2011.4
（21 世纪全国高等院校物流专业创新型应用人才培养规划教材）
ISBN 978-7-301-18671-8

Ⅰ.①物… Ⅱ.①陈… Ⅲ.①物流配送中心—物资管理—高等学校—教材 Ⅳ.①F252.24

中国版本图书馆 CIP 数据核字（2011）第 048344 号

书　　　　名：	物流配送中心运作管理
著作责任者：	陈　虎　主编
策 划 编 辑：	李　虎　刘　丽
责 任 编 辑：	刘　丽
标 准 书 号：	ISBN 978-7-301-18671-8/U・0049
出 版 发 行：	北京大学出版社
地　　　　址：	北京市海淀区成府路 205 号　100871
网　　　　址：	http://www.pup.com　　新浪官方微博:@北京大学出版社
电 子 信 箱：	pup_6@163.com
电　　　　话：	邮购部 62752015　　发行部 62750672　　编辑部 62750667　　出版部 62754962
印 刷　　者：	三河市博文印刷有限公司
经 销　　者：	新华书店
	787 毫米×1092 毫米　16 开本　21 印张　480 千字
	2011 年 4 月第 1 版　2018 年 6 月第 4 次印刷
定　　　　价：	40.00 元

未经许可，不得以任何方式复制或抄袭本书之部分或全部内容。
版权所有，侵权必究
举报电话：010-62752024　电子信箱：fd@pup.pku.edu.cn

21世纪全国高等院校物流专业创新型应用人才培养规划教材
编写指导委员会

(按姓名拼音顺序)

主任委员	齐二石			
副主任委员	白世贞	董千里	黄福华	李荷华
	王道平	王槐林	魏国辰	徐琪
委员	曹翠珍	柴庆春	丁小龙	甘卫华
	郝海	阚功俭	李传荣	李学工
	李於洪	林丽华	柳雨霁	马建华
	孟祥茹	倪跃峰	乔志强	汪传雷
	王海刚	王汉新	王侃	吴健
	易伟义	于英	张军	张浩
	张潜	张旭辉	赵丽君	周晓晔

丛 书 总 序

　　物流业是商品经济和社会生产力发展到较高水平的产物,它是融合运输业、仓储业、货代业和信息业等的复合型服务产业,是国民经济的重要组成部分,涉及领域广,吸纳就业人数多,促进生产、拉动消费作用大,在促进产业结构调整、转变经济发展方式和增强国民经济竞争力等方面发挥着非常重要的作用。

　　随着我国经济的高速发展,物流专业在我国的发展很快,社会对物流专业人才需求逐年递增,尤其是对有一定理论基础、实践能力强的物流技术及管理人才的需求更加迫切。同时随着我国教学改革的不断深入以及毕业生就业市场的不断变化,以就业市场为导向,培养具备职业化特征的创新型应用人才已成为大多数高等院校物流专业的教学目标,从而对物流专业的课程体系以及教材建设都提出了新的要求。

　　为适应我国当前物流专业教育教学改革和教材建设的迫切需要,北京大学出版社联合全国多所高校教师共同合作编写出版了本套《21世纪全国高等院校物流专业创新型应用人才培养规划教材》。其宗旨是：立足现代物流业发展和相关从业人员的现实需要,强调理论与实践的有机结合,从"创新"和"应用"两个层面切入进行编写,力求涵盖现代物流专业研究和应用的主要领域,希望以此推进物流专业的理论发展和学科体系建设,并有助于提高我国物流业从业人员的专业素养和理论功底。

　　本系列教材按照物流专业规范、培养方案以及课程教学大纲的要求,合理定位,由长期在教学第一线从事教学工作的教师编写而成。教材立足于物流学科发展的需要,深入分析了物流专业学生现状及存在的问题,尝试探索了物流专业学生综合素质培养的途径,着重体现了"新思维、新理念、新能力"三个方面的特色。

　　1. 新思维

　　(1) 编写体例新颖。借鉴优秀教材特别是国外精品教材的写作思路、写作方法,图文并茂、清新活泼。

　　(2) 教学内容更新。充分展示了最新最近的知识以及教学改革成果,并且将未来的发展趋势和前沿资料以阅读材料的方式介绍给学生。

　　(3) 知识体系实用有效。着眼于学生就业所需的专业知识和操作技能,着重讲解应用型人才培养所需的内容和关键点,与就业市场结合,与时俱进,让学生学而有用,学而能用。

　　2. 新理念

　　(1) 以学生为本。站在学生的角度思考问题,考虑学生学习的动力,强调锻炼学生的思维能力以及运用知识解决问题的能力。

　　(2) 注重拓展学生的知识面。让学生能在学习到必要知识点的同时也对其他相关知识有所了解。

　　(3) 注重融入人文知识。将人文知识融入理论讲解,提高学生的人文素养。

3. 新能力

(1) 理论讲解简单实用。理论讲解简单化，注重讲解理论的来源、出处以及用处，不做过多的推导与介绍。

(2) 案例式教学。有机融入了最新的实例以及操作性较强的案例，并对案例进行有效的分析，着重培养学生的职业意识和职业能力。

(3) 重视实践环节。强化实际操作训练，加深学生对理论知识的理解。习题设计多样化，题型丰富，具备启发性，全方位考查学生对知识的掌握程度。

我们要感谢参加本系列教材编写和审稿的各位老师，他们为本系列教材的出版付出了大量卓有成效的辛勤劳动。由于编写时间紧、相互协调难度大等原因，本系列教材肯定还存在不足之处。我们相信，在各位老师的关心和帮助下，本系列教材一定能不断地改进和完善，并在我国物流专业的教学改革和课程体系建设中起到应有的促进作用。

齐二石
2009 年 10 月

齐二石 本系列教材编写指导委员会主任，博士、教授、博士生导师。天津大学管理学院院长，国务院学位委员会学科评议组成员，第五届国家 863/CIMS 主题专家，科技部信息化科技工程总体专家，中国机械工程学会工业工程分会理事长，教育部管理科学与工程教学指导委员会主任委员，是最早将物流概念引入中国和研究物流的专家之一。

前　言

21世纪的市场竞争主要体现为以物流为基础的通道竞争和供应链之间的竞争，在经济发达国家，物流被视为"第三利润源"，而对于尚处襁褓之中的中国物流业，与先进国家相比还有很大差距，但市场潜力和发展前景十分广阔。最近几年，国家颁布多项政策，支持物流业快速发展，各级政府也出台了多项配套政策；许多物流专业人员以及研究机构和企业组织也在积极探索，并不断引进国外先进理念和技术，物流事业的春天正在到来。

物流配送中心是一种新型的物流据点，是企业对仓储的静态管理向动态管理的根本性转变。如今，物流领域的大部分企业都建立了配送中心，需要物流专业人才运作及管理，而我国物流人才的培养还刚刚起步，与物流业迅速发展所产生的人才需求相比仍有较大差距。为了满足广大企业对于物流专业人才的迫切需求，有必要在研究和应用领域进行专业、系统的引导。

物流科学是一门实用性较强的学科，本书力求理论与实际相结合，内容生动，各章末附有相关习题，以便强化学生理论知识，各章节附有相关的实例或案例讨论，可操作性强，教学人员可根据实际需要，选择相关的案例进行教学，从而利于学生掌握理论知识。

本书共分10章，第1章介绍物流配送中心的概念及发展；第2章介绍物流配送中心的规划、建设程序、选址和设计等相关理论；第3章介绍物流配送中心主要物流设备的功能；第4章介绍物流配送中心流通加工的概念、特点及发展等；第5章介绍物流配送中心库存管理理论，包括进货计划制订、经济批量模型、订货点技术、库存盘点方法等；第6章介绍物流配送中心作业管理，包括进货管理、搬运管理、储存管理、配货管理、盘点管理；第7章介绍物流配送中心配送运输概念、基本作业流程、运输合理化、配送运输车辆调度及配送运输线路优化等相关理论；第8章介绍物流配送中心信息系统的技术及管理；第9章结合实际，介绍特殊货物的配送管理；第10章介绍物流配送中心运作绩效管理的原理和方法。

本书由陈虎教授担任主编，并负责全书的统稿工作。肖亮、付建平、蒋雾云和贲立欣担任副主编，负责协助策划和编写相关章节。其中第1章、第4章由付建平编写，第2章、第8章由贲立欣编写，第3章、第5章由王庆喜编写，第6章由陈虎、孙辉编写，第7章、第10章由肖亮编写，第9章由蒋雾云编写，西华大学研究生易铭协助进行统稿和校稿。

在本书编写过程中，参阅了大量的相关书籍和论文，在此谨向这些文献的作者表示最诚挚的谢意！

由于编者的学识水平和实践知识所限，书中难免会有疏漏之处，真心希望广大读者和专家批评指正。

目 录

第1章 物流配送中心运作管理概述 …… 1

1.1 物流配送中心的概念及功能 …… 3
- 1.1.1 配送的概念 …… 3
- 1.1.2 物流配送中心的概念 …… 5
- 1.1.3 物流配送中心的功能 …… 6
- 1.1.4 配送中心的类型 …… 8

1.2 物流配送中心的起源和发展 …… 11

1.3 物流配送中心与连锁经营 …… 13
- 1.3.1 物流配送是连锁经营发展的关键 …… 13
- 1.3.2 物流配送滞后影响连锁企业的发展 …… 14

1.4 物流配送中心组织管理体系 …… 16
- 1.4.1 物流配送中心的组织结构 …… 16
- 1.4.2 物流配送中心的组织管理方法 …… 19
- 1.4.3 物流配送中心的岗位设置 …… 20
- 1.4.4 物流配送中心管理的主要内容 …… 20

本章小结 …… 22
综合练习 …… 22

第2章 物流配送中心规划 …… 24

2.1 物流配送中心规划及建设程序 …… 26
- 2.1.1 物流配送中心规划设计概述 …… 26
- 2.1.2 物流配送中心建设程序 …… 29

2.2 物流配送中心选址 …… 32
- 2.2.1 物流配送中心选址的原则 …… 33
- 2.2.2 物流配送中心选址规划所考虑的因素 …… 33
- 2.2.3 物流配送中心选址的程序 …… 35
- 2.2.4 物流配送中心选址方案的经济论证 …… 37
- 2.2.5 物流配送中心选址规划的主要方法 …… 38

2.3 物流配送中心作业功能规划 …… 45
- 2.3.1 作业功能规划前需要明确的几个问题 …… 45
- 2.3.2 物流配送中心作业流程规划 …… 47
- 2.3.3 物流配送中心作业区域的功能规划 …… 48

2.4 物流配送中心设施规划设计 …… 50
- 2.4.1 物流配送中心设施规划的目标和原则 …… 50
- 2.4.2 物流配送中心设施规划的程序及方法 …… 51

本章小结 …… 59
综合练习 …… 59

第3章 物流配送中心主要物流设备 …… 61

3.1 物流配送中心包装设备 …… 62
- 3.1.1 包装设备概述 …… 62
- 3.1.2 常用包装设备 …… 65

3.2 物流配送中心存储设备 …… 70
- 3.2.1 货架 …… 70
- 3.2.2 存储辅助设备 …… 74

3.3 物流配送中心装卸搬运设备 …… 82
- 3.3.1 装卸搬运设备概述 …… 82
- 3.3.2 起重机械设备 …… 82
- 3.3.3 叉车 …… 85
- 3.3.4 AGV …… 88

		3.3.5	牵引车	90
		3.3.6	固定平台搬运车与手推车	91
	3.4	物流配送中心输送设备		91
		3.4.1	带式输送机	91
		3.4.2	斗式提升机	92
		3.4.3	辊子输送机	92
		3.4.4	自动分拣机	92
	3.5	现代自动化立体仓库介绍		95
		3.5.1	自动化立体仓库概述	95
		3.5.2	自动化立体仓库的构成	95
		3.5.3	巷道堆垛机	96
	本章小结			99
	综合练习			99

第4章 物流配送中心流通加工 101

- 4.1 流通加工概述 102
  - 4.1.1 流通加工的定义和内涵 102
  - 4.1.2 流通加工的产生原因 103
  - 4.1.3 流通加工的地位及作用 104
- 4.2 流通加工的分类与特点 105
  - 4.2.1 流通加工的分类 105
  - 4.2.2 流通加工的特点 107
  - 4.2.3 几种典型的流通加工 108
  - 4.2.4 流通加工的合理化 112
- 4.3 现代物流配送中心流通加工的发展 114
  - 4.3.1 流通加工发展的必然性分析 114
  - 4.3.2 促进流通加工发展的策略 115
- 本章小结 117
- 综合练习 117

第5章 物流配送中心库存管理 120

- 5.1 进货计划制订 122
  - 5.1.1 进货需求的确定 122
  - 5.1.2 配送需求计划 126
  - 5.1.3 进货计划 127
- 5.2 库存的作用与分类 131
  - 5.2.1 持有库存的作用 131
  - 5.2.2 库存的分类 132
- 5.3 经济订购批量模型 133
  - 5.3.1 库存成本 133
  - 5.3.2 经济批量模型 135
  - 5.3.3 货物非瞬时到达时的经济订货批量和库存费用 137
  - 5.3.4 允许有缺货时的经济订货批量和库存费用 139
- 5.4 订货点技术 141
  - 5.4.1 定量订货法 141
  - 5.4.2 定期订货法 144
- 5.5 库存管理 145
  - 5.5.1 库存管理的目标 145
  - 5.5.2 库存管理的方法 146
- 本章小结 155
- 综合练习 155

第6章 物流配送中心作业管理 157

- 6.1 进货作业管理 160
- 6.2 搬运作业管理 166
- 6.3 储存作业管理 169
  - 6.3.1 储位管理 169
  - 6.3.2 储存方式 172
  - 6.3.3 储存作业安全管理 172
  - 6.3.4 储存作业组织 173
- 6.4 配货作业管理 174
  - 6.4.1 订单作业管理 174
  - 6.4.2 拣选作业管理 177
  - 6.4.3 补货作业管理 182
  - 6.4.4 出货作业管理 183
- 6.5 盘点作业管理 185
  - 6.5.1 盘点作业的步骤 185
  - 6.5.2 盘点的种类和方法 188
- 本章小结 191
- 综合练习 191

第7章 配送运输管理 193

- 7.1 配送运输概述 195

7.1.1 配送运输的概念……………195
7.1.2 配送运输的特点……………195
7.1.3 配送运输产生的原因及影响因素………………196
7.1.4 配送运输的作用……………197
7.1.5 配送运输的基本原则………197
7.1.6 配送运输的基本作业流程………………198
7.2 配送运输方法…………………200
7.3 配送线路优化方法……………202
  7.3.1 配送线路规划………………202
  7.3.2 直送式配送运输配送线路的优化………………204
  7.3.3 分送式配送运输配送线路的优化………………210
7.4 配送积载技术…………………212
  7.4.1 配送积载的概念……………212
  7.4.2 配送积载的原则……………212
  7.4.3 影响配送积载的因素………213
  7.4.4 提高车辆装载效率的具体办法………………213
  7.4.5 配送车辆装载与卸载………214
7.5 配送计划与车辆调度…………216
  7.5.1 配送计划……………………216
  7.5.2 车辆运行调度工作的内容、作用及特点…………218
  7.5.3 车辆调度的工作原则………219
  7.5.4 车辆调度工作的影响因素………………220
  7.5.5 配送车辆调度问题的分类……………220
  7.5.6 车辆调度的方法……………220
本章小结………………………………225
综合练习………………………………225

第8章 物流配送中心信息技术与管理…226

8.1 物流配送中心信息技术………228
  8.1.1 消息、数据与信息…………228
  8.1.2 物流信息……………………229
  8.1.3 物流配送信息技术及应用……………231
8.2 物流配送中心信息管理系统…239
  8.2.1 物流配送中心信息管理系统的发展历程……………239
  8.2.2 物流配送中心信息管理系统的作用………………241
  8.2.3 物流配送中心信息管理系统应具备的功能…………241
  8.2.4 物流配送中心信息管理系统的框架……………243
  8.2.5 物流配送中心信息管理系统的发展趋势…………248
8.3 物流配送中心信息管理………249
  8.3.1 订单管理子系统……………249
  8.3.2 客户信息服务子系统………250
  8.3.3 仓储管理子系统……………250
  8.3.4 配送管理子系统……………259
  8.3.5 运营绩效管理子系统………264
  8.3.6 财务结算管理子系统………266
  8.3.7 系统管理子系统……………267
本章小结………………………………269
综合练习………………………………270

第9章 特殊货物配送…………272

9.1 危险货物配送…………………273
  9.1.1 危险货物的概念和分类……274
  9.1.2 危险货物配送的特点………275
  9.1.3 危险货物的包装……………276
  9.1.4 危险货物运输车辆设备……280
  9.1.5 危险货物配送过程管理及事故应急措施……………282
9.2 超限货物配送…………………285
  9.2.1 超限货物的概念及类型……285
  9.2.2 超限货物运输的特殊性……286
  9.2.3 超限货物配送组织…………286
  9.2.4 超限货物配送的注意事项……………287
9.3 生鲜货物配送…………………288

9.3.1 生鲜货物的特点和经营模式 ………………………… 288
9.3.2 生鲜货物配送管理 ………… 290
本章小结 ……………………………… 296
综合练习 ……………………………… 296

第10章 物流配送中心运作绩效管理 …… 298

10.1 物流配送中心作业效率的评估要素 ………………………………… 299
 10.1.1 相关概念 …………… 299
 10.1.2 配送中心绩效评价的目标 ………………………… 301
 10.1.3 配送中心绩效评价的作用 ………………………… 301
 10.1.4 影响配送绩效评价的因素 ………………………… 301
 10.1.5 配送中心作业绩效评价指标的选择 …………… 302

10.2 物流配送中心绩效评估的指标 …… 305
 10.2.1 进出货作业 ……………… 305
 10.2.2 储存作业 ………………… 307
 10.2.3 盘点作业 ………………… 308
 10.2.4 订单处理作业 …………… 308
 10.2.5 拣货作业 ………………… 310
 10.2.6 配送作业 ………………… 311
 10.2.7 采购作业 ………………… 312
 10.2.8 物流配送中心经营管理综合指标 ………………… 313

10.3 物流配送中心作业绩效评价分析 … 314
 10.3.1 物流配送中心作业绩效评价指标的分析 ………… 314
 10.3.2 顾客服务绩效评价分析 … 315

本章小结 ……………………………… 317
综合练习 ……………………………… 317

参考文献 ……………………………………… 319

第1章 物流配送中心运作管理概述

【本章知识架构】

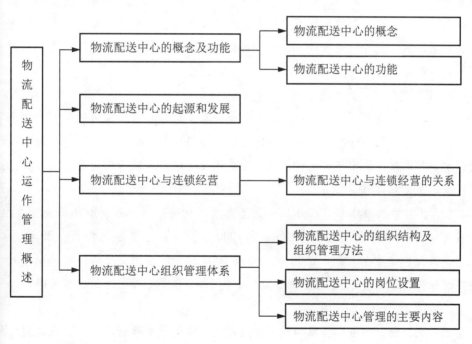

物流配送中心运作管理

【本章教学目标与要求】

- 掌握物流配送中心的概念和特点。
- 了解物流配送中心的各种类型。
- 掌握物流配送中心的地位和作用。
- 了解物流配送中心的产生和发展。
- 理解物流配送中心的功能。
- 理解物流配送中心的组织结构类型。

三类日本配送中心灵活多样

建设现代化的物流配送中心是一个地区、一个城市的物流业发展的必需。随着现代物流业的飞速发展,建立适合本地区制造业和流通业发展特点,并能满足其供应链物流需求的城市物流配送中心已成为物流业发展的根本需求。

从发达国家城市物流配送发展的轨迹可以看出,日本现代城市配送中心也是在传统仓储运输的基础上发展的。随着连锁企业经营发展的不断深入,对物流配送业务的要求也越来越高,物流配送中心的运作类型也不断地调整和组合,其总体发展趋势是系统内的"自有自方便"的配送中心逐步缩小,而商品配送社会化、物流设施共同享用、物流配送共同化的趋势正在迅速发展。

1. 大型连锁超市式配送终端

大型商业企业自设的配送中心既为本企业系统终端配送,也为社会上其他需要配送的企业提供物流服务。这些配送中心一般由资金雄厚的商业销售公司或连锁超市公司投资建设,主要为本系统的零售店配送,同时也受理社会中小零售店的商品配送业务,这部分配送终端正在发展扩大。

例如,设立在日本东京都立川市的菱食立川物流中心,就拥有冷冻仓库、恒温仓库、常温仓库约11000平方米,其中冷库约7000平方米,主要配送食品、酒类、冰淇淋等;配送商品品种数为冷冻食品1500种、酒类1000种、冰淇淋200种、食品材料650种;主要配送到关东地区的12个配送中心,然后由12个分中心再配送到各零售店铺。

2. 批发商投资小型零售商加盟

批发商投资、小型零售商加盟组建的配送中心使批发市场与零售企业联盟合作,共进双赢。这种以批发商为龙头,由零售商加盟的配送中心,实际是商品的社会化配送。这样的配送形式既可解决小型零售商因规模小、资金少而难以实现低成本经营的问题,也提高了批发商自身的市场占有率,同时实现了物流设施充分利用的社会效益。

据介绍,在日本全国有300多家小公司,门店3000多个,这些小公司为了能与大型连锁超市公司竞争,就自愿组合起来,由CGC集中进货和配送,这样,就能和大公司一样集中进货和配送,一方面便于工厂送货,工厂愿意让利给集配中心几个百分点;另一方面小公司不必自己再设物流配送设备。例如,枥木负责配送周围 30 千米以内的 7 个株式会社的 37 家店铺,其中每天供配的有 5 个株式会社的 19 家店铺,这些店铺的 25% 商品由该中心配送。

3. 专业第三方专为便利店配送

物流企业接受委托,为连锁超市服务的配送中心,构成流通供应链的专业第三方物流配送模式。以西友公司为代表,其物流中心除了为本系统的店铺配送商品外,主要配送对象是便利店(FamilyMart)。

据资料显示,截至 1997 年 4 月,日本有 FamilyMart 4137 家,关东地区 2384 家,座间物流中心负责配送关东地区的 239 家(最远 50 千米,平均 25~30 千米),座间物流中心向西友总部承包经营,专门从事物流配送业务。西友总部、座间物流中心、FamilyMart 三者之间以合同为约束手段,开展稳定的业务合作。类似座间的物流中心在关东地区有 11 个,计划一年后还要发展 10 个。

(资料来源:三类日本配送中心灵活多样. 物流沙龙[EB/OL]. (2010 - 9 - 13). http://www.logclub.com/thread - 44522 - 1 - 1.html)

物流配送中心在我国的兴起充分说明了这种组织形式具备发展现代物流的战略优势。配送中心拥有广泛的、相对稳定的零售及消费需求网络,能够保证产品顺畅地进入流通领域,有效地实现产品的价值。另外,物流配送中心是产品市场需求信息的最佳反馈渠道,因为它在处理大量订单的过程中,可以准确掌握某类(种)产品的市场需求情况,了解消费者对产品的改进要求,并且通过采购过程将这些信息及时地反馈给生产企业,以便及时调整生产,改进产品,提高产品的市场占有率。本章将对物流配送中心的概念及其功能、起源和发展进行介绍,分析配送中心与连锁经营的关系,介绍配送中心的作业流程。

1.1 物流配送中心的概念及功能

1.1.1 配送的概念

所谓配送(Distribution)是指"在经济合理区域范围内,根据用户要求,对物品进行拣选、加工、包装、分割、组配等作业,并按时送达指定地点的物流活动"(《物流术语》GB/T 18345—2006)。

从这个定义中可以看到,配送是物流中一种特殊的、综合的活动形式,是商流与物流紧密结合,包含了商流活动和物流活动,也包含了物流中若干功能要素的一种形式。

从物流来讲,配送几乎包括了所有的物流功能要素,是物流的一个缩影或在某个小范围中物流全部活动的体现。一般的配送集装卸、包装、保管、运输于一身,通过这一系列活动完成将货物送达的目的。特殊的配送则还要以加工活动为支撑,所以包括的方面更广。但是，配送的主体活动与一般物流却有不同，一般物流是运输及保管，而配送则是运输及分拣配货，分拣配货是配送的独特要求，也是配送中有特点的活动，以送货为目的的运输则是最后实现配送的主要手段，从这一主要手段出发，常常将配送简化地看成运输中的一种。

从商流来讲，配送和物流不同之处在于，物流是商物分离的产物，而配送则是商物合一的产物，配送本身就是一种商业形式。虽然配送具体实施时，也有以商物分离形式实现的，但从配送的发展趋势看，商流与物流越来越紧密地结合，是配送成功的重要保障。可以从以下两个方面认识配送的概念。

（1）从经济学资源配置的角度来看，可对配送在社会再生产过程中的位置和配送的本质行为予以表述。配送是以现代送货形式实现资源的最终配置的经济活动。这个概念的内涵，概括了 4 点。

① 配送是资源配置的一部分，根据经济学家的理论认识，配送是经济体制的一种形式。

② 配送的资源配置作用是"最终配置"，因而是接近顾客的配置，接近顾客是经营战略至关重要的内容，美国兰德公司对《幸福》杂志所列的 500 家大公司的一项调查表明"经营战略和接近顾客至关重要"，证明了这种配置方式的重要性。

③ 配送的主要经济活动是送货，这里面强调现代送货，表述了和我国旧式送货的区别，其区别以"现代"两字概括，即现代生产力、劳动手段支撑的，依靠科技进步的，实现"配"和"送"有机结合的一种方式。

④ 配送在社会再生产过程中的位置是处于接近用户的那一段流通领域，因而有其局限性，配送是一种重要的方式，有其战略价值，但是它并不能解决流通领域的所有问题。

（2）从配送的实施形态角度来看，表述为：按用户订货要求，在配送中心或其他物流节点进行货物配备，并以最合理方式送交用户。这个概念的内容概括了以下 6 点。

① 整个概念描述了接近用户资源配置的全过程。

② 配送实质是送货。配送是一种送货，但和一般送货有区别：一般送货可以是一种偶然的行为，而配送却是一种固定的形态，甚至是一种有确定组织、确定渠道，有一套装备和管理力量、技术力量，有一套制度的体制形式，所以，配送是高水平送货形式。

③ 配送是一种"中转"形式。配送是从物流节点至用户的一种特殊送货形式，从送货功能看，其特殊性表现为从事送货的是专职流通企业，而不是生产企业；配送是"中转"型送货，而一般送货尤其从工厂至用户的送货往往是直达型；一般送货是生产什么，有什么送什么，配送则是企业需要什么送什么，所以，要做到需要什么送什么，就必须在一定的中转环节筹集这种需要，从而使配送必然以中转形式出现。当然，广义上，许多人也将非中转型送货纳入配送范围，将配送外延从中转扩大到非中转，仅以"送"为标志来划分配送外延，也是有一定道理的。

④ 配送是"配"和"送"有机结合的形式。配送与一般送货的重要区别在于，配送利用有效的分拣、配货等理货工作，使送货达到一定的规模，以利用规模优势取得较低的送货成本。如果不进行分拣、配货，有一件运一件，需要一点送一点，这就会大大增加动

力的消耗，使送货并不优于取货，所以，追求整个配送的优势，分拣、配货等项工作是必不可少的。

⑤ 配送以用户要求为出发点。在定义中强调"按用户的订货要求"明确了用户的主导地位。配送是从用户利益出发、按用户要求进行的一种活动，因此，在观念上必须明确"用户第一"、"质量第一"，配送企业的地位是服务地位而不是主导地位，因此不能从本企业利益出发而应从用户利益出发，在满足用户利益基础上取得本企业的利益。更重要的是，不能利用配送损伤或控制用户，不能利用配送作为部门分割、行业分割、割据市场的手段。

⑥ 概念中"以最合理方式"的提法是基于这样一种考虑：过分强调"按用户要求"是不妥的，用户要求受用户本身的局限，有时实际会损失自我或双方的利益。对于配送者来讲，必须以"要求"为据，但是不能盲目，应该追求合理性，进而指导用户，实现共同受益的商业原则。这个问题近些年在国外的研究著作也常提到。

1.1.2 物流配送中心的概念

配送中心（Distribution Center，DC）是一种以组织配送性销售或供应，执行实物配送为主要职能的末端物流节点设施，通过有效地组织配货和送货，使资源的终端配置得以完成。目前，对配送中心的定义有多种提法。

《物流企业操作指南》对配送中心的定义：接受并处理末端用户的订货信息，对上游运来的多品种货物进行分拣，根据用户订货要求进行拣选、加工、组配等作业，并进行送货的设施和机构。在对配送中心进行科学完善的基础上，《物流企业操作指南》权威性地指出了配送中心的设计、流程、模式等。

《物流手册》对配送中心的定义：配送中心是从供应者手中接受多种大量的货物，进行倒装、分类、保管、流通加工和情报处理等作业，然后按照众多需要者的订货要求备齐货物，以令人满意的服务水平进行配送的设施。

《现代物流学》对配送中心的定义：配送中心是从事货物配备（集货、加工、分货、拣选、配货）和组织对用户的送货，以高水平实现销售或供应的现代流通设施。

日本《市场用语词典》对配送中心的解释：一种物流节点，它不以储藏仓库这种单一的形式出现，而是发挥配送职能的流通仓库，也称作基地、据点或流通中心。配送中心的目的是降低运输成本、减少销售机会的损失，为此建立设施、设备并开展经营、管理工作。

《货运物流实用手册》对配送中心的解释：配送中心是实现配送业务的现代化流通设施。配送中的"货物配备"是配送中心主要的业务，是全部由它完成的；而送货既可以完全由它承担，也可以利用社会货运企业来完成。

中华人民共和国国家标准物流术语中规定，从事配送业务且具有完善的信息网络的场所或组织，应符合下列条件：①主要为特定的用户服务；②配送功能健全；③辐射范围小；④多品种，小批量。

从对配送中心的多种定义上看，其表述虽然不完全一致，但可从上述定义中了解了配送中心的基本概念。对配送中心的认识需要注意以下几个问题。

（1）配送中心的任务之一是"货物配备"。货物配备是配送中心按照客户的要求，对货物的数量、品种、规格、质量等进行的配备。这是配送中心最主要、最独特的工作，全部由配送中心内部的现代化设施完成。

（2）配送中心的另一重要任务是"组织送货"。组织送货是指配送中心按照客户的要求，把配备好的货物定时、定点、定量地送抵用户。送货方式较多，有的由配送中心自行承担，有的利用社会运输力量完成，有的由用户自提。从我国国情来看，在开展配送的初期，用户自提的可能性很大，所以对于送货而言，配送中心主要是组织者而不是承担者。

（3）配送中心强调了配送活动和销售或供应等经营活动的结合，是经营的一种手段，以此排除了这是单纯的物流活动的看法。

（4）配送中心的硬件配备定位为"现代流通设施"，着眼于和以前的流通设施诸如商场、贸易中心、仓库等相区别。这个流通设施以现代装备和工艺为基础，不但处理商流，而且处理物流、信息流，是集商流、物流、信息流于一身的全功能流通设施。

总的来看，配送中心是以组织配送型销售或供应，执行实物配送为主要职能的流通型节点。配送中心为了能更好地做好送货的编组准备，必然需要进行零星集货、批量进货等资源搜集工作和对货物的分拣、配备等工作，因此，配送中心也具有集货中心、分货中心的职能。为了更有效、更高水平地配送，配送中心往往还有比较强的流通加工能力。此外，配送中心还应该执行货物配备后送达用户的使命。如果说集货中心、分货中心、加工中心的职能还比较单一的话，那么，配送中心则能较为全面、完整地集中它们的功能。所以，配送中心实际上是集货中心、分货中心、加工中心功能的综合，使配送达到更高的水平。

配送中心作为物流中心中的一种主要形式，有时和物流中心等同起来了。物流中心是指在较大的地域组织物流活动，提供物流服务的现代物流设施，是一种具有战略重要性的物流业务实体。

1.1.3 物流配送中心的功能

在通常情况下，物流配送中心应具有以下功能。

1. 采购功能

配送中心必须首先采购所要供应配送的商品，才能及时准确无误地为其用户即生产企业或商业企业供应物资。配送中心应根据市场的供求变化情况，制订并及时调整统一的、周全的采购计划，并由专门的人员与部门组织实施。

2. 储存保管功能

储存一是为了解决季节性货物生产计划与销售季节性的时间差问题；二是为了解决生

产与消费之间的平衡问题,为保证正常配送的需要,满足用户的随机需求,在配送中心不仅应保持一定量的商品储备,而且要对储存商品进行保管保养工作,以保证储备商品的数量,确保质量完好。

配送中心的服务对象是为数众多的生产企业和商业网点(如连锁店和超级市场),配送中心需要按照用户的要求及时将各种配装好的货物送交到用户手中,满足生产和消费需要。为了顺利有序地完成向用户配送商品的任务,而且为了能够更好地发挥保障生产和消费需要的作用,配送中心通常要兴建现代化的仓库并配备一定数量的仓储设备,存储一定数量的商品。某些区域性的大型配送中心和开展"代理交货"配送业务的配送中心,不但要在配送货物的过程中存储货物,而且它所存储的货物数量更大,品种更多。由于配送中心所拥有的存储货物的能力使得存储功能成为配送中心的仅次于组配功能和分送功能的一个重要功能之一。

3. 配组功能

由于每个用户企业对商品的品种、规格、型号、数量、质量送达时间和地点等的要求不同,配送中心必须按用户的要求对商品进行分拣和配组。配送中心的这一功能是其与传统仓储企业的明显区别之一,这也是配送中心的重要的特征之一,可以说,没有配组功能,就无所谓配送中心。

4. 分拣功能

作为物流节点的配送中心,其为数众多的客户中,彼此差别很大,不仅各自的性质不同,而且经营规模也大相径庭,因此,在订货或进货时,不同的用户对于货物的种类、规格、数量会提出不同的要求。针对这种情况,为了有效地进行配送,即为了同时向不同的用户配送多种货物,配送中心必须采取适当的方式对组织来的货物进行拣选,并且在此基础上,按照配送计划分装和配装货物。这样,在商品流通实践中,配送中心就增加了分拣货物的功能,发挥分拣中心的作用。

5. 分装功能

从配送中心的角度来看,它往往希望采用大批量的进货来降低进货价格和进货费用;但是用户企业为了降低库存、加快资金周转、减少资金占用,则往往要采用小批量进货的方法。为了满足用户的要求,即用户的小批量、多批次进货需求,配送中心必须进行分装。

6. 集散功能

货物由几个公司集中到配送中心,再进行发运或向几个公司发运。凭借其特殊的地位以及拥有的各种先进的设施和设备,配送中心能够将分散在各个生产企业的产品集中到一起,然后经过分拣、配装向多家用户发运。集散功能也可以将其他公司的货物放入该配送中心来处理、发运,以提高卡车的满载率,降低费用成本。

7. 流通加工功能

配送过程中，为解决生产中大批量、少规格和消费中的小批量、多样化要求的矛盾，按照用户对货物的不同要求对商品进行分装、配装等加工活动，也是配送中心的功能之一。

8. 送货功能

将配好的货物按到达地点或到达路线进行送货。运输车辆可以租用社会运输力量或自己的专业运输车队。

9. 物流信息、汇总及传递功能

它为管理者提出更加准确、及时的配送信息，也是用户与配送中心联系的渠道。

10. 衔接功能

在生产过程中，不但是半成品还有原材料等需要从各地运来，需要仓库储存，并对生产过程中的各道工序的物资进行配送。

11. 服务功能

以顾客需要为导向，为满足顾客需要而开展配送服务。此外，配送中心还有如加工功能、运输功能、信息功能、管理功能等功能。每个配送中心一般都具有这些功能，根据对其中某一功能的重视程度不同，决定着该配送中心的性质，而且它的选址、房室构造、规模和设施等也随之变化。

1.1.4 配送中心的类型

根据不同的划分标准，配送中心可以划分为不同的类型。

1. 按照配送中心的内部特性分类

1）储存型配送中心

有很强储存功能的配送中心，一般来讲，在买方市场下，企业成品销售需要有较大库存支持，其配送中心可能有较强储存功能；在卖方市场下，企业原材料，零部件供应需要有较大库存支持，这种供应配送中心也有较强的储存功能。大范围配送的配送中心，需要有较大库存，也可能是储存型配送中心。

我国目前拟建的一些配送中心都采用集中库存形式，库存量较大，多为储存型。瑞士Giba-Geigy公司的配送中心拥有世界上规模居于前列的储存库，可储存4万个托盘；美国赫马克配送中心拥有一个有163000个货位的储存区，可见存储能力之大。

2）流通型配送中心

基本上没有长期储存功能，仅以暂存或随进随出方式进行配货、送货的配送中心。这种配送中心的典型方式是，大量货物整进并按一定批量零出，采用大型分货机，进货时直接进入分货机传送带，分送到各用户货位或直接分送到配送汽车上，货物在配送中心里仅做少许停滞。日本的阪神配送中心内只有暂存，大量储存则依靠一个大型补给仓库

3）加工型配送中心

具有加工职能，根据用户的需要或者市场竞争的需要，对配送物进行加工之后进行配送的配送中心。在这种配送中心内，有分装、包装、初级加工、集中下料、组装产品等加工活动。许多材料都指出配送中心的加工职能，但是加工型配送中心的实例目前不多见。我国上海市和其他城市已开展的配煤配送，配送点中进行了配煤加工，上海六家船厂联建的船板处理配送中心，原物资部北京剪板厂都属于这一类型的中心；世界著名连锁服务店肯德基和麦当劳的配送中心属于这种类型的配送中心；在工业、建筑领域，生混凝土搅拌的配送中心也属于这种类型的配送中心。

2. 按照配送中心承担的流通职能分类

1）供应型配送中心

执行供应的职能，专门为某个或某些用户（如连锁店、联合公司）组织供应的配送中心。例如，为大型连锁超级市场组织供应的配送中心；代替零件加工厂送货的零件配送中心，使零件加工厂对装配厂的供应合理化。供应型配送中心的主要特点是，配送的用户有限并且稳定，用户的配送要求范围也比较确定，属于企业型用户。因此，配送中心集中库存的品种比较固定，配送中心的进货渠道也比较稳固，同时，可以采用效率比较高的分货式工艺。

2）销售型配送中心

执行销售的职能，以销售经营为目的，以配送为手段的配送中心。销售型配送中心大体有3种类型：一种是生产企业为本身产品直接销售给消费者的配送中心，在国外，这种类型的配送中心很多；另一种是流通企业作为本身经营的一种方式，建立配送中心以扩大销售，我国目前拟建的配送中心大多属于这种类型，国外的例证也很多；第三种是流通企业和生产企业联合的协作性配送中心。比较起来看，国外和我国的发展趋向都向以销售型配送中心为主的方向发展。

销售型配送中心的用户一般是不确定的，而且用户的数量很大，每个用户购买的数量又较少，属于消费者型用户。这种配送中心很难像供应型配送中心一样，实行计划配送，计划性较差。

销售型配送中心集中库存的库存结构比较复杂，一般采用拣选式配送工艺，销售型配送中心往往采用共同配送方法才能够取得比较好的经营效果。

3. 按配送区域的范围分类

1）城市配送中心

以城市范围为配送范围的配送中心，由于城市范围一般处于汽车运输的经济里程，这种配送中心可直接配送到最终用户，且采用汽车进行配送，所以，这种配送中心往往和零售经营相结合。由于运距短，反应能力强，因而从事多品种、少批量、多用户的配送较有优势。《物流手册》中介绍的"仙台批发商共同配送中心"便是属于这种类型；我国已建的"北京食品配送中心"也属于这种类型。

2）区域配送中心

以较强的辐射能力和库存准备，向省（州）际、全国乃至国际范围的用户配送的配送中心。这种配送中心配送规模较大，一般而言，用户较多，配送批量也较大，而且，往往是配送给下一级的城市配送中心，也配送给营业所、商店、批发商和企业用户，虽然也从事零星的配送，但不是主体形式。这种类型的配送中心在国外十分普遍，《国外物资管理》杂志曾介绍过的阪神配送中心，美国马特公司的配送中心，蒙克斯帕配送中心等都属于此种类型。

4. 按配送货物种类分类

根据配送货物的属性，可以分为食品配送中心、日用品配送中心、医药品配送中心、化妆品配送中心、家用电器配送中心、电子（3C）产品配送中心、书籍产品配送中心、服饰产品配送中心、汽车零件配送中心以及生鲜处理中心等。

1）散装货物配送中心

该种配送中心主要为加工厂提供原料、食油、石油、汽油等，大多建造在铁路沿线或港口。

2）原材料配送中心

这里指的原材料多是以集装箱为装载单元的货物。

3）件货配送中心

这些货物通常是指用集装箱和托盘来运输的商品，其中主要是制成品，如食品。

4）冷冻食品配送中心

该种配送中心具有冷冻功能。

5）特种商品配送中心

该类配送中心主要经营特种商品，如有毒货物、易燃易爆货物、药品等。

5. 按配送的专业程度划分

1）专业配送中心

专业配送中心大体上有两个含义，一是配送对象、配送技术属于某一专业范畴，在某一专业范畴有一定的综合性，综合这一专业的多种物资进行配送，例如多数制造业的销售配送中心，我国目前在石家庄、上海等地建的配送中心大多采用这一形式；二是以配送为专业化职能，基本不从事经营的服务型配送中心，如《国外物资管理》杂志介绍的"蒙克斯帕配送中心"。

2）柔性配送中心

在某种程度上和第二种专业配送中心对立的配送中心，这种配送中心不向固定化、专业化方向发展，而向能随时变化，对用户要求有很强适应性，不固定供需关系，不断向发展配送用户和改变配送用户的方向发展。

6. 按运营主体划分

1）以生产厂为主的配送中心

是以家用电器、汽车、化妆品、食品等国有工厂为主，流通管理能力强的厂商，在建立零售制度的同时,通过配送中心使物流距离缩短,并迅速向顾客配送的体制。其特点是环节少、成本低。但对零售商来说,因为从这里配送的商品,只局限于一个生产厂的产品,难以满足销售的需要,是一种社会化程度较低的配送中心。

2)以批发商为主的配送中心

是指专职流通业的批发商把多个生产厂的商品集中起来,作为批发商的主体商品,这些产品可以单一品种或者搭配向零售商进行配送。这种形式虽然多了一道环节,但是一次送货,品种多样,对于不能确定独立销售路线的工厂或本身不能备齐各种商品的零售店,是一种有效的办法。

3)以零售商为主的配送中心

一般是指大型零售店或集团联合性企业所属的配送中心。从批发部进货或从工厂直接进货的商品,经过零售店自有的配送中心,再向自己的网点和柜台直接送货。为保证商品不脱销,零售店必须有一定的"内仓"存放商品,配送中心可以及时不断地向商店各部门送货,不仅有利于减轻商店内仓的压力,节约内仓占用的面积,而且有利于库存集中在配送中心,还有利于减少商店的库存总量。

4)以商业企业集团为主的配送中心

是由商业企业集团组建的完成本企业集团商品供应或销售的配送中心,它是为适应企业集团的产品销售而组建的。

5)以物流企业为主的配送中心

是为批发企业服务的综合性物流中心。各地批发企业都有相当一部分的商品存储在当地的储运公司仓库里。在储运公司仓库实现由储存型向流通型转变的基础上建立起来的配送中心,可以越过批发企业自己的仓库或配送中心,直接向零售店配送商品。与批发企业各自建立的配送中心对比,它的特点是物流设施的利用率高,成本低,服务范围广。

1.2 物流配送中心的起源和发展

从历史上看,配送中心是在仓库基础上发展起来的,这是一种较为普遍的观点。仓库在其功能上,长期以来都是作为保管物品的设施,如仓库是专门集中储存各种物货的建筑物和场所,或是专门从事物资收发保管活动的单位和企业。虽然这种观点从收、发两方面赋予了仓库一定的动态功能,但这并没有涉及配送的本质。

在社会不断地发展过程中,由于经济的发展,生产总量的逐渐扩大,仓库功能也在不断地演进和分化。在我国,早在闻名于世的中华大运河进行自南向北的粮食漕运时期,就已经出现了以转运职能为主的仓库设施,明代出现有别于传统的以储存、储备为主要功能的新型仓库,并且冠以"转搬仓"之名,其主要职能已经从"保管"转变为"转运"。在新中国建立以后,服务于计划经济的分配体制,我国出现了大量以衔接流通为职能的"中转仓库"。中转仓库的进一步发展和这种仓库业务能力的增强,出现了相当规模、相当数量的"储运仓库"。

在外国，仓库的专业分工形成了仓库的两大类型：一类是以长期储藏为主要功能的"保管仓库"，另一类是以货物的流转为主要功能的"流通仓库"。

流通仓库以保管期短、货物出入库频度高为主要特征，这和我国的中转仓库有类似之处，这一功能与传统仓库相比，有很大区别。货物在流通仓库中处于经常运动的状态，停留时间较短，有较高的进出库频度。流通仓库的进一步发展，使仓库和联结仓库的流通渠道形成了一个整体，起到了对整个物流渠道的调节作用。为了对流通仓库和仓库进行区别，越来越多的人便称之为物流中心或流通中心。

现代社会中产业的复杂性、需求的多样性和经济总量的扩大，作为生产过程的延续，决定了流通活动的复杂性和多样性，这一状况又决定了流通中心的复杂性及多样性。流通中心各有侧重的职能，再加上各个领域、各个行业中已习惯的用语和相互之间的用语不规范，也就导致了各种各样叫法的出现，如集运中心、配送中心、存货中心、物流据点、物流基地等。在20世纪70年代石油危机之后，为了挖掘物流过程中的经济潜力，物流过程出现了细分，再加上市场经济体制造就的普遍的买方市场环境，以服务来争夺用户的竞争结果，企业出现了"营销重心下移"、"贴近顾客"的营销战略，这就使"末端物流"受到了空前的重视。配送中心就是适应这种新的经济环境，在仓库不断进化和演变过程中所出现的创新的物流设施。

配送中心的形成及发展是有其历史原因的，一般认为，配送中心是物流社会化、系统化和大规模化的必然结果。在现代经济环境下，由于用户在货物处理的内容上、时间上和服务水平上都提出了更高的要求，为了顺利地满足用户的这些要求，就必须引进先进的分拣设施和配送设备，否则就建立不了正确、迅速、安全、廉价的作业体制。

传统企业在没有配送中心的情况下，物流通路混杂，如图1.1所示。

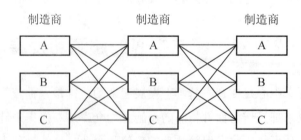

图1.1 传统企业物流配送

建立配送在中心后，尤其是大批量、社会化、专业化配送中心建立之后，物流通路简捷，显得合理有序，如图1.2所示。

物流领域中的大部分企业都建造了正式的配送中心。配送中心是物流领域中社会分工、专业分工进一步细化之后产生的。在新型配送中心没有建立起来之前，配送中心现在承担的有些职能是在转运型节点中完成的，以后一部分这类中心向纯粹的转运站发展以衔接不同的运输方式和不同规模的运输，一部分则增强了"送"的职能，而后又向更高级的

"配"的方向发展。所以，配送中心也是基于物流合理化和发展市场这两个方面的需要而建立的。

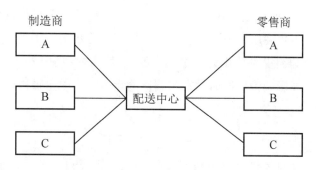

图 1.2　现代企业物流配送中心

从整个国际物流的发展来看，配送中心的形成和不断完善是社会生产力发展的必然结果，也是实现物流活动合理化的客观要求。社会和经济不断发展的结果是一方面导致生产规模不断扩大，生产的专业化和社会化程度日益提高；另一方面则是使社会分工越来越细，社会协作关系日趋完善。在这种情况下，为了保证社会生产活动的连续性和运转的快速性，客观上要求有专业的机构提供物质上的保证、产品分销等方面的社会化的服务，行使流通职能。这就使得一些老式的物流设施（如仓库）不得不进行改造，以完成其功能的"再造"，由此便演化成了配送中心。也正因为存在着这样的客观要求，才促使处于市场竞争中的生产者和经营者建立起了服务于生产和销售的配送中心这样一种组织形式。

1.3　物流配送中心与连锁经营

连锁经营的物流配送系统是指由总部的采购部门和配送中心作为主体所承担的商品的采购、储存、加工、配送活动，以及伴随这些活动所产生的信息收集、整理、传递和利用过程。作为一种先进的经营管理模式，连锁经营的最大优点在于通过统一决策、分散经营和集中采购、分散销售经营模式的推行，在合理有序的管理之中实现资源、物流的快速运营，并通过实现连锁企业经营的效率化和规模化来实现连锁经营的效益最大化。而在这一过程中，如何组织专业化、社会化的配送中心并合理安排物流配送，已经成为连锁经营规模化、效率化能否实现的关键所在。发展连锁经营必须建立一套物流配送系统。目前，全国各连锁企业的经营基本上实现了规模经营，但物流配送滞后已成为制约连锁规模扩张的瓶颈。本书认为：对于国内众多处于成长期的连锁企业来说，尽快建立起高效的与其经营规模相适应的物流配送支持体系，将是连锁经营发展深层次的要求。

1.3.1　物流配送是连锁经营发展的关键

1. 物流配送与规模效益

连锁企业的规模效益是通过"统一进货、统一配送、统一管理"来降低经营成本的。

物流配送中心是使这些"统一"得以实现的基础。物流配送中心与各连锁店联合形成经销系统，使店铺与供应商等外部经济关系变为统一所有者的公司各部门内部业务关系。总部通过配送中心，一方面可以汇总多店铺的经营数量，形成相当需求的规模；另一方面可以在高度、广度上给各零售商店以业务上的指导，提高经营水平，将集中化进货与分散化销售结合起来，使分散的销售力转化为大量集中的进货力，变集中零星要货为大批量要货，对供应商在价格上形成影响力。同时，在与同行的竞争关系中也可以获得优势，从而实现经营的规模效益。

2. 物流配送与速度效益

连锁店的营运是在总体规划下进行专业化分工，如采购、库存、配送、收银、经营、公关、促销及商品陈列等。在分工的基础上实施集中管理，以便使连锁店在激烈的竞争中能快速反应，领先对手。物流配送中心作为总部与分店的联系纽带，通过分店快销、配送中心快送和采购部快购，使物流运转速度大大高于独立商店。在高度专业化基础上的营运使连锁店获得了竞争中的速度优势，从而实现连锁经营高效、节约、优质的服务。

3. 物流配送与管理效益

一般各门店要求交货期短、定时配送，而且品种多。批量小，对于物流配送来说比较困难，而且浪费运输量，使物流成本上升。物流配送中心通过对整体供应链的协调，实行大批量的统一采购和全方位的代理功能，可以在较大范围内选择有利资源，对物流系统进行整体优化、合并，减少不必要的物流活动，消除物流中的作业浪费，提高设施、运输工具的使用效率，提供物流多元化服务，实现连锁企业资源的优化组合，达到连锁利润最大化而物流成本合理化的目的。

1.3.2 物流配送滞后影响连锁企业的发展

中国的连锁经营是建立在对过去旧的、分散于各地区的企业的改组和改造的基础上的，虽然对原有松散的组织结构进行了改造，初步建立了供应链管理体系和移植了比较先进的和完善的经营模式，但业态的改造和组织结构的改组普遍不到位，物流配送在多数连锁经营企业还很不成熟，配送中心的建设明显落后于连锁经营的发展，影响了连锁经营的进一步发展，表现在以下几个方面。

1. 连锁企业对物流配送认识不足

许多连锁企业对现代物流发展方向缺乏深入了解，对配送中心的认识还停留在传统的"静态仓库"上，只要一部电话、几部车子、几间房子就行了；担心建立现代化配送中心投资太多，成本难以收回。国外连锁业成长的经验表明，当一个连锁超市拥有10个分店、总面积达5000平方米时，就有建立配送中心的必要，所以，在一个连锁超市开店的同时，就应考虑配送中心的建立。而目前有的连锁超市总面积已超过1万平方米，其规模效益及价格优势均未体现出来，各分店经营惨淡，其根本原因是缺少与之配套的配送中心。

2. 物流配送规模小，统一配送率低

中国连锁企业初期的发展大多考虑在连锁分店数量方面的增加，没有把统一物流配送作为连锁业发展的基础。在中国，平均一个物流中心配送20个店铺，平均每辆车承担2~3个店铺的送货。日本的一个物流中心负责70个店铺，需4~5辆车，中国香港百佳超市的一个物流中心负责配送100多个店铺。由于物流配送规模小，多数企业统一配送率只有50%左右，造成人员闲置，运输设备不能充分利用。物流成本偏高导致商品零售价格居高不下，因此，物流配送规模最终制约了连锁经营的发展。

3. 物流配送功能不健全，管理落后

物流配送中心是集诸多功能于一体的现代化流通中心，而且尤其强调功能的协调和一体化。其基本功能不仅是仓储和运输，而是具有采购、运输、装卸、流通加工、配送、信息处理与信息反馈等服务功能的服务中心，是物流集散地。目前，中国物流中心在功能上主要存在两大缺陷：一是流通加工功能，流通加工在很多配送中心内还没有开展起来；二是信息处理与信息反馈功能，物流信息没有得到充分利用，没有起到对流通加工的导向作用。由于不能充分利用计算机技术，物流信息系统薄弱，使高效率的信息收集、传递和信息处理成为空谈。因物流配送功能不足而导致经营商品的成本过高，商品价格居高不下，企业效益不佳。

4. 物流配送设施不匹配，物流技术装备水平低

配送中心是一种动态性仓库，其高效高质的运作需要以现代化的配套设施为基础。目前，国外现代化配送中心作业面积大，设施现代，配有自动分拣机、自动升降机、自动传送带及真空包装机等机械设备，并采用自动化管理，充分体现了其快速、准确的配送服务功能。中国的物流中心设施无论是技术还是设备都比较陈旧。在仓储设施方面，70%是普通平房仓库，具有冷藏、保鲜、空调的仓库较少。在运输车辆中，普通车辆占70%以上，现代化的箱式货柜和集装箱拖斗及特种运输车辆很少。计算机的应用仅限于日常事务的管理，配送中心的内部数据采集、配送中心与外部接口系统，如电子自动订货系统、电子数据交换等多数中心还没有完全建立起来，既影响了配送质量又影响了配送速度。

5. 标准化程度低，运营效率低

物流配送是跨地区、跨行业的运作系统，标准化程度的高低在很大程度上影响着物流效率的提高。中国商品容器及有关的装卸、搬运、储藏、运输等设备未能实现统一的规模化和标准化，商品条形码化率低，故难以发挥电子计算机控制的作用，制约了自动化水平的提高和运营效率的提高。运营效率的低下，致使配送服务水平降低，供货的及时性、准确性和经济性受到影响。连锁经营"质优价廉"这一商业竞争的优势没能充分发挥出来。

1.4 物流配送中心组织管理体系

在商品流通的过程中,物流扮演着整合商流、物流、资金流与信息流等机能的角色。配送中心的形成与设置,将以往需要经过制造、批发、仓储、零售等各点的多层复杂通路简化,进而缩短了通路,降低了流通成本,满足了市场营销的需要。在强调满足顾客服务的前提下,配送中心如果想掌握市场,就必须以更具前瞻性、整体性的组织管理体系建立配送中心。

近几年来,设定配送中心的组织结构面临了许多新的挑战,具体包括以下内容。

(1)物流的经营需要更有效率,才能满足顾客的需要,适应激烈的竞争环境。

(2)配送中心的经营成本的逐渐升高。

(3)顾客对服务需求不断扩张。

因此,各物流公司不得不调整自己的发展策略以适应新的环境,而各公司又受公司本身条件及组织目标的影响,而这些又决定了公司的策略形态与组织类型,如图1.3所示。

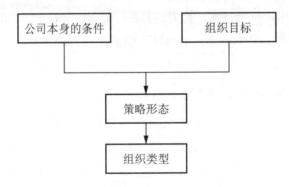

图1.3 组织类型的决定关系

1.4.1 物流配送中心的组织结构

组织结构是组织内全体成员为实现组织目标,在管理工作中进行分工协作,通过职务、职责、职权及相互关系构成的结构体系。配送中心作为从事配送业务的组织,其组织结构的合理性,将直接影响配送中心经营目标的实现。要使配送中心高效地发挥作用,必须有一个合理的组织结构作为支撑。通过对配送中心背景及走向的分析,建立与其相适应的组织结构,并明确各个岗位的任务、权利,使其权责分明、沟通流畅、配合紧密,这样才能保障配送中心业务活动的顺利开展。

配送中心无论是连锁商业企业自建的还是完全属于第三方物流公司的,在组织结构上主要有4种形式:功能型物流组织、地区型物流组织、混合型物流组织和矩阵型物流组织。

1. 功能型物流组织

具有配销功能的配送中心一般采用功能型的物流组织，即公司以职工的工作、技巧或活动为基础将组织划分部门。这些公司之所以采用这样的组织结构是因为配销型公司扮演商物合一的角色，其先向上游制造商或进口商进货，然后再以不同的价格转卖给消费者或小的零售商；同时通过现代化的管理效率对下游单位提供物流支援活动，来取代传统的经销商或中间商的市场地位。

这些公司的特点是下游的客户多且稳定，它们发展的主要策略包括：引进多产品、多品牌；代理与开发知名品牌、创建自己的品牌。因此在组织发展上，这样的配送中心不但从事配送工作，同时还注重商品的开发与销售。这样的配送中心与一般的配送中心的不同之处在于它是具有各种功能的物流组织，且多了商品开发、业务开发与营销企划部门，如图1.4所示。

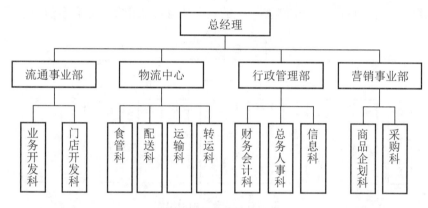

图1.4　功能型物流组织

2. 地区型物流组织

有许多配送中心是从传统的运输、仓储业发展而来的，在业务上仍旧以输送为主。这样的配送中心强调的是网络，对企业的机动性要求强，要求配送中心能够立即适应变动的环境，要求配送中心有较高的任务协调能力及明确的绩效责任，所以这些配送中心主要根据服务的产出，按照地域设定组织结构，由各地区分别组织机动性地揽货，如图1.5所示。

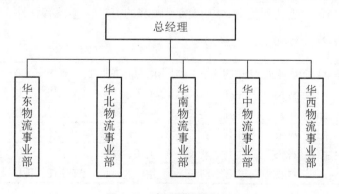

图1.5　地区型物流组织

3. 混合型物流组织

目前在市场成立了越来越多的专业配送中心，它们属于第三方物流。这些公司是将商品从制造商或进口商运至零售商的中间流通者，提供企业的物流支援活动，收取商品价格的某百分比来作为收入来源。这些公司大多数由仓储或货运公司转变而来，因此在先天条件上具有以下优势：①专业、熟练的物流技术；②区域性的配送能力；③广布全国各主要省份的配送网络。因此专业物流公司的策略形态包括两种：①通过长途配送能力的建立，以增强分布全国的配送网络；②通过中立性的角色，强化商品的配送弹性。因此这种类型的物流组织强调构建全国或区域性的配送网络；与全程运输、短途配送能力结合，其在组织设计上多采用混合型的组织结构，如图 1.6 所示，强调地区性物流中心的独立性与跨区域性物流服务的联结，以一体性系统的物流组织作为服务架构。所以混合型物流组织就是指综合功能型物流组织与地区型物流组织的设计要素，利用两者的优点来设定物流组织，它的特点是部门间及部门内的协调可以同时进行；结合功能型组织的效率及地区型组织适应环境的优点。

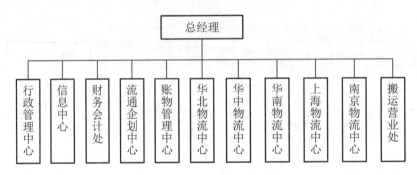

图 1.6　混合型物流组织

4. 矩阵型物流组织

矩阵型物流组织是指将功能型和地区型结构并存在每个部门中，每个单位下的人员，必须接受功能型经理及地区型经理的监督，如图 1.7 所示。公司采用这样的物流组织的目的在于：①由于资源有限，各单位可以在一定的人力资源条件下，同时满足功能型与地区型的需求，可鼓励资源的有效利用；②有大量信息处理时，将工作区分为功能型与地区型，可使信息在公司中更快速流通；③可满足顾客的需求；④较有弹性；⑤增加对员工的激励与员工的参与度。

	华北物流事业处	华中物流事业处	华南物流事业物	上海物流事业处	南京物流事业物
行政管理中心	主任、科长	主任、科长	主任、科长	主任、科长	主任、科长
信息中心	主任、科长	主任、科长	主任、科长	主任、科长	主任、科长
财务会计处	主任、科长	主任、科长	主任、科长	主任、科长	主任、科长
流通企划中心	主任、科长	主任、科长	主任、科长	主任、科长	主任、科长
财务管理中心	主任、科长	主任、科长	主任、科长	主任、科长	主任、科长

图 1.7　矩阵型物流组织

1.4.2 物流配送中心的组织管理方法

1. 集权与分权

集权式的物流管理是指所有的物流活动都是由总部控制的，所有的物流决策都由总部制定好，下属奉命行事。物流管理采用集权式有很多的优点：首先，提供给所有顾客的服务都是一样；其次，由总部出面以大批量运输为基础与承运人谈判，可以获得低的运费，同时还可以大量装运，平衡各项活动；订货与入账在一个地方进行，可以减少时间和纸面工作。

另一方面，分权式物流管理是指总部制订好指导计划，地区管理部可根据指导计划结合本地区特点制订出各自具体的计划。分权式有许多优点，它可以使地区管理部根据不同的地域特点，提供适合该地区的顾客服务。例如新加坡、印度和美国对物流的需求是不同的，为了充分满足不同国家的顾客服务需要，提供的服务必须是有区别的；集权化的操作不能提供灵活的物流服务。而分权化则比较易于管理，因为它的规模相对来说较小，管理的员工人数也较少。通常，当企业的规模扩大到一定程度时，就要对物流管理进行分权，因为这时物流的控制越来越困难。然而，分权有可能使公司的运输成本上升，因为失去了一部分运输规模的效益，而且在沟通上也有了一些混乱。

2. 战略与运作焦点

如果企业将物流看做是核心的战略能力之一，那么物流就会在企业战略中明晰可见。企业考虑的是综合物流，不是单独的物流功能。既然物流是连锁企业战略核心能力之一，所以在其他部门的战略决策之中常常包括物流内容。现在越来越多的连锁企业采用这样的方法，因为他们认识到真正的综合物流可以取得战略性的、可维持的市场竞争优势。

运作焦点的意思是综合物流的运作目标与连锁企业目标是一致的。由于物流涉及到每天的具体运作，所以在本质上，具体的综合物流活动更多是战术性的，不需要包括在战略决策中。

3. 直线职能与参谋职能

在组织结构中物流部门会涉及两种职能，直线职能和参谋职能。直线职能就是指物流经理直接管理日常各项物流活动，典型的物流活动有运输、仓储、包装、搬运、订货处理和库存管理。

如果综合物流功能是参谋功能，它仅为有关经理提供建议，根据定义，这意味着综合物流经理没有权利执行建议。典型的参谋物流活动包括系统设计、顾客服务战略的制定、选址、成本—服务分析、计划等。

当企业的物流直线职能与物流参谋职能发生冲突时，经常采用妥协的方法，即综合物流既有直线的职权又有参谋的职权。以这种方式，综合物流在向其他职能部门提供建议的同时还执行本身的物流直线职能。

1.4.3 物流配送中心的岗位设置

配送中心的岗位设置应该由配送中心的组织结构模式和作业流程来决定，其岗位设置如图 1.8 所示。

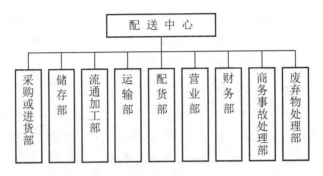

图 1.8　配送中心的岗位设置

1.4.4 物流配送中心管理的主要内容

物流配送中心管理主要包括以下内容。

1. 收货管理

收货管理是配送中心物流管理的第一个环节，其核心任务是将总部订购的来自各个生产厂家的货物汇集到配送中心，经过一系列的收货流程，按照规定的储存方法将货物放置于合适的地点。

2. 存货管理

存货管理是指对货物的存储管理。商品在仓库里的存放有两种模式：一是商品群系统，二是货位系统。商品群系统是指将同类商品集中放于一处；货位系统包括开放货位系统和统制货位系统，其中开放货位系统是货位编号固定，某类产品可随机调换货位，而统制货位系统中，商品则被赋予同一编号，改变货位，编号也随之改变。

3. 发货管理

发货管理是配送中心物流管理的最后一个环节，目标是把商品准确而又及时地运送到各个连锁店铺。这便要求采用经济科学的配货方法和配货流程，在现代信息管理设备的辅助下，顺利完成这一管理职能。

4. 退货管理

退货管理是配送中心的一项重要的辅助服务活动，是配送中心提高客户服务水平的重要手段之一。

5. 信息管理

信息流系统和配送系统是结合在一起发生作用的，是支撑配送中心营运的两个车轮。

可以说，信息流系统流畅与否直接决定着配送系统的流畅程度，因为信息流直接沟通着配送中心与外界的商务联系，决定着订货与收货的精确性。

6. 财务管理

配送中心因类型不同承担着不同的财务职能，特别是总部授权进货或参与进货的配送中心，财务管理是其内部职能之一。

7. 设备管理

设备管理是指为使设备在寿命周期内的费用达到最经济的程度，而将用于机器设备的工程技术、设备和财务经营等其他职能综合起来考虑，从设备的选择开始，直到设备报废为止所开展的一系列管理工作。

扩展性学习案例

沃尔玛的配送中心

建立沃尔玛之初，公司就意识到有效的商品配送是保证公司达到最大销售量与最低成本的存货周转和费用的关键，而唯一使公司获得可靠供货保证及提高效率的途径，就是建立自己的配送组织，包括送货车队和仓库。

1969年，公司总部落成并建立了自己的第一个配送中心，当时即可集中处理公司所销商品的40%，大大提高了公司采购大量商品的能力。为支持公司业务发展，沃尔玛不断建设区域配送中心。20世纪90年代初，沃尔玛建成了26个区域配送中心，总面积为160万平方米，公司8万种商品中，85%的商品由这些配送中心处理，余下的15%仍由供应商直接送到分店。

在配送运作时，大宗商品通常经由铁路送至配送中心，再由公司卡车送至商场。每个商场一周收到1~3卡车货物，60%的卡车在返回配送中心途中，又沿途从供应商处运回购买的商品。这样的集中配送大大降低了运输成本。

沃尔玛的配送中心运行完全实现了自动化。每种商品都有条码，由十几千米长的传送带传送商品。激光扫描器和计算机追踪每件商品的储存位置及运送情况。配送中心全天连续作业，每个配送中心每年最少处理100亿次商品，99%的订单正确无误。

沃尔玛的配送系统中的商场通过计算机向总部订货，平均只要两天就可以到货。如果急需，则当天即可到货。沃尔玛商场的商品都是利用标准的条码进行管理，商品卖出的信息通过POS系统即时传递到总部和配送中心。在沃尔玛商场不需要用纸张处理订单，自动补货系统可自动向配送中心订货。

沃尔玛的供应商可以根据协议进入沃尔玛的信息系统，及时了解沃尔玛各时间段的销售情况，根据这些信息来决定生产，即时供应，降低了产品成本。

在上游供应商、沃尔玛配送中心、下游沃尔玛终端商场这个供应链中，进货产品与订货单、发货单完全一致，整车的商品卸载到商场无须检验。这些商品可以直接码放到货架上，大大节省了验货的时间和劳力，降低了成本。

在整个配送系统中，送货运输费用最高。为了节省送货费用、降低运输成本，沃尔玛的配送车辆全部是加长的大型货厢车辆，其长度超过了集装箱卡车。沃尔玛采用全球定位系统，调度室任何时候都能知道某一辆车的位置及距离商场的远近，大大提高了系统效率。

沃尔玛在运货方面的另一个运营策略就是整车装满货物，配送中心在供应商和商场之间，车辆在何时到达都是预先约好的，按照运行时间表进行供货运输或配送运输。供应商的供货运输也可以采用沃尔玛的运输系统，因为沃尔玛运输系统效率高、成本低，对商场需求批量大的货物可以从供应商处直接运抵商场。

可以说，配送业务管理的成功保证了沃尔玛公司从一个区域性连锁公司发展成为全国性连锁公司，而且一直保持低成本，业绩不断成长，因此其是公司成功的一个重要武器。

(资料来源：http：//wenku.baidu.com/view/066456ef5ef7ba0d4a733bf2.html)

思考题：

1. 沃尔玛成功的关键是什么？
2. 配送管理规划对整个连锁经营有何影响？

本 章 小 结

配送中心是一种以组织配送性销售或供应，执行实物配送为主要职能的末端物流节点设施。它通过有效组织配货和送货，使资源的终端配置得以完成，其功能包括备货、储存、装卸搬运、包装、分拣、配货、运输、流通加工、信息处理。配送中心的一般作业流程包括进货作业、搬运作业、储存作业、盘点作业、订单处理作业、拣选作业、补货作业、出货作业、配送作业等。

综 合 练 习

一、名词解释

物流　运输　配送　物流中心　配送中心

二、不定项选择题

1.（　　）不是准时制配送的主要条件。

A. 小批量　　　　　B. 多品种　　　　　C. 高频率　　　　　D. 经济路线

2. 配送服务的限制性因素主要是（   ）。
   A. 客户加权平均距离　　　　　　　B. 市场环境变化
   C. 配送中心规模　　　　　　　　　D. 配送中心设施条件

3. 配送中心服务范围不应由（   ）决定。
   A. 物流服务水平　　　　　　　　　B. 客户满意程度
   C. 现有物流设施　　　　　　　　　D. 物流作业的规划与设计

4. 降低配送成本的主要策略有（   ）。
   A. 混合法　　　　B. 合并法　　　　C. 个性化　　　　D. 标准化

三、判断题

1. 运输与配送在本质上一样，都是送货。　　　　　　　　　　　　　（   ）
2. 物流中心和配送中心都是进行物流配送的中心，没有区别。　　　　（   ）
3. 所有的配送中心都有流通加工功能。　　　　　　　　　　　　　　（   ）
4. 配送中心的岗位设置可以由配送中心的组织结构模式和作业流程来决定。（   ）
5. 配送中心在组织结构上主要有4种形式：功能型物流组织、地区型物流组织、混合型物流组织和矩阵型物流组织。　　　　　　　　　　　　　　　　　（   ）

四、简答题

1. 配送中心的基本功能是什么？
2. 简述配送中心的分类。
3. 在社会物流体系中，配送中心的重要作用是什么？
4. 简述配送中心与连锁经营的关系。
5. 简述配送中心管理的主要内容。
6. 简述配送中心的基本作用流程。

第2章 物流配送中心规划

【本章知识架构】

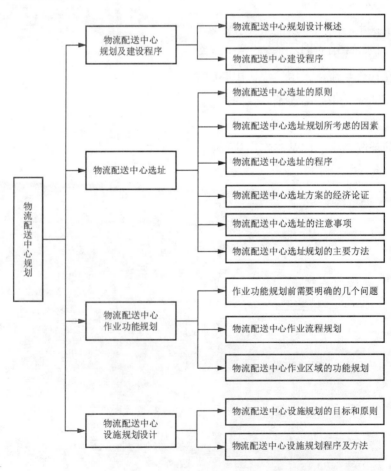

【本章教学目标与要求】

- 熟悉物流配送中心规划及建设程序。
- 理解物流配送中心选址的程序和步骤。
- 掌握物流配送中心选址规划的定性及定量方法。
- 了解物流配送中心作业流程功能规划及作业区域功能规划。
- 掌握物流配送中心设施规划的目标和原则。
- 理解物流配送中心设施规划的程序。
- 掌握物流配送中心设施规划的方法。

江苏烟草物流配送中心规划案例

江苏省烟草专卖局、中国烟草总公司江苏省公司分别组建于1983年7月、1982年11月，省局（公司）下辖13个市烟草专卖局（公司）、68个县级烟草专卖局（营销部）及江苏金丝利集团公司1个多元化经营企业。2004—2008年，累计实现销售收入（不含税）1860亿元，其中2008年实现销售收入415亿元，每年平均增幅超过10%；累计实现税利520亿元，其中2008年实现税利123.66亿，每年平均增幅超过20%。截至2008年年底，公司总资产365.02亿元，比2004年年底的162亿元增长了126%，每年平均增幅超过17%。其中，固定资产26.25亿元、流动资产317.39亿元，资产负债率5.15%，三项费用率4.07%。有从业人员12893人，其中聘用员工9801人。2009年上半年，全系统实现销量135.33万箱，同比上涨2.56%；实现税利80.53亿元，同比上涨16%，各项主要经济指标在全国烟草行业中均名列前茅。

物流发展战略是支持江苏烟草发展的重要支柱之一，物流配送网络建设是江苏烟草实现物流发展战略的重要部署，直接关系到整个业务体系的运行效率和经营成败。项目实施目的是通过构建一个在存货可得性、递送及时性、交付一贯性及运行成本等方面的表现处于行业较高水平的物流网络，从而获取市场竞争优势。

目前，江苏烟草还未完成覆盖全程的完善供应链体系的建立，零售户、烟草公司、卷烟厂间信息传递并不通畅，工商库存较大，交易成本较高。为此，江苏烟草计划采用先进的管理理念和管理手段，建立现代物流体系，降低成本、增加赢利、提升客户的满意度、增加产品的附加价值、形成供应链战略联盟，积极打造物流企业品牌和服务品牌，增强核心竞争力，率先跨入烟草强省行列。

在此项目背景下，江苏烟草决定启动省级和市级烟草物流配送中心规划与建设项目。新物流配送中心的规划工作涉及以下几个方面的工作。

（1）物流配送中心选址确认及园区布置规划。

（2）数据与工艺流程分析。

（3）物流配送中心策略访谈。

（4）物流量定义与 DC 物流能力定义。
（5）基于不同概念的方案开发。
（6）效率与成本因素分析，实施方案确定。
（7）方案细部规划。
（8）物流信息系统实施与系统集成顾问等物流配送中心全过程服务工作。

（资料来源：中国烟草网．江苏烟草物流配送中心规划案例．http://www.tobacco.gov.cn）

物流配送中心规划设计是一项系统工程，要符合合理化、简单化和机械化的设计原则。合理化就是各项作业流程具有必要性和合理性；简单化就是使整个系统简单、明确、易操作，并努力做到作业标准化；机械化就是规划设计的现代物流系统应力求减少人工作业，尽量采用机械或自动化设备来提高生产效率，降低人为可能造成的错误。

2.1 物流配送中心规划及建设程序

在物流配送中心的规划中，要注意研究配送中心的 7 个规划要素：E、I、Q、R、S、T、C。E 代表 Entry，指配送的客户；I 代表 Item，指配送的对象或客代表，或指配送商品的种类；Q 代表 Quantity，指配送商品的数量或库存量；R 代表 Route，指配送的路线；S 代表 Service，指物流的服务品质；T 代表 Time，指物流的交货时间；C 代表 Cost，指配送商品的成本或建造设施的投入。目前流行的 EIQ 分析方法，就是利用 E、I、Q 这 3 个物流关键要素，来研究物流配送中心的需求特性，为物流配送中心的规划提供依据。

2.1.1 物流配送中心规划设计概述

1. 物流配送中心规划设计内容

物流配送中心规划设计是一项系统工程，是一种长远的、总体的发展计划。它主要包括作业功能规划、选址规划、结构规划、物流设施规划和信息系统规划等多方面的内容，如图 2.1 所示。

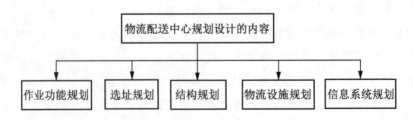

图 2.1 物流配送中心规划设计的内容

物流配送中心规划设计可以分为两类：一类是新建物流配送中心的规划；另一类是原有物流组织（企业）向物流配送中心转型的改造规划。新建物流配送中心规划又可以分为单个物流配送中心规划和多个物流配送中心规划两种形式。表 2－1 列出了这几种规划形式的特点和内容。

表2-1 物流配送中心规划设计的特点和内容

类型	新建		改造
	单个物流配送中心	多个物流配送中心	
委托方	新型企业、跨国企业、政府部门		大多为老企业
规划目的	高起点、高标准、低成本	成为企业、区域的新经济增长点或支柱产业	实现从传统物流组织向现代物流配送中心的转变
关键点	物流配送中心选址	系统构造、网点布局	进行作业流程、企业重组，充分利用现有设施
规划内容	作业功能规划 选址规划 结构规划 物流设施规划 信息系统规划	作业功能规划 物流网点布局规划 物流设施规划 物流网络信息系统规划 物流系统节点规划	企业发展战略研究 作业功能规划 结构规划 物流设施规划
规划原理与方法	物流学、统计学、物流系统分析、管理信息系统	物流学、统计学、物流系统分析、生产布局学、城市规划、管理信息系统	物流学、统计学、企业发展战略、物流系统分析、管理信息系统

2. 物流配送中心规划与设计的原则

规划与设计是物流配送中心建设的基础性工作，应当遵循以下各项原则。

1）动态原则

在物流配送中心规划时，应在详细分析现状及对未来变化做出预测的基础上进行，而且要有相当大的柔性，以在一定范围内能适应数量、用户、成本等多方面的变化。

2）竞争原则

物流活动是服务性、竞争性非常强的活动，如果不考虑市场机制，而单纯从路线最短、成本最低、速度最快等角度考虑问题，一旦布局完成，便会导致垄断的形成和服务质量的下降，甚至由于服务性不够而在竞争中失败，因此，物流配送中心的布局应体现竞争。这一条原则对于政府部门进行建设规划尤其重要。

3）低运费原则

物流配送中心必须组织运输与配送活动，因而运费原则具有特殊性。由于运费和运距、运量有关，所以低运费原则常简化成最短运距和运量的问题，通过数学方法求解以作为物流配送中心布局的参考。

4）交通便利原则

物流配送中心的运输配送活动领域在中心之外，这一活动需依赖于交通条件。交通便利原则的贯彻包括两个方面：一是布局时要考虑现有交通条件；二是布局物流配送中心时必须把交通作为同时布局的内容来处理，只布局物流配送中心而不布局交通，有可能会使物流配送中心的布局失败。

5）统筹原则

物流配送中心的层次、数量、布局是与生产力布局、消费布局等密切相关的，互相交织且互相促进和制约的。设定一个非常合理的物流配送中心布局，必须统筹兼顾、全面安排，既要做微观的考虑又要做宏观的考虑。

3. 物流配送中心规划设计的步骤

物流配送中心规划设计是一件复杂的工作，其大体步骤如图 2.2 所示。

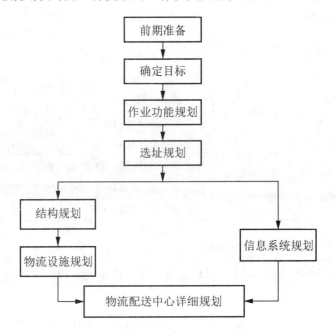

图 2.2　物流配送中心规划设计步骤

1）前期准备

前期准备工作是为物流配送中心规划设计提供必要的基础资料，常采用的调研方法包括网上调研、图书资料调研与现场调研等，其主要包括以下内容。

（1）收集物流配送中心建设的内部条件、外部条件及潜在客户的信息。

（2）分析物流配送中心经营商品的品种、货源、流量及流向。

（3）调查物流服务的供需情况、物流行业的发展状况等。

2）确定目标

确定物流配送中心建设的目标是物流配送中心规划设计的第一步，主要是依据前期准备工作的资料，确定物流配送中心建设的近期、中期和远期目标。

3）作业功能规划

作业功能规划是将物流配送中心作为一个整体的物流系统来考虑，依据确定的目标，规划物流配送中心为完成业务而应该具备的物流功能。物流配送中心作为一种专业化的物流组织，不仅需要具备一般的物流功能，还应该具备适合不同需要的特色功能。物流配送中心的作业功能规划首先需要针对不同的物流配送中心确定相应的作业流程，进而完成作业区域的功能规划,最后对工作区的作业能力进行规划。

4)选址规划

物流配送中心拥有众多建筑物、构筑物及固定机械设备,一旦建成很难搬迁,如果选址不当,将付出长远代价,因而对于物流配送中心的选址规划需要予以高度重视。选址规划主要包括以下内容:分析影响因素,如自然环境、经营环境和基础设施状况等;选择选址方法,根据实际情况,一般采用定性和定量相结合的方法;筛选选址方案,确定选址结果。

5)结构规划

物流配送中心作业功能规划完成后,根据各作业流程、作业区域的功能及能力规划进行空间区域的布置规划和作业区域的区块布置工作,标识各作业区域的面积和界限范围,以及其他建筑设施的规划设计。这部分工作主要包括以下内容:区域布置规划、库房设计、装卸货平台设计、货场及道路设计和其他建筑设施规划。

6)物流设施规划

物流配送中心的设施设备是保证物流配送中心正常运作的必要条件,设施设备规划涉及建筑模式、空间布局、设备安置等多方面的问题,需要运用系统分析的方法求得整体优化,最大限度地减少物料搬运、简化作业流程,创造良好、舒适的工作环境。在传统物流企业的改造中,设施设备规划要注意企业原有设施设备的充分利用和改造等工作。这样可以尽可能地减少投资。物流配送中心的物流设施规划一般包括以下工作:原有设施设备分析(改造型物流配送中心)、物流配送中心的功能分区、设施的内部布局、设备规划、公用设施规划。

7)信息系统规划

信息化、网络化、自动化是物流配送中心的发展趋势,信息系统规划是物流配送中心规划的重要组成部分。物流配送中心的信息系统规划既要考虑满足物流配送中心内部作业的要求,有助于提高物流作业的效率;也要考虑同物流配送中心外部的信息系统相连,方便物流配送中心及时获取和处理各种经营信息。一般来讲,信息系统规划包括两部分:物流配送中心管理信息系统的功能设计,物流管理信息系统的关键技术与应用。

2.1.2　物流配送中心建设程序

物流配送中心的筹划、规划、建设及运营是一个复杂的系统工程,需要众多的专业组织和人才共同完成。作为一个基本建设项目,其规划建设必须按照国家或地方的行政法规及有关规定,遵循一定的建设程序。

建设程序是指建设项目从规划、选项、评估、决策、设计、施工到竣工验收、投产使用的全过程。它是在总结工程建设的实践经验基础上制定的,反映了项目建设的客观内在规律,无论政府或企业都必须共同遵守。它把基本建设过程分为若干个阶段,规定了每个阶段的工作内容、原则、审批程序等，是确保工程项目按设计建设的重要保证。

由于各地政府在具体执行时的规定，以及各主管部门之间的协调程度不尽相同，因此各地的建设程序也存在细微的差别，如立项与环境评价的顺序、立项与选址的顺序等，需根据各地具体规定进行操作。

根据上海、深圳、青岛等沿海发达地区的普遍做法，一个物流配送中心的规划及建设通常需要经过3个阶段：项目前期工作阶段、施工阶段、竣工验收及生产准备阶段。其中项目前期工作阶段日益受到各方重视。下面从企业运营角度介绍一个物流配送中心的规划建设需要遵循的具体程序，这里既包括行政法规所规定的建设程序，也包括企业在每个阶段所要做的工作。

1. 项目前期工作阶段

为了防止盲目重复建设、保证工程质量和提高投资效益，中国政府一方面积极推进投融资决策体制改革，一方面加强了建设项目的审批管理。为此，国家计委1999年特别发出《关于重申严格执行基本建设程序和审批规定的通知》，通知重申严格执行基本建设程序的要求，尤其是在建设项目前期工作阶段，必须严格按照现行建设程序执行。现行基本建设前期工作程序包括：项目建议书、可行性研究报告、初步设计、开工报告等工作环节。

1）形成建设意向

政府或工商企业根据自己的职业判断和物流业务的增长变化情况，提出拟建立物流配送中心的设想。政府通常会选定一个投资主体负责具体的建设工作。建设意向形成后，建设单位会成立一个项目建设筹备组（以下简称筹备组）。

2）初步选址

筹备组根据本地区用地现状，结合物流配送中心业务实际需要等情况，进行初步选址，报请政府土地部门，由土地部门出具选址初步意见书。

3）编制项目建议书

项目建议书是要求建设某一工程项目的建议性文件，它是物流配送中心项目能否被国家或地方政府立项建设的最基础和最重要的工作。在经过广泛调查研究，弄清项目建设的技术、经济条件后，通过项目建议书的形式向国家或地方政府推荐物流配送中心项目。编制项目建议书的主要依据应是国民经济和社会发展规划，以及该区域的物流发展规划。

项目建议书阶段的主要工作是从国家或地方宏观经济社会发展及物流业发展需要出发，分析本项目建设的必要性，是否与国家的政策、方针和计划相吻合，所需资金、人力的可行性，是否具备了建设的条件等。

4）环保影响评价

由于可持续发展战略已经作为一项国策深入人心，环境保护问题日益受到各级政府的重视，环境影响评价工作已经成为基础建设项目必备的手续。在项目建议书被批准后，建设单位需编制《建设项目环境影响报告》,上报环保部门,由环保部门办理环保影响评价手续。

5) 编制项目的可行性研究报告并论证

项目立项后并非一定要建设,下一步工作是在进一步做勘测、调查、取得可靠资料的基础上,重点对物流配送中心项目的技术可行性和经济合理性进行研究和论证,包括物流配送中心的需求度,已有客户群和潜在客户群,市场竞争状况,价格,成本收益分析,投资回收期,物流配送中心的大体布局、结构,可能采用的设施、设备,物流配送中心的功能设定等内容。经过全面分析论证和多方案比较,确定物流配送中心建设项目的建设原则、建设方案,作为下阶段工程设计的依据。

可行性研究报告的编制通常由建设单位委托具有相应资质的规划、设计和工程咨询单位承担。也可由筹备组组织有关物流专家、市政建设专家、建筑设计专家、设备专家、运输配送专家及信息技术人员共同组成编制小组,进行编制。

6) 筹资及申请投资计划

物流配送中心项目可行性研究报告经研究论证,获得批准后,建设单位认为可行并经最高决策者确定之后,立即进入筹资阶段。对于公共的大型综合物流配送中心,需要政府和企业共同投资,为尽快获得政府投资,建设单位应主动协调计划及财政部门,申请政府投资计划。

7) 报建

建设单位在工程项目可行性研究报告被批准后,可以向建设主管部门领取并认真填写好《工程建设项目报建表》。持计委立项批文、环保部门审批手续等必要材料,申请办理报建手续。建设主管部门对符合条件的项目发放《工程建设项目报建证》。

8) 土地确权

对于购买土地的项目,建设单位向规划部门领取《建设用地申报表》并认真填写,然后持《工程建设项目报建证》和选址意见书正式申请办理土地购买手续。规划部门根据城市规划的要求,向用地单位提供规划设计条件,且要标明规划设计条件的提出及用地红线图的出处,并审核用地单位提供的规划设计总图;对符合条件者核发《建设用地规划许可证》。按规定应由上级规划行政主管部门核发《建设用地规划许可证》的由上级部门核发。对于租用土地的建设单位需与土地所有者签订合同,在不改变用地性质的前提下,获得规划设计条件;如果用地性质变化,仍需向规划部门申请变更用地性质。

9) 规划设计

按照国家计委的相关要求,规划设计作为项目前期工作的必要步骤必须遵循和完成。规划设计的审批各地规定不同,有的由计划部门审批,有的由行业主管部门审批。在进行规划设计时,往往需要委托有资质的设计单位按批准的可行性研究报告对项目工程做具体设计。规划设计确定总体布局、主要工程的结构尺寸、施工方法、物流设施设备的选型及工程进度安排等;计算工程量、劳动力、投资概算等主要技术经济指标。对于政府参与投资的项目，其设计概算要求不得超过可行性研究报告投资估算的10%，如果超过则需重新报批项目的可行性研究报告。

10）施工图设计

这个程序通常与规划设计合并。建设单位委托有资质的设计单位进行施工图设计。然后携带规划设计条件、规划设计文件、施工图设计方案、用地红线图和《工程建设项目报建证》到建设部门申请办理有关手续。建设部门对符合要求的施工图发放"建设工程施工图审查验证签"。

11）办理开工报告

办理开工报告之前需根据地方政府的有关规定，到文物、水利、工业安全、环保、园林、人防、消防、交管、卫生、教育等部门办理有关手续。手续的繁杂性与地方政府的规定有关，目前有的地区开设了一站式服务大厅，可以快速办完手续。以上手续办完后，建设单位向建设主管部门申请开工报告。对符合要求的项目，建设主管部门核发《建设工程开工证》。

2. 项目施工阶段

项目施工阶段包括施工准备工作和施工期间的管理工作。

1）施工准备工作

施工准备工作通常是在申请开工报告之前完成的，包括实施组织准备、技术措施准备和施工条件准备。

2）施工期间的管理工作

项目各项准备工作结束后，特别是项目的年度建设资金已落实的情况下，由建设单位组织项目的实施，由施工单位进行项目施工，由监理工程师控制工程进度、质量和投资，以保证工程项目按设计进度、质量标准并在投资预算内完成建设。项目业主、设计单位、施工单位、监理单位、质量监督单位等都要各负其责，共同努力使项目能正常实施。这其中涉及政府部门的工作通常有施工放线、固定资产统计报告等。

3. 竣工验收及生产准备阶段

项目施工完成后，建设单位需组织竣工验收，通常包括工程质量等级评定、竣工验收、 竣工结算、工程资料归档、产权证件的办理、生产准备等工作。

上述工作完成后，建设完成的物流配送中心就可正式投入运营。

2.2 物流配送中心选址

物流配送中心选址是指在一个具有若干供应点及若干需求点的经济区域内，选一个地址设置物流配送中心的规划过程。较佳的物流配送中心选址方案是商品通过物流配送中心汇集、中转、分发，直至输送到需求点的全过程的总体效益最好。

2.2.1 物流配送中心选址的原则

物流配送中心的选址过程应同时遵守以下 4 项原则。

1. 适应性原则

物流配送中心的选址应与国家或地区的经济发展方针、政策相适应,与我国物流资源分布和需求分布相适应,与国民经济和社会发展相适应。

2. 协调性原则

物流配送中心的选址应将国家或地区的物流网络作为一个大系统来考虑,使物流配送中心的设施设备在地域分布、物流作业生产力、技术水平等方面与整个物流系统协调发展。

3. 经济性原则

在物流配送中心的发展过程中,有关选址的费用主要包括建设费用及物流费用(经营费用)两部分。物流配送中心的选址定在市区、近郊区或远郊区,其未来物流活动辅助设施的建设规模及建设费用,以及运费等物流费用是不同的,选址时应以总费用最低作为物流配送中心选址的经济性原则。

4. 战略性原则

物流配送中心的选址应具有战略眼光:一是要考虑全局,二是要考虑长远。局部要服从全局,眼前利益要服从长远利益,既要考虑目前的实际需要,又要考虑日后发展的可能。

2.2.2 物流配送中心选址规划所考虑的因素

1. 经济环境因素

1)货流量的大小

物流配送中心设立的根本目的是降低社会物流成本,如果没有足够的货流量,物流配送中心的规模效益便不能发挥,所以物流配送中心的建设一定要以足够的货流量为条件。

2)货物的流向

货物的流向决定着物流配送中心的工作内容和设施设备配备。对于供向物流来说,物流配送中心主要为生产企业提供原材料、零部件,应当选择靠近生产企业的地点,便于降低生产企业的库存,随时为生产企业提供服务,同时还可以为生产企业提供暂存或发运工作。对于销向物流来说,物流配送中心的主要职能是将产品集结、分拣,配送到门店或用户手上,故应选择靠近客户的地方。

在货物的流向分析上要考虑客户的分布和供应商的分布。

（1）客户的分布。为了提高服务水准及降低配送成本，物流配送中心多建在城市边缘接近客户分布的地区，如零售商型配送中心，其主要客户是超市和零售店，这些客户大部分是分布在人口密集的地方或大城市，物流配送中心选址要接近这样的城市或区域。

（2）供应商的分布。供应商的分布地区也是物流配送中心选址应该考虑的重要因素。因为进入物流的商品全部是由供应商所供应的，如果物流配送中心愈接近供应商，则其商品的安全库存可以控制在较低的水平上。由于我国国内一般进货的输送成本是由供应商负担的，因此这个因素往往不受到重视。

3）城市的扩张与发展

物流配送中心的选址既要考虑城市扩张的速度和方向，又要考虑节省分拨费用和减少装卸次数。中国物资储运总公司的许多仓库，20世纪70年代以前处于城乡结合部，不对城市产生交通压力，但随着城市的发展，这些仓库现处于闹市区，大型货车的进出受到管制，专用线的使用也受到限制，不得不选择外迁。但凡道路通达之后，立即就有住宅和工商企业兴起，城市实际上沿着道路一块一块发展着、迁徙着，物流配送中心也不是固守一地的。

4）交通条件

交通的条件是影响物流的配送成本及效率的重要因素之一，交通运输的不便将直接影响车辆配送的进行，因此必须考虑对外交通的运输通路，以及未来交通与邻近地区的发展状况等因素。物流配送中心选址宜紧临重要的运输线路，以方便配送运输作业的进行。考核交通方便程度的条件有高速公路、国道、铁路、快速道路、港口、交通限制规定等几种。一般物流配送中心应尽量选择在交通方便的高速公路、国道及快速道路附近的地方，如果以铁路及轮船来当运输工具，则要考虑靠近火车编组站、港口等。对于综合型物流配送中心，一定要选择在两种以上运输方式的交汇地，如港口水运、公路运输、铁路运输、航空运输的各种组合。对于港口物流配送中心，还要选择内河运输与海运的交汇地，既要满足吃水较深、能停靠大型货船的需要，又要克服内河泥沙淤积、河道疏通的困难；对于城市物流配送中心，要选择干线公路或高速公路与城市交通网络的交汇地，还要拥有铁路专用线或靠近铁路货运编组站。

5）经济规模的要求

一般认为物资年吞吐量小于30万吨，设置铁路专用线不经济。当物流配送中心仓库位于铁路编组站附近，都能有较好的车源提供。仓库距编组站在2km以内不仅基建费用少，而且管理营运费用也少，营运方便。

6）人力资源条件

在仓储配送作业中，人力资源是重要的资源需求。由于一般物流作业仍属于劳力密集型的作业形态，在物流配送中心内部必须要有足够的作业人力，因此在决定物流配送中心位置时必须考虑员工的来源、技术水准、工作习惯、工资水准等因素。如果物流配送中心的选址位置附近人口不多且交通又不方便时，则基层的作业人员不容易招募；如果附近地区的薪资水准太高，也会影响到基层的作业人员的招募。因此必须调查该地区的人力、上班交通及薪资水准等评估条件。

2. 自然环境因素

1）地理因素

市镇的规模应该与物流配送中心的大小相适应。地形对仓库基建投资的影响也很大，地形坡度应为1%~4%，在外形上可选择长方形，不宜选择狭长或不规则形状；库区设置在地形高的地段，容易保持物资干燥，减少物资保管费用；临近河海地区，必须注意当地水位，不得有地下水上溢；土壤承载力要高，避免地面以下存在淤泥层、流沙层、松土层等不良地质条件，以免受压地段造成沉陷、翻浆等严重后果。另外由于物流配送中心作业比较繁忙，容易产生许多噪声，所以应远离闹市或居民区。物流配送中心周边不应有产生腐蚀性气体、粉尘和辐射热的工厂，至少应处于这些企业的上风方向。还应与易发生火灾的单位保持一定的安全距离，如油库、加油站、化工厂等。

2）气候因素

在物流用地的评估当中，自然条件也是必须考虑的，事先了解当地自然气候环境有助于降低建设的风险。例如在自然环境中有湿度、盐分、降雨量、风向、风力、瞬时风力、地震、山洪、泥石流等几种自然现象，有的地方靠近山边湿度比较高，有的地方湿度比较低，有的地方靠近海边盐分比较高，这些都会影响商品的储存品质，尤其是服饰产品或3C产品等对湿度及盐分都非常敏感。另外洪水、台风、地震等自然灾害，对于物流配送中心的影响也非常大，必须特别留意并且避免被侵害。选址时要避开风口，因为在风口建设会加速露天堆放商品的老化。

3. 政策环境因素

政策环境条件也是物流配送中心选址评估的重点之一，尤其是物流用地取得困难的现在，如果有政府政策的支持，则更有助于物流业者的发展。政策环境条件包括企业优惠措施（土地提供、减税）、城市规划（土地开发、道路建设计划）、地区产业政策等。目前，我国许多城市建立了现代物流园区，其中除了提供物流用地外，也有关于税赋方面的减免，有助于降低物流业者的运营成本。另外，还要考虑土地大小与地价，在考虑现有地价及未来增值状况下，配合未来可能扩充的需求程度，决定最合适的用地面积大小。

2.2.3 物流配送中心选址的程序

物流配送中心选址规划的程序主要包括以下几个步骤。

1. 选址约束条件分析

选址规划时，首先要明确建立物流配送中心的必要性、目的和意义，然后根据物流系统的现状进行分析，制订物流系统的基本计划，确定所需要了解的基本条件，以便大大缩小选址的范围。

1）需求条件

主要分析物流配送中心的服务对象——顾客的现在分布情况，对其未来分布情况进行预测，分析货物作业量的增长率以及物流配送的区域范围。

2）运输条件

应靠近铁路货运站、港口和公共车辆终点站等运输节点，同时也应靠近运输业者的办公地点。如北京市的四道口蔬菜、果品配送中心就建在铁路货运站的旁边，并且紧靠公路，交通运输十分便利。

3）配送服务的条件

根据客户要求的到货时间、发送频率等计算从物流配送中心到客户的距离和服务范围。

4）用地条件

是利用现有土地还是重新征用土地，重新征用土地的成本有多大，地价允许范围内的用地分布情况如何？

5）区域规划

根据区域规划的要求，了解选定区域的用地性质，是否允许建立物流配送中心。

6）流通职能条件

商流职能是否要与物流职能分开？物流配送中心是否也附有流通加工的职能？考虑到通行方便，是否要限定物流配送中心的选址范围？这些均是物流配送中心选址要考虑的流通职能条件。

7）其他

不同的物流类别有不同的选址要求。如货物的冷冻或保温保管、危险品的保管等，对选址都有特殊要求。

2. 收集整理资料

选址的方法一般是通过成本计算，也就是将运输费用、配送费用及物流设施费用模型化，根据约束条件及目标函数建立数学公式，从中寻求费用最小的方案。但是，采用这样的选址方法，寻求最优的选址解时，必须对业务量和生产成本进行正确的分析和判断。

1）掌握业务量

选址时，应掌握的业务量主要包括工厂到物流配送中心的运输量、向顾客配送的货物量、物流配送中心保管的数量和配送路线上的业务量等。由于这些数量在不同时期会有种种波动，因此，要对所采用的数据进行研究，除了对现状的各项数据进行分析外，还必须确定中心运行后的预测数据。

2）掌握费用

选址时，应掌握的费用主要包括工厂至物流配送中心之间的运输费、物流配送中心到顾客的配送费和与设施、土地有关的费用及人工费、业务费等。由于运输费和配送费会随着业务量和运送距离的变化而变动,所以必须对每一吨千米的费用进行(成本)分析。

3)其他

用地图表示顾客的位置、现有设施的位置和工厂的位置,并整理各候选地址的配送路线及距离等资料;与成本分析结合起来,综合考虑必备车辆数、作业人员数、装卸方式、装卸费用等。

3. 地址筛选

在对所取得的上述资料进行充分的整理和分析、考虑各种因素的影响并对需求进行预测后,就可以初步确定选址范围,即确定初始候选地点。

4. 定量分析

针对不同情况运用运筹学的原理,选用不同的模型进行计算,得出结果。如对单一物流配送中心进行选址,可以采用重心法等;如果对多个物流配送中心进行选址,可采用鲍摩瓦尔夫法、CFLP法等。

5. 结果评价

结合市场适应性、购置土地条件、服务质量等,对计算所得结果进行评价,看其是否具有现实意义及可行性。

6. 复查

分析其他影响因素对计算结果的相对影响程度,分别赋予它们一定的权重,采用加权法对计算结果进行复查。如果复查通过,则原计算结果即为最终结果;如果复查发现原计算结果不适用,则返回地址筛选阶段,重新分析,直至得到最终结果为止。

7. 确定选址结果

在用加权法复查通过后,则计算所得的结果即可作为最终的选址结果。但是所得解不一定为最优解,可能只是符合条件的满意解。

2.2.4　物流配送中心选址方案的经济论证

物流配送中心的建设,尤其是大型配送中心的建设,需要较大规模的投资,在选址方案确定之后,还需要对方案进行经济论证物流配送中心选址的经济论证,主要包括以下几个方面的内容。

1. 投资额的确定

物流配送中心的投资主要包括以下几个方面。

1)预备性投资

物流配送中心是占地较大的项目,因此在基本建设主体投资之前,需有征地、拆迁、市政、交通等预备性的投资,这是一笔颇大的投资,尤其在一些准黄金地域,这项投资可超过总投资额的50%。

2）直接投资

用于物流配送中心项目主体的投资，如物流配送中心各主要建筑物建设、货架、叉车、分拣设备的购置及安装费，信息系统的购置安装费，自有车辆的购置费等。

3）相关投资

与基本建设及未来经营活动有关的项目，如燃料、水、电、环境保护等，在不同地区都需要一定的投资。在有些地区，相关投资可能很大，如果只考虑直接投资而忽视相关投资，投资估计可能发生偏差。

4）运营费用

不同物流配送中心的选址也取决于配送产品、配送方式和用户状况，这些因素会造成在运营费用上有较大的差别，在布局时必须重视这些投资因素。有时候建设费用虽低，但运营费用高，在投资中如果不考虑运营费用，则投资效果往往会判断不准。

2. 投资效果分析和确定

物流配送中心的选址必须在准确掌握投资额度之后，确认其投资效果，而且以投资效果来指导今后的决策。投资效果问题归根结底是对投资效益的估算。物流配送中心和一般产品生产企业最大的区别在于，物流配送中心没有一定数量、一定质量、一定价格的产品，因而收益计算具有模糊性，此外，在经营活动中，人的因素、物的因素、环境的因素等不确定因素很多，所以在计算效益时需要对用户、市场占有率等若干方面做不同层次的估计，分别组成不同方案进行比较。

2.2.5　物流配送中心选址规划的主要方法

物流配送中心的地址几乎决定了整个物流系统的模式、结构和形状，物流配送中心选址决策包括设施的数量、位置和规模，这方面的研究成果有很多，这里主要介绍几种常用的方法。

1. 定性选址方法

1）加权因素比较法

这种方法的特点是可以把提供比较的各项因素进行加权综合比较，充分考虑了各种因素对方案的影响程度，因此是一种比较通用的方法。关键是要选择好比较的因素，合理地确定各个因素的权数和客观地对每个方案的各个因素打分。

加权因素评价的程序如下。

（1）明确要评价的方案。包括以下几个步骤。

① 选择和确定要评价的方案，用 A、B、C 等字母作为各个方案的标志，并对每个方案写出简短说明。方案一般不超过 5 个。

② 使每个评分人员持有直观的方案和书面说明，要尽可能地使他们清楚地了解方案的内容。

（2）选定考虑的因素。包括以下几个步骤。

① 确定需要比较的因素及其标准或目标，避免含糊不清。

② 使评分人员对各因素的含义有清楚的理解和认同。

（3）准备评分表。表格形式见表 2-2。

表 2-2 加权因素评价表

项目名称：

方案简要说明：

A

B

C

评价人：　　　　日期：

序号	因素	权数	方案 A		方案 B		方案 C	
			等级	分数	等级	分数	等级	分数
	合计							

① 在表格的左侧竖向栏列出各个因素。

② 在表格的顶部横向栏列出权数及每个方案的标志。

（4）确定每个因素的相对重要性。包括以下几个步骤。

① 选出最重要的因素并给以权数值 10。

② 以最重要的因素为基准，定出其他每个因素的相对重要性权数值（小于 10）。

③ 把各权数值填在表格上。

（5）给每个方案每个因素评分。包括以下几个步骤。

① 用字母（A、E、I、O、U、X）对每个方案的每个因素评出重要性等级，并填入等级的方格内。

② 将每个重要性等级值（$A=4$，$E=3$，$I=2$，$O=1$，$U=0$，$X=-1$）与相应的权数相乘的乘积，填入分数的方格内。

（6）计算加权分求出每个方案的加权分之和，填入合计栏内。评价的结果可能出现以下几种情况。

① 某个方案明显突出，总分明显高于其他方案，该方案就可以被承认为最佳方案。

② 两个方案的结果很接近，应当对这两个方案再行评价。评价时增加一些因素，并对权数和等级做更细致的研究，或邀请更多的人员参加评价。

③ 若有的方案有可改进之处，例如注意到有两三个最佳方案中的某些得分很低，就要集中精力对方案进行改进。

④ 如可能，可将两个或更多的方案进行组合，形成新的方案，再进行评分。

评分可以由设施规划人员单独进行，也可以与其他人员共同进行。当采用共同评分的方法时，有两种方式：一是每人各自评分，然后进行对比；二是通过集体讨论评分。通常以前者为好，因为各自评分的结果一般有半数以上的因素得分相同，可以把讨论局限在有差异的方面。共同评分有助于避免主观因素和个人偏爱，协调不同意见，参加共同评分的人员最好包括管理人员和运行人员，但人数不宜过多。

2）德尔菲法

德尔菲法又称专家调查法，起源于20世纪40年代末期，最初由美国兰德公司使用，很快就在世界上盛行起来。德尔菲法常用于预测工作，也可用于对设施选址进行定性分析，与其他专家法的区别在于用"背对背"的判断代替"面对面"的会议，即采用函询的方式，依靠调查机构反复征求每个专家的意见，经过客观分析和多次征询反复，使各种不同意见逐步趋向一致。

(1) 德尔菲法的具体实施步骤如下。

① 组成专家小组，按照设施选址所需要的知识范围确定专家，人数一般不超过20人。

② 向所有专家提出设施选址的相关问题及要求，并附上各选址方案的所有背景材料，同时让专家提出所需材料清单。

③ 各个专家根据他们所收到的材料，提出自己的意见。

④ 将专家的意见汇总，进行对比，并将材料反馈给各个专家，专家根据反馈材料修改自己的意见和判断。这一过程可能要进行三四次，直到每一个专家不再改变自己的意见为止。

(2) 德尔菲法的优缺点如下。

这种方法的优点如下。

① 匿名性。避免出现迷信权威或因慑于权威而不敢发言的现象。

② 反馈性。进行多次反馈征询意见，有利于提高调查的全面性、可靠性和客观性。

③ 对调查结果量化。可根据需要从不同角度对所得结果进行统计处理，提高了调查的科学性。

这种方法的缺点如下。

① 缺乏客观标准，这种方法主要适用于缺乏历史资料或未来不确定因素较多的场合。

② 由于汇总后的反馈材料水准不高，或不了解别的专家所提供的资料，有可能做出趋近中位数或算术平均数的结论。

③ 反馈次数多，或反馈时间较长，有的专家可能因工作忙或其他原因而中途退出，影响调查的准确性。

2. 定量选址方法

1）重心法

重心法将物流系统中的需求点和资源点看成是分布在某一平面范围内的物流系统，各点的需求量和资源量分别看成是物体的重量，物体系统的重心作为物流网点的最佳设置点，利用求物体系统重心的方法来确定物流网点的位置。

（1）重心法计算公式。重心法首先要在坐标系中标出各个地点的位置，目的在于确定各点的相对距离。坐标系可以随便建立。在国际选址中，经常采用经度和纬度建立坐标，然后，根据各点在坐标系中的横纵坐标值求出成本运输最低的位置坐标 X 和 Y，重心法计算公式为

$$C_x = \frac{\sum_{i=1}^{n} D_{ix} V_i}{\sum_{i=1}^{n} V_i}$$

$$C_y = \frac{\sum_{i=1}^{n} D_{iy} V_i}{\sum_{i=1}^{n} V_i}$$

式中：

C_x——重心的 x 坐标；

C_y——重心的 y 坐标；

D_{ix}——第 i 个地点的 x 坐标；

D_{iy}——第 i 个地点的 y 坐标；

V_i——运到第 i 个地点或从第 i 个地点运出的货物量。

最后，选择求出的重心点坐标值对应的地点作为要布置设施的地点。

（2）重心法的迭代计算步骤。重心法迭代计算步骤如下。

① 给出配送中心的初始地点 (x_0^0, y_0^0)。

② 利用公式，计算与 (x_0^0, y_0^0) 相应的总发送费 H_0。

③ 把 (x_0^0, y_0^0) 分别代入公式中，计算流通中心的改善地点 (x_0^1, y_0^1)。

④ 利用公式，计算与 (x_0^1, y_0^1) 相对应的总发送费 H^1。

⑤ 把 H^1 与 H^0 进行比较：如果 $H^1 > H^0$，则说明 (x_0^0, y_0^0) 就是最优解；如果 $H^1 < H^0$，则返回③进行计算，再把 (x_0^1, y_0^1) 代入公式中，计算流通中心的再改善地点 (x_0^2, y_0^2)，这样反复计算下去，直到 $H^n > H^{n-1}$，求出最优解 (x_0^*, y_0^*)。

由上述可知，应用重心法的关键是给出流通中心的初始地点 (x_0^0, y_0^0)。一般做法是将各零售店之间的重心点作为初始地点（故叫重心法），也可采用任选初始地点的方法，还可以根据各零售店的位置和物料需要量的分布情况选取初始地点。初始地点的确定方法可以不同，没有一般的确定初始地点的规则。

（3）重心法的优缺点。重心法适用于配送范围较小，只设立一个配送中心时的情况。重心法的优点为不加固定限制，有自由选择的长处；模型简单，工作量少，可以较快地求出配送中心选址的大体位置。重心法的缺点表现在自由度过大；迭代法计算求得的最佳地点实际上往往很难找到；计算量较大；将运输距离用坐标来表示，并认为运输费用是两点

间直线距离的函数,这与实际情况有较大的差距。

(4) 重心法选址示例。

【例2.1】 假设物流设施选址范围内有5个需求点,其坐标、需求量和运输费率见表2-3。现在设置一个物流设施,问物流设施的最佳位置为何处?

表2-3 需求点的需求状况

需 求 点	坐 标	需求量(w_j)	运输费率(h_j)	综 合 权 重
A	(3, 8)	2000	0.5	1000
B	(8, 2)	3000	0.5	1500
C	(2, 5)	2500	0.75	1875
D	(6, 4)	1000	0.75	750
E	(8, 8)	1500	0.75	1125

迭代结果见表2-4。

表2-4 迭代结果列表

迭 代 次 数	x^k	x^k	总 运 费
0	5.160000	5.180000	21471.002980
1	5.037691	5.056592	21434.215810
2	4.990259	5.031426	21427.110404
3	4.966136	5.031671	21426.140542
4	4.950928	5.036766	21425.686792
⋮	⋮	⋮	⋮
59	4.910110	5.057677	21425.136231
60	4.910110	5.057677	21425.136231

由此得出,该物流设施的最佳位置的坐标为(4.910110,5.057677),在此坐标位置建设该物流设施,能保证到5个需求地点的总运费最省。

2) 0-1整数规划法

(1) 0-1整数规划方法选址问题的提出。

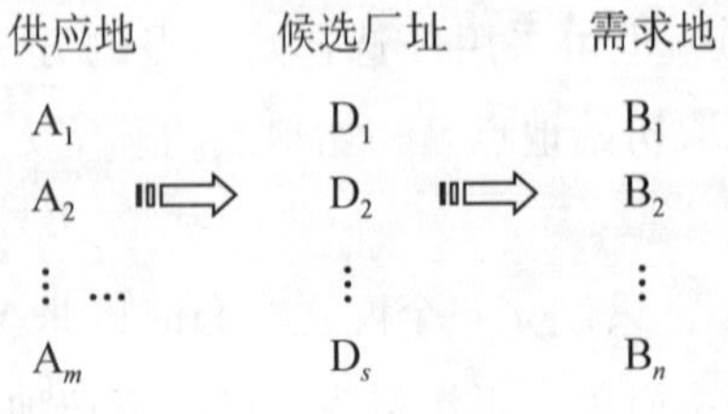

供应地	候选厂址	需求地
A_1	D_1	B_1
A_2 ⇨	D_2 ⇨	B_2
⋮ ...	⋮	⋮
A_m	D_s	B_n

图2.3 选址示意图

建设一个新工厂,应合理选择厂址。假设厂址候选地点有s个,分别用D_1、D_2、……表示;原材料、燃料、零配件的供应地有m个,分别用A_1、A_2、……表示,其供应量分别用P_1、P_2、……表示;产品需求地有n个,分别用B_1、B_2、……表示,其需求量分别用Q_1、Q_2、……表示,如图2.3所示。

所谓选址问题就是从s个候选厂址(库址)中

选取一个最佳地址建库，使物流费用达到最低。设 C_{ij} 表示从 A_i（$i=1, 2, \cdots, m$）到 D_j（$j=1, 2, \cdots, s$）的每单位运输量的运输成本；d_{jk} 表示从 D_j 到 B_k（$k=1, 2, \cdots, n$）的每单位运输量的运输成本。引进变量 $x = (x_1, x_2, \cdots, x_s)$，其中

$$x_j = \begin{cases} 0 & 不在 D_j 建厂（建库）\\ 1 & 在 D_j 建厂（建库）\end{cases}$$

那么选址问题表述为

$$\min f(x) = \sum_{j=1}^{s} \left(\sum_{i=1}^{m} c_{ij} P_i + \sum_{k=1}^{n} d_{jk} Q_k \right) \cdot x_j$$

满足约束条件

$$\sum_{j=1}^{s} x_j = 1$$

这是一个线性规划问题，此问题的求解方法比较简单。从目标函表达式的右边可以看出，如果括号中的算式值能计算出来，问题就基本上解决了。事实上，如果 s 个算式值的最小者对应的下标为 r，那么可取 $x_r = 1$。其他 $x_j = 0$，便是最优解，D_r 便是最佳库址。

（2）引入 0-1 变量的实际问题。相互排斥的选址项目需引入 0-1 变量。

【例2.2】某公司在其经营地区的东、南、北3个地区拟建立储存点，拟议有6个位置 A_i（$i=1, 2, \cdots, 6$）可供选择。

规定：在东区，由 A_1，A_2 两个点中至多选两个。

在南区，由 A_3，A_4 两个点中至少选一个。

在北区，由 A_5，A_6 两个点中至少选一个。

如选用 A_i 点，设备投资估计为 b_i 元，每年可获利润估计为 c_i 元，但投资总额不能超过 B 元。

问：应该选择哪几个位置建储存点可使年利润为最大？建立线性规划模型。

解：先引入 0-1 规划变量 $x_i = \begin{cases} 1, & 当 A_i 被选中 \\ 0, & 当 A_i 未被选中 \end{cases}$

$$\max Z = \sum_{i=1}^{6} c_i x_i$$

于是该问题的模型为：
$$\begin{cases} \sum_{i=1}^{6} b_i x_i \leq B \\ x_1 + x_2 \leq 2 \\ x_3 + x_4 \geq 1 \\ x_5 + x_6 \geq 1 \\ x_i = 1 或 0, i = 1, 2, \cdots, 6 \end{cases}$$

3）隐枚举法

方法之一是设置目标函数的过滤值；方法之二是对原问题的目标函数及约束条件进行

适当的调整处理，找出目标函数值增大的规律，以大大减少求解工作量。

下面举例说明求解 0-1 型整数规划的隐枚举法。

【例 2.3】 $\max Z = 3x_1 - 2x_2 + 5x_3$

$$\begin{cases} x_1 + 2x_2 - x_3 \leq 2 \\ x_1 + 4x_2 + x_3 \leq 4 \\ x_1 + x_2 \leq 3 \\ 4x_2 + x_3 \leq 6 \\ x_1, x_2, x_3 = 0 \text{ 或 } 1 \end{cases}$$

解：按 x_j 的余数递增重新排列，再结合过滤条件的改进进行求解。

$$\max Z = -2x_2 + 3x_1 + 5x_3$$

$$\begin{cases} -2x_2 + 3x_1 + 5x_3 \geq 3 & (0) \\ +2x_2 + x_1 - x_3 \leq 2 & (1) \\ +4x_2 + x_1 + x_3 \leq 4 & (2) \\ x_2 + x_1 \leq 3 & (3) \\ +4x_2 + x_3 \leq 6 & (4) \\ x_j = 0 \text{ 或 } 1 \ (j = 1, 2, 3) \end{cases}$$

解题时按下列步骤进行：

想通过试探方法找一个可行解，容易看出 $x = (1, 0, 0)^T$，其 $Z = 3$。因为求最优解极大的问题，当然希望 $Z \geq 3$，于是增加次过滤条件 $-2x_2 + 3x_1 + 5x_3 \geq 3$，计算过程见表 2-5。

表 2-5 计算过程 1

点 (x_1, x_2, x_3)	约束条件					是否满足条件	Z 值
	(0)	(1)	(2)	(3)	(4)		
(0, 0, 0)	0					×	
(0, 0, 1)	5	-1	1	0	1	√	5

改进过滤条件，用 $-2x_2 + 3x_1 + 5x_3 \geq 5$ 代替，计算过程见表 2-6。

表 2-6 计算过程 2

点 (x_1, x_2, x_3)	约束条件					是否满足条件	Z 值
	(0)'	(1)	(2)	(3)	(4)		
(0, 1, 0)	3					×	
(0, 1, 1)	8	0	1	1	1	√	8

再改进过滤条件用 $-2x_2 + 3x_1 + 5x_3 \geq 8$ 代替，继续计算，过程见表 2-7。

表2-7 计算过程3

点 (x_1, x_2, x_3)	约束条件					是否满足条件	Z值
	(0)″	(1)	(2)	(3)	(4)		
(1, 0, 0)	2					×	
(1, 0, 1)	3					×	
(1, 1, 0)	1					×	
(1, 1, 1)	6					×	8

至此 Z 值已不能改进,即得到最优解。

最优解为 $X^* = (0, 1, 1)^T$,最优目标函数值为 $Z^* = 8$。

2.3 物流配送中心作业功能规划

2.3.1 作业功能规划前需要明确的几个问题

规划物流配送中心的作业功能,需要对不同类别的物流配送中心的功能、作业流程及经营管理方式方法有一个明确的认识。明确以下问题,有助于对规划的物流配送中心有一个准确的认识,从而尽快完成作业功能的规划。

1. 物流配送中心在供应链中所处的位置

供应链是指在生产及流通过程中,增值性地将货物或服务提供给最终消费者,在上游与下游之间形成的组织网络。为了提高效率、降低成本,供应链中的物流活动应该按照专业化原则进行组织,物流配送中心的发展就是这种专业化要求的具体体现。

原材料供应商需要物流配送中心将原材料配送给工厂,物流配送中心的客户主要是工厂,物流配送中心处理的对象主要是生产商品所需的原材料、零部件,原材料与零部件的数量之间有固定的比例关系,原材料与零部件的品种数会随着工厂生产的产品种类的增加而快速增加。物流配送中心的功能应该强调原材料的配套储存、分拣、及时配送等。

制造商需要的物流配送中心有两类:一类是为制造活动提供支持的物流配送中心,它的功能要求与原材料供应商需要的物流配送中心相同;另一类是为制造商的产品分销提供支持的物流配送中心。国内外的例子都表明,制造商自己直接建立分销网络的情况越来越普遍,大型制造商的物流配送中心市场覆盖面广,分销能力强,市场信息的收集与传递及时,短时间内在区域市场上运输和配送商品的能力强,需求预测及订单处理功能完善。在我国,外资一直被限制进入流通领域,因此外商投资的社会化物流配送中心很少见;但在制造领域,外资企业进入得很早,它们的制造系统很先进,但分销和物流系统却比较落后,大多数情况下是委托国内企业来做的。因此,建立与国际接轨、满足这些外资制造企业物流需求的物流配送中心是很有必要,且很有前途的。

分销商一般从事专业批发业务，其物流作业具有大进大出、快进快出的特点，它强调的是批量采购、大量储存、大量运输的能力，大型分销商需要大型的仓储、运输设施。另外，分销商属于中间商，需要与上游、下游进行频繁的信息交换，因此要与上游、下游建立良好信息接口的高效信息网络。

作为供应链的末端节点，零售商尤其是采用连锁组织形式的零售商，需要物流配送中心提供订单处理、采购、分拣、拣选、配送、包装、加工、退货等全方位的服务，其功能要求比较复杂。

第三方物流业者利用物流配送中心这一载体向客户提供物流服务，它所需要的物流配送中心可以是具有某一方面功能（如仓储、运输、配送）的专业物流组织；也可以是具有综合功能的物流配送中心，还可以是具备集商流、物流、信息流及其他延伸的增值服务于一体的物流组织。它提供的物流服务必须高度专业化，一条供应链可能由几个物流配送中心所组成，因此必须清楚要建设的物流配送中心在供应链中处于哪个环节，要满足的客户到底是哪些，进而才能决定到底需要哪些功能才能满足目标客户的需求。

2. 物流配送中心的性质

与自有性物流配送中心相比，公共型物流配送中心面对的客户更加广泛，供应链中的任何成员均可成为客户。而不同的供应链成员的物流服务、需求是不同的，并且无论从物流服务需求方来说还是从提供方来说，对提供的每一项物流服务都要用专业水准来衡量，这就决定了公共型物流配送中心经营管理的复杂性。

公共型物流配送中心需要的物流设施一般应有一定规模，从功能设计上可以只提供一种或少数几种具有明显竞争优势的主要物流服务，也可以提供综合性的配套物流服务，大型物流配送中心的功能必须具有综合性和配套性的特点。我国目前非常需要公共型物流配送中心，它不仅可以提高物流服务的专业化水平，而且有利于提高物流行业的资源利用效率。

目前我国的实际情况是原材料供应商、制造商、分销商、零售商纷纷建立自有性物流配送中心，这极大地造成了重复建设和资源浪费。另外，需要承认的是，在我国目前经营最好的物流配送中心并不是公共型物流配送中心，而是自有性物流配送中心，这说明在我国建设公共型物流配送中心具有广阔的市场潜力。

3. 物流配送中心处理商品的性质

物流配送中心的功能设计要与商品的特性相吻合。物流配送中心能处理的商品种类总是有一定限制的。比如，国外有专门的服装配送中心、电气配送中心、食品配送中心、干货配送中心、生鲜商品配送中心、图书配送中心等，有的甚至是专门处理某一更小类别商品的配送中心。试图建立一个能满足所有商品物流需要的物流配送中心是不实际的，因为物流配送中心在处理不同的商品时需要有一些专用的设施，一个物流配送中心没有必要也不可能配备能处理所有商品的物流设施和设备，即使是公共型物流配送中心，现在也有分工越来越细的趋势。设施设备的配置除了要考虑需求外，还要考虑物流作业规模及作业批量等因素。

4. 物流配送中心经营管理模式

公共型物流配送中心可以按照以下模式建设、经营和管理。

（1）由一家公司（项目发展商）对物流配送中心项目进行总体策划。由该公司聘请专家进行可行性论证和功能、作业流程、管理制度设计。请专业设计公司进行工程设计并编制项目总体设计方案；项目发展商按专业设计公司提交的总体设计方案组织项目建设的招标。

（2）从投标的公司中选择一家或几家公司进行项目的基础设施建设，可以采取 BOT 方式。

（3）选择专业的管理公司对物流配送中心的设施设备进行管理和维护。

（4）由项目发展商组织招商，重点引进具有国际品牌的国内外大客户，他们具有较大的物流业务需求。招商是项目发展成败的关键，但招商是否成功与物流配送中心本身的条件有关。

（5）选择一家专业物流管理公司，对物流配送中心的物流业务和日常运营进行管理。

以上模式体现了一种供应链合作关系，充分发挥了各参与公司专业化分工的优势，采用上述模式建立物流配送中心时，如果项目发展商的策划能力、协调能力及管理水平比较高，则物流配送中心的功能应该尽可能完备。

2.3.2 物流配送中心作业流程规划

在明确了上述问题后，对物流配送中心的特点和作业需求有了较为明确的认识，可以进行物流配送中心的作业流程规划。

总体来说，物流配送中心的基本作业流程可以综合归纳为 7 项作业活动：客户及订单管理；入库作业；理货作业；装卸搬运作业；流通加工作业；出库作业；配送作业。具体表现为订货、进货、发货、库存管理、订单处理、拣货和配送等内容。物流配送中心比较典型的物流作业流程如图 2.4 所示。

在经过基本资料分析和基本条件设定之后，根据物流配送中心的特性制定合理的作业程序，以便选用设备和规划设计作业空间。在作业流程合理化分析时，找出作业中不合理和不必要的环节，力求简化物流配送中心里可能出现的不必要的计算和处理单位。如果储运单位过多时，可将各作业单位予以分类合并，这样有助于提高整个物流配送中心的作业效率。物流配送中心各作业流程具体内容详见后面章节。

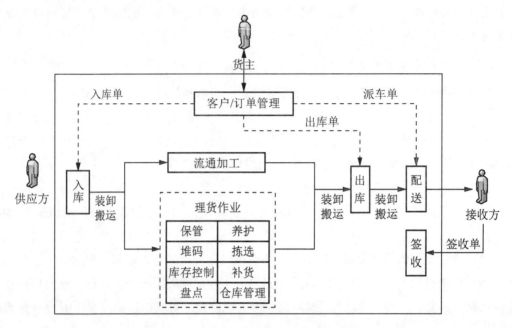

图2.4 物流配送中心的一般物流作业流程

2.3.3 物流配送中心作业区域的功能规划

一般而言，物流配送中心的功能定位和发展目标不同，它们的业务活动与作业程序不同，但通常都包含运输、储存、订货、进货、发货、拣货、配送等主要活动。有的物流配送中心还要进行流通加工、贴标签和包装等作业；当有退货作业时，还要进行退货品的分类、保管和退回等作业；在物流作业过程中往往要产生废弃物，因此还要对废弃物进行回收和处理。

除此之外，还需注意各作业区域之间可能存在的如下关系：作业区之间信息交换的关系；作业区之间的组织关系；各作业区之间考虑操作环境和安全需要而保持的关系。综合考虑上述各种分析结果、各种相关关系，对物流配送中心的各作业区域和作业单位进行划分。

综上所述，在物流配送中心的作业流程规划完成后，可根据物流配送中心运营特性进行作业区域的功能规划，主要包括物流作业区和外围辅助活动区两大部分。物流配送中心作业区域的功能规划见表2-8。

表2-8 物流配送中心作业区域的功能规划

项目	作业区域	规划要点		
1	装卸货平台	□进发货 □装卸货车辆进出频率 □有无装卸货物配合设施 □装卸货车辆回车空间	□共用与否 □物品装载特性 □每车装卸货所需时间 □配送客户数量	□进发货 □相邻与否	□装卸货车辆形式 □供货厂商数量 □进货时段 □配送时段
2	进货暂存区	□进货验收作业内容	□进货等待入库时间		□容器流通程度

续表

项目	作业区域	规划要点		
3	理货区	□理货作业时间 □容器流通程度	□进货验收作业内容 □有无拆码盘配合设施	□验收作业时间
4	库存区	□最大库存量需求 □储区划分原则 □自动化程度需求 □未来需求变动趋势	□物品特性基本资料 □储位指派原则 □产品使用期限 □盘点作业方式	□产品项目 □储存环境需求 □存货管制原则 □物品周转效率
5	拣货区	□物品特性基本资料 □订单处理原则 □客户订单数量资料	□配送品项 □订单分割条件 □订单拣取方式	□每日拣出量 □订单汇总条件 □自动化程度需求
6	补货区	□拣货区容量 □盘点作业方式	□补货作业方式 □拣取补充基准	□每日拣出量 □拣取补充基本量
7	散装拣货区	□物品特性基本资料	□单品拣货需求量	□每日拣出量
8	分类区	□出货频率 □平均配送客户数量	□客户配送资料 □配送点形式	□每日拣出量 □配送时段
9	集货区	□出货频率 □平均配送客户数量	□集货等待时间 □配送点形式	□每日拣出量 □配送时段
10	流通加工区	□流通加工作业项目	□流通加工作业时间	□流通加工作业数量
11	出货暂存区	□出货等待时间 □每日出货量 □配送点形式	□出货品检作业内容 □平均配送客户数量 □配送时段	□品质检查作业时间 □配送对象
12	称重作业区	□称重作业项目	□称重作业单位	□称重作业时间
13	退货卸货区	□退货送回方式 □退货数量	□退货车辆型式	□退货频率
14	退货处理区	□退货种类 □退货处理时间	□退货数量 □退货处理周期	□退货处理原则
15	退货良品暂存区	□退货良品比例	□退货良品处理方式	
16	退货瑕疵品暂存区	□退货瑕疵品比例	□退货瑕疵品处理方式	
17	退货废品暂存区	□退货废品比例	□退货废品处理方式	□退货废品处理周期
18	容器回收区	□流通中容器使用量 □容器回收处理时间	□容器规格与种类	□容器流通速度
19	容器暂存区	□空容器存量	□每日进出货容器用量	□容器规格与种类
20	容器储存区	□容器总使用量 □容器规格与种类	□流通中容器使用量	□空容器存量

续表

项　目	作业区域	规划要点		
21	废纸箱暂存区	□每日废纸箱产生量	□废纸箱处理量	
22	废料处理区	□废料处理方法	□废料处理量	
23	调拨仓储区	□调拨作业需求内容 □调拨作业周期	□调拨品项和数量 □盘点作业内容	□储区划分原则

2.4　物流配送中心设施规划设计

2.4.1　物流配送中心设施规划的目标和原则

1. 物流配送中心设施规划的目标

物流配送中心选址确定以后，下一步就是对配送中心的内部设施进行规划设计。所谓设施是指物流配送中心运行所必需的有形固定资产，主要包括仓库、办公等建筑物，道路和绿化等。物流配送中心设施规划就是综合考虑相关因素，进行分析、构思、规划、论证、设计，对物流配送中心设施系统做出全面安排，使资源得到合理配置，使系统能够有效运行，以达到预期的社会经济效益。其研究重点是为生产或服务系统合理配置资源，其总的目标是使整个物流配送中心系统的人力、物力、财力和人流、物流、信息流得到合理、经济、有效的配置和安排。

物流配送中心设施规划的具体目标有有效地利用空间、设备、人员和能源；最大限度地减少物料搬运；简化作业流程，提高运作效率；缩短生产周期，加速商品流通；力求投资最低，降低风险；为员工提供安全、方便、舒适和优雅的工作场所与环境。

2. 物流配送中心设施规划的原则

一般而言，在制造企业的总成本中，用于物料搬运的费用占20%～50%，如果合理地进行设施规划，则有可能降低10%～30%。物流配送中心是大批物资集散的场所，物料搬运是最重要的活动，合理地进行区域布局及设施规划，其经济效果将更为显著。因此在物流配送中心设施规划中应遵循如下原则。

1）整体最优原则

根据系统论的观点，运用系统分析的方法，将定性分析、定量分析和个人经验相结合，注重物流配送中心设施系统的整体最优。

2）流动原则

以流动的观点作为物流配送中心设施规划的出发点，并贯穿在设施规划的始终，因为物流配送中心的有效运行依赖于资金流、物流、信息流的合理化。

3）空间利用原则

无论是储存区还是作业区，都要注意充分有效地利用空间。

4）最短距离原则

配送中心作业过程中，物品的移动距离越短，物流费用才可能越低。减少或消除不必要的作业流程是提高企业生产率和减少消耗最有效的方法之一，只有在时间上缩短作业周期，空间上少占用面积，物料上减少停留、搬运和库存，才能保证投入的资金最少、生产成本最低。

5）柔性原则

由于配送中心是以市场为导向的，随机性、时效性等特点很明显，这就要求设施系统具有适当的弹性、柔性，能够适应快速多变的市场要求，并能根据市场的变化，对设施系统适度及时地进行调整。

6）反馈完善原则

配送中心设施规划是一个从宏观（总体方案）到微观（各个部门、库房），又从微观到宏观的反复迭代、逐渐完善的过程。要先进行物流配送中心总体布置，再进行设施内部详细布置；而详细布置方案又要反馈到总体布置方案中，进而对总体方案进行修正。

7）人本管理原则

物流配送中心设施系统实际是人—机—环境的综合设计，要创造一个安全、便捷、舒适及优雅的工作环境。

2.4.2 物流配送中心设施规划的程序及方法

对于配送中心设施规划来说，美国专家理查德·缪瑟（Richard Muther）提出的系统规划方法（Systematic Layout Planning，SLP）就是一种非常有效的方法。SLP法通过引入数理量化的关系密级的概念，建立各作业单位之间物流相关关系与非物流的作业单位相互关系图表，从而构成了设施规划布置的数学模型，这种以图表分析和图形模型为手段、定性分析和定量分析相结合的特点，保证了整个系统设施规划的科学合理。SLP法最初应用于工厂布置，它的成功运用使得该项技术逐渐被广泛应用于各种生产系统与服务系统。

结合SLP的规划思想，结合配送中心的作业特点和运作要求，再结合近年来人们在物流配送方面的理论研究成果和实践经验总结，可以归纳得到图2.5所示的物流配送中心的设施规划与设计的程序框架，共分为6个阶段。

1. 战略规划阶段

这是配送中心设施规划的首要任务，主要内容包括物流配送中心发展竞争分析、配送中心发展定位和市场定位分析、预期发展目标分析、客户服务水平分析等。

可以运用SWOT分析的战略分析方法，通过考察配送中心的内部优势（Strengths）、内部劣势（Weaknesses）、外部机会（Opportunities）和外部威胁（Threats）等竞争力影响因素，在综合比较分析的基础上，制定具有竞争力的配送中心发展战略。

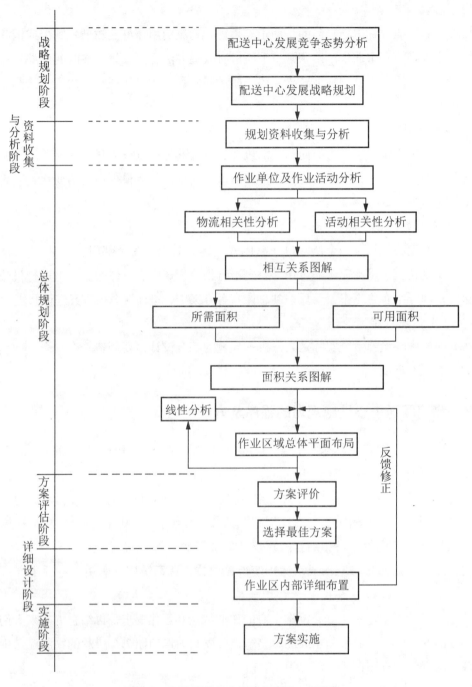

图 2.5 物流配送中心设施规划的一般程序

2. 资料收集与分析阶段

该阶段的主要任务是收集并分析影响配送中心设施规划的基础数据和背景资料,这是配送中心设施规划的重要前提。

(1) 资料收集。主要包括配送服务对象或接收的订单（Entry）、处理货物种类（Item）、处理货物的数量与库存量（Quantity）、配送中心作业流程（Route）、辅助生产部门与配送服务水平（Service）、配送交货时间（Time）、配送货品的价值或建造预算（Cost）。

（2）资料分析。对上述基础数据和背景资料进行分析，包括定量分析和定性分析，其中定量分析包括物品特性分析、品种与数量、储运单位、需求变动趋势分析等；定性分析包括作业流程分析、人力资源分析等。

3. 总体规划阶段

1) 物流相关性分析

物流相关性分析就是对物流配送中心各区域间的物流路线和物流量进行分析，用物流强度和物流相关表来表示各功能区域之间的物流关系强弱，从而确定各区域的物流相关程度。

物流配送中心作业区域间的物流路线类型见表 2-9。

表 2-9　作业区域间的物流路线类型

序　号	作业区域间的物流路线类型	
1	直线型	
2	双直线型	
3	蛇型或 S 型	
4	马蹄型或 U 型	
5	分流型	
6	集中型	

以上线路类型分别描述如下。

（1）直线型。适用于出入口在库房两侧、作业流程简单、规模较小的物流作业，无论订单大小与配货品种多少，均需通过库房全程。

（2）双直线型。适用于出入口在库房两侧、作业流程相似但是有两种不同进出货形态或作业需求的物流作业。

（3）蛇型（S 型）。通常适用于多排并列的库房货架区内。

（4）马蹄型（U 型）。适用于出入口在库房同侧的作业，可依进出货频率大小安排接近进出口端的储区，以缩短拣货搬运路线。

（5）分流型。适用于批量拣取后进行分流配送的作业。

（6）集中型。适用于因储区特性将订单分割在不同区域，拣取后进行集货的作业。

在物流流量分析时，汇总各项物流作业活动从某区域至另一区域的物料流量，作为分析各区域间物料流量大小的依据。若不同物流作业在各区域之间的物料搬运单位不同，则必须先转换为相同单位后，再合并计算其物流流量的总和。一种典型的作业区域物流相关表见表 2-10。

表2-10 各功能区域的物流相关表

	进货区	理货区	分类区	加工区	库存区	发货区	办公区
进货区							
理货区	A						
分类区	I	I					
加工区	U	O	U				
库存区	U	A	E	E			
发货区	U	U	A	I	E		
办公区	U	U	U	U	U	U	

注：A—非常相关；E—相关；I—较相关；O——般相关；U—可忽略。

2）活动相关性分析

除了物流作业区域外，物流配送中心内还有一些管理或辅助性的功能区域，这些区域尽管本身没有物流活动，但却与作业区域有密切的业务关系，故还需要对所有区域进行业务活动相关性分析，确定各区域之间的密切程度。

各作业区域间的活动相关关系可以从以下几个方面考虑。

（1）程序性的关系：因物料流、信息流而建立的关系。

（2）组织与管理上的关系：部门组织上形成的关系。

（3）功能上的关系：区域间因功能需要而形成的关系。

（4）环境上的关系：因操作环境、安全考虑上需保持的关系。

根据相关要素，可以对任意两个区域的相关性进行评价。评定相关程度的参考因素主要包括人员往返接触的程度、文件往返频度、组织与管理关系、使用共享设备与否、使用相同空间区域与否、物料搬运次数、配合业务流程的顺序、是否进行类似性质的活动、作业安全上的考虑、工作环境改善、提升工作效率及人员作业区域的分布等内容。

一般相关程度高的区域在布置时应尽量紧临或接近，如出货区与称重区，而相关程度低的区域则不宜接近，如库存区与司机休息室。在规划过程中应由规划设计者根据使用单位或企业经营者的意见，进行综合的分析和判断。

3）区域面积设置

在作业功能规划及作业区域功能规划中确定了作业区域的设置，一般包括物流作业区及外围辅助活动区两大部分。在此基础上，可以进行空间区域的布局规划和作业区域的区块布置工作及标识各作业区域的面积和界限范围。

各功能区域面积的确定与各区域的功能、作业方式、所配备的设施和设备及物流量等有关，应分别进行详细计算。例如，仓储区面积的大小与仓储区具体采用的储存方法、储存设备和作业设备密切相关，常用的储存方法有地面堆码、货架存放、自动仓库等几种方式，应根据所确定的总的仓储能力计算所需的面积或空间。

4) 总体平面布局

物流配送中心的区域布置方法有两种，即流程性布置法和活动相关性布置法。

流程性布置法是根据物流移动路线作为布置的主要依据，适用于物流作业区域的布置。首先确定物流配送中心内由进货到出货的主要物流路线形式，并完成物流相关性分析。在此基础上，按作业流程顺序和关联程度配置各作业区域位置，即由进货作业开始进行布置，再按物流前后相关顺序安排各物流作业区域的相关位置。其中，将面积较大且长宽比例不易变动的区域先置入建筑平面内，如自动仓库、分类输送机等作业区。

活动相关性布置法是根据各区域的活动相关表进行区域布置，一般用于整个库区或辅助作业区域和建筑外围区域的布置。首先选择与各部门活动相关性最高的部门区域先行置入规划范围内，再按活动相关表的关联关系和作业区域重要程度，依次置入布置范围内。通常，物流配送中心行政管理办公区均采用集中式布置，并与物流仓储区分隔，但也应进行合理的配置。由于目前物流配送中心仓储区采用立体化仓库的形式较多，其高度需求与办公区不同，故办公区布置应进一步考虑空间的有效利用，如采用多楼层办公室、单独利用某一楼层、利用进出货区上层的空间等方式。

根据物流相关表和活动相关表，探讨各种可能的区域布置组合，以利于最终的决策。物流配送中心的区域布置可以用绘图方法直接绘成平面布置图；也可以将各功能区域按面积制成相应的卡片，在物流配送中心总面积图上进行摆放，以找出合理方案；还可以采用计算机辅助平面区域布置技术进行平面布置。平面布置可以做出几种方案，最后通过综合比较和评价选择一个最佳方案。

5) 方案评价和调整

经由上述的规划分析，得到了物流配送中心区域布局的草图，最后还应根据一些实际限制条件进行必要的修正与调整。这些影响因素包括以下几种。

（1）库房与土地面积比例：库房建筑比率、容积率、绿地与环境保护空间的比例及限制等。

（2）库房建筑的特性：建筑造型、长宽比例、柱位跨距、梁高等限制或需求。

（3）法规限制：土地、建筑法规、环保、卫生、安全相关法规、劳动法等。

（4）交通出入限制：交通出入口及所在区域的特殊限制等因素。

（5）其他：如经费预算限制、政策配合因素等。

哪个备选方案更好更优，需进行进一步的综合评价从而确定最优配置方案。

4. 方案评估阶段

这是规划布置中间过程的一个决策阶段。对在总体规划阶段得到的数个方案，应用系统工程学、技术经济学等方法，或者计算机仿真的方法，从社会、经济、技术等方面因素，对各方案进行的综合评价和方案评估，从中选择一到两个最优的方案进行详细设计。常见的方案评价方法有以下几种。

1)优缺点比较法

在初步方案的评价和筛选过程中,由于规划布置方案并不具体,各种因素的影响不易准确确定,此时常采用优缺点比较法对多个备选方案进行评价,舍弃那些存在明显缺陷的规划布置方案。

该方法的要点在于确定方案评价的主要因素,并对各个方案的优缺点进行有效判断。在应用中常采用列表格、逐条比较的方法。

2)加权分析法

首先考察规划布置方案的各种评价因素,进而建立包括定性指标和定量指标在内的评价指标体系,并通过层次分析法或两两比较法,确定各个指标的权重,然后计算每种方案的综合得分,最后依据综合得分对各个备选的规划布置方案排序。表2-11给出了物流配送中心设施规划方案评价指标体系的一个示例。

表2-11 物流配送中心设施规划方案评价指标体系示例

物流配送中心设施规划方案评价指标体系（A）									
投资与收益（B_1）		空间利用情况（B_2）		技术水平和标准化程度（B_3）		流动线合理性（B_4）		工作环境（B_5）	
建设投资（C_1）	投资收益率（C_2）	空间利用率（C_3）	空间扩展率（C_4）	技术水平（C_5）	标准化程度（C_6）	货物流动线（C_7）	人员流动线（C_8）	安全与环境（C_9）	景观与美化（C_{10}）

3)成本比较法

成本分析比较的方法有很多,常用技术经济分析中的一些分析方法及指标,包括年成本法（Annual Cost Method）、现值法（Present Worth Method）、投资报酬率法（Capital Worth Rate of Return）等。由于每个物流配送中心的市场定位、服务对象和发展目标不一样,可根据不同的情况选用不同的成本比较方法。

5. 详细设计阶段

对物流配送中心各作业区内部,即各功能区内部所使用的各种设施、设备、作业场所、作业通道等进行详细的布置和安排,主要包括物流配送中心内部详细的平面布置与机械设备的配置方案;运输配送车辆的类型、规格;装卸、搬运、保管所用的机械和辅助机械的型号规格;装卸搬运用的容器形状和尺寸;办公与信息系统的有关设施规格、数量等。

对于这个阶段的布置设计,完全可以采用总体规划阶段的模式,这是因为从考虑问题、规划方法、布置设计思路、处理方法等角度来看,作业区内部的详细布置设计和作业区规划布置的方法几乎完全一样,只是工作的深度、设计的范围和细致程度不同,详细设计阶段考虑的问题更细致些,规划布置的内容更具体些。不过,在物流配送中心的详细布置阶段,还需要注意以下几点。

（1）由于详细规划设计阶段更细致,因此在总体规划阶段称之为"作业区"的作业单位,在详细规划设计阶段称为"班组、工作间"等比较合适。正是基于此,有时将

"作业区"和"班组、工作间"等统称为"作业单位"。

(2) 详细设计过程中的调整、修正、完善等信息及其结果,都要及时反馈到总体规划中去,从而使物流配送中心的整个规划布置设计逐步细化、渐趋完善,最终得到一个较优的、合理的、满意的布置设计方案。

(3) 在详细布置设计过程中,注意和物料搬运系统规划相协调,因为设施布置设计只有通过完善的搬运系统规划,才能显示出其合理性。

6. 实施阶段

最后的实施阶段包括物流配送中心的招商引资、基础设施建设、设备制造安装、系统调试、试运行等。至此,才算完成了物流配送中心设施规划的整个过程。

基于前述可知,物流配送中心设施规划实际上是一个层层深入、逐步细化、不断修正、反复迭代,直至得到完善设施规划方案的逼近优化过程。

 扩展性学习案例

美国一流网络零售商配送中心的设计

美国领先的网络零售商 Newegg.com 位于新泽西州埃迪逊市的新配送中心,采用了堪称业界最为高效的物料处理系统,其中包括节能型传送带、带有电子标签的分区传递拣选系统、上跃式分拣机及产品全程追踪系统。

Newegg 公司成立于 2001 年,总部位于加州工业城。目前,Newegg 已成为当之无愧的一流在线电子商务零售商,拥有 870 多万注册用户,其中包括 IT 专业人士、计算机组装爱好者、在线游戏发烧友、学生、中小型企业、经销商等,每天平均有近 60 万人次的网站访问量。作为排名美国访问量前 400 强的网站,Newegg 拥有一个巨大的 IT 和消费电子产品目录,可提供 4 万多种计算机软硬件、消费电子产品和通信产品。登录其网站后,消费者可以从业界最广泛的产品中精挑细选,可以比较多种最新高科技产品,查看详细的产品说明、产品图片、使用说明和客户评论,并与科技和游戏界的其他会员互动。2007 年,Newegg 实现净销售收入 19 亿美元,其客户满意度评级在业界名列前茅。为了向美国东部客户提供更好的服务,Newegg 决定在新泽西州埃迪逊市建设一座配送中心,综合采用当时最新的自动化物料处理技术。

Newegg 公司最新建立的配送中心位于新泽西州埃迪逊市,面积达 37.4 万平方英尺,于 2007 年年初动工,同年 9 月竣工并投入使用。该配送中心的建成,使 Newegg 99% 的客户可以在发货后 3 个工作日内收到所订货物。

谈到 Newegg 为什么投资兴建新泽西配送中心,Newegg.com 物流事务部副总裁 Bob zelis 表示:"公司之所以建设新泽西配送中心,是为了将我们的小规模配送设施整合成一个大型的自动化设施,以便为我们美国东部地区庞大的客户群提供更好的服务。在过去的两三年,公司的业务量迅猛增长,因此,修建一个新配送中心以适应业务发展的需要势在必行。"

据介绍,Newegg 在全美 3 个地点设置了配送中心,以便优化订单履行。新泽西配送中心的产品种类与 Newegg 的其他两个配送中心相类似。该配送中心在当地时间下午 3 点前收到的订单当天即可处理,这样,客户就可以在 3 个工作日内收到所订购商品。Newegg 希望通过在加州、田纳西州和新泽西州设立的三大配送中心,能够以最低的运输成本,为遍布全美国的所有客户提供优质的服务。

考虑到公司的实际需求,在对多家物流系统供应商进行了全面考察之后,Newegg 最终选择了德马泰克公司,由其负责完成新泽西配送中心所需物料处理系统的规划设计与集成工作。Newegg 希望在新泽西配送中心采用最新的技术,以充分利用速度快、效率高的物流系统的优势,快速完成客户订单处理。德马泰克为新泽西配送中心提供了整套自动化解决方案,涵盖了从收货、拣选到发货的全部操作,作业流程与技术亮点如下。

(1) 超大数量品种带来多种到货方式。Newegg 网站之所以能够吸引几百万消费者频繁光顾的一大原因就是引入大量超小型供应商,以丰富商品种类。这样,顾客访问公司网站时,即可选择多种不同的商品。而供应商数量庞大,使新泽西配送中心的商品到货方式多种多样。主要包括集装箱、小包裹投递和厢式货车等。

(2) 电子标签和分区优化拣选系统。在整个系统中,订单同样受到密切追踪。Newegg 的所有订单都由公司位于加州的主服务器接收,然后传递至离收货地址最近的配送中心。订单到达新泽西配送中心后,被自动分配给一个贴有条码的料箱,进入拣选流程。料箱通过德马泰克开发的自动数字分区优化拣选系统,该系统与电子标签配合使用以帮助操作人员轻松完成拣选作业。拣选区域占据了配送中心大约一半的面积。在电子标签拣选系统中,操作员扫描料箱上的条码标签,位于各拣选货箱前面的数字显示器告诉操作员需拣选的商品及其数量。在像 Newegg 这样拥有成千上万个品种的配送中心,电子标签系统不失为一种提高拣选作业效率、降低差错率的切实可行的选择。

(3) 高效率、低噪声,输送料箱的传送也是自动进行的。配送中心采用了德马泰克的新型 C-L100 系列输送机,这种产品不但减少了噪声和维护要求,而且降低了对润滑剂和压缩空气的依赖性。这使传送更节能,使 Newegg 能够在提高吞吐量的同时尽量做到环保。

(4) 带图像系统监控的仓库控制系统。新泽西配送中心的仓库控制系统(WCS)采用了与 Newegg 专有仓库管理系统集成的德马泰克 SortDirector 软件。该系统可为整个输送、分区传递拣选和分拣过程提供一流的图像监控功能,使操作员可以准确、实时地掌握产品的移动情况并向系统进行报告,还可以轻松地监控物流设备的运行状况,及时发现并诊断设备出现的问题。

(资料来源:新蛋网. 美国一流网络零售商配送中心的设计(2010-5-15). http://www.56856.cn/news/1891.htm)

思考题:

1. 美国网络零售商 Newegg.com 配送中心在设计上有何特点?
2. 美国网络零售商 Newegg.com 配送中心设计对我们有何启发?

本章小结

物流配送中心规划设计是一项复杂的系统工程，作为一个基本建设项目，其规划建设必须按照国家或地方的有关规定，遵循一定的建设程序。一个物流配送中心的整体规划及建设通常需要通过3个阶段来开展：项目前期工作阶段、项目施工阶段及竣工验收和生产准备阶段，其中项目前期工作阶段日益受到各方重视。物流配送中心的选址规划要遵循以下步骤来进行：选址约束条件分析、收集整理资料、地址筛选、定量分析、结果评价、复查及确定选址结果。物流配送中心作业规划需要从作业流程规划和作业区域的功能规划两个方面着手进行。物流配送中心设施规划需要遵循以下6个步骤：战略规划阶段、资料收集与分析阶段、总体规划阶段、方案评估阶段、详细设计阶段和实施阶段。

综合练习

一、名词解释

基本建设程序　　　　　　　可行性研究报告

物流配送中心选址规划　　　物流配送中心设施规划

物流配送中信息系统规划　　物流配送中心功能规划

流程性布置法活动相关性布置法

二、不定项选择题

1. 在物流配送中心的规划中，要注意研究配送中心的7个规划要素：E、I、Q、R、S、T、C，其中E代表（　　）含义。

　　A. 配送商品的种类　　　　　B. 配送商品的质量
　　C. 配送商品的数量　　　　　D. 配送的对象或客户

2. 货物的（　　）决定着物流配送中心的工作内容和设施设备的配备。

　　A. 流量　　　B. 流向　　　C. 流程　　　D. 运输载体

3. 一般认为物资年吞吐量小于（　　）万吨，设置铁路专用线不经济。

　　A. 10　　　　B. 20　　　　C. 30　　　　D. 40

4. （　　）是要求建设某一工程项目的建议性文件，它是物流配送中心项目能否被国家或地方政府立项建设的最基础和最重要的工作。

　　A. 项目建议书　　　　　　　B. 可行性研究报告
　　C. 开工报告　　　　　　　　D. 工程建设项目报建证

5. 可行性研究报告的编制通常由（　　）委托具有相应资质的规划、设计和工程咨询单位承担。

A. 地方政府 B. 建设单位
C. 承建单位 D. 地方物流协会

6. 物流配送中心施工条件准备工作中的施工场地"三通一平"的具体内容包括（   ）。

A. 通路 B. 通水 C. 通电 D. 场地平整

7. 下列项目属于用于物流配送中心项目主体的直接投资的是（   ）。

A. 各主要建筑物建设费 B. 货架、叉车的购置及安装费
C. 分拣设备的购置及安装费 D. 自有车辆的购置费

8. 下列属于物流配送中心选址规划的定性选址方法的是（   ）。

A. 优缺点比较法 B. 加权因素比较法
C. 德尔菲法 D. 盈亏平衡分析法

9. 物流配送中心选址的原则包括（   ）。

A. 适应性原则 B. 协调性原则
C. 经济性原则 D. 战略性原则

10. 前期准备工作是为物流配送中心规划设计提供必要的基础资料，常采用的调研方法有（   ）。

A. 网上调研 B. 图书资料调研
C. 现场调研 D. 电话调研

三、判断题

1. 物流配送中心的规划设计是一项系统工程，是一种长远的、总体的发展计划。（   ）

2. 物流配送中心作为一种专业化的物流组织，只需要具备一般的物流功能，不需具备适合不同需要的特色功能。（   ）

3. 物流配送中心作为一个基本建设项目，其规划建设必须按照国家或地方的行政法规及有关规定，遵循一定的建设程序。（   ）

4. 投标工作是项目实施组织准备阶段的主要工作，设计、施工、监理等单位都需招标确定。（   ）

5. 配送中心作业过程中，物品的移动距离越短，物流费用才可能越低。（   ）

6. 物流配送中心规划设计可以分为两类：一类是新建物流配送中心的规划；另一类是原有物流组织（企业）向物流配送中心转型的改造规划。（   ）

7. 减少或消除不必要的作业流程是提高企业生产率和减少消耗最有效的方法之一。（   ）

8. 我国国内一般进货的输送成本是由需求商负担的。（   ）

9. 物流配送中心的层次、数量、布局是与生产力布局、消费布局等密切相关的，相互促进又相互制约。（   ）

10. 物流配送中心施工建设期间，建设单位需每月定期向统计部门或计划部门（政府投资项目）汇报固定资产投资完成情况。（   ）

第 3 章 物流配送中心主要物流设备

【本章知识架构】

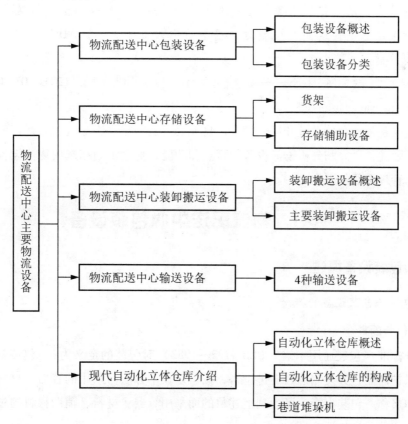

【本章教学目标与要求】

- 了解并掌握配送中心主要的物流设备的基本情况。
- 掌握物流配送中心装卸设备的特点、原理和应用。
- 掌握物流配送中心包装设备的特点、原理和应用。
- 掌握物流配送中心存储设备的特点、原理和应用。
- 掌握物流配送中心输送设备的特点、原理和应用。
- 掌握物流配送中心自动化立体仓库的特点、原理和应用。

松下高度自动化的配送中心

松下物流（Panasonic Logistics）负责松下电气及电子产品的配送工作，它的一个配送中心于1997年10月在英国Northampton成立，该中心由于在运作中有效地利用了高科技而声名鹊起。配送中心采用了ADC系统，以实现对公司8万多台电视机、录像机、复印机，乃至医疗设备等产品的跟踪和配送。仓库面积为3.6万平方米，拥有2.3万个托盘站点，每个托盘站点高22米，有5个通道，高层货舱存储；还有10万个分拣站点，从完整的托盘和箱体流开始，然后将其转移到圆盘传送带，直至最终搁置于货架上。设计这一套设施时，松下研究人员了解到，ADC系统是跟踪货物出入仓库的关键。

（资料来源：途鹤网．松下——高度自动化的配送中心［EB/OL］．（2009－07－02）．http：//www.tugetuge.com/industry）

物流设备包括存储设备和搬运设备，物流设备是影响物流配送中心运作效率的关键因素之一，因此，研究和分析物流设备的特点和功能，科学规划和选用物流设备是物流配送中心运作管理重要的工作之一。

3.1　物流配送中心包装设备

3.1.1　包装设备概述

1. 包装与包装设备的概念

1）包装的概念

国家标准《包装通用术语》（LB 4122—1983）对包装的定义为："包装是指为在流通过程中保护产品、方便储运、促进销售，按一定技术方法而采用的容器、材料及辅助材料等的总体名称。包装也指为了达到上述目的而采用容器、材料、辅助材料的过程中施加一定技术方法等的操作活动。"

2）包装设备的概念

包装设备是指完成全部或部分包装过程的一类机械，包装过程包括充填、裹包、封口等包装工序，以及相应的前后工序，如清洗、干燥、杀菌、计量、标记、紧固、集装、拆卸等。

2. 包装设备的特点

包装设备的主要特点概括起来有以下几个方面。

（1）包装机械一般结构复杂，运动速度快，动作精度高。为满足性能要求，对零部件的刚度和表面质量等都有较高的要求。

（2）包装机械一般设计成自动包装机，形成连续自动进行的包装。

（3）包装机械应在标准卫生条件下工作，不能有任何污染产品的现象。用于食品和药品的包装机要便于清洗，与食品和药品接触的部位要用不锈钢或经化学处理的无机材料制成。

（4）进行包装作业时的工艺力较小，所以电动机的功率一般都比较小，实际工作中的包装设备以机械传动为主要形式。

（5）包装机一般都采用无级变速装置，以便灵活调整包装速度，调节包装机的生产能力。

（6）包装机械是特殊类型的专业机械，种类繁多，生产数量有限。为便于制造与维修，减少设备投资，一般具有通用性与多功能性。

3. 包装设备的组成

包装机械不论何等复杂，但基本结构主要包括几个面：进给机构、计量装置、传动机构、输送装置、动力部件、控制系统和机身与操作系统。

（1）进给机构。包括被包装产品的进给和包装材料或容器的进给。

（2）计量装置。为了保证包装工作不间断地进行，在物料供送前或供送过程中，必须进行计量，计量装置主要用来计量供给的。计量方法主要有容积计量法、称重计量法和计数计量法。

（3）传动机构。它起着动力传递的作用，直接驱动各执行机构运动，完成包装作业，在包装设备中具有重要地位。

（4）输送装置。是包装机械上的主要部件，其任务是将待包装物品和已包装好的产品从一个工位运送到另一个工位上，或从外部结构上把自动线上的各台单机联系起来，以至最后把包装制品输送入库。

（5）动力部件。动力部件有电动机、液压泵、压缩机及作原动力的汽缸机。电动机通过传动机构驱动各部件，往往是采用若干小功率（0.5～3kW）的电动机作单独部件的驱动。

（6）控制系统。按被控制对象的状态不同，分为流动自动化控制和机械自动化控制。

流动自动化控制主要是以连续变化的液体或分装物体为对象，对温度、流量、压力、料位等参数进行定量控制；机械化自动化控制主要是以固体为对象，对位置、尺寸、形状、姿势等因素进行控制。

4. 包装设备的作用

（1）大幅度地提高生产效率。机械包装要比手工包装速度快得多。例如，啤酒灌装机的生产率可高达36000瓶/时，这是人工包装无法比拟的；糖果包装机每分钟可包糖数百块甚至上千块，是手工包装速度的数十倍。

（2）改善劳动条件，降低劳动强度。手工包装的劳动强度大，包装体积大、重量大的产品，既耗体力也不安全；包装轻小产品，动作频率高且单一；包装液体产品易造成产品外流；包装粉状产品易造成粉尘飞扬。广泛地采用包装机械代替手工包装，不仅可以大大改善工人的劳动条件和环境，避免有毒产品，有刺激性、放射性产品危害工人身体健康，而且能使包装工人从繁重的劳动中解放出来。

（3）节约原材料，降低产品成本。在包装液体产品或粉状产品时，由于液体飞溅、粉尘飞扬，不仅污染环境，而且浪费了原材料，采用机械包装能防止产品的散失，不仅保护了环境，而且节约了原材料。

（4）保证产品卫生，提高包装质量。有些产品的卫生要求很严格，如食品、药品等，采用机械设备，可以避免人手直接接触食品和药品，而且由于包装速度快，食品和药品在空气中停留的时间短，减少了污染的机会，有利于产品保洁，保证了产品的卫生质量。机械设备更易于实现包装的规格化、标准化。

（5）降低包装成本，节约储运费用。对于松散产品，如烟叶、丝、麻、棉花等产品，采用压缩包装机压缩包装，可大大缩小体积，降低包装成本，节省仓容，减少保管费，有利于运输。

（6）延长保质期，方便产品流通。采用真空、无菌等包装机进行产品包装，可以延长食品和饮料的保质期，使产品的流通范围更加广泛。

（7）减少包装场地面积，节约基建投资。采用手工包装，由于包装工人多，工序不紧凑，包装作业占地面积大，基建投资多。采用包装设备包装，产品和包装材料的供给比较集中，各包装工序安排紧凑，因而减少包装占地面积、节约基建投资。

5. 包装设备的分类

产品包装机械的种类很多，其分类方法也是多种多样的。按包装操作方法分为充填、封口、裹包、贴标、捆扎、装箱等机械；按包装产品分为食品、药品、日用工业品、化工产品等包装机械；按包装容器分为装箱、装盒、装袋、装瓶、装罐、装桶等机械；按包装层次分为单层包、多层包机械；按包装大小分为小包、中包、外包等包装机械；按特种包装分为收缩、拉伸热成型、大气、真空、现场发泡等机械；按被包装物形态分为固体（包括块状、粒状和粉状）和液体（包括高黏度）等包装机械。

3.1.2 常用包装设备

1. 充填设备

充填设备是指将待包装的物料按所需的精确量（质量、容量、数量）充填到包装容器内的设备。常见的充填设备包括以下几种。

（1）容积式充填机 容积式充填机把精确容积的物料装进每一个容器，而不考虑物料密度或重量，常用于那些密度相对不变的物料，或用于体积要求比质量要求更重要的物料。

（2）固定式量杯充填机 固定式量杯充填机的定量装置如图 3.1 所示，物料经供料斗 1 自由落入计量杯内，圆盘口上装有 4 个量杯和对应的活门底盖 4，当转盘主轴 8 带动圆盘 7 旋转时，刮板 10 将量杯 3 上面多余的物料刮去。当量杯转到卸料工位时，顶杆推开量杯的活门底盖 4，量杯中的物料在自重作用下充填到下方的容器中。

（3）螺杆式充填机 螺杆式充填机的结构如图 3.2 所示，利用螺杆螺旋档的容腔来计量物料。由于每一个螺距中都有一定的理论容积，因此只要准确地控制螺杆的转速和转数，就能获得较为精确的计量值。螺杆式充填机的漏斗状料斗里有一个旋转的螺杆，它以恒速送出一定的物料。螺杆一般是竖直地装在漏斗中，送料管则向下直接对准容器，当容器到位后，传感器发出信号使电磁离合器合上，带动螺杆转动；料加好后，离合器脱开，制动器使螺杆停止转动，物料停止流下。

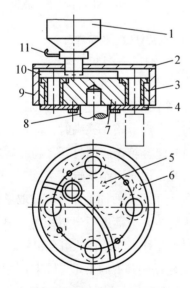

图 3.1 固定式量杯充填机

1—供料斗；2—外罩；3—量杯；4—活门底盖；
5—闭合圆销；6—开启圆销；7—圆盘；
8—转盘主轴；9—壳体；10—刮板；11—下料闸门

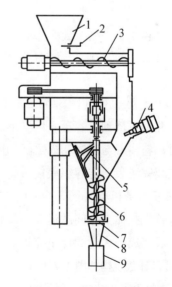

图 3.2 螺杆式充填机

1—料仓；2—插板；3—水平螺旋给料器；
4—料位测量器；5—搅拌器；6—垂直螺旋；
7—闸门；8—输出导管；9—包装容器

（4）计量泵式充填机 计量泵式充填机的结构如图 3.3 所示，转鼓的形状有圆柱形、菱形及齿轮形等，计量腔在转鼓边缘；容腔形状有槽形、扇形和叶轮形等多种；计量腔容积又有定容积型和可调容积型两种。待包装物品存放于放料斗中，计量鼓由传动装置驱动运转，当计量容腔经过装料口时，被料斗下落送下来的物料充满。装入计量腔的物品，随转鼓转到排料口时，在重力的作用下排下，经导管填入包装容器中，完成包装的计量。

（5）计数式充填机计数定量的方式分为两类：一类是被包装物品呈规则排列，常见计数机有长度式、容积式、堆积式等几种计数形式；另一类是从混乱的被包装物品的集合中直接取出一定个数，常见的有转盘、转鼓、推板等形式，主要用于颗粒状、块状物品的计数。

① 长度计数机构（图3.4）常用于饼干包装、云片糕包装，茶叶装盒后的第二次大包装等。计量时，排列有序的物品经输送机构送到计量机构中，当行进物品的前端触到计量腔的挡板5时，挡板上的触点开关4动作，横向推板3将一定数量的物品送到包装台上进行包装。

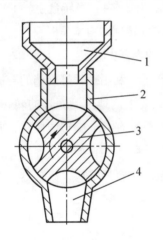

图3.3 计量泵式充填机

1—进料口；2—转鼓机壳；
3—转鼓，4—排料口

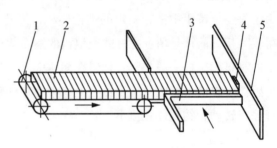

图3.4 长度计数机构示意图

1—输送带；2—被包产品；3—横向推板；
4—触点开关；5—挡板

② 容积计数机构（图3.5）通常用于一定等径、等长类物品的包装，其工作过程是：物品自料斗1下落到定容箱3内，形成有规则的排列。当定容箱3充满时，即达到预定的计量数时，料斗1与定容箱3之间的闸门2关闭，同时定容箱3底门打开，物品就进入包装盒。包装完毕后，定容箱底门关闭，进料闸门又打开，如此周而复始。

③ 堆积计数机构（图3.6）包装时，计量托体与上下推头协同动作，完成取量及大包装工作。首先托体1做间歇运动，每移动一格，则从料斗2中落送一包至托体1中，托体移动4次后完成一大包的计量充填。这种机构主要用于几种不同品种的组合包装。

④ 转盘计数机构如图3.7所示，包装时，定量盘2转动到其上的小孔与料斗1底部接通，料斗中的物料落入小孔中（每孔一颗）。定量盘上的小孔计数额分为3组，当定量盘上的小孔有两组进入装料工位时，另一组在卸料工位卸料，物品通过卸料槽3充入包装容器中。

⑤ 转鼓式计数机如图3.8所示，转鼓运动时，各组计量孔眼在料斗中振动，物品靠自重充填入孔眼；当充满物品的孔眼转到出料口时，物料靠自重落入包装容器中，这类计数机主要用于小颗粒物品的计数。

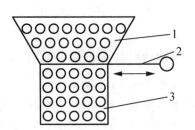
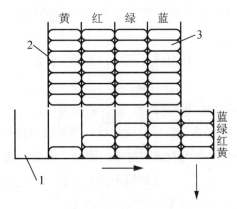

图3.5　容积计数机构示意图

1—料斗；2—闸门；3—定容箱

图3.6　堆积计数机构示意图

1—托体；2—料斗；3—被包装物

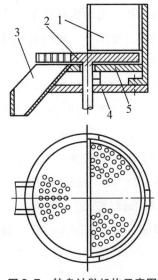
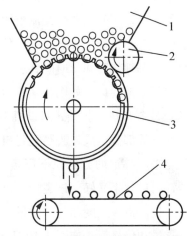

图3.7　转盘计数机构示意图

1—料斗；2—定量盘；3—卸料槽；
4—卸料盘；5—支架

图3.8　转鼓式计数机构示意图

1—料斗；2—拨轮；
3—计数转鼓；4—输送带

2. 封口设备

封口机是指在包装容器内盛装产品后对容器进行封口的机器。不同的包装容器有不同的封口方式，如塑料袋多采用接触式加热加压封口或非接触式的超卢波熔焊封口；麻袋、布袋、编织袋多采用缝合的方式封口；瓶类容器多采用压盖或旋盖封口；罐类容器多采用卷边式封口；箱类容器多采用订封或胶带粘封。

1）封口机的分类

（1）热压式。采用加热加压的方式封闭包装容器的机器，常用的加热元件有加热板、加热环、加热辊等，主要用于各种塑料袋的封口。

（2）熔焊式。通过加热使包装容器封口处熔化而将包装容器封闭的机器，常用的加热方式有超声波、电磁感应和热辐射等，主要用于封合较厚的包装材料。

(3) 缝合式。使用缝线缝合包装容器的机器，多用于麻袋、布袋、复合编织袋等的封口。

(4) 卷边式。用滚轮将金属盖与包装容器开口处相互卷曲勾合以封闭包装容器的机器，卷边式封口机也称封出机，是罐头食品生产过程中的重要机械设备之一。

(5) 滚压式。指用滚轮滚压金属盖使之变形以封闭包装容器的机器。它生产的罐头密封可靠，能保存较长时间，但开启较困难。

(6) 旋合式。指通过旋转封口器材以封闭包装容器的机器。封口器材通常是带有螺纹的瓶盖或带有向内卷曲的盖爪的罐盖，以旋拧的方式旋紧在带合螺纹的瓶口或罐口上。

(7) 结扎式。使用线绳等结扎材料封闭包装容器的机器，主要用于小包装件的集束封口，如糖果、面包等食品袋袋口的结扎。

2) 常用封口机

(1) 手压式封口机。手压式封口机是常用且最简单的封口机，其封合方法一般采用热板加压封合或脉冲电加热封合。这类封口机多为袖珍形，造型美观、重量小、占地小，适于放在桌上或柜台上使用。它由手柄、压臂、电热带、指示灯、定时旋钮等元件组成。该机不用电源开关，使用时只要把交流电源线插头插入插座，根据封接材料的热封性能和厚度，调节定时器旋钮，确定加热时间，然后将塑料袋口放在封接面上，按下手柄，指示灯亮，电路自动控制加热时间，时间到后指示灯熄灭，电源被自动切断，约 1~2s 后放开手柄，即完成塑料袋的封口，如图 3.9 所示。

(2) 脚踏式封口机。脚踏式封口机由踏板、拉杆、工作台面、上封板、下封板、控制板、立柱、底座等部分组成，脚踏式封口机与手压式封口机的热封原理基本相同，其显著的不同之处是采用脚踏的方式拉下压板。操作时双手握袋，轻踩踏板，瞬间通电完成封口，既方便，封口效果又好。该类封口机可采用双面加热，以减小热板接触面与薄膜封接面间的温差，提高封接速度和封口质量。有的还配有印字装置，在封口的同时可以打印出生产日期、重量和价格等，如图 3.10 所示。

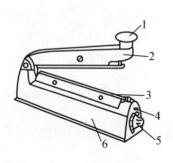

图 3.9 手压式封口机

1—手柄；2—压臂；3—电热带；
4—指示灯；5—定时旋钮；6—外壳

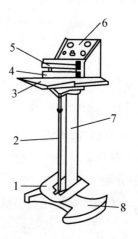

图 3.10 脚踏式封口机

1—踏板；2—拉杆；3—工作台；4—下封板；
5—上封板；6—控制板；7—立柱；8—底座

（3）超声波封口机。超声波封口机是一种投资费用较大，适应薄膜种类较多的热封设备。常用于封焊塑料软管、铝翅复合管等较厚的材料，对于厚度不匀的材料也能取得较好的封口效果。塑料软管超声波封口机是常见的一种超声波封口机、该机能对直径 20～50mm 的塑料筒状软管（如牙膏管、化妆品管、饮料管、果酱管和药膏管等）进行超声波封口。

3. 裹包设备

用挠性包装材料进行全部或局部裹包产品的包装设备统称为裹包机械。裹包机械的共同特点是用薄型挠件包装材料（如玻璃纸、塑料膜、粘膜、各类复合膜、拉伸膜、收缩膜等）将一个或多个固态物品进行裹包，广泛用予食品、烟草、药品日用化工品、音像制品等领域。其种类繁多、功能各异，因而裹包机械的结构较为复杂，其调整、维修需要一定的技术水平。常用的裹包机如下。

（1）折叠式裹包机。用挠性包装材料裹包严品，将末端伸出的包装材料按一定的工艺方式进行折叠封闭。通常对长方体物品进行裹包，包装后外观规整，视觉效果好。

（2）接缝式裹包机。用挠性包装材料裹包产品，将末端伸出的裹包材料按同面粘接的方式进行加热加压封闭、分切，如肥皂、香皂的塑料包装。接缝式裹包机通常是不间断地连续动作，工作效率较高。

（3）覆盖式裹包机。两张挠性包装材料覆盖在产品的两个相对面上，采用热封或黏合方法封口。

（4）缠绕式裹包机。用成卷的挠件包装材料对产品进行多圈缠绕裹包。

（5）贴体裹包机。将产品置于底板上，用覆盖产品的塑料薄片在加热和抽真空作用下紧贴产品，并与底板封合，使包装物品有较强的立体感。

（6）拉伸式裹包机。使用拉伸薄膜，在一定张力下对产品进行裹包，常用于把集积在托盘上的产品连同托盘一起裹包。

（7）收缩式裹包机。用热收缩薄膜对产品进行裹包封闭，然后再进行加热，使薄膜收缩后裹紧产品。收缩包装机可再分为烘道式、烘箱式、柜式、枪式等多种。

4. 贴标设备

1）贴标工序

贴标机用于将印刷有包装容器内物品的品名、成分、功能、使用及开启方法、商标图案等的标签粘贴在容器一定部位上。在高速贴标机上还设有"无瓶不取标"、"无标不涂胶"等保护装量，以及故障检测、报警、停机等装置。

2）粘贴方式

（1）直线粘贴。包括：容器间歇向前移动；将标签送到预定工位；标签和容器同步移动3种。

（2）圆形粘贴。使瓶罐横卧，旋转过程中粘贴。

5. 捆扎设备

捆扎机械是利用带状或绳状捆扎材料将一个或多个包件紧扎在一起的机器，同于外包装设备,目前我国生产的捆扎机基本上采用塑料带作为捆扎材料,利用热熔搭接的方法使紧贴包件表面的塑料带两端加压粘合,从而达到扎紧包件的目的。

3.2 物流配送中心存储设备

3.2.1 货架

1. 货架概述

货架是专门用来存放成件物品的保管设备,货架在仓库中占有非常重要的地位。随着物流量的大幅度增加,为实现仓库的现代化管理,改善仓库的功能,不仅要求货架数量多,而且要求具有多功能,并实现机械化、自动化。

货架的形式有多种,货架的材料一般用钢材或钢筋混凝土制作,钢货架的优点是构件尺寸小,仓库空间利用率高,制作方便,安装建设周期短,随着高度的增加,钢货架的优越性更加明显。

2. 货架的作用与功能

(1) 货架是一种架式结构物,可充分利用仓库空间,提高库容量。

(2) 存入货架中的货物,互不挤压,可减少物资损耗。

(3) 货架中的货物存取方便,便于清点计量、先进先出。

(4) 保证存储货物的质量,可以采取防潮、防尘、防盗、防破坏等措施,以提高货物存储的质量。

(5) 新型货架有利于与仓库机械化设备协调工作。

货架在仓储设备的总投资中所占比例较大,消耗钢材最多,对仓库的运作模式影响极大,因此合理选择和设计经济的货架是很重要的。要在保证货架的重量,刚度和整体稳定性的条件下,尽量减轻货架的重量。降低钢材消耗,降低货架对仓库地面承压能力的要求,满足仓储需要。

3. 立体货架的分类

按货架的构造分,可分为组合可拆卸式货架和固定式货架,其中又分为单元式货架、一般式货架、流动式货架、贯通式货架;按货架的运动状态分,可分为固定、移动、旋转式货架;按货架与建筑物的结构关系分,可分为整体结构、分离结构式货架;按货格储存货物单元分,可分为托盘货架和容器货架;按结构特点分,可分为层架、层格架、橱架、抽屉架、臂架、三角架、栅型架等;按货架高度分,可分为低层货架(高度在5米以下)、中层货架(高度在5~15米)、高层货架(高度在15米以上);按货架重量分、可分为重型货架(每层货架载重量在500千克以上)、中型货架(每层货架(或搁板)载重量150~500千克)、轻型货架(每层货架重量在150千克以下)。

4. 常用货架

1）固定式货架

（1）组合式货架。传统的焊接货架是采用型钢焊接而成的，费工费料，不易拆装。20 世纪 80 年代出现了各种组合式货架，这种货架由于美观经济、装拆方便，比相同规格的焊接式货架节约钢材，且能根据货物的大小随时调节尺寸，能适应仓储货物品种、规格、形式和大小的经常性变化，因此得到快速发展。组合式货架的基本构件由用薄壁钢板冲压或轧制而成的带孔立柱，再加以横梁、隔板和其他各种附件构成。

根据结构组成的不同，这种货架又可分为搁板式、横梁式、牛腿式 3 种结构，搁板式货架储存的货物可以用尺寸大小统一的容器盛装，也可以用包装箱的形式直接放在搁板上，所用搁板可以是木板，也可以是薄钢板，货物的上下架作业均由人工拣选完成，故也称作拣选式货架（图 3.11），与搁板式货架不同，横梁式货架上没有搁板，一般用于储存托盘单元货物（图 3.12）；牛腿式货架也用于托盘单元货物的储存，但每个货物只能存放一个货物单元（图 3.13）。

图 3.11　搁板式货架　　图 3.12　横梁式货架　　图 3.13　牛腿式货架

（2）重力式货架。重力式货架的特点是每一个货格就是一个具有一定坡度的滑道，如图 3.14 所示。由叉车或堆垛机器装入滑道的货物单元能够在重力作用下，自动地由入库端向出库端滑动，直到滑道的出库端或碰上滑道上的已有货物单元停住为止。位于滑道出库端的第一个货物单元取走之后，在它后面的各货物单元便在重力作用下依次向出库端移动一个货位。

重力式货架每个滑道只存放一种货物，存取先进先出。利用货物的自重，使货物在一定高度差的通道上，从高向低运动，从而完成进货、储存、出货的作业，货物始终处于流动状态，因此，适合于少品种，大批量的货物。

1—FRAMES，立柱组；
2—BEAMS，横梁；
3—RAILS，道轨；
4—ROLLERS，滚辊；
5—BRAKING DRUMS，制动器

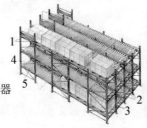 

图 3.14　重力式货架

（3）贯通式货架。采用货格货架，必须为作业机械安排工作巷道，因而降低了仓库单位面积的库容量。贯通式货架取消了两排货架之间的巷道，将所有货架合并在一起，使同一层、同一列的货物互相贯通。托盘或货箱搁置于货架的牛腿上，叉车可直接进入货架每列存货通道内作业。这种货架比较适合于同类大批货物的储存，如图3.15和图3.16所示。

（4）悬臂式货架（图3.17）又称树枝形货架，由中间立柱向单侧或双侧伸出悬臂而成。悬臂可以是固定的，也可以是可调节的，一般适合存放长物料、环形物料、板材、管材、不规则货物，如圆钢、型销、木板和地毯等。此种货架可采用起重机起吊作业，也可采用侧面叉车或长料堆垛机。

（5）卫星小车式货架。卫星式货架也是一种贯通式货架，所不同的是在货架上还有一些能在各自通道内通行的小车。货架上的托盘放置在通道中两根水平轨道上，由穿梭小车在通道间搬运货物，再由堆垛机或分配小车及升降机在通道口接过小车送出的货物，从而沟通了贯通式货架内处于不同层的存货通道之间及与出入库作业的联系。

（6）阁楼式货架。阁楼式货架（图3.18）的特点是可充分利闭仓储空间，适用于库房较高、货物较轻、人工存取且储货较大的情况，特别运用于现有旧仓库的技术改造，提高仓体的空间利用率。货架的底层货架不仅是保管物料的场所，而且是上层建筑承重梁的支撑柱，货架可设计成多层楼层（通常2~3层），配有楼梯、扶手和货物提升电梯等，适用于五金、汽配、电子元件等的分类存储。

图3.15　贯通式货架

图3.16　牛腿式货架

图3.17　悬臂式货架

图3.18　阁楼式货架

（7）抽屉式货架。货架内的货物储存在封闭的抽屉内，分层保管，抽屉板下设置滑道，抽屉板由木板或者薄钢板制成。通常每层承载量500kg，重型抽屉式货架可用于存放特种模具和货物，特制型抽屉货架用于贵重物品如刀具、量具、精密仪器、药品的存放，如图3.19所示。

2）移动式货架

移动货架又叫动力式货架，只有一个通道，而且通道随着货架的移动而变动位置。货架的移动有手动和机动两种，广泛用于档案馆、资料室、图书馆、药库、银行、冷库等场所。

（1）水平移动货架。水平移动式货架（图3.20）将本体放置在航道上，在底部没有行走轮或驱动装置，靠动力或人力驱动使货架沿航道横向移动，因一组货架只需一条通道，大大减少了货架间的巷道数，所以在相同的空间内，移动式货架的储货能力要比货格式货架高得多。

图3.19　抽屉式货架

图3.20　水平移动式货架

（2）自行式货架。这种货架不同于一般人力驱动的水平移动货架，它由轨道、底座和货架组成。轨道安装于地面，每个货架的底座上有多个轮子，由电动机驱动沿轨道运行，货架为通用货架，安装于底座上。整套装置可以手控、遥控或集中控制，并且具有完善的安全保护装置。由于货架的重量全都要由几个轮子承受，因而对轮子的要求较高。该货架具有灵活储存不同货物的优点，不仅适应包装货物，也适于托盘、长杆货物储存和适于作为"货到人"方式分拣的货架。目前其单元货物重量可达1200kg，底座的最大承载能力可达200t。

（3）旋转货架。旋转货架是将货物送到拣货点，再由人或机械将所需货物取出，拣货路线短、操作效率高。旋转货架的货格样式很多，一般有货架式、盘式、槽式、提篮式、抽屉式等，货格由硬纸板、塑料板、钢板组成。适用于以分拣为目的的小件物品的存取，尤其对于多品种的货物分拣更为方便。分为整体旋转（垂直旋转和水平旋转）和分层旋转。

① 垂直旋转式货架。这种货架本身是一台垂直提升机，提升机的两个分支上悬挂着成排的货格。根据操作命令，提升机可以正反向回转，使需要拣取的货物停到拣选平台。

② 水平旋转式货架。水平旋转货架的原理与垂直旋转货架相似，只是货格在水平方向回转，各层货格同时绕水平方向回转。各层货格同时回转的水平旋转货架称为整体水平旋转货架；各层可以独立地正反向旋转的货架成为分层水平旋转货架。

整体水平旋转货架由多个独立货柜构成，用一台链式输送机将这些货柜串联起来，每个货柜下方都有支承滚轮，上部都有导向滚轮。链式输送机运转时，带动货柜运动，需要拣取某种货物时，操作人员只需在控制台上给出指令，货柜便自动转到拣货点并停止，拣货人员就可从中拣选货物。整体水平旋转货架不适用于拣选频率太高的货物，不适于随机拣选，如图3.21所示。

分层水平旋转货架由环状排列的货盘多层重叠而成，每层货盘都用链条串在一起，各层都有相应的轨道，由分设的驱动装置驱动，形成各自独立的旋转体系。这种货架可同时执行几个命令，效率高于整体水平旋转货架，如图 3.22 所示。

图 3.21　整体水平旋转货架

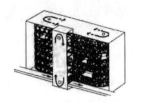
图 3.22　分层水平旋转货架

3.2.2　存储辅助设备

存储辅助设备是为实现仓储系统的标准化、自动化和机械化，实现物流过程的无缝连接，提高仓储作业效率所采用的专门设备。

1. 托盘

托盘作为叉车的附属搬运工具，在 20 世纪 30 年代，首先在工业部门得到广泛应用。第二次世界大战期间，为解决大量军用物资的快速装卸问题，托盘的应用得到进一步发展。第二次世界大战后期，随着经济活动总量的增长，仓库发挥的作用越来越大，为提高仓库的出入库效率和仓库的库容量利用系数，实现仓库作业的机械化、自动化，托盘又成为一种储存工具。为消除货物转载时码盘、拆盘的重复而又繁重的体力劳动，各发达国家开始建立托盘交换、联营和公用租赁体系，如德国铁路（DB）和 CHEP，使托盘从企业、港口、货场的使用发展到随车、随船运输，使托盘成为一种运输工具。一些国家还随货直接将托盘运至商店，陈列在柜台上售货，使托盘又发展成一种售货工具，即从托盘装卸—托盘储存—托盘运输—托盘销售，连贯发展成托盘物流。托盘不仅是仓储系统的输助设备，而且是仓储货物集装单元化的必要条件。

1）托盘标准

由于世界各国使用托盘的历史不同，各国的托盘尺寸均有不同。为了达到国际联运的目的，托盘的尺寸规格应有国际统一的标准，但目前很难做到。

根据 ISO 6780《联运通用平托盘重要尺寸及公差》规定，现有托盘有以下 4 个系列。

（1）1200 系列（1200×800mm 和 1200×1000mm）：1200×800mm 托盘也称欧洲托盘，它的应用范围最广；1200×1000mm 托盘多用于化学工业。

（2）1100 系列（1100×1100mm）：这个尺寸系列是由发展较晚的国际集装箱最小内部宽度尺寸 2330mm 确定形成的。

（3）1140 系列（1140×1140mm）：是对 1100 系列的改进，目的是为了充分利用集装箱内部的空间。

（4）1219 系列（1219×1016mm）（48×40ft）：是考虑北美国家习惯以英寸为单位制定的系列。

我国于1982年制定了联运平托盘外形尺寸系列的国家标准,将联运托盘即平托盘的平面尺寸定为800×1200mm、800×1000mm和1000×1200mm共3种。

2) 托盘的结构

托盘是由两层面板中间夹以纵梁(或仟脚)或单层面板下设纵梁(垫板或柱脚)组成的一种平面结构。其各部分的名称术语如图3.23所示。

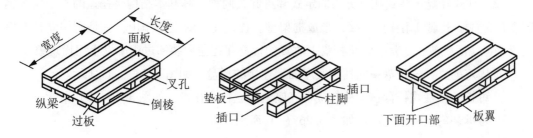

图3.23 托盘结构示意图

3) 托盘的类型

按基本形态分为平托盘、柱式托盘、箱式托盘、滚轮箱式托盘、从动托盘、特殊造型托盘。

(1) 平托盘。用叉车、首推平板车装卸,一般意义的托盘都指平托盘。按台面分,可分为翼式托盘、单面使用型托盘、双面使用型托盘。

① 双面使用托盘,如图3.24(a)所示。

② 单面使用托盘:仅有一面用于堆码货物的双面平托盘,如图3.24(b)所示。

③ 翼式托盘:铺板两端突出于纵梁和垫块以外的部分,用于起重机吊运,因此称为"翼式托盘",如图3.24(c)所示。

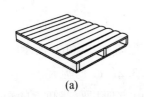 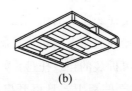 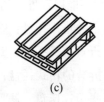

(a) (b) (c)

图3.24 平托盘按台面分类

根据叉车插入方式分类,有单向插入型、双向插入型和四向插入型3种。

① 单向插入型托盘:允许叉车或托盘搬运车的货叉仅从一个方向插入的托盘。

② 双向插入型托盘:允许叉车或托盘搬运车的货叉从两个相反方向插入的托盘,如图3.31(a)所示。

③ 四向插入型托盘:允许叉车或托盘搬运车的货叉从4个方向插入的托盘,如图3.31(b)所示。

根据材料分类,可分为木制平托盘、钢制平托盘、塑料制平托盘、复合材料平托盘和纸制托盘5种。

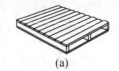 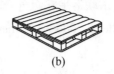

图 3.25 平托盘按插入方式分类

（2）柱式托盘。柱式托盘分为固定式和可卸式两种，其基本结构是托盘的 4 个角有钢制立柱，柱子上端可用横梁连接，形成框架型。柱式托盘的主要作用：一是利用立柱支撑重量物，往高叠放；二是可防止托盘上放置的货物在运输和装卸过程中发生塌垛现象。

① 固定的立柱式托盘：立柱与底座固定连接的托盘，如图 3.26（a）所示。
② 可折的立柱式托盘：立柱铰接在底座上的立柱式托盘，如图 3.26（b）所示。
③ 可拆装的立柱式托盘：如图 3.26（c）所示。

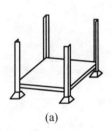 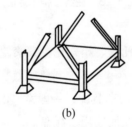 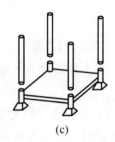

图 3.26 柱式托盘

（3）箱式托盘。箱式托盘是四面有侧板的托盘，有的箱体上有顶板，有的没有顶板。箱板有固定式、折叠式、可卸下式 3 种。四周栏板有板式、栅式和网式，因此，四周栏板为栅栏式的箱式托盘也称笼式托盘或仓库笼。箱式托盘防护能力强，可防止塌垛和货损；可装载异型不能稳定堆码的货物，应用范围广。

① 固定的箱式托盘：壁板固定在底座上的箱式托盘，如图 3.27（a）所示。
② 可折式箱式托盘：壁板铰接在底座上的箱式托盘，如图 3.27（b）所示。
③ 可拆装的箱式托盘：壁板可拆装的箱式托盘，如图 3.27（c）所示。
④ 活底箱式托盘：底座铰接于壁板上，且可开启，以方便从底部卸货的箱式托盘，如图 3.27（d）所示。
⑤ 溜槽或斜槽壁板的箱式托盘如图 3.27（e）所示。

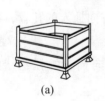   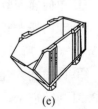

图 3.27 箱式托盘

（4）轮式托盘。轮式托盘与柱式托盘和箱式托盘相比，多了下部的小型轮子，因而，轮式托盘显示出能短距离移动、自行搬运或滚上滚下式的装卸等优势，用途广泛，适用性强。

（5）特种专用托盘。由于托盘作业效率高、安全稳定，尤其在一些要求快速作业的场合，突出了托盘的重要性，所以各国纷纷研制了多种多样的专用托盘，如平板玻璃集装托盘、轮胎专用托盘、长尺寸物托盘、油桶专用托盘等。

2. 集装箱

1）集装箱定义

集装箱（Container）是指海、陆、空不同运输方式进行联运时用以装运货物的一种容器。中国香港地区称之为"货柜"、中国台湾地区也称之为"货柜"。关于集装箱的定义，由于所处的立场不同，国际上不同国家、地区和组织的表述有所不同。

国际标准化组织（ISO）对集装箱的定义为："集装箱是一种运输设备，这一术语不包括车辆和一般包装"。

（1）具有足够的强度，能反复长期使用。

（2）适合一种或多种方式运输，途中转运时，箱内货物不必换装。

（3）可进行快速搬运和装卸，便于从一种运输方式转移到另一种运输方式。

（4）便于货物装满或卸空。

（5）具有 $1m^3$ 及 $1m^3$ 以上的容积。

2）集装箱标准化

（1）国际标准集装箱。在集装箱运输早期，集装箱的规格相当紊乱，各个国家和地区，甚至各公司所制造的集装箱，在规格、结构、重量以及强度等方面差别很大，种类繁多。为了便于集装箱在国际的流通，《国际标准化组织104技术委员会》即ISO-104制定了国际通用集装箱的外部尺寸、公差和总重标准；现行第1系列集装箱的外部尺寸和总质量标准见表3-1。

表3-1 系列1集装箱外部尺寸和额定质量

集装箱型号	长度 L		宽度 W		高度 H		额定质量（总质量）	
	mm	ft in	mm	ft	mm	ft in	kg	lb
1AAA	12192	40′	2438	8′	2896	9′6″	30480	67200
1AA					2591	8′6″		
1A					2438	8′		
1AX					<2438	<8′		
1BBB	9125	29′11″1/4	2438	8′	2896	9′6″	25400	56000
1BB					2591	8′6″		
1B					2438	8′		
1BX					<2438	<8′		

续表

集装箱型号	长度 L		宽度 W		高度 H		额定质量（总质量）	
	mm	ft in	mm	ft	mm	ft in	kg	lb
1CC	6058	19′10″1/2	2438	8′	2591	8′6″	24000	52900
1C					2438	8′		
1CX					<2438			
1D	2991	9′9″3/4	2438	8′	2438	8′	10160	22400
1DX					<2438	<8′		

注：系列1集装箱长度、高度、高度的允许公差在摘录时已省略。

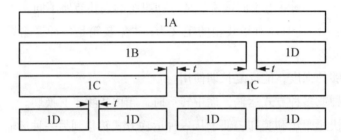

图 3.28　国际标准集装箱长度关系

国际标准集装箱长度关系如图 3.28 所示。虽然国际标准化组织对集装箱的规格、技术参数等做了规定，但目前在集装箱运输中使用的箱子有标准与非标准之分，存在集装箱国际通用问题，主要表现在以下几个方面。

① 集装箱自重不一，20ft 干货集装箱自重在 1500~2300kg 不等。

② 每种箱子的构件不一，影响箱子配件的配备与维护。

③ 单箱总质量趋于增加，目前 20ft24t 集装箱已占 20ft 集装箱的 90%，英国与法国罐式 20ft 箱已达 30.38t，这影响到物流系统中其他环节的各种设备。

(2) 我国国家标准集装箱。我国于 1980 年 3 月成立了全国集装箱标准化技术委员会，有计划地开展了标准化工作。

参照采用 ISO 104 国际标准，规定了适用我国国内和国际联运的集装箱外部尺寸和主要系列，统一了我国集装箱的规格尺寸，为组织集装箱不同运输方式的联运和国际联运以及为实现我国交通运输业的机械化、自动化创造了条件，为研究制定集装箱的其他标准及相应配套设备的标准化打下了良好的基础。我国现行国家标准《集装箱外部尺寸和额定重量》（GB 1413—1985）中集装箱各种型号的外部尺寸、极限偏差及额定重量与表 3-1 基本相同。

3) 集装箱的分类

运输货物用的集装箱种类繁多，从运输家用物品的小型折叠式集装箱到 40ft 标准集装箱以及航空集装箱等。这里仅介绍在海上运输中常见的国际货运集装箱类型。

(1) 按用途分类，可分为以下几类。

① 通用干货集装箱（Dry Cargo Container）。也称为杂货集装箱，用来运输无须控制温

度的件杂货，其使用范围极广，占全部集装箱的80%以上。这种集装箱通常为封闭式，在一端或侧面设有箱门。干货集装箱通常用来装运文化用品、化工用品、电子机械、工艺品、医药、日用品、纺织品及仪器零件等，不受温度变化影响的各类固体散货、颗粒或粉末状的货物都可以用这种集装箱（图3.29）装运。

② 冷藏集装箱（Reefer Container）。以运输冷冻食品为主，能保持一定温度的保温集装箱。它专为运输如色、肉、新鲜水果、蔬菜等食品而特殊设计。目前国际上采用的冷藏集装箱基本上分两种：一种是集装箱内带有冷冻机的，叫机械式冷藏集装箱（图3.30）；另一种箱内没有冷冻机而只有隔热结构，即在集装箱端壁上没有进气孔和出气孔，箱子装在舱中，由船舶的冷冻装置供应冷气，叫做外置式冷藏集装箱。

③ 通风集装箱（Ventilated Container）。为装运水果、蔬菜等不需要冷冻而具有呼吸作用的货物，在端壁和侧壁上没有通风孔的集装箱（图3.31），如果将通风口关闭，同样可以作为杂货集装箱使用。

④ 罐式集装箱（Tank Container）。专用以装运酒类、油类（如动、植物油）、液体食品以及化学品等液体货物的集装箱（图3.32），它还可以装运其他液体的危险货物。这种集装箱有单罐和多罐数种，罐体四角由支柱、撑杆构成整体框架。

⑤ 散货集装箱（Bulk Container）。一种密闭式集装箱，有玻璃钢制和钢制两种。前者由于侧壁强度较大，故一般装载麦芽和化学品等相对密度较大的散货，后者则用于相对密度较小的谷物。散货集装箱顶部的装货口应设水密性良好的盖以防雨水侵入箱内（图3.33）。

⑥ 台架式集装箱（Platform Based Container）。没有箱顶和侧壁，甚至连端壁也去掉，而只有底板和四个角柱的集装箱（图3.34）。这种集装箱可以从前后、左右及上方进行装卸作业，适合装载长大件和重货件，如重型机械、钢材、钢管、木材、钢链等。台架式集装箱没有水密性，怕水湿的货物不能装运，或用帆布遮盖装运。

⑦ 平台集装箱（Platform Container）。这种集装箱是在台架式集装箱上再简化而只保留底板的一种特殊结构集装箱。平台的长度和宽度与国际标准集装箱的箱底尺寸相同。可使用与其他集装箱相同的紧固件和起吊装置。这一集装箱的采用打破了过去一直认为集装箱必须具有一定容积的概念。

⑧ 敞顶集装箱（Open Top Container）（图3.35）。这是一种没有箱顶的集装箱，但有由可折叠式或可掀式顶梁支撑的帆布、塑料布或涂塑布制成的顶篷，其他构件与通用集装箱类似。这种集装箱适于装载大型货物和重货，如钢铁、木材，特别是像玻璃板等易碎的重货，利用吊车从顶部吊入箱内不易损坏，而且也便于在箱内固定。

⑨ 汽车集装箱（Car Container）。一种运输小型轿车用的专用集装箱，其特点是在简易箱底安装一个钢制框梁，通常没有箱壁（包括端壁和侧壁）（图3.36）。这种集装箱分为单层的和双层的两种。因为小轿车的高度为1.35~1.45m，如装在8ft（2.438m）的标准集装箱内，其容积要浪费2/5以上。因而出现了双层集装箱。这种双层集装箱的高度有

两种：一种为 10.5ft（3.2m）；一种为 8.5ft 高的 2 倍，因此汽车集装箱一般不是国际标准集装箱。

⑩ 动物集装箱（Pen Container or Live Stock Container）。一种装运鸡、鸭、鹅等活家禽和牛、马、羊、猪等活家畜用的集装箱（图 3.37）。为了遮蔽太阳，箱顶采用胶合板露盖，侧面和端面都有用铝丝制成的网，以求有良好的通风。侧壁下方设有清扫口和排水口，并配有上下移动的拉门，可把垃圾清扫出去，还装有喂食口。动物集装箱在船上一般应装在甲板上，因为甲板上空气流通，便于清扫和照顾。

⑪ 服装集装箱（Garment Container）。这种集装箱的特点是在箱内上侧梁上装有许多根横杆，每根横杆上垂下若干条皮带扣、尼龙带扣或绳索，成衣利用衣架上的钩，直接挂在带扣或绳索上（图 3.38）。这种服装装载法属于无包装运输，它不仅节约了包装材料和包装费用，而且减少了人工劳动，提高了服装的运输质量。

图 3.29　通用干货集装箱

图 3.30　机械式冷藏集装箱

图 3.31　通风集装箱

图 3.32　罐式集装箱

图 3.33　散货集装箱

图 3.34　台架式集装箱

图 3.35　敞顶集装箱

图 3.36　汽车集装箱

图 3.37 动物集装箱

图 3.38 服装集装箱

(2) 按箱体材料分类,可分为以下 4 类。

① 钢集装箱。钢集装箱的外板用钢板,结构部件也均采用钢材。这种集装箱的最大优点是强度大、结构牢,焊接性和水密性好,而且价格低廉,但其重量大,易腐蚀生锈。出于自重大,降低了装货量;且每年需要进行两次除锈涂漆,使用期限较短,一般为 11~12 年。

② 不锈钢集装箱。不锈钢是一种新的集装箱材料,其优点是强度大、不生锈、外表美观;在整个使用期内无需进行维修保养、故使用率高;耐蚀性能好。其缺点是价格高,初始投资大;材料少,大量制造有困难,目前一般都用作罐式集装箱。

③ 铝集装箱。通常说的铝集装箱并不是纯铝制成的,而是各主要部件使用最适量的各种轻铝合金,一般都采用铝镁合金,故又称铝合金集装箱。这种铝合金集装箱的最大优点是重量小,铝合金的相对密度小,20ft 的铝集装箱的自重为 1700kg,比钢集装箱轻 20%~25%,故同一尺寸的铝集装箱可以比钢集装箱装更多的货物。铝集装箱不生锈,外表美观,铝镁合金在大气中自然形成氧化膜,可以防止腐蚀,但遇海水则易受腐蚀,如采用纯铝包层,就能对海水起很好的防蚀作用,最适合于海上运输。铝合金集装箱的弹性好,加外力后容易变形,外力除去后一般就能复原,因此更适合于在有箱格结构的全集装箱船上使用。此外,铝集装箱加工方便,加工费低,一般外表只需要涂其他涂料,维修费用低,使用年限长,一般为 15~16 年。

④ 玻璃钢集装箱。它是用玻璃纤维和合成树脂混合在一起制成薄薄的加强塑料,用黏合剂贴在胶合板的表面上形成玻璃钢板而制成的集装箱。玻璃钢集装箱的特点是强度大、刚性好;玻璃钢的隔热件、防腐性、耐化学性都比较好,能防止箱内产生结露现象,有利于保护箱内货物不遭受湿损;玻璃钢板可以整块制造,防水性好,还容易清洗;此外,这种集装箱还有不生锈、容易着色的优点,故外表美观;维修简单,维修费用也低。玻璃钢集装箱的主要缺点是重量较大,与一般钢集装箱相差无几,价格也较高。

(3) 集装箱的结构根据制造材料及用途的不同有不同的形式,按结构分类可分为以下几种。

① 内柱式和外格式集装箱。这里的"柱"指的是集装箱的端柱和侧柱。内柱式集装箱即侧柱和端柱位于侧壁和端壁之内,反之则是外柱式集装箱。一般玻璃钢集装箱和钢集装箱均没有侧柱和端柱,故内柱式和外柱式集装箱均指铝集装箱而言。内柱式集装箱的优点是外表平滑、美观,受斜向外力不易损坏,印刷标记时比较方便;外板和内衬板之间隔

有一定空隙，防热效果较好，能减少货物的湿损。外柱式集装箱的优点是受外力作用时，外力由侧柱或端柱承受，起到了保护外板的作用，使外板不易损坏，出于集装箱内壁面平整，有时也不需要有内衬板。

② 折叠式和固定式集装箱。折叠式集装箱是侧壁、端壁和箱门等主要部件能很方便地折叠起来，反复使用时可再次撑开的一种集装箱。反之，各部件永久固定的组合在一起的称固定式集装箱。折叠式集装箱主要用在货源不平衡的航线上，为了减少回空时的舱容损失而设计的，目前，使用最多的还是固定式集装箱。

③ 预制骨架式集装箱和薄壳式集装箱。集装箱的骨架由许多预制件组合起来，并由它承受主要载荷，外板和骨架用铆接或焊接的方式连为一体，称之为预制骨架式集装箱。通常是铝质和钢质的预制骨架式集装箱，外板采用铆接或焊接的方式与骨架连接在一起；而玻璃钢的预制骨架式集装箱，其外板用螺栓与骨架连接。薄壳式集装箱则把所有构件结合成一个刚体，优点是重量小，受扭力作用时不会引起永久变形，所以集装箱的结构一般或多或少都采用薄壳理论进行设计。

3.3 物流配送中心装卸搬运设备

3.3.1 装卸搬运设备概述

装卸搬运机械是指用来搬移、升降、装卸和短距离输送物料或货物的机械设备，是实现装卸搬运作业机械化的基础，其合理的配置和使用可以安全、优质、迅速地完成货物转移作业，是提高仓储配送现代化的一项重要内容。大力开发、使用搬运机械对于加快物流进步，促进经济发展有着如下重要意义。

为了适应各类货物装卸搬运环节中的不同要求，各种装卸搬运设备应运而生。目前，装卸搬运设备的机型和种类已有数千种，为了便于理解，本节从以下几个角度进行分类。

按主要用途分类，可以分为起重机械、连续运输机械、装卸搬运机械、专用装卸搬运机械。其中，专用装卸搬运机械是指带有专用取物装置的装卸搬运机械，如集装箱专用装卸搬运机械等。

3.3.2 起重机械设备

1. 概述

起重设备是做循环间歇运动的机械设备，用来垂直升降货物或兼做货物的水平移动，以满足货物的装卸、转运等作业要求。典型的工作流程包括取物装置从取物点把货物提起、运行、旋转，将货物移位并在指定的位置下降，接着进行反向运动，以便进行下一轮工作循环。起重机械以装卸为主要功能，搬运的功能较差，搬运距离短，并且大部分起重机械设备移动困难，往往是港口、车站、仓库等处的固定设备。物流装卸起重机械种类繁多,按照其起重量及运动方式可分为以下几类。

1)轻小型起重设备

轻小型起重设备的特点是轻便、结构紧凑、动作简单,作业范围投影以点、线为主。轻小型起重设备一般只有一个升降机构,它只能使重物做单一的升降运动。属于这一类的有千斤顶、滑车、手(气、电)动葫芦、绞车等,电动葫芦常配有运行小车与金属构架以扩大作业范围。

2)桥式类起重机

桥式类起重机是横架于车间、仓库和料场上空进行物料吊运的起重设备。桥式起重机的桥架沿铺设在两侧高架上的轨道纵向运行,起重小车沿铺设在桥架上的轨道横向运行,构成一个矩形的工作范围,就可以充分利用桥架下面的空间吊运物料,不受地面设备的阻碍。它是使用范围最广、数量最多的一种起重机械。桥式起重机包括通用桥式起重机、堆垛起重机、龙门式起重机、装卸桥、冶金专用起重机等。

3)臂架类起重机

臂架类起重机包括起升机构、变幅机构、旋转机构,依靠这些机构的配合动作,可使重物在一定的圆柱形空间内起重和搬运。臂架式起重机多装设在车辆上或其他形式的运输(移动)工具上,这样就构成了运行臂架式旋转起重机,如汽车式起重机、轮胎式起重机、塔式起重机、门座式起重机、浮式起重机、铁路起重机等。

2. 轻小型起重设备

1)手动葫芦

手动葫芦是一种使用简单、携带方便的手动轻小型起重机械,也称"环链葫芦"或"倒链"。它适用与小型设备和货物的短距离吊运,起重量一般不超过10t。链条葫芦具有结构紧凑、手拉力小等特点。其构造形式一般有二级正齿轮式和行星摆线针齿轮式,如图3.39所示。

图3.39 手动葫芦

2)电动葫芦

电动葫芦简称电葫芦,是一种轻小型起重设备,是将电动机、减速器、制动器及卷筒等部件集合为一体的轻小型起重设备。电动葫芦具有体积小、自重轻、操作简单、使用方便等特点,用于工矿企业,仓储码头等场所。起重量一般为0.1~80吨,起升高度为3~30米。根据承重构件不同电动葫芦可分为钢丝绳式(应用普遍)、环链式、板链式;根据应用场合不同可分为一般用途、防爆、防蚀、冶金用途;根据工作类型可分为重型、中型；根据操纵方式可分为地面跟随操纵、驾驶室操纵、有线、无线操纵，如图3.40所示。

(a) 钢丝绳式　　　　　　(b) 环链式　　　　　　(c) 板链式提升机

图3.40　电动葫芦

3. 桥式类起重机

1）桥式起重机概述

桥式起重机又称桥吊、行车，桥式起重机是桥架支承在建筑物两边高架轨道上并能沿轨道行走的一种桥架型移动式起重机。其在桥架上设有可沿桥架上的轨道行走的起重小车（或电动葫芦）。它是依靠桥架沿厂房轨道的纵向移动、起重小车的横向移动以及吊钩装置的升降运动来进行工作的，具有构造简单、操作灵活、维修方便和不占用地面作业面积等特点，常用于仓库的装卸作业和车间的起重作业。

2）桥式起重机的结构

桥式起重机一般由桥架、大车运行机构、起重小车、驾驶室（包括操纵机构和电气设备）4个部分组成。桥式起重机的机构部分有起升、小车运行和大车运行3个机构，各机构有单独的电动机进行驱动。

（1）桥架。桥架是桥式起重视的基本骨架，由主梁、端梁、走台和栏杆等组成。在主梁的上盖板上铺设轨道，供起重小车行走，与主梁连接的一侧走台上安装起电机的大车运行机构，另一侧走台上安装小车供电的滑线。走台的外侧设有栏杆，以保障检修人员的安全。

（2）大车运行机构。桥式起重机的大车运行机构驱使超重机车轮转动，并使车轮沿建筑物高架上铺设的轨道做水平方向运动。大车运行机构主要由运行驱动装置和运行支承装置两大部分组成。

（3）起重小车。桥式起重机的起重小车包括小车架、小车运行机构和起升机构。

① 小车架上安装有栏杆、缓冲器和行程限位开关等安全保护装置。当小车运行到桥架主梁两端的极限位置时，行程限位开关的撞尺使置于桥架上的行程开关动作，切断电源，并以缓冲器撞击桥架主梁顶端的挡桩，以吸收小车运行功能，使小车停止运行，从而起到安全保护作用。

② 小车运行机构。小车运行机构是用来驱使起重小车沿主梁上的轨道运行的。通常小车的4个车轮都是驱动轮，由两套驱动装置分别驱动，每套驱动装置都是由电动机通过立式减速器、减速器低速轴以集中驱动的方式驱使两边两个车轮转动的。

③ 起升机构。起升机构用来升降货物并能把货物停放在空中某一高度位置，它由内驱动装置（电动机）、传动装置（减速器、联轴器、传动轴）、制动装置（制动器）、卷绕系统（卷筒、滑轮组、钢丝绳）、取物装置（吊钩装置）和安全保护装置（起升高度限位器、起重量限制器）等组成。

4. 龙门起重机和装卸桥

龙门起重机简称龙门吊，两边支腿与桥架刚性连接，跨度一般在35m以内，按主梁结构形式可分为单梁和双梁门式起重机。单梁龙门起重机的起重小车若采用电动葫芦，可用单根工字钢作为电动葫芦的轨道和承载梁；若采用专制小车，则称单梁小车式龙门起重机，如图3.41和图3.42所示。

图3.41　单梁门式起重机

图3.42　双梁门式起重机

3.3.3　叉车

叉车是仓库和货场广泛用于承担装卸、搬运、堆码作业的一种搬运车辆。它具有适用性强、机动灵活、效率高等优点，不仅可以把货物叉起进行水平运输，还可以叉取货物进行垂直堆码。

1. 叉车分类

叉车种类多，可以从不同角度分类，如果按构造的不同，可以分为正面式、侧面式和转叉式叉车；如果按所用动力的不同，则可以分为内燃式、蓄电池式和无动力叉车。下面按构造分类对叉车进行分别介绍。

1）正面式叉车

正面式叉车的特点是货叉朝向叉车正前方。正面式叉车根据结构的不同可分为5种：手动液压叉车、平衡重式叉车、插腿式叉车、前移式叉车和四向行走式叉车。

（1）手动液压叉车是利用人力推拉运行的简易叉腿式叉车，包括手摇机械式、手动液压式和电动液压式3种，用于仓库内效率要求不高，需要有一定堆垛作业、装卸高度不大且单向搬运距离在100m以内的场合。图3.43所示为手动液压叉车，手动液压叉车起重能力为500~1000kg，起升高度为1000~3000mm，货叉最低离地高度≤100mm。

（2）平衡重式叉车是使用最为广泛的叉车，这种叉车的货叉在前轮中心线以外。为了克服货物产生的倾覆力矩，在叉车的尾部装有平衡重。车轮采用的是充气轮胎或实心轮胎，运行速度比较快，而且有较好的爬坡能力。取货时和卸货时门架前倾，前倾角度一般为30°，便于货叉插入和抽出，取货后门架后倾，后倾角度一般为80~100°，以便在行驶中保持货物的稳定，这种叉车可根据作业对象和作业方式的不同，在叉车的叉架上增设叉车工具，实现"无托盘"搬运需要。

平衡重式叉车可以是内燃式的，也可以是蓄电池式的。内燃式叉车因噪声大和产生有害气体，适用于露天货场作业，蓄电池式叉车适合于在室内或环境条件要求较高的场所。

平衡重式叉车主要由发动机、底盘、门架、叉架、液压系统、电气系统及平衡重等部分组成，如图3.44所示，主要性能参数有起重量、最大起升高度、货叉长度、最小转弯半径、最大起升速度、最大运行速度等，可根据作业对象和作业要求进行选择。

图3.43 手动叉车

图3.44 平衡重式叉车

（3）插腿式叉车（图3.45）的结构非常紧凑，货叉在两个支腿之间，因此无论在取货或卸货，还是在运行过程中，都不会失去稳定。由于结构紧凑，叉车尺寸小，转弯半径也小，适于库内作业。

这种叉车一般采用蓄电池为动力，不会污染环境。叉车的坐椅采用侧向布置力式，操作人员向叉车两侧及向后的视野良好，所以工作时一般都采用倒车行走方式。由于叉取货物时，支腿和货叉都必须插入货物底部，因此要求货物底部一般要高出地面200mm左右。

（4）前移式叉车（图3.46）的结构与插腿式叉车类似。但取货或卸货时，门架或货叉可由液压系统推动，移到前轮之外；运行时，门架、货叉又缩回车体内。前轮的直径大约为300mm，因此，要收回货叉，必须先将货物升起一定高度。

图3.45 插腿式叉车

图3.46 前移式叉车

（5）四向行走式叉车（图3.47）是在前移式叉车的基础上改造，专门用于长大件货物作业的叉车。不同之处在于它的4个车轮均能在90°范围内任意转动，这样叉车既可向前、向后行驶，也可向左、向右行驶，能在原地对运行方向进行调整，因此，叉车工作时所需的货架通道宽度很小。

2）侧面式叉车

侧面式叉车（图3.48）的货叉装在车身的侧面，是平板运输车和前移式叉车的结合。门架可以伸出取货，然后缩回车体内将货物放在平台上即可行走，适于装卸运输钢管、型材、木材、电线杆、水泥管等细长货物。

图3.47　四向行走式叉车

图3.48　侧面式叉车

3）转叉式叉车

转叉式叉车（图3.49）是专门用于仓库的无轨堆垛机的一种，其货叉有一个回转机构，还有一个侧移机构，两个机构协调动作，货叉可以面向货架通道任意一侧的货架，完成存取作业，而不需要对叉车的位置做任何调整，因此所需要的货架通道最小。当货架高度较大时，需要配备自动选层装置在高度方向辅助定位，这种叉车在货架通道内行驶时，需要导轨导向或用感应线自动导向，以避免叉车与货架相碰。

4）其他类型叉车

转柱式叉车的特点是转弯半径小，作业所需的货架通道窄，门架可实现正反转90°。

巷道式无轨堆垛机是结合叉车和高价堆垛机而研制的新型高提升叉车，其行走速度可达2.1m/s，在通道内可同时完成行走和提升动作，从而减少存取时间，提高作业效率，存取货物时，货叉伸入托盘中，存取高度可达18m。

图3.49　转叉式叉车

高架位拣选式叉车的主要作用是高位拣货，适用于多品种、数量小的货物的入库、出库的拣选式高层货架仓库。

托盘搬运车又称托盘式叉车，是以搬运托盘为主的搬运车辆。托盘搬运车有两个货叉似的插腿，可插入托盘底部。插腿前端有两个小直径的行走轮，用来支撑托盘货的重量。

因叉车结构不同，每种叉车工作所需的转弯半径和工作通道的宽度不相同，因此，配置叉车时必须考虑相应的资源配置情况。

2. 叉车的选择

在选择叉车时应根据实际需要考虑叉车的负载能力、尺寸、升程、行走及提升速度、机动性和爬坡能力。

（1）负载能力：这是最重要的因素，即把最重的额定负载举到特定高度的能力。它是以载荷中心距进行计算的，一般工业标准的载荷中心距为0.6m。

（2）最大提升高度：在额定负载下叉车的最大提升高度。

（3）最大提升车体高度：在最大提升高度时的升降架顶端可达到的最高位置；升降架高度是指地面到第一段升降架顶端的高度。

（4）自由升程：第二段升降架移动之前货叉上升的高度。

（5）行走及提升速度：叉车的行走及提升速度是指满载时叉车的行驶速度（以km/h为单位）和叉车的提升速度（以m/min为单位）。它直接影响叉车的作业效率。

（6）最小转弯半径：一般是指叉车转弯列车体外侧可能达到的最小转弯半径，是衡量叉车机动性的主要指标。

还有其他技术性能指标，如自重、门架前后倾斜角度和车体外形尺才等。在选用叉车时要全面考虑叉车的技术性能，使之满足作业要求和外界条件。

3.3.4 AGV

AGV（Automated Guided Vehicle，AGV）指装备有电磁或光学等自动导引装置，能够沿规定的导引路径行驶，具有安全保护以及各种移载功能的运输车，工业应用中不需驾驶员的搬运车，以可充电之蓄电池为其动力来源。一般可透过计算机来控制其行进路线以及行为，或利用电磁轨道来设立其行进路线，电磁轨道黏贴于地板上，无人搬运车则依循电磁轨道所带来的信息进行移动与动作，如图3.50所示。

图3.50　自动导引搬运车

1. AGV的种类

AGV从发明至今已经有50多年的历史，随着应用领域的扩展，其种类和形式变得多种多样。常常根据AGV自动行驶过程中的导航方式将AGV分为以下几种类型。

1）直接坐标导引技术

用定位块将AGV的行驶区域分成若干坐标小区域，通过对小区域的计数实现导引，一般有光电式（将坐标小区域以两种颜色划分，通过光电器件计数）和电磁式（将坐标小区域以金属块或磁块划分，通过电磁感应器件计数）两种形式，其优点是可以实现路径的修改，导引的可靠性好，对环境无特别要求；缺点是地面测量安装复杂，工作量大，导引精度和定位精度较低，且无法满足复杂路径的要求。

2）电磁导引技术

电磁导引是较为传统的导引方式之一，目前仍被许多系统采用，它是在 AGV 的行驶路径上埋设金属线，并在金属线上加载导引频率，通过对导引频率的识别来实现 AGV 的导引。其主要优点是引线隐蔽，不易污染和破损，导引原理简单而可靠，便于控制和通信，对声光无干扰，制造成本较低。缺点是路径难以更改扩展，对复杂路径的局限性大。

3）磁带导引技术

与电磁导引相近，用在路面上贴磁带替代在地面下埋设金属线，通过磁感应信号实现导引。其灵活性比较好，改变或扩充路径较容易，磁带铺设简单易行，但此导引方式易受环路周围金属物质的干扰，对磁带的机械损伤极为敏感，因此导引的可靠性受外界影响较大。

4）光学导引技术

在 AGV 的行驶路径上涂漆或粘贴色带，通过对摄像机采入的色带图像信号进行简单处理而实现导引，其灵活性比较好，地面路线设置简单易行，但对色带的污染和机械磨损十分敏感，对环境要求过高，导引可靠性较差，且很难实现精确定位。

5）激光导引技术

激光导引是在 AGV 行驶路径的周围安装位置精确的激光反射板，AGV 通过发射激光束，同时采集由反射板反射的激光束，来确定其当前的位置和方向，并通过连续的三角几何运算来实现 AGV 的导引。

此项技术最大的优点是 AGV 定位精确；地面无需其他定位设施；行驶路径可灵活多变，能够适合多种现场环境。它是目前国外许多 AGV 生产厂家优先采用的先进导引方式，但其核心技术还仅限于个别公司掌握，目前我国还没有此项完整的民用技术。

6）惯性导航技术

惯性导航是在 AGV 上安装陀螺仪，在行驶区域的地面上安装定位块，AGV 可通过对陀螺仪偏差信号的计算及地面定位块信号的采集来确定自身的位置和方向，从而实现导引。此项技术在军方较早运用，其主要优点是技术先进、定位准确性高、灵活性强、便于组合和兼容、适用领域广，已被国外的许多 AGV 生产厂家采用。其缺点是制造成本较高，导引的精度和可靠性与陀螺仪的制造精度及使用寿命密切相关。

7）图像识别导引技术

对 AGV 行驶区域的环境进行图像识别，实现智能行驶，这是一种具有巨大潜力的导引技术，此项技术已被少数国家的军方采用，将其应用到 AGV 上还只停留在研究中，目前还未出现采用此类技术的实用型 AGV。

可以想象，图像识别技术与激光导引技术相结合将会为自动化工程提供意想不到的可能，如导引的精确性和可靠性，行驶的安全性，智能化的记忆识别等都将更加完美。

8）GPS（全球定位系统）导航技术

通过卫星对非固定路面系统中的控制对象进行跟踪和制导，目前此项技术还在发展和完善，通常用于室外远距离的跟踪和制导，其精度取决于卫星在空中的固定精度和数量，以及控制对象周围环境等因素。

2. AGV 的应用

1）仓储业

仓储业是 AGV 最早应用的场所。1954 年世界上首台 AGV 在美国的南卡罗米纳州的 Mercury Motor Freight 公司的仓库内投入运营，用于实现出入库货物的自动搬运。目前世界上约有 2 万台各种各样 AGV 运行在 2100 座大大小小的仓库中。海尔集团于 2000 年投产运行的开发区立体仓库中，9 台 AGV 组成了一个柔性的库内自动搬运系统，成功地完成了每天 23400 次的出入库货物和零部件的搬运任务。

2）制造业

AGV 在制造业的生产线中大显身手，高效、准确、灵活地完成物料的搬运任务，并且可由多台 AGV 组成柔性的物流搬运系统，搬运路线可以随着生产工艺流程的调整而及时调整，使一条生产线上能够制造出十几种产品，大大提高了生产的柔性和企业的竞争力。近年来，作为 CIMS 的基础搬运工具，AGV 的应用深入到机械加工、家电生产、微电子制造、卷烟等多个行业，生产加工领域成为 AGV 应用最广泛的领域。

3）邮局、图书馆、港口码头和机场

在邮局、图书馆、码头和机场等场合，物品的运送存在着作业量变化大、动态性强、作业流程经常调整，以及搬运作业过程单一等特点，AGV 的并行作业、自动化、智能化和柔性化的特性能够很好地满足上述场合的搬运要求。

4）烟草、医药、食品、化工行业

对于搬运作业有清洁、安全、无排放污染等特殊要求的烟草、医药、食品、化工等行业中，AGV 的应用也受到重视。在国内的许多卷烟企业，如青岛颐中集团、玉溪红塔集团、红河卷烟厂、淮阴卷烟厂，应用激光引导式 AGV 完成托盘货物的搬运工作。

5）危险场所和特种行业

在军事上，以 AGV 的自动驾驶为基础集成其他探测和拆卸设备，可用于战场排雷和阵地侦察，英国军方正在研制的 MINDER Recce 是一辆具有地雷探测、销毁及航路验证能力的自动侦察车。在钢铁厂，AGV 用于炉料运送，减轻了工人的劳动强度。在核电站和利用核辐射进行保鲜储存的场所，AGV 用于物品的运送，避免了危险的辐射。在胶卷和胶片仓库，AGV 可以在黑暗的环境中，准确可靠地运送物料和半成品。

3.3.5 牵引车

图 3.51 牵引车

牵引车是指具有牵引装置，专门用于牵引载货挂车进行水平搬运的车辆。牵引车没有取物装置和载货平台，不能装卸货物，也不能单独搬运货物，如图 3.51 所示。

牵引车根据动力大小可分为普通牵引车和集装箱牵引车。普通牵引车可以拖挂平板车,用于装卸区内的水平搬运;集装箱牵引车用于拖挂集装箱挂车,用于长距离搬运集装箱。当平板车或集装箱挂车被拖到卸货点卸货后,牵引车就会脱开这些挂车与其他的挂车结合。

3.3.6 固定平台搬运车与手推车

固定平台搬运车是室内经常使用的短距离的搬运车辆。一般情况下,采用蓄电池或电动机作为驱动,有三轮和四轮两种,如图3.52所示。

手推车是一种以人力为主,在路面上水平运输物料的搬运车,具有结构轻巧灵活,易操作、回转半径小、适合短距离使用的特点。

图3.52 固定平台牵引车

3.4 物流配送中心输送设备

3.4.1 带式输送机

带式输送机是以胶带、钢带、钢纤维带、塑料带和化纤带作为传送物料和牵引工件的输送机械,其特点是输送带既是承载部件也是传递动力的牵引部件,这与其他输送机械有显著的区别。承载带在托辊上运行,也可用气垫、磁垫代替托辊作为无阻力支撑承载带运行。它在连续式输送机械中是应用最广泛的一种,且以胶带为主。

带式输送机(图3.53)由从动辊、机架、支承辊、调心辊、支撑、皮带和油浸滚筒架等部件组成。输送带作为承载和牵引构件,由上下托辊(或托板)支承,绕过头、尾滚筒形成闭合环路,借助传动滚筒与输送带之间的摩擦传递动力,实现物料的连续输送。

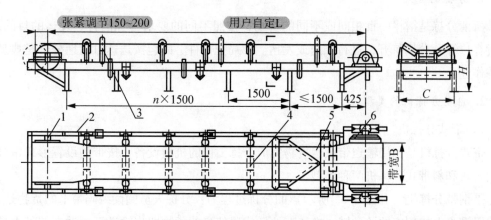

图3.53 水平皮带输送机

1—从动辊;2—机架;3—调心辊;4—承托辊;5—皮带;6—油浸滚筒

3.4.2 斗式提升机

斗式提升机是一种利用均匀固接于无端牵引构件上的一系列料斗,竖向提升物料的连续输送机械,分为环链、板链和皮带3种。斗式提升机具有输送量大、提升高度高、运行平稳可靠、寿命长等显著优点,斗式提升机适于输送粉状、粒状及小块状的无磨琢性及磨琢性小的物料,如煤、水泥、石块、砂、黏土、矿石等,由于提升机的牵引机构是环行链条,因此允许输送温度较高的材料(物料温度不超过250℃)。一般输送高度最高可达40米,TG型最高可达80米。

3.4.3 辊子输送机

辊子输送机是利用辊子的转动来输送成件物品的输送机械,它可沿水平或具有较小倾角的直线或曲线路径进行输送。辊子输送机结构简单,安装、使用、维护方便,工作可靠,其输送物品的种类和质量的范围很大,对不规则的物体可放在托盘上进行输送,如图3.54所示。辊子输送机按结构形式可分为无动力辊子输送机和动力辊子输送机。

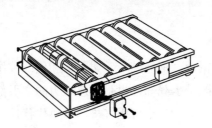

图3.54 辊子输送机

3.4.4 自动分拣机

1. 分拣的含义

所谓分拣是指将一批相同或不同的货物,按照不同的要求(如品种、发运的目的地、要货客户等)分别拣开,进行配送或发达。邮局把信件、邮包按送达目的地分开是典型的分拣作业。

2. 自动分拣机的类型

1)带式分拣机

带式分拣机是利用输送带载运货物完成分拣工作的机械设备,按带的设置形式常分为平钢带式和斜带式分拣机两种类型。

平钢带分拣机(如图3.55所示)的分拣过程为:分拣人员阅读编码带上的货物地址,在编码键盘上按相应的地址键,携带有地址代码信息的货物即将输送至缓冲存储带上排队等待;当控制柜中的计算机发出上货信号时,货物即进入平钢带分拣机;其前沿挡住货物探测器时，探测器发出货到信号，计算机控制紧靠探测器的消磁、充磁装置，首先对钢带上的遗留信息进行消磁，再将该货物的地址代码信息以磁编码的形式记录在紧挨货物前沿的钢带上，成为自携地址信息，从而保持和货物同步运动的关系；当经过导入滑槽时，计算机就控制导向挡板，快速地运动到钢带上方，导向挡板和钢带运动方向呈35°左右的夹角，可以顺利地将货物导入滑槽，完成分拣任务。

平钢带分拣机的适用范围较大，除了易碎、较薄货物及木箱外，其余货物都能分拣，最大分拣重量可达 70kg，最小分拣重量为 1kg，最大分拣尺寸为 $1500 \times 900 \times 900$ mm，最小分拣尺寸为 $50 \times 150 \times 50$ mm，分拣能力可达 5000 箱/小时，甚至更高。该分拣机主要优点是强度高、耐用性好、可靠性高；但设置较多的分拣滑道困难，系统平面布局比较困难，另外，对货物冲击较大，运行费用较高，价格较高。

斜带分拣机最大的优点是利用重力卸载，因而卸载机构比较简单，同时，可设置较多分拣滑道。

2）托盘式分拣机

托盘式分拣机是一种使用十分广泛的机型，它主要由托盘小车、驱动装置、牵引装置等构成。其中，托盘小车形式多种多样，有平托盘小车、U 形托盘小车、交叉带式托盘小车等。

传统的平托盘小车、V 形托盘小车利用盘面的倾翻棚重力卸落货物，结构简单，但存在着上货位置不准、卸货时间过长的缺点，结果造成高速分拣时不稳定以及格口宽度尺寸过大。

交叉带式托盘小车的特点是取消了传统的盘面倾翻、利用重力卸落货物的结构，而在车体上设置了一条可以双向运动的段传送带（称交叉带），用它来承载从上货机送来的货物。

由链牵引运行到相应的格口，再由交叉带运转，将货物卸落到左侧或右侧的格口中，如图 3.56 所示。

图 3.55　平钢带分拣机

图 3.56　交叉带式分拣机

3）翻板分拣机

翻板分拣机是用途较为广泛的板式传送分拣机械设备，它由一系列相互连接的翻板、导向杆、牵引装置、驱动装置、支承装置等组成，如图 3.57 所示。

当货物进入分拣机时，光电传感器检测其尺寸，连同分拣人员按键的地址信息一并输入计算机中。当货物到达指定格口时，符合货物尺寸的翻板即受控倾翻，驱使货物滑入相应的格口中。每块翻板都可由内倾翻导轨控制向两侧倾翻，每次有几块翻板翻转，取决于货物的长短，而且，货物翻落时，翻板顺序翻转，可使货物顺利地进入滑道，这样就能够充分利用分拣机的长度尺寸，从而提高分拣效率。

翻板分拣机的适用范围大，可分拣袋类等货物。它的分拣能力可达 5400 箱/小时，但该分拣机分拣席位较少，且只能直线运行，占用场地较大。

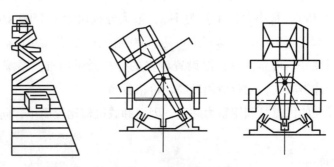

图 3.57　翻板式分拣机

4）浮出式分拣机

浮出式分拣机主要由两排旋转的滚轮组成，滚轮设置在传递带下面，每排由 8~10 个滚轮组成。滚轮的排数主要根据被分拣物的重量来决定是单排或双排，滚轮接收列分拣信号后立即跳起，使两排滚轮的表面高出主传送带 10mm，并根据信号要求向某侧倾斜，使原来保持直线运动的货物在一瞬间转向，实现分拣，如图 3.58 所示。

5）滚柱式分拣机

滚柱式分拣机是用于对货物输送、存储与分路的分拣机械设备。按处理货物流程需要，可以布置成水平形式，也可以和提升机联合使用构成立体仓库，如图 3.59 所示。

图 3.58　浮出式分拣机

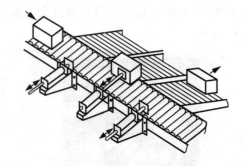

图 3.59　滚柱式分拣机

滚柱式分拣机一般适用于包装良好、底面平整的格装货物，其分拣能力高，但结构较复杂，价格较高。

6）滑块式分拣机

传送装置是一条特殊的板式输送机，其板面用金属板条或管子组成，每块板条或管子上各有一枚导向块，能做横向滑动。导向块靠在输送机一侧边上，当被分拣货物到达指定道口时，控制器使导向滑块顺序地向道口方向滑动，把货物推入分拣道口，如图 3.60 所示。

图 3.60 滑块式分拣机

3.5 现代自动化立体仓库介绍

3.5.1 自动化立体仓库概述

自动化立体仓库系统最早在美国诞生，20 世纪 50 年代初美国开发了世界上第一个自动化立体仓库，并在 20 世纪 60 年代即采用计算机进行自动化立体仓库的控制与管理。日本在 1967 年制造出第一座自动化立体仓库，并在此后的 20 年间使这一技术得到广泛应用。进入 20 世纪 80 年代，自动化立体仓库在世界各国发展迅速，使用范围涉及几乎所有行业。

3.5.2 自动化立体仓库的构成

自动化立体仓库发展到今天，新型设备层出不穷，但从传统的意义上看，自动化立体仓库包括以下主要内容。

1. 高层货架

货架是构成自动化立体仓库的基本单元，在很多非自动化立体仓库中，货架也是构成立体仓库的必需部分。

2. 巷道堆垛机

巷道堆垛机完成单元货物入库到货格和从货格中取出的操作，是自动化立体仓库系统的重要设备。

3. 输送系统

输送系统主要负责自动化立体仓库外围的自动输送，其设备有数十种之多，如辊子输送机、链条输送机、有轨小车、自动导向小车等，在配送系统中，分拣系统也是输送系统的基本内容。

4. 计算机控制与管理系统

计算机系统是构成自动化立体仓库系统的不可缺少的部分，包括各种可编程控制器、监控计算机、管理计算机等，信息采集系统（如条码系统、称重系统、尺寸检测装置等）也通常包括在内。

5. 托盘

作为自动化立体仓库不可缺少的部分，托盘负责物料的装载与存储。

6. 其他

为了完成立体仓库的操作，根据实际情况还应配置叉车、托盘搬运车、起重机等外围设备，对于立体仓库构成而言，还应包括土建、消防、通风、照明等多方面的内容，共同构成完整的系统。

3.5.3 巷道堆垛机

巷道堆垛机的全称为巷道式堆垛起重机，是自动化立体仓库的关键设备之一，负责将托盘货物送到货架中储存和从货架中取出。正是由于这种特性，有时也将自动化立体仓库称为自动存储系统。

巷道堆垛机是随着立体仓库的出现而发展起来的专用起重机，其作用是在高层货架的巷道内来回穿梭运行，将位于巷道口的货物存入货格，或者相反，取出货格内的货物运送到巷道口。

巷道式堆垛机按结构形式可分为有轨巷道堆垛机、桥式堆垛机和高架叉车。

1. 有轨巷道堆垛机

有轨巷道堆垛起重机通常简称为堆垛机，它由内堆垛叉车和桥式堆垛机演变而来。目前，在自动化个体仓库中应用最广的则是巷道式堆垛机，如图 3.61 所示。

2. 桥式堆垛机

桥式堆垛机是基于桥式起重机的一种堆垛设备。在立体仓库应用中，桥式椎垛机也在一些场合得到应用，但由于出入库能力、高度和自动化程度限制，它仅适用于出入库频率不高或存放长形原材料和笨重货物的仓库，如图 3.62 所示。

3. 高架叉车

高架叉车是由叉车演变而来的，相对巷道堆垛机和桥式堆垛机而言，具有较好的灵活性，既可以在巷道中使用，也可以在巷道外使用，并可以根据需要随时增减。因此，广泛应用于高度较低（一般高度在 10m 以下）、自动化程序较低的场合，如图 3.63 所示。

4. 起升机构

起升机构负责载货台的上下运动。堆垛机的起升机构由电动机、制动机、减速机、卷筒或链轮以及柔性件组成，常用的柔性件有钢丝绳和起重链等。卷扬机通过钢丝绳牵引载荷台做升降运动。除了一般的齿轮减速机外，由于需要较大的减速比，因而也经常见到使用蜗轮涡杆减速机和行星齿轮减速机，在堆垛机上，为了尽量使提升机构尺寸紧凑，常使用带制动器的电机减速机。

图3.61　有轨巷道堆垛机　　　图3.62　桥式堆垛机　　　图3.63　高架叉车

5. 载货台及货叉机构

载货台是货物单元的承载装置，对于只需要从货格拣选一部分货物的拣选式堆垛机、载货台上也可以不设货叉装置，只有平台供放置盛货容器之用。

货叉装置是堆垛机的特殊工作机构，取货的那部分结构必须根据货物外形特点设计。最常见的是伸缩货叉，也可以是一块可伸缩的取货板，或者其他的结构形式。

伸叉机构装在载货台上，载货中在辊轮的支撑下沿立柱的导轨做垂直方向的运动（起重），垂直于起重平面的方向为伸叉的方向。堆垛机的操作平台一般设在堆垛机的底座上，工人在此处可进行手动或半自动操作。

扩展性学习案例

货物分拣系统提高顶峰公司的物流速度

在传统的货物分拣系统中，一般是使用纸制书面文件来记录货物数据，包括货物名称、批号、存储位置等信息，等到货物提取时再根据书面的提货通知单，查找记录的货物数据，人工搜索、搬运货物来完成货物的提取，这样的货物分拣严重影响了物流的流动速度。随着竞争的加剧，人们对物流的流动速度要求越来越高，这样的货物分拣系统已经远远不能满足现代化物流管理的需要。今天，一个先进的货物分拣系统，对于系统集成商、仓储业、运输业、后勤管理业等都是至关重要的，因为这意味着有比竞争对手更快的物流速度，能更快地满足顾客的需求，其潜在的回报是惊人的。建立一个先进的货物分拣系统，结合有效的吞吐量，不但可以节省数十、数百甚至数千万元的成本，而且可以大大提高工作效率，显著降低工人的劳动强度。使用这样的货物分拣系统，完全摒弃了使用书面文件完成货物分拣的传统方法，采用高效、准确的电子数据的形式，提高了效率，节省了劳动力；使用这样的货物分拣系统，不但可以快速完成简单订货的存储提取，而且可以方便地根据货物的尺寸、提货的速度要求、装卸要求等实现复杂货物的存储与提取；使用这样的货物分拣系统，分拣工人只需简单的操作就可以实现货物的自动进库、出库、包装、装卸等作业，降低了工人的劳动强度，提高了效率；使用这样的货物分拣系统，结合必要的仓库管理条件，可以真正实现仓库的现代化管理，充分实现仓库空间的合进利用，显著提高企业的物流速度，为企业创造、保持市场竞争优势创造条件。

顶峰（Zenith）电子公司位于亨茨维尔市的 $160000ft^2$ 的仓库，采用自动识别技术改进货物分拣系统，从出货到装船，实现了全部自动化操作，显著改善了该公司的物流管理。这套系统在基于 UNIX 的 HP 9000 上运行美国 Oracle 公司的数据库。服务器由 4 个 900MHz 的 NorandRF 工作站组成，它连接各个基本区域，每个区域支持 20 个带有扫描器的手持式无线射频终端。订单从配送中心的商务系统（在另一 HP 9000 上运行的）下载到仓储管理系统（WMS），管理系统的服务器根据订单大小、装船日期等信息对订单进行分类，实施根据订单分拣的分拣策略，并且指导分拣者选择最佳分拣路线。

根据订单分拣货物，如果订单订货数量比较大，可以根据订单，一个人一次提取大量订货。货物分拣者从他或她的无线射频终端进入服务器，选择订单上各种货物，系统会通过射频终端直接向货物分拣者发送货物位置信息，指导分拣者选择最优路径。货物分拣者在分拣前扫描货柜箱上的条形码标签，如果与订单相符，直接分拣。完成货物选择后，所有选择的货物经由传送设备运到打包地点。扫描货物目的地条码，对分拣出来的货物进行包装前检查，然后打印包装清单。完成包装以后，在包装箱外面打印订单号和条码（使用 Code 39 条码）。包装箱在 UPS 航运站称重，扫描条形码订单号，并且把它加入到 UPS 的跟踪号和重量信息条码中，这些数据，加上目的地数据，构成跟踪记录的一部分上报到 UPS。

小的订单（尤其是 5 镑以下定货）的分拣或者单一路线的分拣则采用"零星分拣货物"的策略来处理。信号系统直接将订单分组派给货物分拣者，每个分拣人负责 3~4 个通道之间的区域。货物分拣者在他或她负责的区域内，携带取货小车进行货物分拣，取货小车上放置多个货箱，一个货箱盛入一个订单的货物。如果货架上的货物与订单相符，就把货物放进小车上的货箱，并且扫描货箱上条形码序列号。在货物包装站，打印的包装清单即包括货物条码与包装箱序列号。

该系统方案为顶峰电子公司遍及全美的服务区域提供了电视、录像装备，实现远程监控与订货，装船作业在接到订单 24~48h 内完成，每日处理订单达到 2000 份。同时，应用这一系统，顶峰公司绕过了美国内 60 个，国外 90 个中间商，把产品直接输送到个人服务中心，缩短了产品供应链，大大降低了产品的销售成本，显著提高了顶峰企业的市场竞争能力。

新的货物分拣系统使装船准确率增长到 99.9%，详细目录准确率保持在 99.9%；货物分拣比率显著提高，以前，货物分拣者平均每小时分拣 16 次，现在是 120 次。由于这一系统的作用，劳动力减少原来的1/3，从事的业务量增加了26%。尽管公司保证48h内出货，实际上99%的UPS订货在15min内就能完成，当日发出。

(资料来源：http：//www.sovexsystems.com.cn/_d270703539.htm. 2010-9-15)

思考题：

顶峰公司是如何通过物流设备的合理设计提高物流效率的？

本章小结

本章对配送中心涉及的物流机械设备进行比较详细的阐述。配送中心中使用的设备包括存储设备、包装设备、装卸设备、输送设备、立体仓库等，这些设备的正确使用和灵活运用对配送中心的工作效率至关重要。通过本章的学习，掌握了配送中心各种设备的运用，有利于以后学生快速融入配送中心的实际工作中。

综合练习

一、名词解释

包装　货架　AGV　自动化立体仓库

二、不定项选择题

1. 用挠性包装材料进行全部或局部裹包产品的包装设备统称为（　　）。

　A. 包装机械　　　B. 缠绕机械　　　C. 裹包机械　　　D. 集装机械

2. 贴标设备属于（　　）。

　A. 集装设备　　　B. 包装设备　　　C. 分拣设备　　　D. 起重设备

3. （　　）可以保证先进先出。

　A. 重力式货架　　　　　　　　　　B. 牛腿式货架

　C. 立体货架　　　　　　　　　　　D. 阁楼式货架

4. （　　）是使用最广的叉车。

　A. 平衡重式叉车　B. 前移式叉车　　C. 侧面叉车　　　D. 堆垛叉车

5. （　　）是竖向提升物料的连续输送机械。

　A. 起重机　　　　　　　　　　　　B. 分拣机

　C. 封口机　　　　　　　　　　　　D. 斗式提升机

三、简答题

1. 包装设备有哪些种类？每种都适合什么作业？

2. 存储设备包括哪些？

3. 货架有几种分类方式？各有什么特点？

4. 仓库的种类有哪些？
5. 配送中心存储辅助设备有哪些？
6. 配送中心包含哪些装卸搬运设备？
7. 起重设备有哪些类型？各有什么特点？
8. 叉车有哪些类型？各有什么特点？
9. 配送中心有哪些输送设备？
10. 分拣机有哪些类型？各有什么特点？

第4章 物流配送中心流通加工

【本章知识架构】

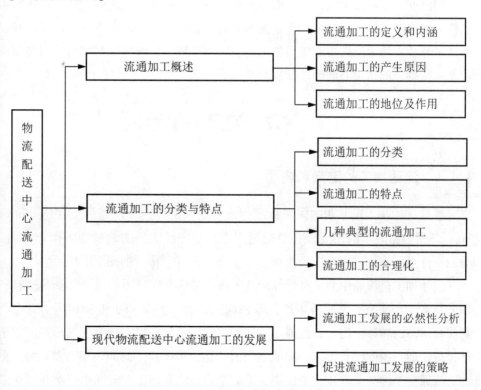

【本章教学目标与要求】
- 了解流通加工在物流中的地位、作用。
- 理解几种典型的流通加工作业及流通加工合理化问题。
- 掌握流通加工的概念、类型。

阿迪达斯的流通加工

阿迪达斯公司在美国有一家超级市场，设立了组合式鞋店，摆放着的不是做好了的鞋，而是做鞋用的半成品，款式花色多样，有 6 种鞋跟、8 种鞋底，均为塑料制造的，鞋面的颜色以黑、白为主，搭带的颜色有 80 种，款式有百余种，顾客进来可任意挑选自己所喜欢的各个部位，交给职员当场进行组合。只要 10 分钟，一双崭新的鞋便唾手可得。这家鞋店昼夜营业，职员技术熟练，鞋子的售价与成批制造的价格差不多，有的还稍便宜些，所以顾客络绎不绝，销售金额比邻近的鞋店多十倍。

（资料来源：阿迪达斯的流通加工（2007 - 08 - 21）. 现代物流窗. http://stillwind. blog. sohu. com/60704130. html）

物流配送中心的出现，一方面是企业为追求末端物流效益最大化、系统和集中末端物流作业和作业量的结果，也和企业为增强自身竞争力，增设服务项目及保证和提高物流服务质量有关。物流配送中心流通加工的设置和开展情况就是这两方面的综合要求，也体现了企业和物流配送中心的经营管理水平。

4.1 流通加工概述

4.1.1 流通加工的定义和内涵

根据《中华人民共和国国家标准物流术语》的界定，流通加工（Distribution Processing）是指根据顾客的需要，在流通过程中，对产品实施的简单加工作业活动（如包装、分割、计量、分拣、刷标志、拴标签、组装等）的总称，如图 4.1 所示。

流通加工是流通中的一种特殊形式。商品流通是以货币为媒介的商品交换，它的重要职能是将生产及消费（或再生产）联系起来，起"桥梁和纽带"作用，完成商品所有权利实物形态的转移。因此，流通与流通对象的关系，一般不是改变其形态而创造价值，而是保持流通对象的已有形态，完成空间的转移，实现其"时间效用"及"场所效用"。

流通加工则与此有较大的区别，总的来讲，流通加工在流通中仍然和流通总体一样起"桥梁和纽带"作用，但是，它却不是通过"保护"流通对象的原有形态而实现这一作用的，它和生产一样，通过改变或完善流通对象的原有形态来实现"桥梁和纽带"作用。

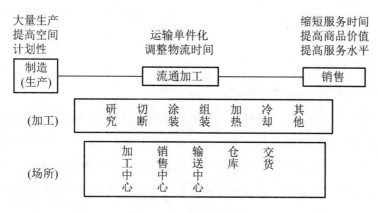

图 4.1 流通加工示意图

流通加工是在物品从生产领域向消费领域流动的过程中，为促进销售、维护产品质量和提高物流效率，对物品进行加工，使物品发生物理、化学或形状的变化。流通加工和一般的生产型加工在加工方法、加工组织、生产管理方面并无显著区别，但在加工对象、加工程度方面差别较大。

4.1.2 流通加工的产生原因

1. 流通加工的出现与现代生产方式有关

现代生产发展趋势之一就是生产规模大型化、专业化，依靠单品种、大批量的生产方法降低生产成本获取规模经济效益，这样就出现了生产相对集中的趋势。这种规模的大型化、生产的专业化程度越高，生产相对集中的程度也就越高。生产的集中化进一步引起产需之间的分离，产需分离的表现首先为人们认识的是空间、时间及人的分离，即生产及消费不在同一个地点，有一定的空间距离；生产及消费在时间上不能同步，存在着一定的"时间差"；生产者及消费者不处于一个封闭的圈内，某些人生产的产品供给成千上万人消费，而某些人消费的产品又来自其他许多生产者。弥补上述分离的手段则是运输、储存及交换。

近年来，人们进一步认识到，现代生产引起的产需分离并不局限于上述 3 个方面，这种分离是深刻而广泛的。第四种重大的分离就是生产及需求在产品功能上分离，尽管"用户第一"等口号成了许多生产者的主导思想，但是，生产毕竟有生产的规律，尤其在强调大生产的工业化社会，大生产的特点之一就是"少品种、大批量、专业化"，产品的功能（规格、品种、性能）往往不能和消费需要密切衔接。弥补这一分离的方法就是流通加工，所以，流通加工的诞生实际是现代生产发展的一种必然结果。

2. 流通加工是网络经济时代的产物

流通加工的出现与现代社会消费的个性化有关。消费的个性化和产品的标准化之间存在着一定的矛盾，使本来就存在的产需第四种形式的分离变得更加严重。本来，弥补第四种分离可以采取增加一道生产工序或消费单位加工改制的方法，但在个性化问题十分突出之后，采取上述弥补措施将会使生产及生产管理的复杂性及难度增加，按个性化生产的产品难以组织高效率、大批量的流通。所以，在出现了消费个性化的新形势及新观念之后，就为流通加工开辟了道路。

3. 流通加工是人们对流通作用的观念转变的产物

在社会再生产过程中，生产过程是典型的加工制造过程，是形成产品价值及使用价值的主要过程，再生产型的消费究其本质来看也和生产过程一样，通过加工制造消费了某些初级产品而生产出深加工产品。历史上在生产不太复杂、生产规模不大时，所有的加工制造几乎全部集中于生产及再生产过程中，而流通过程只是实现商品价值及使用价值的转移而已。

在社会生产向大规模生产、专业化生产转变之后，社会生产越来越复杂，生产的标准化和消费的个性化出现，生产过程中的加工制造常常满足不了消费的要求。而由于流通的复杂化，生产过程中的加工制造也常常不能满足流通的要求。于是，加工活动开始部分地由生产及再生产过程向流通过程转移，在流通过程中形成了某些加工活动，这就是流通加工。

流通加工的出现使流通过程明显地具有某种"生产性"，改变了长期以来形成的"价值及使用价值转移"的旧观念，这就从理论上明确了：流通过程从价值观念来看是可以主动创造价值及使用价值的，而不单是被动地"保持"和"转移"的过程。因此，人们必须研究流通过程中孕育着多少创造价值的潜在能力，这就有可能通过努力在流通过程中进一步提高商品的价值和使用价值，同时，却以很少的代价实现这一目标。这样，就引起了流通过程从观念到方法的巨大变化，流通加工则适应这种变化而诞生。

4. 效益观念的树立也是促使流通加工形式得以发展的重要原因

20世纪60年代后，效益问题逐渐引起人们的重视，过去人们盲目追求高技术，引起了燃料、材料投入的大幅度上升，结果新技术、新设备虽然采用了，但往往得不偿失。20世纪70年代初，第一次石油危机的发生证实了效益的重要性，使人们牢牢树立了效益观念，流通加工可以以少量的投入获得很大的效果，是一种高效益的加工方式，自然获得了很大的发展。所以，流通加工从技术上来讲，可能不需要采用什么先进技术，但这种方式是现代观念的反映，在现代的社会再生产过程中起着重要作用。

4.1.3 流通加工的地位及作用

1. 流通加工在物流中的地位

1) 流通加工有效地完善了流通

流通加工在实现时间场所两个重要效用方面，确实不能与运输和储存相比，因而，不能认为流通加工是物流的主要功能要素；流通加工的普遍性也不能与运输、储存相比，流通加工不是所有物流中必然出现的，但这绝不是说流通加工不重要，实际上它也是不可轻视的,是起着补充、完善、提高增强作用的功能要素,它能起到运输、储存等其他功能要素无法起到的作用。所以,流通加工的地位可以描述为是提高物流水平,促进流通向现代化发展的不可少的形态。

2) 流通加工是物流中的重要利润源

流通加工是一种低投入高产出的加工方式,往往以简单加工解决大问题。实践证明,有的流通加工通过改变装潢使商品档次跃升而充分实现其价值,有的流通加工将产品利用率一下子提高了20%~50%,这是采取一般方法提高生产率所难以企及的。根据我国近些年的实践,流通加工单向流通企业提供利润这一方面,其成效并不亚于从运输和储存中挖掘的利润,是物流中的重要利润源。

3) 流通加工在国民经济中也是重要的加工形式

在整个国民经济的组织和运行方面,流通加工是其中一种重要的加工形态,对推动国民经济的发展和完善国民经济的产业结构和生产分工有一定的意义。

2. 流通加工的作用

1) 提高原材料利用率

利用流通加工环节进行集中下料,将生产厂直运来的简单规格产品,按使用部门的要求进行下料。例如将钢板进行剪板、切裁;钢筋或圆钢裁制成毛坯;木材加工成各种长度及大小的板方等。集中下料可以优材优用、小材大用、合理套裁,有很好的技术经济效果。

北京、济南、丹东等城市对平板玻璃进行流通加工(集中裁制、开片供应),玻璃利用率从60%左右提高到85%~95%。

2) 进行初级加工,方便用户

用量小或临时需要的使用单位,缺乏进行高效率初级加工的能力,依靠流通加工可使使用单位省去进行初级加工的投资、设备及人力,从而,方便了用户。

目前发展较快的初级加工有将水泥加工成生混凝土、将原木或板方材加工成门窗、冷拉钢筋及冲制异型零件、钢板预处理、整形、打孔等。

3) 提高加工效率及设备利用率

由于建立集中加工点,可以采用效率高、技术先进、加工量大的专门机具和设备。

4.2 流通加工的分类与特点

4.2.1 流通加工的分类

为了充分体现流通加工对物流服务功能的增强作用,流通加工的种类很多。

1. 为弥补生产领域加工不足的深加工

有许多产品在生产领域的加工只能到一定程度,这是由于存在许多限制因素限制了生产领域不能完全实现终极的加工。例如钢铁厂的大规模生产只能按标准规定的规格生产，以使产品有较强的通用性，使生产能有较高的效率和效益；木材如果在产地裁成木制品的话，就会造成运输的极大困难，所以原生产领域只能加工到圆木、板方材这个程度，进一步的下料、切裁、处理等加工则由流通加工完成。

这种流通加工实际是生产的延续，是生产加工的深化，对弥补生产领域加工不足有重要意义。

2. 为满足需求多样化进行的服务性加工

从需求角度看，需求存在着多样化和变化两个特点，为满足这种要求，经常是用户自己设置加工环节，例如，生产消费型用户的再生产往往从原材料初级处理开始。

就用户来讲，现代生产要求生产型用户能尽量减少流程，尽量集中力量从事较复杂的技术性较强的劳动，而不愿意将大量初级加工包揽下来。这种初级加工带有服务性，由流通加工来完成，生产型用户便可以缩短自己的生产流程，使生产技术密集程度提高。

对一般消费者而言，则可省去烦琐的预处置工作，而集中精力从事较高级能直接满足需求的劳动。

3. 为保护产品所进行的加工

在物流过程中，直到用户投入使用前都存在对产品的保护问题，防止产品在运输、储存、装卸、搬运、包装等过程中遭到损失，使使用价值能顺利实现。和前两种加工不同，这种加工并不改变进入流通领域的"物"的外形及性质，这种加工主要采取稳固、改装、冷冻、保鲜、涂油等方式。

4. 为提高物流效率，方便物流的加工

有一些产品本身的形态使之难以进行物流操作，如鲜鱼的装卸、储存操作困难；过大设备的搬运、装卸困难；气体物运输、装卸困难等。进行流通加工，可以使物流各环节易于操作，如鲜鱼冷冻、过大设备解体、气体液化等。这种加工往往改变"物"的物理状态，但并不改变其化学特性，并最终仍能恢复到原物理状态。

5. 为促进销售的流通加工

流通加工可以从若干方面起到促进销售的作用，如将过大包装或散装物（这是提高物流效率所要求的）分装成适合一次销售的小包装的分装加工；将原以保护产品为主的运输包装改换成以促进销售为主的装潢性包装，以起到吸引消费者、指导消费的作用；将零配件组装成用具、车辆以便于直接销售；将蔬菜、肉类洗净切块以满足消费者要求等。这种流通加工可能是不改变"物"的本体，只进行简单改装的加工，也有许多是组装、分块等深加工。

6. 为提高加工效率的流通加工

许多生产企业的初级加工由于数量有限，加工效率不高，也难以投入先进科学技术。

流通加工以集中加工形式，解决了单个企业加工效率不高的弊病。以一家流通加工企业代替了若干生产企业的初级加工工序，促使生产水平的发展。

7. 为提高原材料利用率的流通加工

流通加工利用其综合性强、用户多的特点，可以实行合理规划、合理套裁、集中下料，这就能有效提高原材料利用率，减少损失浪费。

8. 衔接不同运输方式，使物流合理化的流通加工

在干线运输及支线运输的节点设置流通加工环节，可以有效解决大批量、低成本、长距离干线运输，多品种、少批量、多批次末端运输和集货运输之间的衔接问题，在流通加工点与大生产企业间形成大批量、定点运输的渠道，又以流通加工中心为核心，组织对多用户的配送，也可在流通加工点将运输包装转换为销售包装，从而有效衔接不同目的的运输方式。

9. 以提高经济效益，追求企业利润为目的流通加工

流通加工的一系列优点可以形成一种"利润中心"的经营形态，这种类型的流通加工是经营的一环，在满足生产和消费要求基础上取得利润，同时在市场和利润引导下使流通加工在各个领域中能有效地发展。

10. 生产—流通一体化的流通加工形式

依靠生产企业与流通企业的联合，或者生产企业涉足流通，或者流通企业涉足生产；形成的对生产与流通加工进行合理分工、合理规划、合理组织，统筹进行生产与流通加工的安排，就是生产—流通一体化的流通加工形式。这种形式可以促成产品结构及产业结构的调整，充分发挥企业集团的经济技术优势，是目前流通加工领域的新形式。

4.2.2 流通加工的特点

与生产加工相比较，流通加工具有以下特点。

（1）从加工对象看，流通加工的对象是进入流通过程的商品，具有商品的属性，以此来区别多环节生产加工中的一环。流通加工的对象是商品，而生产加工的对象不是最终产品，而是原材料、零配件或半成品。

（2）从加工程度看，流通加工大多是简单加工，而不是复杂加工，一般来讲，如果必须进行复杂加工才能形成人们所需的商品，那么，这种复杂加工应该专设生产加工过程。生产过程理应完成大部分加工活动，流通加工则是对生产加工的一种辅助及补充。特别需要指出的是，流通加工绝不是对生产加工的取消或代替。

（3）从价值观点看，生产加工的目的在于创造价值及使用价值，而流通加工的目的则在于完善其使用价值，并在不做大的改变的情况下提高价值。

（4）从加工责任人看，流通加工的组织者是从事流通工作的人员，能密切结合流通的

需要进行加工活动。从加工单位来看，流通加工由商业或物资流通企业完成，而生产加工则由生产企业完成。

（5）从加工目的看，商品生产是为交换、为消费而进行的生产，而流通加工的一个重要特点是为了消费（或再生产）所进行的加工，这一点与商品生产有共同之处。但是流通加工有时也是以自身流通为目的的，纯粹是为流通创造条件，这种为流通所进行的加工与直接为消费进行的加工在目的上是有区别的，这也是流通加工不同于一般生产加工的特殊之处。

4.2.3 几种典型的流通加工

1. 钢材的流通加工

各种钢材（钢板、型钢、线材等）的长度、规格有时不完全适用于客户，如热轧厚钢板等板材最大交货长度可达 7~12 米，有的是成卷交货，对于使用钢板的用户来说，如果采用单独剪板、下料方式，设备闲置时间长、人员浪费大、不容易采用先进方法，那么采用集中剪板、集中下料方式，可以避免单独剪板、下料的一些弊病，提高材料利用率。

剪板加工是在固定地点设置剪板机进行下料加工或设置种种切割设备将大规格钢板裁小，或切裁成毛坯，降低销售起点，便利用户。

钢板剪板及下料的流通加工，可以选择加工方式，加工后钢材的晶体组织很少发生变化，可保证原来的交货状态，有利于进行高质量加工；加工精度高，可以减少废料、边角料，减少再进行机加工的切削量，既提高了再加工效率，又有利于减少消耗；由于集中加工可保证批量及生产的连续性，可以专门研究此项技术并采用先进设备，从而大幅度提高效率和降低成本；使用户能简化生产环节，提高生产水平。

和钢板的流通加工类似，还有薄板的切断、型钢的熔断、厚钢板的切割、线材切断等集中下料，线材冷拉加工等。为此，国外有专门进行钢材流通加工的钢材流通中心，不仅从事钢材的保管，而且进行大规模的设备投资，使其具备流通加工的能力。中国物资储运企业 20 世纪 80 年代便开始了这项流通加工业务。中国储运股份有限公司近年与日本合作建立了钢材流通加工中心，利用现代剪裁设备从事钢板剪板和其他钢材的下料加工，即钢板剪切流通加工，如汽车、冰箱、冰柜、洗衣机的等生产制造企业每天需要大量的钢板，除了大型汽车制造企业外，一般规模的生产企业如若自己单独剪切，难以解决因用料高峰和低谷的差异引起的设备忙闲不均和人员浪费问题，而委托专业钢板剪切加工企业，可以解决这个矛盾。专业钢板剪切加工企业能够利用专业剪切设备，按照用户设计的规格尺寸和形状进行套裁加工，精度高、速度快、废料少、成本低；专业钢板剪切加工企业在国外数量很多，大部分由流通企业经营。这种流通加工企业不仅提供剪切加工服务和配送服务，还出售加工原材料和加工后的成品。

2. 木材的流通加工

木材流通加工可依据木材种类、地点等，决定加工方式。在木材产区可对原木进行流通加工，使之成为容易装载、易于运输的形状。

1）磨制木屑、压缩输送

这是一种为了实现流通的加工。木材是容重轻的物资，在运输时占有相当大的容积，往往使车船满装但不能满载，同时，装车、捆扎也比较困难。从林区外送的原木中有相当一部分是造纸材，木屑可以制成便于运输的形状，以供进一步加工，这样可以提高原木利用率、出材率，也可以提高运输效率，具有相当客观的经济效益。例如，美国采取在林木生产地就地将原木磨成木屑，然后压缩使之成为容重较大、容易装运的形状，而后运至靠近消费地的造纸厂，取得了较好的效果。根据美国的经验，采取这种办法比直接运送原木节约一半的运费。

2）集中开木下料

在流通加工点将原木锯截成各种规格锯材，同时将碎木、碎屑集中加工成各种规格板，甚至还可进行打眼、凿孔等初级加工。过去用户直接使用原木，不但加工复杂、加工场地大、加工设备多，更严重的是资源浪费严重，木材平均利用率不到50%，平均出材率不到40%。实行集中下料、按用户要求供应规格料，可以使原木利用率提高到95%，出材率提高到72%左右，有相当好的经济效果。

3. 煤炭的流通加工

煤炭流通加工有多种形式，包括除矸加工、煤浆加工、配煤加工等。

1）除矸加工

是以提高煤炭纯度为目的的加工形式。一般煤炭中混入的矸石有一定发热量，混入一些矸石是允许的，也是较经济的。但是，有时则不允许煤炭中混入矸石，在运力十分紧张的地区要求充分利用运力、降低成本，多运"纯物质"，少运矸石，在这种情况下，可以采用除矸的流通加工方法排除矸石。除矸加工可提高煤炭运输效益和经济效益，减少运输能力浪费。

2）煤浆加工

用运输工具载运煤炭，运输中损失浪费比较大，又容易发生火灾。采用管道运输是近代兴起的一种先进技术。管道运输方式运输煤浆，减少煤炭消耗、提高煤炭利用率。目前，某些发达国家已经开始投入运行，有些企业内部也采用这一方法进行燃料输送。

在流通的起始环节将煤炭磨成细粉，本身便有了一定的流动性，再用水调和成浆状，则具备了流动性，可以像其他液体一样进行管道输送。将煤炭制成煤浆采用管道输送是一种新兴的加工技术，这种方式不和现有运输系统争夺运力，输送连续、稳定、快速，是一种经济的运输方法。

3）配煤加工

在使用地区设置集中加工点，将各种煤及一些其他发热物质，按不同配方进行掺配加工，生产出各种不同发热量的燃料，称为配煤加工。配煤加工可以按需要发热量生产和供应燃料，防止热能浪费和"大材小用"，也防止发热量过小，不能满足使用要求。工业用煤经过配煤加工还可以起到便于计量控制、稳定生产过程的作用，具有很好的经济和技术价值。煤炭消耗量非常大，进行煤炭流通加工潜力也很大，可以大大节约运输能源，降低运输费用，具有很好的技术和经济价值。

4. 水泥的流通加工

1）水泥熟料的流通加工

在需要长途运入水泥的地区，变运入成品水泥为运进熟料这种半成品，即在该地区的流通加工（磨细工厂）磨细，并根据当地资源和需要的情况掺入混合材料及外加剂，制成不同品种及标号的水泥供应给当地用户，这是水泥流通加工的一种重要形式。在国外，采用这种物流形式已有一定的比重。在需要经过长距离输送供应的情况下，以熟料形态代替传统的粉状水泥有以下一些优点。

（1）可以大大降低运费、节省运力。运输普通水泥和矿渣水泥平均约有30%的运力消耗在矿渣及其他各种加入物上。在我国水泥需用量较大的地区，工业基础大都较好，当地又有大量的工业废渣。如果在使用地区对熟料进行粉碎，可以根据当地的资源条件选择混合材料的种类，这样就节约了消耗在混合材料上的运力，节省了运费。同时，水泥输送的吨位也大大减少，有利于缓和铁路运输的紧张状态。

（2）可按照当地的实际需要大量掺加混合材料。生产廉价的低标号水泥，发展低标号水泥的品种，就能在现有生产能力的基础上更大限度地满足需要。我国大、中型水泥厂生产的水泥，平均标号逐年提高，但是目前我国使用水泥的部门大量需要较低标号的水泥，然而，大部分施工部门没有在现场加入混合材料来降低水泥标号的技术设备和能力，因此，不得已使用标号较高的水泥，这是很大的浪费。

如果以熟料为长距离输送的形态，在使用地区加工粉碎，就可以按实际需要生产各种标号的水泥，尤其可以大量生产低标号水泥，以减少水泥长距离输送的数量。

（3）容易以较低的成本实现大批量、高效率的输送。从国家的整体利益来看，在铁路输送中运力利用率比较低的输送方式显然不是发展方向。如果采用输送熟料的流通加工形式，可以充分利用站、场、仓库等地现有的装卸设备，又可以利用普通车皮装运，比散装水泥方式具有更好的技术经济效果，更适合于我国的国情。

（4）可以大大降低水泥的输送损失。水泥的水硬性是在充分磨细之后才表现出来的，而未磨细的熟料抗潮湿的稳定性很强，所以，输送熟料也基本可以防止由于受潮而造成的损失，此外，颗粒状的熟料也不像粉状水泥那样易于散失。

（5）能更好地衔接产品需要，方便用户。采用长途输送熟料的方式，水泥厂就可以和有限的熟料粉碎工厂之间形成固定的直达渠道，使水泥的物流更加合理，从而实现经济效果较优的物流。水泥的用户也可以不出本地区而直接向当地的熟料粉碎工厂订货，因而更容易沟通产品需要关系，大大方便了用户。

2）集中搅拌混凝土

改变以粉状水泥供给用户，由用户在建筑工地现场拌制混凝土的习惯方法，而将粉状水泥输送到使用地区的流通加工点，搅拌成混凝土后再供给用户使用，这是水泥流通加工的另一种重要加工方法。这种流通加工方式优于直接供应或购买水泥在工地现场搅拌制作混凝土的技术经济效果，因此，这种流通加工方式已经受到许多国家的重视。这种水泥流通加工方法有如下优点。

（1）将水泥的使用从小规模的分散形态改变为大规模的集中加工形态，因此可以利用现代化的科技手段，组织现代化大生产。

（2）集中搅拌可以采取准确的计量手段，选择最佳的工艺，提高混凝土的质量和生产效率，节约水泥。

（3）可以广泛采用现代科学技术和设备，提高混凝土质量和生产效率。

（4）可以集中搅拌设备，有利于提高搅拌设备的利用率，减少环境污染。

（5）在相同的生产条件下，能大幅度降低设备、设施、电力、人力等费用。

（6）可以减少加工据点，形成固定的供应渠道，实现大批量运输，使水泥的物流更加合理。

（7）有利于新技术的采用，简化工地的材料管理，节约施工用地等。

5. 食品的流通加工

食品流通加工的类型很多，只要留意超市里的货柜就可以看出，那里摆放的各类洗净的蔬菜、水果、肉末、鸡翅、香肠、咸菜等都是流通加工的结果。这些商品的分类、清洗、贴商标和条形码、包装、装袋等在摆进货柜之前就已进行了，这些流通加工都不在产地进行，已经脱离了生产领域，进入了流通领域。食品流通加工的具体项目主要有如下几种。

1）冷冻加工

为了保鲜而进行的流通加工，为了解决鲜肉、鲜鱼在流通中保鲜及装卸搬运的问题，采取低温冻结方式的加工。这种方式也用于某些液体商品、药品等。

2）分选加工

为了提高物流效率而进行的对蔬菜和水果的加工，如去除多余的根叶等。农副产品规格、质量离散情况较大，为获得一定规格的产品，采取人工或机械分选的方式加工称为分选加工。这种方式广泛用于果类、瓜类、谷物、棉毛原料等。

3）精制加工

农、牧、副、渔等产品的精制加工是在产地或销售地设置加工点，去除无用部分，甚至可以进行切分、洗净、分装等加工，分类销售。这种加工不但大大方便了购买者，而且还可以对加工过程中的淘汰物进行综合利用。比如，鱼类的精制加工所剔除的内脏可以制成某些药物或用作饲料，鱼鳞可以制高级黏合剂，头尾可以制鱼粉等；蔬菜的加工剩余物可以制饲料、肥料等。

4）分装加工

许多生鲜食品零售起点较小，而为了保证高效输送出厂，包装一般比较大，也有一些是采用集装运输方式运达销售地区的。这样为了便于销售,在销售地区按所要求的零售起点进行新的包装,即大包装改小包装,散装改小包装,运输包装改销售包装,以满足消费者对不同包装规格的需求,从而达到促销的目的。

此外,半成品加工、快餐食品加工也成为流通加工的组成部分。这种加工形式节约了运输等物流成本,保护了商品质量,增加了商品的附加价值,如葡萄酒是液体,从产地批量地将原液运至消费地配制、装瓶、贴商标,包装后出售,既可以节约运费,又安全保险,以较低的成本,卖出较高的价格,附加值大幅度增加。

6. 机电产品的流通加工

多年以来,机电产品的储运困难较大,主要原因是不易进行包装,如进行防护包装,包装成本过大,并且运输装载困难,装载效率低,流通损失严重,但是这些货物有一个共同的特点,即装配比较简单,装配技术要求不高,主要功能已在生产中形成,装配后不需要进行复杂的检测及调试。所以,为了解决储运问题,降低储运费用,可以采用半成品大容量包装出厂,在消费地拆箱组装的方式。组装一般由流通部门在所设置的流通加工点进行,组装之后随即进行销售,这种流通加工方式近年来已在我国广泛采用。

4.2.4 流通加工的合理化

流通加工合理化的含义是实现流通加工的最优配置,也就是对是否设置流通加工环节、在什么地方设置、选择什么类型的加工、采用什么样的技术装备等问题做出正确的选择。这样做不仅要避免各种不合理的流通加工形式,而且要做到最优。

1. 不合理流通加工形式

1)流通加工地点设置的不合理

流通加工地点设置即布局状况是决定整个流通加工是否有效的重要因素。一般来说,为衔接单品种大批量生产与多样化需求的流通加工,加工地点设置在需求地区,才能实现大批量的干线运输与多品种末端配送的物流优势。如果将流通加工地设置在生产地区,一方面,为了满足用户多样化的需求,会出现多品种、小批量的产品由产地向需求地的长距离运输;另一方面,在生产地增加了一个加工环节,同时也会增加近距离运输、保管、装卸等一系列物流活动。所以,在这种情况下,不如由原生产单位完成这种加工而无需设置专门的流通加工环节。

另外,一般来说,为方便物流的流通加工环节应该设置在产出地,设置在进入社会物流之前。如果将其设置在物流之后,即设置在消费地,则不但不能解决物流问题,又在流通中增加了中转环节,因而也是不合理的。

即使在产地或需求地设置流通加工的选择是正确的,还有流通加工在小地域范围内的正确选址问题,如果处理不善,仍然会出现不合理。比如交通不便,流通加工与生产企业或用户之间距离较远,加工点周围的社会环境条件不好等。

2）流通加工方式选择不当

流通加工方式包括流通加工对象、流通加工工艺、流通加工技术、流通加工程度等。流通加工方式的确定实际上是与生产加工的合理分工，分工不合理，把本来应由生产加工完成的作业错误地交给流通加工来完成，或者把本来应由流通加工完成的作业错误地交给生产过程去完成，都会造成不合理。

流通加工不是对生产加工的代替，而是一种补充和完善，所以，一般来说，如果工艺复杂，技术装备要求较高，或加工可以由生产过程延续或轻易解决的，都不宜再设置流通加工。流通加工方式选择不当，就可能会出现生产争利的恶果。

3）流通加工作用不大，形成多余环节

有的流通加工过于简单，或者对生产和消费的作用都不大，甚至有时由于流通加工的盲目性，同样未能解决品种、规格、包装等问题，相反却增加了作业环节，这也是流通加工不合理的重要表现形式。

4）流通加工成本过高，效益不好

流通加工的一个重要优势就是它有较大的投入产出比，因而能有效地起到补充、完善的作用。如果流通加工成本过高，则不能实现以较低投入实现更高使用价值的目的，势必会影响它的经济效益。

2. 实现流通加工合理化的途径

要实现流通加工的合理化，主要应从以下几个方面加以考虑。

1）加工和配送结合

就是将流通加工设置在配送点中，一方面按配送的需要进行加工；另一方面加工又是配送作业流程中分货、拣货、配货的重要一环，加工后的产品直接投入到配货作业，这就无需单独设置一个加工的中间环节，而使流通加工与中转流通巧妙地结合在一起。同时，由于配送之前有必要的加工，可以使配送服务水平大大提高，这是当前对流通加工做合理选择的重要形式，在煤炭、水泥等产品的流通中已经表现出较大的优势。

2）加工和配套结合

"配套"是指对使用上有联系的用品集合成套地供应给用户使用，例如，方便食品的配套。当然，配套的主体来自各个生产企业，如方便食品中的方便面，就是由其生产企业配套生产的，但是，有的配套不能由某个生产企业全部完成，如方便食品中的盘菜、汤料等。这样，在物流企业进行适当的流通加工，可以有效地促成配套，大大提高流通作为供需桥梁与纽带的能力。

3）加工和合理运输结合

流通加工能有效衔接干线运输和支线运输，促进两种运输形式的合理化。利用流通加工，在支线运输转干线运输或干线运输转支线运输等这些必须停顿的环节，不进行一般的支转干或干转支，而是按干线或支线运输合理的要求进行适当加工，从而大大提高运输及运输转载水平。

4）加工和合理商流结合

流通加工也能起到促进销售的作用，从而使商流合理化，这也是流通加工合理化的方向之一。加工和配送相结合，通过流通加工，提高了配送水平，促进了销售，使加工与商流合理结合。此外，通过简单地改变包装加工形成方便的购买量，通过组装加工解除用户使用前进行组装、调试的难处，都是有效促进商流的很好例证。

5）加工和节约结合

节约能源、节约设备、节约人力、减少耗费是流通加工合理化重要的考虑因素，也是目前我国设置流通加工并考虑其合理化的较普遍形式。

对于流通加工合理化的最终判断，是看其是否能实现社会的和企业本身的效益，而且是否取得了最优效益。流通企业应该树立社会效益第一的观念，以实现产品生产的最终利益为原则，只有在生产流通过程中不断补充、完善的前提下才有生存的价值。如果只是追求企业的局部效益，不适当地进行加工，甚至与生产企业争利，这就有违流通加工的初衷，或者其本身已不属于流通加工的范畴。

4.3 现代物流配送中心流通加工的发展

随着销售竞争的日益激烈和用户的个性化、多样化需求，流通加工越来越显示出它不可替代的重要地位和作用，但是由于流通加工并非在所有物流活动中必然存在，所以有的人仍不把流通加工列入物流的主要功能，与目前物流行业的仓储、运输等物流环节快速发展的现状相比，流通加工行业的发展相对滞后，但国外经济发达国家，早已把流通加工从生产领域中剥离出来，作为社会化分工的产物而备受推崇，其物流服务水平也大为提高，与我国形成鲜明的对比，因此为了加快发展我国的现代物流业就必须提高对流通加工的认识，制定合理的发展策略。

4.3.1 流通加工发展的必然性分析

1. 适应多样化的客户需求

流通加工属于生产领域范畴，但由于生产企业为了增强其自身的核心竞争力，往往专注于其核心商品的生产，从而最大限度地创造企业的附加价值，而将非核心业务分离，因此只能满足消费者对产品的质量、功能的一般性要求，而在越来越复杂化的当今社会，消费者的要求已经远远超出这一范畴，多样化、个性化需求比例不断增加，集中式的大批量生产与分散的个性化消费需求之间的矛盾越来越突出，从而使企业无法完全满足消费需要，就需要以流通加工的形式作为纽带，连接生产者和消费者，因此流通加工是社会分工的必然结果，起着承上启下的作用，提高对客户的整体服务水平。

2. 提高物流系统的整体效益

与运输、仓储等物流环节的衔接作用不同，流通加工不是维持商品的原有形态，而是要改变或完善商品的形态，同时在一定程度上提升商品的附加价值，成为商品新的利润增长点；同时流通加工可以综合用户的需求，采取集中下料、合理套裁的方法，提高原料利用率，做到最大限度地"物尽其用"，节约大量原材料。对于粮食等商品通过流通加工，进行集装运输可以减少物流作业中的损失，加快物流作业速度，降低物流作业成本，因此流通加工在维护产品质量和提高物流效率的基础上增加了商品的价值，提高了物流系统的整体效益。

3. 流通加工形式的扩展

以前对流通加工的认识比较浮浅，认为其主要活动包括简单的组装、剪切、套裁、贴标签、刷标志、分装、检量、弯管、打孔等加工作业，这些作业活动多在配送中心、仓库等物流场所进行。但在新经济时代，因社会商品极大丰富，买方市场矛盾突出，由消费者支配价格，消费者要求多样化、个性化，为适应消费者的需要，传统的物流服务必须进行扩展，比如运输企业增加了冷藏运输车辆，形成一体化的冷链流通。在物流水平提高、成本上升、利润下降的条件下就必须扩大物流的服务项目，追求新的附加价值增长点，现在流通加工业务的范围已大大拓宽，比如进口衣料的染色、刺绣、机器检验、组装等多种流通加工服务。适应新的时代要求，流通加工的形式会继续向深度和广度扩展，这是与消费者需求的深度和广度扩展相适应的。

4.3.2 促进流通加工发展的策略

流通加工是生产环节在流通领域的延续，在一定程度上可以有效地起到补充、完善生产加工的作用，但若处理不当就会对整个物流过程起到负面作用，因此要注意分析流通加工的合理性，结合我国的具体实际情况制定适合中国国情的流通加工发展策略。

1. 合理布局

流通加工的地点选择十分重要，否则将会影响其作用的发挥，为了更好地衔接大批量生产与多样化、小批量消费，最好应将流通地点设置于消费地区，而不是现在我国流通企业所采用的围绕于生产企业周边，否则将无法发挥大批量标准产品与小批量分散配送的优势，增加了运输的难度，无法发挥生产企业大批量标准化生产的优势。同时应优化流通企业的网络化布局，结合产品特性和消费需求，形成有效的服务覆盖体系，提高响应速度。

2. 一体化集成作业

流通加工是物流作业中的一环，不能与其他作业形式相分离，而应重视采用一体化集成作业，无需设置独立的流通加工中间环节，应使流通加工与中转流通巧妙结合在一起，以提高作业效率，降低作业成本。例如在配送中心的物流作业中就应按照具体的客户要求，将流通加工置于分货、拣货、配货中，合理地选择作业形式，同时要考虑到运输形式和消费者的配套设施，特别是水泥、木材等产品的流通加工，进行一体化集成作业时要从整个物流系统的整体角度出发，选择适合的作业形式，这样才能真正形成"储运—流通加工—配送"的一体化作业。

3. 发展绿色流通加工

绿色流通加工是绿色物流的3个子范畴之一，流通加工具有较强的生产性，合理地选择流通加工形式可以有效地促进环境保护。进行绿色流通加工的途径主要分两个方面：一方面变消费者分散加工为专业集中加工，以规模作业方式提高资源利用效率，以减少环境污染，如餐饮服务业对食品的集中加工，减少家庭分散烹调所造成的能源浪费，减少废弃物和空气污染；另一方面是集中处理消费品加工中产生的边角废料，以减少消费者分散加工所造成的废弃物污染，如流通部门对蔬菜的集中加工减少了居民分散垃圾丢放及相应的环境治理问题。

在强调流通加工发展的同时，必须认识到流通加工很大程度上是简单加工，而不是复杂加工，如果必须进行复杂加工才能形成人们所需的商品，那么一般应将其放入生产加工过程，流通加工只是对生产加工的一种辅助及补充，绝不是对生产加工的取消或代替。如果流通加工作用不大，就会形成多余的环节，不能解决客户对产品的实际要求，或流通加工成本过高，不能实现以较低投入实现更高使用价值的目的，就不应再附带增加多余环节。

综上所述，对于流通加工合理化的最终判断，是看其是否实现了社会效益和企业效益的双赢。但同时应注意的是，对流通加工企业而言，与一般生产企业的一个重要不同之处是，流通加工企业更应树立社会效益第一的观念。目前我国的物流行业整体水平不高，在发展现代物流业的道路上，应从整体角度出发，适当地处理各个物流环节之间的协调发展问题。为了适应我国国情复杂的现状，应重视流通加工的作用，提高对流通加工的认识，制定合理的发展策略，以满足消费者需求为最终目标，提高物流的整体服务水平。

扩展性学习案例

鞍钢钢材的流通加工

生产、订货、发货曾经是鞍钢沿袭多年的销售模式，在传统的计划体制下，这种模式基本可以满足鞍钢的生产需要，但是进入市场经济后，特别是铁路运输的日益紧张，不仅波及鞍钢生产所需原材料的运进，而且还影响到了鞍钢产品的及时输出，给企业正常生产经营带来了很大影响。从20世纪80年代初，鞍钢就着手设计并实施了众多的大型技改项目的物流解决方案，积累了丰富的现代物流经验。

建立钢材加工配送中心，是目前国际上先进的物流管理方式，有利于缩短产品运距，降低物流成本，打造强有力的产业供应链，提高相关企业的综合竞争力。鞍钢经过"九五"以来持续不断地技术改造，企业无论从工艺技术、设备，还是产品质量、档次都发生了根本性的变化，鞍钢产品在国内及国外市场上逐渐树立良好的品牌形象，这就为鞍钢建立钢材加工配送中心创造了条件。此后，鞍钢全面实施建立加工配送战略，并先后在上海、广东、山东及省内的沈阳市建立了钢材加工配送中心。

鞍钢开始的钢材加工配送中心多是从接近客户群考虑的，将其各种钢材按照用户需要的标准，在加工配送中心进行剪切，再发送到用户手中。后来，鞍钢与中远集团大连新船重工合资建立的"鞍钢新轧——新船重工大连钢材加工配送有限公司"，则成为鞍钢加工配送战略的一种重要转折点。鞍钢不再满足于简单的产品配送，而是将产品的深加工企业建立在客户所在地，将钢铁产业链向外延伸。

鞍钢新轧——新船重工大连钢材加工配送有限公司一期注册资金4000万元，预计总投资7亿元，为当时国内第一家跨行业组建的专门为造船业配送的钢材加工企业。该公司不仅可以对船板进行剪切、配送，而且具有结构件制作能力，其钢材加工制作生产线采用当今世界先进的造船工艺技术和设备，年加工生产能力达到60万吨，不仅可以满足大连地区造船企业的要求，还将辐射到环渤海地区的造船企业。所以，业内人士普遍认为，这将对中国造船业同钢铁业结成战略联盟，构建稳定的供应链，提高造船业和钢铁业的市场竞争力，共同抵御市场风险起到重要作用。

在成功地与中国最重要造船企业强强联手之后，鞍钢再次将目光瞄准了当今国内发展速度最快的行业——汽车工业。鞍钢与蒂森克虏伯合作建立中瑞（长春）激光拼焊板有限公司，并计划在全国主要汽车制造企业所在城市逐步建立激光拼焊板加工中心，将产品和服务送到客户门口，扩大鞍钢高附加值产品的影响，提高市场占有率。

（资料来源：河北唐山商务之窗．深加工——鞍钢钢材攻城略地（2006-04-22）．http://tangshan.mofcom.gov.cn）

思考题：
1. 鞍钢采用钢材流通加工的原因是什么？
2. 鞍钢采用钢材流通加工为其经营带来哪些好处？

本 章 小 结

本章阐述了流通加工的概念，在物流中的地位、作用、种类及流通加工的发展问题，并介绍了几种典型的流通加工作业，以便更好地理解流通加工在物流配送中心的作用。

综 合 练 习

一、名词解释

流通加工　配送加工合理化

二、单项选择题

1. 配送加工是流通加工的一种，但配送加工有不同于一般流通加工的特点，它只取决于用户要求，其加工的目的（　　），可取得多种社会效果。
   A. 单一　　　　B. 多样　　　　C. 繁多　　　　D. 较少

2. 配送企业不但可以依靠送货服务、销售经营取得效益，还可以通过（　　）取得效益。
   A. 来料加工增值　　　　　　　　B. 来样加工增值
   C. 流转加工增值　　　　　　　　D. 流通加工增值

3. 流通过程中为方便销售、方便用户、废物利用、增添附加价值而进行的加工活动称为（　　）。
   A. 流通加工　　B. 运输　　　　C. 配送　　　　D. 装卸搬运

4. 根据我国近些年的实践，流通加工仅向流通企业提供利润这一方面，其成效并不亚于从运输和储存中挖掘的利润，是物流中的（　　）利润源。
   A. 第一　　　　B. 第二　　　　C. 第三　　　　D. 重要

5. 流通加工方式的确定实际上是与生产加工的（　　）分工。
   A. 有效　　　　B. 合理　　　　C. 正确　　　　D. 重要

6. 将钢板进行剪板、切裁；钢筋或圆钢裁制成毛坯；木材加工成各种长度及大小的板，方等加工方式是（　　）加工。
   A. 生产　　　　B. 流通　　　　C. 来料　　　　D. 来样

7. 消费的个性化和产品的标准化之间存在着一定的矛盾，使本来就存在的产需（　　）形式的分离变得更为严重。
   A. 第一种　　　B. 第二种　　　C. 第三种　　　D. 第四种

8. 效益观念的树立也是促使配送加工形式得以发展的（　　）原因。
   A. 第一　　　　B. 第二　　　　C. 第三　　　　D. 重要

9. 木材进行集中流通加工、综合利用，出材率可提高到72%，原木利用率达到（　　），经济效益相当可观。
   A. 85%　　　　B. 90%　　　　C. 95%　　　　D. 100%

10. 按照用户的需要对平板玻璃进行套裁和开片，可使玻璃的利用率从62%~65%，提高到（　　）以上，大大降低了玻璃破损率，增加了玻璃的附加价值。
    A. 85%　　　　B. 90%　　　　C. 95%　　　　D. 100%

三、判断题

1. 流通加工的对象是进入流通领域的商品，不具有商品的属性。　　　　　　　（　　）

2. 流通加工可以使配送各环节易于操作，如鲜鱼冷冻、过大设备解体、气体液化等。这种加工往往改变产品的物理状态，并不改变物理特性，并最终仍能恢复到原物理状态。
   　　　　　　　　　　　　　　　　　　　　　　　　　　　　　　　　　（　　）

3. 为促进销售的加工改变了产品的本体。（ ）

4. 流通加工利用其综合性强、用户多的特点，可以实行合理规划、合理套裁、集中下料，能有效提高原材料利用率，减少损失浪费。（ ）

四、简答题

1. 流通加工在物流系统中地位如何？它具有哪些作用？

2. 列举流通加工的类型。

3. 列举食品流通加工的方法。

4. 实现流通加工合理化应注意哪些因素？

5. 简述流通加工和一般的生产加工的主要区别。

第5章 物流配送中心库存管理

【本章知识架构】

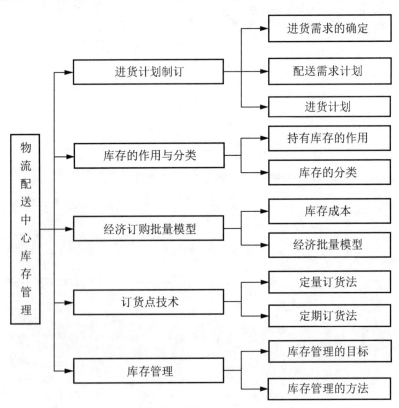

物流配送中心·库存管理 第5章

【本章教学目标与要求】

- 了解进货计划的制订。
- 掌握进货需求确定的定性与定量方法。
- 了解需求配送计划的基本原理。
- 掌握库存的基本概念、作用与分类。
- 掌握经济订货批量的原理与应用。
- 掌握定量订货法和定期订货法的原理与应用。
- 掌握 ABC 库存控制方法的原理与应用。
- 了解零库存的库存管理方法。
- 了解库存盘点的内容。
- 掌握库存盘点的相关方法。

詹姆（JAM）电子：寻找有效的库存管理策略

詹姆（JAM）电子是一家生产诸如工业继电器等产品的韩国制造商企业，公司在远东地区的 5 个国家拥有 5 家制造工厂，公司总部在汉城。

美国詹姆公司是詹姆电子的一个子公司，专门为美国国内提供配送和服务功能。公司在芝加哥设有一个中心仓库，为两类顾客提供服务，即分销商和原始设备制造商。分销商一般持有詹姆公司产品的库存，根据顾客需要供应产品；原始设备制造商使用詹姆公司的产品来生产各种类型的产品，如自动化车库的开门装置。

詹姆电子大约生产 2500 种不同的产品，所有这些产品都是在远东制造的，产成品储存在韩国的一个中心仓库，然后从这里运往不同的国家。在美国销售的产品是通过海运运到芝加哥仓库的。

近年来，美国詹姆公司已经感到竞争大大加剧了，并感受到来自于顾客要求提高服务水平和降低成本的巨大压力。不幸的是，正如库存经理艾尔所说："目前的服务水平处于历史最低水平，只有大约 70% 的订单能够准时交货。另外，很多没有需求的产品占用了大量库存。"

在最近一次与美国詹姆公司总裁和总经理及韩国总部代表的会议中，艾尔指出了服务水平低下的几个原因。

（1）预测顾客需求存在很大的困难。

（2）供应链存在很长的提前期。美国仓库发出的订单一般要 6~7 周后才能交货。存在这么长的提前期的主要原因：一是韩国的中央配送中心需要 1 周来处理订单；二是海上运输时间比较长。

（3）公司有大量的库存。如前所述，美国公司要向顾客配送 2500 种不同的产品。

(4) 总部给予美国子公司较低的优先权。美国的订单的提前期一般要比其他地方的订单早1周左右。

为了说明预测顾客需求的难度，艾尔向大家提供了某种产品的月需求量信息。但是，总经理很不同意艾尔的观点。他指出，可以通过用空运的方式来缩短提前期。这样，运输成本肯定会提高，但是，怎么样进行成本节约呢？

最终，公司决定建立一个特别小组解决这个问题。

(1) 詹姆公司如何针对这种变动较大的顾客需求进行预测？
(2) 其如何平衡服务水平和库存水平之间的关系？
(3) 提前期和提前期的变动对库存有什么影响？詹姆公司该怎么处理？
(4) 对詹姆公司来讲，什么是有效的库存管理策略？

如果你是小组成员，应该如何解决这些问题呢？

（资料来源：8899y 管理知识网．詹姆（JAM）电子：寻找有效的库存管理策略（2010-02-10）．http：//www.8899y.com/87/content）

管理专家说，库存是万恶之首。没错，维修、效率、质量、交期等隐患被巨大的库存全部掩盖了，表面看来，似乎一切风平浪静，但企业投资者明白居高不下的库存占用了大量的流动资金，影响着企业资金的有效运转；大量的物品最终成为废品回收站的购买对象，公司的资产严重缩水。问题是一旦库存水平下降，所有的问题开始显现，企业的生产经营难以为继。究竟什么才是合理的库存，如何使高的库存水平降下来呢，这是本章研究的主要内容。

5.1 进货计划制订

配送中心的职能之一就是组织合适的货源，满足下游客户的实际需求而下游客户的需求，在时间、季节、需求量上都存在大量随机性，这就需要配送中心事先了解进货需求，制订合理的进货计划。

5.1.1 进货需求的确定

1. 订单需求

若客户向配送中心提供自己的需求预测，则配送中心只需根据客户的订单需求预测来准备进货。此种情况出现在客户所需的物品比较稳定的情况下，如个人预定牛奶业务，个人订购的牛奶需要工人每天按时送达，而且数量固定，个人根据需要，每个月的月初会定制一定数量的牛奶，时间一般为一个月。此种情况客户给配送中心提供的是时间较长，数量固定的订单。配送中心只需要收集客户订单，然后进行时间和数量的汇总，就能够计算出每种牛奶的需求数量。在表5-1中，假设有4为客户，下个月的需求分别为客户1需要牛奶一30包，牛奶三30包；客户2需要牛奶一30包，牛奶二30包；客户3需要牛奶一30包，牛奶二30包；客户4需要牛奶一60包，牛奶二60包。经过汇总计算，下个月配送中心需要进货为牛奶一150包，牛奶二120包，牛奶三30包。

表5-1 配送中心订单需求汇总表

	客户1	客户2	客户3	客户4	汇总
牛奶一	30	30	30	60	150
牛奶二		30	30	60	120
牛奶三	30				30
汇总	60	60	60	120	300

订单需求的情况也适用于客户能够对需求事先预测的情况。有些时候，当客户能够对所需的商品进行预测，且预测的数量比较准确，不存在较大波动，此时，配送中心可以接受客户的预测数据，并依据此数据提前进货。但需要注意的是，如果客户的预测波动很大，或者预测数据很多情况下与实际需求背离，应谨慎使用此种需求分析方法。

2. 预测需求

有些客户不能够提供准确需求数据，此时就需要借助于预测方法来确定需求信息。很多情况下，客户对自己需要的商品进行需求预测都会存在一定的偏差，如季节性需求变化的蔬菜，水果等。这些商品对于任何人来讲，进行比较准确的预测都很困难。配送中心为了尽量减少需求偏差，会对需求的商品进行汇总预测，来确定某种商品的总需求数量。

需求预测按性质可以分为定性预测与定量预测，分别介绍如下。

1）定性预测

定性预测多用于没有详细的数据作为决策依据时使用，其主要思想是依靠人的主管判断，然后集成各种主管判断，做出决策。

（1）小组共识法。由不同层次的人员在会上自由讨论。这种方法的缺点在于低层人员往往易受当前市场营销的左右，不敢与领导相背。对于重要决策，由高层人员讨论。

（2）历史类比。预测某些新产品的需求时，如果有同类型产品可用来作为类比模型，那是最理想的情况。类比法可用于很多产品类型，如互补产品、替代产品等竞争性产品等。

（3）德尔菲法。又名专家意见法，是依据系统的程序，采用匿名发表意见的方式，即团队成员之间不得互相讨论，不发生横向联系，只能与调查人员发生关系，反复地填写问卷，集结问卷填写人的共识及搜集各方意见，可用来构造团队沟通流程，应对复杂任务难题的管理技术。德尔菲法的具体实施步骤如下。

① 组成专家小组，按照课题所需要的知识范围，确定专家。专家人数的多少可根据预测课题的大小和涉及面的宽窄而定，一般不超过20人。

② 向所有专家提出所要预测的问题及有关要求，并附上有关这个问题的所有背景材料，同时请专家提出还需要什么材料，然后由专家做书面答复。

③ 各个专家根据他们所收到的材料,提出自己的预测意见,并说明自己是怎样利用这些材料并提出预测值的。

④ 将各位专家第一次判断意见汇总,列成图表,进行对比,再分发给各位专家,让专家比较自己同他人的不同意见,修改自己的意见和判断。也可以把各位专家的意见加以整理,或请身份更高的其他专家加以评论,然后把这些意见再分送给各位专家,以便他们参考后修改自己的意见。

⑤ 将所有专家的修改意见收集起来、汇总,再次分发给各位专家,以便做第二次修改。逐轮收集意见并为专家反馈信息是德尔菲法的主要环节。收集意见和信息反馈一般要经过三、四轮。在向专家进行反馈的时候,只给出各种意见,但并不说明发表各种意见的专家的具体姓名。这一过程重复进行,直到每一个专家不再改变自己的意见为止。

⑥ 对专家的意见进行综合处理。某配送中心需要对某种商品进行进货需求预测,由于市场上没有历史数据可以获得,需要对可能的需求量做出预测,以决定进货量。于是该配送中心成立专家小组,并聘请业务经理、市场专家等8位专家,预测全年可能的销售量。8位专家提出个人判断,经过3次反馈得到结果见表5-2。

表5-2 德尔菲法专家打分结果

专家编号	第一次判断			第二次判断			第三次判断		
	最低销售量	最可能销售量	最高销售量	最低销售量	最可能销售量	最高销售量	最低销售量	最可能销售量	最高销售量
1	1500	750	900	600	750	900	550	750	900
2	200	450	600	300	500	650	400	500	650
3	400	600	800	500	700	800	500	700	800
4	750	900	1500	600	750	1500	500	600	1250
5	100	200	350	220	400	500	300	500	600
6	300	500	750	300	500	750	300	600	750
7	250	300	400	250	400	500	400	500	600
8	260	300	500	350	400	600	370	410	610
平均数	345	500	725	390	550	775	415	570	770

a. 平均值预测。在预测时,最终一次判断是综合前几次的反馈做出的,因此在预测时一般以最后一次判断为主。则如果按照8位专家第三次判断的平均值计算,则预测的平均销售量为:$(415+570+770)/3=585$。

b. 加权平均预测。将最可能销售量、最低销售量和最高销售量分别按0.50、0.20和0.30的概率加权平均,则预测平均销售量为:$570×0.5+415×0.2+770×0.3=599$。

c. 中位数预测。用中位数计算,可将第三次判断按预测值高低排列如下。

最低销售量:300,370,400,500,550

最可能销售量：410，500，600，700，750

最高销售量：600，610，650，750，800，900，1250

最高销售量的中位数为第四项的数字，即 750。

将最可能销售量、最低销售量和最高销售量分别按 0.50、0.20 和 0.30 的概率加权平均，则预测平均销售量为：$600 \times 0.5 + 400 \times 0.2 + 750 \times 0.3 = 605$。

2）定量预测

定量预测是使用历史数据或因素变量来预测需求的数学模型，是根据已掌握的比较完备的历史统计数据，运用一定的数学方法进行科学的加工整理，借以揭示有关变量之间的规律性联系，用于预测和推测未来发展变化情况的一类预测方法。定量预测方法也称统计预测法，其主要特点是利用统计资料和数学模型来进行预测。

（1）简单移动平均法。移动平均法是用分段逐点推移的平均方法对时间序列数据进行处理，找出预测对象的历史变动规律，并据此建立预测模型的一种时间序列预测方法。

移动平均法的具体做法是每次取一定数量的时间序列数据加以平均，按照时间序列由前向后递推，每推进一个单位时间，就舍去对应于最前面一个单位时间的数据，再进行平均，直至全部数据处理完毕，最后得到一个移动平均值组成的新的时间序列。根据需要这种移动平均处理过程可多次进行。

（2）加权移动平均法。加权移动平均法就是根据同一个移动段内不同时间的数据对预测值的影响程度，分别给予不同的权数，然后再进行平均移动以预测未来值。

加权移动平均法不像简单移动平均法那样，在计算平均值时对移动期内的数据同等看待，而是根据越是近期数据对预测值影响越大这一特点，不同地对待移动期内的各个数据。对近期数据给予较大的权数，对较远的数据给予较小的权数，这样来弥补简单移动平均法的不足。

（3）指数平滑法。前两种预测方法（简单移动平均和加权移动平均）中，主要点在于根据大量连续的历史数据预测未来，即随着模型中新数据的增添及过期数据的删除，新的预测结果就可以预测出来。有的情况下，最近期的情况远比较早期的更能预测未来，如果越远的数据其重要性就越低，则指数平滑法就是逻辑性最强且最为简单的方法。

指数平滑法是生产预测中常用的一种方法。所有预测方法中，简单的全期平均法是对时间数列的过去数据一个不漏地全部加以同等利用；移动平均法则不考虑较远期的数据，并在加权移动平均法中给予近期资料更大的权重；而指数平滑法则兼容了全期平均和移动平均所长，不舍弃过去的数据，但是仅给予逐渐减弱的影响程度，即随着数据的远离，赋予逐渐收敛为零的权数。

3）因果关系预测

因果关系分析法是基于市场活动中存在着各种变量之间的因果联系而提出的，它包括一元线性回归、多元线性回归、一元非线性回归等多种模型。

一元线性回归法是指只有一个自变量对因变量产生影响，而且两者之间的关系可用回归直线来表示。

即
$$Y = a + bx$$

式中：Y——因变量，即预测对象；

x——自变量，即影响因素；

a、b——回归系数，为两个待定参数。

a 与 b 的数值可用最小二乘法求解，求解公式为：

$$a = \frac{1}{n}(\sum Y - b \sum x)$$

$$b = \frac{n \sum xY - \sum x \sum Y}{n \sum x^2 - (\sum x)^2}$$

5.1.2 配送需求计划

1. 配送需求计划

配送需求计划（Distribution Requirement Planning，DRP）是一种既保证有效地满足市场需要，又使得物流资源配置费用最少的计划方法，是 MRP 原理与方法在物品配送中的运用。它是流通领域中的一种物流技术，是 MRP 在流通领域应用的直接结果。它主要解决分销物资的供应计划问题，达到保证有效地满足市场需要又使得配置费用最省的目的。

DRP 主要应用于两类企业：一类是流通企业，如储运公司、配送中心、物流中心、流通中心等；另一类是具有流通部门承担分销业务的企业。这两类企业的共同之处是以满足社会需求为自己的宗旨，依靠一定的物流能力（储、运、包装、搬运能力等）来满足社会的需求，并从制造企业或物资资源市场组织物资资源。

2. DRP 的输入文件

（1）社会需求文件。包括所有用户的订货单、提货单和供货合同，以及下属子公司、企业的订货单，此外还要进行市场预测，确定一部分需求量。所有需求按品种和需求时间进行统计，整理成社会需求文件。

（2）库存文件。对自有库存物资进行统计，以便针对社会需求量确定必要的进货量。

（3）生产资源文件。包括可供应的物资品种和生产厂的地理位置等，地理位置和订货提前期有关。

3. DRP 的输出文件

（1）送货计划。对用户的送货计划，为了保证按时送达，要考虑作业时间和路程远近，提前一定时间开始作业，对于大批量需求可实行直送，而对于数量众多的小批量需求可以进行配送。

（2）订货进货计划。是指从生产厂订货的计划，对于需求物资，如果仓库内无货或者库存不足，则需要向生产厂订货。当然，也要考虑一定的订货提前期。以上两个文件是

DRP 的输出结果，是组织物流的指导文件。

4. DRP 的应用

DRP 最基本的工具是产品的明细表，这些明细表表述了与顾客尽可能近的产品环节的存货情况，是整个产品数据库的一部分，不断更新的关于存货和需求的信息在配送中心和顾客之间周期性地或者即时传递。

表 5-3 是某物资的 DRP 明细表，从中可以看出 DRP 明细表的一般结构。第一行是需求预测的时间周期，最常见的是以每天为增量，当然可以使用每日或者每年；第二行是预测的需求数，它反映了来自客户的需求；第三行是该配送中心已定时接收的货物数，这里，订货周期及装卸所需的时间已经被考虑在内，该批货物在指定的时间已经可以被使用了；第四行是预计的现有库存数，它表明了预测时间周期末的库存货数量，表 5-3 中预测开始之前的存货数量为 45；这一行是需要计算得出的，公式为

预计现有库存数 = 上一时间周期末的存货数 + 已定时接收货物数 − 本周起的预测需求

最后一行是计划订货数，它是为避免存货数量低于安全储备而向供给源提出的补给需求数；这里必须考虑订货周期的影响因素。实际上，计划订货和已定时接收货物在时间上相差一个订货周期。此外，DRP 明细表还给出了安全储备、订货周期和订货批量，作为 DRP 计划中的参考数据。

表 5-3 某配送中心的 DRP 明细表

预测时间周期/天		1	2	3	4	5	6	7
预测的需求数		20	20	20	10	30	30	20
已定时接收货物数			60			60		60
预计现有库存数	45	25	65	45	35	65	35	75
计划订货数				60		60		

注：安全储备 20 个；订货批量 60 个；订货周期 2 天。

所有客户的所有物资均可以用此表进行计算，将所有种类物资计划订货数一行进行统计，就能得出配送中心每天需要进货的数量。

5.1.3 进货计划

1. 进货计划的概念

进货计划也称为采购计划，是指企业管理人员在了解市场供求情况，认识企业生产经营活动过程和掌握物料消耗规律的基础上对计划期内物料采购管理活动所做的预见性安排和部署。它包括两部分内容：①采购计划的制定；②采购订单的制定。

广义的采购计划是指为保证供应各项生产经营活动的物料需要量而编制的各种采购计划的总称；狭义的采购计划是指年度采购计划，即对企业计划年度内生产经营活动所需采购的各种物料的数量和时间等所做的安排和部署。

采购计划可从以下不同角度进行分类。

（1）按计划期长短，分为年度物料采购计划、季度物料采购计划、月度物料采购计划等。

（2）按物料使用方向，分为生产产品用物料采购计划、维修用物料采购计划、基本建设用物料采购计划、技术改造措施用物料采购计划、科研用物料采购计划、企业管理用物料采购计划等。

（3）按物料自然属性，分为金属物料采购计划、机电产品物料采购计划、非金属物料采购计划等。

2. 进货计划的制订

1）准备认证计划

准备认证计划是采购计划的第一步，它又包括以下内容。

（1）接受开发批量需求。接受开发批量需求是启动整个供应程序流动的牵引项，必须熟悉开发需求计划，开发批量物料需求通常有两种情况：第一种是在目前的采购环境中找到物料供应；第二种是需要寻找新的供应商或要与供应商一起研究新物料。

（2）接受批量需求。随着市场的不断发展与扩大，市场需求也越来越大，旧的采购环境容量不足以支持企业的物料需求；或者是因为采购环境有了下降的趋势从而导致物料的采购环境容量逐渐缩小，就无法满足采购的要求。这样，就会产生余量需求，需要对采购环境扩容。采购环境容量的信息可由认证人员和订单人员提供。

（3）准备认证环境资料。采购环境包括认证环境和订单环境两部分。某些供应商的认证容量比较小，但是订单容量比较大；还有一些供应商的认证容量比较大，但是订单容量比较小。产生这些情况的原因是认证过程对供应商样件的小批量试制过程不同，该过程一定要有强有力的技术力量作为支持，甚至需要与供应商一起开发；而订单过程是供应商规模化的生产过程，所以订单容量的技术支持难度比起认证容量的技术支持难度要小得多。所以，认证容量和订单容量是两个完全不同的概念，必须要分清楚。

（4）制订认证计划说明书。就是将认证计划所需要的材料准备好，主要包括认证计划说明书（物料项目名称、需求数量、认证周期等），还要附有开发需求计划、余量需求计划、认证环境资料等。

2）评估认证需求

（1）分析开发批量需求。要做好开发批量需求的分析，计划人员应该对开发物料需求做详细的分析，有必要时还应该与开发人员、认证人员一起研究开发物料的技术特征，并按照已有的采购环境及认证计划经验进行分析。所以，认证计划人员需要兼备计划知识、开发知识、认证知识等，具有从战略高度分析问题的能力。

（2）分析余量需求。首先要对余量需求进行分类：一种是由于市场销售需求的扩大；另一种是采购环境订单容量的萎缩，都会导致订单容量难以满足用户的需求，这个时候，就需要增加采购环境容量。对于市场需求原因造成的，可通过市场及生产需求计划得到各种物料的需求量及时间；对于因供应商萎缩造成的，可以通过分析现实采购环境的总体订单容量与原定容量之间的差别得到需求量及时间。以上两种情况的余量相加之和即为总的需求容量。

（3）确定认证需求。可依据批量需求及余量需求的分析结果来确定，获得具有一定订单容量的采购环境。

3）计算认证容量

（1）分析项目认证材料。分析项目认证材料是计划人员的一项重要工作，需要分析的物料项目可能涉及成千上万物料中的几种，故此，对于规模较大的企业，分析上千种或更多的物料难度非常大。

（2）计算总体认证容量。在采购中，供应商订单容量与认证容量是两个不同的概念，有时可互相借用，但决不能等同。在认证合同中，应说明认证容量与订单容量的比例，防止供应商只做批量订单，不做样件认证。计算总体认证容量的方法是把采购环境中所有供应商的认证容量叠加即可，对某些供应商的认证容量需要加上适当系数。

（3）计算承接认证量。承接认证量等于当前供应商正在履行认证的合同量。目前最恰当的处理方法是借助电子信息系统，模拟显示供应商已承接的认证量，以便在认证计划决策时使用。

（4）确定剩余认证容量。其计算公式为

$$物料认证容量 = 物料供应商群体总体认证容量 - 承接认证量$$

物料认证容量指的是某一物料所有供应商群体的剩余认证容量的总和。认证容量不仅是采购环境的指标，而且也是企业不断创新的动力。

4）制订认证计划

（1）对比需求与容量。认证需求与认证容量之间一般会有差距。若是认证需求小于认证容量，无须平扬，直接按照认证需求制订认证计划；若认证需求大于认证容量，就要进行认证综合平衡，对剩余认证需求需要制订其他的认证计划。

（2）综合平衡。综合考虑生产、认证容量、物料生命周期等，通过平衡调节，尽可能满足认证需求，并计算剩余认证需求，还需到采购环境之外的社会供应群体之中寻找容量。

（3）确定余量认证计划。它是指对于采购环境无法满足的剩余认证需求，应提交采购认证人员进行分析并提出对策，确认采购环境中的供应商认证计划。如社会供应群体未与企业签订合同，则制订认证计划时要特别小心，并由认证计划人员和认证人员联合操作。

（4）制订认证计划。制订认证计划是连接认证计划和订单计划的桥梁，确定认证物料数量和开始认证时间的方法，其计算公式为

$$认证物料数量 = 开发样件需求数量 + 检验测试需求数量 + 样品数量 + 机动数量$$
$$开始认证时间 = 要求认证结束时间 - 认证周期 - 缓冲时间$$

（5）准备订单计划。

① 接受市场需求。市场需求是启动生产供应程序流动的动力，要制订比较准确的订单计划，必须熟知市场需求计划，或是市场销售计划。

② 接受生产需求。也被称为生产物料需求，生产物料需求的时间是根据生产计划而产生的，订单计划主要来源于生产物料需求计划。

③ 准备订单环境资料。这是准备订单计划非常重要的一个环节，环境资料是在订单物料的认证计划完毕之后形成的。

④ 制订订单计划说明书。即是准备好订单计划所需要的资料。

（6）评估订单需求。这是计算订单容量的重要依据，以便制订出好的订单计划。

① 分析市场的需求。市场需求与生产需求是评估订单需求的两个重要方面。制订订单计划要考虑企业的市场战略及潜在的市场需求等。必须分析市场签订合同的数量，还没有签订合同的数量等数据；当然还要研究其他的变化趋势，全面考虑要货计划，参照历史数据，找出问题。只有这样，才能制订一个满足企业发展需求的订单计划。

② 分析生产需求。要分析生产需求，就需要研究生产需求的产生过程，再分析生产需求量和要货时间。对企业不同时期产生的不同生产需求进行分析是很有必要的。

③ 确定订单需求。订单需求的内容有通过订单操作手段，在未来的指定时间内，将指定数量的合格物料采购入库。

（7）计算订单容量。准确地计算好订单容量，才能对比需求和容量，经过综合平衡，制订出正确的订单计划。

① 分析项目供应资料。在采购环境中，所有采购物料的供应商信息是非常重要的，有供应商的物料供应是满足生产需求和满足紧急市场需求的必要条件。

② 计算总体订单的容量。主要来自两个方面：一是可供给物料的数量；另一个方面是可供给物料的交货时间。

③ 计算承接订单容量。承接订单容量是指某供应商在指定的时间内已签订的订单量。

④ 确定剩余订单容量。指某物料所有供应商群体的剩余订单容量的总和，用公式表示为

$$物料剩余订单容量 = 物料供应商群体总体订单容量 - 已承接订单量$$

（8）制订订单计划。制订订单计划是采购计划的最后一个环节，但也是最重要的一个环节，主要包括以下内容。

① 对比需求与容量。只有确定出需求与容量的关系才能更好地制订订单计划。若需求小于容量，则企业要根据物料需求来制订订单计划；若供应商的容量小于企业的物料需求，则企业应根据容量制订合适的物料需求计划，也就产生了剩余的物料需求，需要对剩余物料需求重新制订认证计划。

② 综合平衡。指将订单容量、市场、生产等要素结合，分析物料订单需求的可行性，必要时调整订单计划，计算容量不能满足的剩余订单需求。

③ 确定余量认证计划。对于余量需求，要提交给认证计划处理者处理，并确定能否按照物料需求的规定时间及数量交货。为了确保物料的及时供应，可通过简化认证程序，并由经验丰富的认证计划人员进行操作。

④ 制订订单计划。是整个采购计划的最后一个环节，订单计划包含以下两个方面。

下单数量 = 生产需求量 − 计划入库量 − 现有库存量 + 安全库存量

下单时间 = 要求到货时间 − 认证周期 − 订单周期 − 缓冲时间

5.2 库存的作用与分类

库存是指处于储存状态的物资，广义的库存还包括处于制造加工状态和运输状态的物资。库存对一个企业有双重的影响：一是影响企业的成本，也就是影响物流的效率；二是影响企业的生产和销售的服务水平。

库存是物流总成本的重要方面，库存越多成本越高；同时库存水平越高，则保障供应的水平也越高，生产和销售的连续性越强。随着供应链管理思想和库存管理技术的提高，这个问题将被更合理地解决，"零库存"管理思想成为更多企业所追求的物流管理目标。

5.2.1 持有库存的作用

有很多原因可以解释为什么在分销渠道中持有库存，本节来讨论为什么在流通的各个层面都需要库存，为什么又希望将库存保持在最低水平。

库存的持有与客户服务或由此间接带来的成本节约有关。本节简单考察以下几个保有库存的原因。

1. 改善客户服务

至少在目前的物流模式下，无法设计出能对客户的产品或服务需求做出即时反应的运作系统，因为这样的运作系统是很昂贵的。库存使得产品或服务保持一定的可得率，当库存位置接近客户时，就可以达到较高的客户服务水平。库存的存在不仅保证了销售活动的顺利进行，而且提高了实际销售量。

例如，在超市家电的货架上，电视机、电饭锅等中小家电均存有现货，于是可保障在顾客需要购买的同时予以供货，防止客源的流失。但对于价值高或体积庞大的产品，现货供应成本可能是昂贵的，该类产品可能存放于地区分销中心，而通过特别订购予以满足。

2. 降低生产成本

虽然持有库存会产生一些成本，但也可以间接降低其他方面的营运成本，两者相抵可能还有成本的节约。保有库存可以使生产的批量更大、批次更少、运作水平更高，因而可能产生更好的经济效益。由于库存在供求与需求之间起着缓冲器的作用，因此可以消除需求波动对产出的影响。

3. 降低运输成本

保有库存有助于实现运输中的成本节约。采购部门的购买量可以超过企业的即时需求量以争取价格折扣。保有额外库存带来的运输成本可以被价格降低带来的收益所抵消。与之类似，企业常常可以通过增加运输批量、减少单位装卸成本来降低运输成本，但增加运输批量会导致运输渠道两端的库存水平都增加，运输成本的节约也可以抵消库存持有成本的上升。

4. 获得价格折扣

先期购买能以在当前交易的低价格购买额外数量的产品，从而不需要在未来以较高的预期价购买。这样，购买的数量比即期需求量要多，比按接近即期需求的数量购买导致的库存也多。但是，如果预期未来价格会涨，那么先期购买产生库存也是有道理的。

5. 平抑需求与运输的波动性

整个分销系统需求和运输的波动也会造成不确定性，同样会影响运作成本和客户服务水平。为抵消波动的影响，企业常常在运作渠道中的多个点保有库存以缓冲不确定因素的影响，使配送更加平稳。

6. 预防突发事件

物流系统中也会出现计划外或意外的突发事件。几种常见的情形包括自然灾害、需求激增、供货延误等，于是，保有库存可以起到一定的保护作用。在物流渠道的关键点保有一些库存还可以使系统在一定时间内继续运作，直到突发事件过去。

但近年来，有许多人对持有库存提出批评，认为库存是不必要的浪费。对持有库存的批评主要围绕以下几个方面。

（1）库存被认为是一种浪费。库存占用了大量的资金，且不能对产品的价值做出直接的贡献。

（2）库存可能掩盖质量问题。当质量问题浮现出来，人们倾向于清理保有的库存，以保护所投入的资本，纠正质量问题的努力可能会延缓下来。

（3）保有库存鼓励人们以孤立的观点来看待物流渠道整体的管理问题。有了库存，人们常常可能将物流渠道的一个阶段与另一个阶段分离开来，将物流渠道作为一个整体来考虑一体化决策带来的机遇可能会减少，而如果没有库存，企业不可避免地要同时对渠道中不同层次的库存进行计划和协调管理。

5.2.2 库存的分类

库存可以从物资的用途、存放地点、来源、所处状态等几个方面来进行分类。了解库存的分类有利于更好地理解库存的内涵。常见的是从企业经营过程的角度将库存分为以下 7 种类型。

1. 经常库存

经常库存指在正常的经营环境下，企业为满足日常需要而建立的库存。这种库存随着每日的需要不断减少，当库存降低到某一水平时（如订货点），就要按一定的规则反复进行订货来补充库存。

2. 安全库存

安全库存指为了防止不确定因素而准备的缓冲库存。安全库存由于不确定性的存在，在进行决策时要比经常库存更难。

3. 季节性库存

季节性库存指为了满足特定季节出现的特定需要而建立的库存，或指对季节性出产的原材料在出产的季节大量收购所建立的库存。

4. 促销库存

促销库存指为了解决企业促销活动引起的预期销售增加而建立的库存。

5. 投机库存

投机库存指为了避免因物资价格上涨造成损失或为了从物资价格上涨中获利而建立的库存。

6. 积压库存

积压库存指因物资品质变坏不再有效用的库存或因没有市场销路而卖不出去的产品库存。

7. 生产加工和运输过程的库存

生产加工过程的库存指处于加工状态以及为了生产的需要暂时处于储存状态的零部件、半成品或成品。运输过程的库存指处于运输状态或为了运输目的而暂时处于储存状态的物资。

5.3 经济订购批量模型

5.3.1 库存成本

有三大类库存成本对库存决策起到重要作用，即采购成本、库存持有成本和缺货成本。这些成本之间互相冲突或存在悖反关系，要确定订购量补足某种产品的库存，就需对其相关成本进行全面的权衡。

1. 采购成本

补货时采购商品的相关成本往往是决定再订购数量的重要经济因素。发出补货订单后，就会产生一系列与订单处理、准备、传输、操作、购买相关的成本。确切地说，采购成本可能包括不同订货批量下产品的价格或制造成本，生产的启动成本，订单经过财务、采购部门的处理成本，订单（常常通过邮寄或电子方式）传输到供应地的成本，货物运输成本（若采购价格不含运输费用），在收货地点的所有物料搬运或商品加工成本等。如果企业由内部供货，比如企业的工厂为自己的成品库补货，采购成本就要反映生产启动成本，如果采用的是运到价格，那么就不涉及运输成本。上述有些采购成本相对每个订单而言是固定的，不随订单订货规模而变化，其他的一些成本，如运输成本、生产成本和物料搬运成本则不同程度地随订货规模变化，分析时，需要对各种情况加以区别对待。

2. 库存持有成本

库存持有成本是因一段时期内存储或持有商品而导致的成本，大致与所持有的平均库存量成正比。该成本可分为4种：空间成本、资金成本、库存服务成本和库存风险成本。

1）空间成本

空间成本是因占用存储建筑内立体空间所支付的费用。如果是租借的空间，存储费用一般按一定时间内存储产品的重量或体积来计算，例如，元/立方米·月；如果是自有仓库或合同仓库，则空间成本取决于分组的运营成本，这些运营成本都是与存储空间相关的（如供暖和照明），同时，还取决于存储量相联系的固定成本，如建筑和存储设施成本。计算在途库存的持有成本时，不必考虑空间成本。

2）资金成本

资金成本指库存占用资金的成本。该项成本可占到总库存成本的80%，同时也是各项库存持有成本中最难确定的一项，其原因有两个：①库存是短期资产和长期资产的混合，有些库存仅为满足季节性需求服务，而另一些则为迎合长期需求而持有；②从优惠利率到资金的机会成本，资金成本差异较大。

3）库存服务成本

保险和税收也是构成库存持有成本的一部分，保险作为一种风险保护措施，可以帮助企业预防火灾、地震、风暴或偷盗等意外事件所带来的损失；税收按仓库的平均库存水平征收，一般而言，税收只占总持有成本的较小比例。

4）库存风险成本

库存产品可能会发生变质、短少（偷窃）、报废以及包装破损等情况，由此造成的损失费用为库存风险成本，它也是库存持有成本的一部分。

3. 缺货成本

当客户下达订单，但所订货物无法由正常所指定的仓库供货时，就产生了缺货成本。缺货成本有两种：缺货成本和保留订单成本。每种都事先假定客户会做出某种反应，但由于客户的反应无法捉摸，所以准确衡量缺货成本非常困难。当出现缺货时，如果客户选择购买，就产生了缺货成本，该成本就是本应获得的这次销售利润，也可能包括缺货对未来销售造成的消极影响。那些客户容易以其他竞争性品牌来进行替代的商品（如面包、汽油或软饮料等）最容易产生缺货成本。

如果客户愿意等待订单履行，那么，就不会发生失销的情况，只会出现订单履行的延期，即会产生保留订单成本。如果延期交货的订单不是通过正常的分拨渠道来履行，那么，可能由于订单处理、额外的运输和搬运成本而产生额外的办公费用和销售成本。这些成本是实际发生的，因而衡量起来并不困难。同时，也会有无形的、失去未来销售机会的成本，这是很难衡量的。那些在客户心目中有差异的产品（如汽车和大型仪器）更容易出现保留订单的情况，而客户不会去选择替代品。

5.3.2 经济批量模型

1. 假设条件

（1）企业生产某种产品的生产计划稳定不变，因而对原材料的逐日消耗量是均匀的而且是已知的。

（2）原材料供应稳定可靠，何时订货、订货多少、何时到货都能掌握，订货准备费用和库存管理费用是不变的并且已知。

（3）每次订货批量和订货时间间隔稳定不变，因而每次的最高库存量能控制在同一水平上。

（4）即时补充库存，即所订物料批量，能一次运送到达，即时补充需要的库存量。

在上述假定条件下的物料的订货、到货和库存、使用情况可以用图5.1来描述。

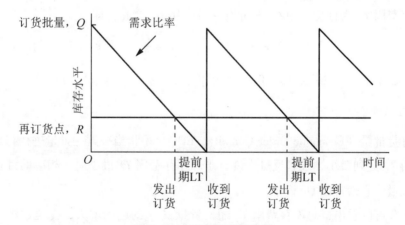

图5.1 库存管理费用曲线

由图5.1可以看出，当订货到达时，有最大的库存量（即一个订货批量），随着生产过程中的耗用，库存水平均匀地下降为零。此时，根据订货提前期（考虑自订货到材料运送到达的时间间隔）预订的下一批货正好到达，库存水平恢复到最大库存量。

2. 库存费用分析

库存总费用主要由两部分组成：订货费用（O_c）和库存保管费用（H_c）。

1)订货费用（O_C）

计划期内的订货费用取决于计划期的订货次数 n 和每次订货的费用 C，即

$$O_C = n \times C \tag{5-1}$$

计划期内的订货次数又与计划期内的材料总需求量 D 和每次订货批量 Q 有关，即

$$n = \frac{D}{Q} \tag{5-2}$$

由此可得

$$O_C = \frac{D}{Q} \times C \tag{5-3}$$

由式（5-3）可见，当 D 和 C 一定时，每次订货批量 Q 越大，计划期内的总订货费用就越小。

2)库存保管费用（H_c）

计划期内的库存保管费用取决于计划期内平均库存量和该期内单位库存保管费用 S。

由于最大库存量即为每次订货批量 Q，最小库存量为零，所以，计划期内平均库存量为 $Q/2$。计划期内的库存保管费用为

$$H_c = \frac{Q}{2} \times S \tag{5-4}$$

由式（5-4）可以看出，当单位库存保管费用一定时，库存保管费用 H_c 随最大库存量（即每次订货批量）Q 的增大而增大。

总库存费用 T_C 为订货费用 O_C 和库存保管费用 H_c 之和，即

$$T_C = O_C + H_c = \frac{D}{Q} \cdot C + \frac{Q}{2} \cdot S \tag{5-5}$$

图 5.1 显示了订货费用、库存保管费用和总库存费用三种费用的曲线。

3. 模型

经济订货批量（Economic Order Quantity，EOQ）是指当按这一批量进行订货时，可使总库存费用 T_C 达到最小，或者反过来说，当总库存费用 T_C 最小时，相应的订货批量即为经济订货批量，它通常以 Q^* 表示。

由图 5.2 可以看出，总库存费用 T_C 随订货批量 Q 的逐渐增大，先是逐渐下降，后又逐渐上升，其间有最低点，即费用最小点。而且此费用最小点发生在订货费用与库存保管费用相等之处，即

$$\frac{Q}{2} \times S = \frac{D}{Q} \times C \tag{5-6}$$

经整理后即可求得与总的库存费用最小相对应的经济订货批量 Q^*，即

$$Q^* = \sqrt{\frac{2DC}{S}} \tag{5-7}$$

将式 5-7 代入式 5-5，化简后可得到总库存费用的计算公式为

$$T_C = \sqrt{2DCS} \tag{5-8}$$

【例 5.1】某计算机厂某种电子元件的年需求量 D 为 10000 件，每次订货费用 C 为 40 元，单位年库存保管费用 S 为 0.2 元，计算 Q^* 为

$$Q^* = \sqrt{\frac{2 \times 10000 \times 40}{0.2}} = 200 \text{ 件}$$

年总库存管理费用为

$$T_C = \sqrt{2 \times 10000 \times 40 \times 0.2} = 400 \text{（元）}$$

每年订货次数

$$n = \frac{D}{Q^*} = \frac{10000}{2000} = 5 \text{（次）}$$

在实际问题中，要确定 C 和 S 是比较困难的，需要进行大量的调查、资料收集和数据整理工作。但从图 5.2 可以看出，总库存费用曲线在其下垂部分比较平坦，在 Q^* 左右波动不大，这说明即使对 C 和 S 的估算不十分准确，由此计算出的 Q^* 对 T_C 的影响也不大，一般即使误差达到 10%，对 T_C 的影响也不大，计算得到的经济订货批量 Q^* 仍有足够的参考价值。

在例 5-1 中，如果这种原材料的每次订货费用较大，$C = 200$ 元/次，而其单位库存保管费用较低，$S = 0.25$ 元/单位·年，则其经济订货批量变为

$$Q^* = \sqrt{\frac{2 \times 10000 \times 200}{0.25}} = 4000 \text{（件）}$$

每年订货次数为

$$n = \frac{D}{Q^*} = \frac{10000}{4000} = 2.5 \text{（次）}$$

又如果这种原材料的每次订货费用较小，$C = 50$ 元/次，而其单位库存保管费用较高，$S = 1.00$ 元/单位·年，则其经济订货批量变为

$$Q^* = \sqrt{\frac{2 \times 10000 \times 50}{1.00}} = 1000 \text{（件）}$$

每年订货次数为

$$n = \frac{D}{Q^*} = \frac{10000}{1000} = 10 \text{（次）}$$

由此可见，当原材料每次订货费用相对较大，而单位库存保管费用相对较低时，加大每次订货批量，减少总的订货次数，可以降低总库存费用；反之，当原材料每次订货费用相对较小，而单位库存保管费用相对较高时，缩小每次订货批量，增加订货次数，减少总的库存量，是降低总库存费用的一个有效措施。

5.3.3 货物非瞬时到达时的经济订货批量和库存费用

在某些情况下，当每批订货数量较多时，供货单位往往将货物分为几日陆续运到。这时，材料的订货、到货、库存和耗用变化情况如图 5.3 所示。

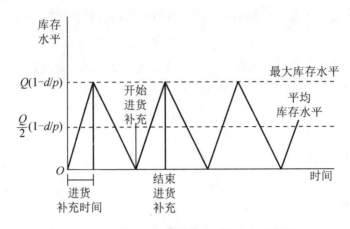

图 5.3 订货非瞬时到达情况下的库存形态图

每次订货批量为 Q，供货单位是在进货补充时期 t 天内将货物运到。在 t 天内，由于每天生产过程对材料的耗用，到 t 天后订货批量全部运到时，实际最大库存水平 Q^* 必低于订货批量 Q，所以，材料库存及耗用的形态有所变化。

这时，最优订货批量又应怎样考虑，总库存费用又有什么变化？

如果订货的每天到货量为 p，材料的每天耗用量为 d（$d<p$），每批订货量进货补充所需天数为 t，则每天到货量 p 扣除当天生产耗用 d 后，尚有剩余（$p-d$）需要入库存储。因此，t 天后（即订货批量全部运完后），实际需要入库存储的最大库存量 Q^* 为

$$Q' = (p-d) \times t$$

每批订货量送货所需天数 t 又与订货批量和每天到货量 p 有关。即

$$t = \frac{Q}{p}$$

因此，实际最大库存量 Q' 为

$$Q' = \frac{(p-d) \times Q}{p}$$

总库存费用 T_C 为

$$T_C = O_C + H_C = \frac{D}{Q}C + \frac{Q'}{2}S = \frac{D}{Q}C + \frac{(p-d)}{2p}S \cdot Q \tag{5-9}$$

为求 T_C 最小，可用数学的方法求得最优订货批量 Q^* 为

$$Q^* = \sqrt{\frac{2DC}{S\left(\frac{p-d}{p}\right)}} = \sqrt{\frac{2DC}{S\left(1-\frac{d}{p}\right)}} \tag{5-10}$$

将 Q^* 代入式（5-8），化简总库存费用公式，可得

$$T_C = \sqrt{2DC\left(1-\frac{d}{p}\right)} \tag{5-11}$$

【例 5.2】已知年部件需要量为 10000 件，每次订货费用为 40 元，每单位材料每年存储保管费用为 0.2 元，每批订货的每天到货量 p 为 100 件，材料的每天耗用量 d 为 20 件。确定

在此条件下的经济订货批量和总的库存费用分别如下。

根据式（5-10）可算出经济订货批量 Q^* 为

$$Q^* = \sqrt{\frac{2 \times 10000 \times 40}{0.20\left(1 - \frac{20}{100}\right)}} \approx 2236$$

从而可算出实际最大库存量 Q' 为

$$Q' = \frac{(100-20) \times 2236}{20} = 8944 \text{（件）}$$

根据式（5-11），可算出总库存费用 T_C 为

$$T_C = \sqrt{2 \times 10000 \times 40 \times 0.2 \times \left(1 - \frac{20}{100}\right)} = 357.7 \text{（元）}$$

5.3.4 允许有缺货时的经济订货批量和库存费用

在实际生产和管理活动中，订货到达时间或每日耗用量不可能稳定不变，因此，有时不免要出现库存短缺，影响生产的持续进行，并给企业带来一定的经济损失，称为缺货损失。

库存不足造成缺货损失当然不好，但有时，虽然产生少量缺货，如能因此而使库存费用有所降低，那么，得失相抵，总起来说，也可能是合算的，这就需要对总库存费用中的各部分费用，加以计算比较，进行得失权衡。

有缺货情况发生时材料的订货、入库、库存、耗用和缺货变化情况如图5.4所示。

当每批订货量为 Q 时，由于到货脱期，造成缺货，缺货量为 Q_S，缺货期为 t_2，而在下一批订货到达后，实际的最大库存量为 $Q-Q_S$，每批订货实际库存时间为 t_1。

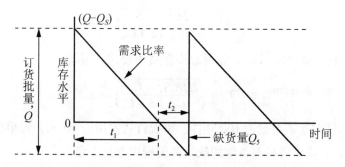

图5.4 有缺货情况发生的库存形态

在有缺货情形发生时，总库存费用由下列3部分的费用组成。

$$T_C = O_C + H_C + S_C$$

式中：O_C——订货费用；

H_C——存储保管费用；

S_C——缺货损失费用。

订货费用 O_C 取决于总材料需要量和每批订货批量及每批订货费用,即

$$O_C = \frac{D}{Q} \times C$$

式中各项符号意义同前。

存储保管费用(H_C)取决于实际最大库存量、库存时间和单位材料存储保管费用,即

$$H_C = \frac{Q - Q_S}{2} \times S \times \frac{t_1}{t_1 + t_2}$$

$$= \frac{Q - Q_S}{2} \times S \times \frac{Q - Q_S}{Q} = \frac{(Q - Q_S)^2}{2Q} \times S$$

式中各项符号意义同前。

缺货损失费用(S_C)取决于缺货量、缺货时间和单位材料缺货损失费用,即

$$S_C = \frac{Q_S}{2} \times C_S \times \frac{t_2}{t_1 + t_2} = \frac{Q_S^2}{2Q} \times C_S$$

式中 C_S 表示材料的单位缺货损失费用;其他各项符号意义同前。

因此,在有缺货情况下,总的库存费用为

$$T_C = \frac{D}{C} \times C + \frac{(Q - Q_S)^2}{2Q} \times S + \frac{Q_S^2}{2Q} \times C_S \tag{5-12}$$

这是一个具有两个变量(Q 和 Q_S)的函数,用数学的方法可以求得最优订货批量 Q^* 和最优缺货量 Q_S^* 为

$$Q^* = \sqrt{\frac{2DC}{S}\left(\frac{S}{S + C_S}\right)} \tag{5-13}$$

$$Q_S^* = \sqrt{\frac{2DC}{C_S}\left(\frac{S}{S + C_S}\right)} \tag{5-14}$$

将 Q^* 和 Q_S^* 代入式(5-12),化简总库存费用公式,可得

$$T_C = \sqrt{\frac{2DCS}{C_S}\left(\frac{C}{S + C_S}\right)} \tag{5-15}$$

【例 5.3】已知部件的年需要量为 10000 件,每次订货费用为 40 元,每单位材料每年存储保管费用为 0.2 元,每单位材料每年的缺货损失费用为 0.3 元。

在此条件下的经济订货批量和总的库存费用分别如下。

根据式(5-13),可算出经济订货批量 Q^* 为

$$Q^* = \sqrt{\frac{2 \times 10000 \times 40}{0.2}\left(1 + \frac{0.2}{0.3}\right)} = 2582 \text{(件)}$$

根据式(5-14),可算出允许最优的缺货量 Q_S^* 为

$$Q_S^* = \sqrt{\frac{2 \times 10000 \times 40DC}{0.3}\left(\frac{0.2}{0.3 + 0.2}\right)} = 1033 \text{(件)}$$

根据式（5-15），可算出相应的最小总库存费用 T_C 为

$$T_C = \sqrt{2 \times 10000 \times 40 \times 0.2 \left(\frac{0.3}{0.2 + 0.3}\right)} = 309.8 \text{（元）}$$

当允许有缺货情况发生，且缺货损失较小时，企业虽要额外负担一部分缺货损失，但可使材料库存数量和费用减少，从而使总的库存费用下降，这在一定条件下是可以接受的。如果缺货损失较大，应避免缺货情况的发生。当缺货损失 C_S 很大时，则由式（5-13）、式（5-14）、式（5-15）可见，最佳订货批量接近 $Q^* = \sqrt{\frac{2DC}{S}}$，而 Q_S^* 接近 0，T_C 接近 $\sqrt{2DCS}$，即与不允许出现缺货情况下的最佳订货批量和总库存费用公式一样。

5.4 订货点技术

5.4.1 定量订货法

1. 定量订货法原理

定量订货法是在每次取货后，均要核对库存水平，并与预先设置的订货点水平进行比较，如果库存水平降到订货点以下，就发出订货单，订货数量是固定的。由于订货数量是固定的，所以订货间隔期是变化的，取决于需求的随机性质。按照惯例，令 Q 表示订货量，R 表示订货点，则可将定量订货法简记为 QR 系统。定量订货法的库存水平变化情况如图 5.5 所示。

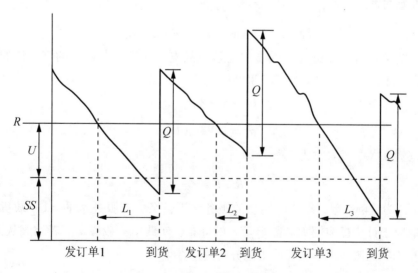

图 5.5 定量订货法动态库存水平

定量订货法的订货量是固定的，可以按 EOQ 公式确定最佳订货批量，但是需求的不确定性和订货提前期的不确定性有可能导致在补充订货到达之前，发生库存清空的情况，因此，必须合理地确定订货点和安全存货。订货提前期的不确定性可能由多种原因造成，例如，仓库管理人员未及时核查库存水平是否已下降到订货点以下，以致未能及时发出补

充订货的订货单；供货厂家由于种种原因未及时发货；运输过程中可能发生的延迟；货物到达后未及时登记上架等。而需求的波动，尤其对于市场需求来说，是需求本身的一种固有性质。考虑到这两种不确定性的影响，实际的订货点库存水平应当包括两部分：按平均订货提前期和平均需求率确定的平均提前期需求量，记作 U；根据订货提前期的不确定性、需求率的波动性，以及期望的顾客服务水平而设立的安全存货，记作 SS，即

$$\text{订货点} = \text{平均订货提前期需求量} + \text{安全存货}$$

或表示为

$$R = U + SS \qquad (5-16)$$

理论上，安全存货可以依据缺货损失成本来确定，但由于缺货成本难于估计，故实际中多根据期望的顾客服务水平来确定 R。所谓顾客服务水平就是在发出订单到货物入库这段订货提前期内，顾客需求可由存货满足的概率，一般取 95%～99%，顾客服务水平确定得越高，订货点库存水平就需设置得越高，企业需要在由此增加的成本和缺货成本之间进行适当权衡。

为了给出安全存货的计算公式，令 $\bar{d}$ 表示每天的平均需求量，$\text{Var}(d)$ 为每天需求量的方差；$\bar{L}$ 表示订货提前期的平均值，$\text{Var}(L)$ 是订货提前期的方差。则平均订货提前期需求量 $\bar{U}$ 可以表示成 $\bar{d}$ 与 $\bar{L}$ 的乘积，即

$$\bar{U} = \bar{d}\bar{L}$$

U 的方差的表达式为

$$\text{Var}(U) = \text{Var}(d)\bar{L} + \text{Var}(L)\bar{d}^2 \qquad (5-17)$$

U 的方差 $\text{Var}(U)$ 表示 U 的变异性程度，故安全存货应当是 U 的变异性的函数，也就是安全存货正比于订货提前期需求量的标准差 σ_u，即

$$SS = Z\sigma_u \qquad (5-18)$$

其中

$$\sigma_u = \sqrt{\text{Var}(U)} \qquad (5-19)$$

从而订货点 R 又可表示为

$$R = \bar{U} + Z\sigma_u \qquad (5-20)$$

式中，Z 为比例系数，取决于期望的服务水平，又由于服务水平 = 1 − 缺货概率，而缺货概率取决于订货提前期 L 和需求量 d 的分布，实践中一般假定两者均服从正态分布，所以 Z 可按期望的服务水平从标准正态分布表中查得。

总之，确定安全存货涉及以下 3 个方面。

① 订货提前期 L 的平均值 $\bar{L}$ 和方差 $\text{Var}(L)$。

② 每日需求量是 d 的平均值 $\bar{d}$ 和方差 $\text{Var}(d)$。

③ 期望的顾客服务水平及相应的 Z。

下面通过一个实例来说明如何计算安全存货和订货点。

【例5.4】 恒大公司某存货单元的控制策略为连续检查的QR策略,有关订货提前期的历史资料见表5-4。另据上半年的逐日统计,日平均需求量 $d=40$ 单位/日,方差为 $\mathrm{Var}\,(d)=40$(单位/日)^2。

表5-4 订货提前期统计

订单发出日期/（月/日）	1/7	2/3	3/16	4/6	5/2	6/2
订货收到日期/（月/日）	1/16	2/17	4/15	4/25	5/19	6/20
提前期（扣除假日）	7	12	25	16	14	15

求当期的服务水平分别为95%和99.5%时的订货点和安全存货水平。

$$\bar{L} = \frac{7+12+25+16+14+15}{6} = 14.83$$

$$\mathrm{Var}(L) = \frac{(7-14.83)^2+(12-14.83)^2+\cdots+(15-14.83)^2}{6-1} = 34.97$$

$$\bar{U} = \bar{d}\cdot\bar{L} = 40\times14.38 = 593.3$$

$$\mathrm{Var}(U) = \mathrm{Var}(d)\bar{L}+\mathrm{Var}(L)\bar{d}^2$$
$$= 40\times14.38+34.97\times40^2 = 56545.2$$

$$\sigma_u = \sqrt{\mathrm{Var}(U)} = \sqrt{56545.2} = 237.8$$

查标准正态分布表可知,当服务水平为95%时,$Z=1.65$,因此

$$SS = Z\sigma_u = 1.65\times237.8 = 392.4$$

相应的

$$R = \bar{U}+Z\sigma_u = 593.3+392.4 = 985.7 \text{（单位）}$$

当服务水平为99.5%时,查表可知 $Z=2.58$,则

$$SS = Z\sigma_u = 2.58\times237.8 = 613.5$$

相应的

$$R = \bar{U}+Z\sigma_u = 593.3+613.5 = 1206.8 \text{（单位）}$$

由本例也可看出,需求和订货提前期的变异性越大,期望的用户服务水平越高,订货点和安全存货水平就越高。

2. 定量订货法的优缺点

1) 优点

（1）控制参数一经确定,则实际操作就变得非常简单了。实际中经常采用"双堆法"来处理,所谓双堆法就是将某商品库存分为两堆,一堆为经常库存,另一堆为订货点库存,当消耗完就开始订货,平时用经常库存,不断重复操作。这样可减少经常盘点库存的次数,方便可靠。

（2）当订货量确定后,商品的验收、入库、保管和出库业务可以利用现有的规格化器

具和计算方式,可以有效地节约搬运、包装等方面的作业量。

(3) 充分发挥了经济批量的作用,可降低库存成本,节约费用,提高经济效益。

2) 缺点

(1) 要随时掌握库存动态,严格控制安全库存和订货点库存,占用了一定的人力和物力。

(2) 订货模式过于机械,不具有灵活性。

(3) 订货时间不能预先确定,对于人员、资金、工作业务的计划安排不利。

(4) 受单一订货的限制,对于实行多品种联合订货,采用此方法时还需要灵活掌握处理。

5.4.2 定期订货法

1. 定期订货法原理

定期订货法是每隔一段固定的时间,对库存水平检查一次,并根据预先设定的目标库存水平与实际库存水平之差,发出订单,补充库存的方法。目标库存水平的设定必须能够覆盖一个周期加上订货提前期内的需求。由于需求和订货提前存在的不确定性,为了防止缺货损失,也就是为了达到一定的顾客服务水平,必须设立安全存货。令 T 表示周期,MS 表示目标库存水平,则定期检查库存控制策略可简记为 TS 系统。定期订货法的库存水平的动态变化如图 5.6 所示。

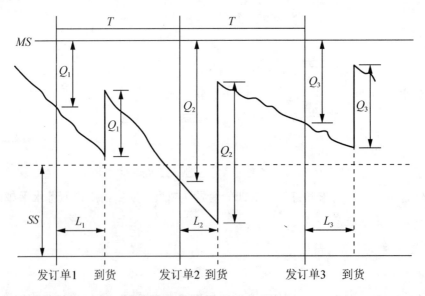

图 5.6 定期订货法图示

定期订货法的性质与连续检查系统存在明显区别,这些区别主要包括:一是 TS 系统一般不设立订货点而是设立目标存货水平;二是 TS 系统不按 EOQ 确定订货批量,因为每次需补充的存货数量不同;三是在 TS 系统中订货间隔期是固定的,而在 QR 系统中,订货间隔期是变动的。

定期订货法的库存控制关键是确定目标存货水平 MS，可按下式估计 MS 的值：

$$MS = 检查周期内的平均需求 + 订货提前期内的平均需求 + 安全存货$$

或

$$MS = T \cdot d + \overline{U} + z\sqrt{T \cdot \text{Var}(d) + \text{Var}(U)}$$

式中，安全存货为

$$SS = z\sqrt{T \cdot \text{Var}(d) + \text{Var}(U)}$$

与 QR 系统的安全存货计算式（5-18）比较，可以看出 TS 系统要求更高的安全存货水平。

【例 5.5】某种物资的销售速率服从均值 $\overline{d}=15/$月，方差 $\sigma^2=1.8/$月的正态分布。订货周期为 3 个月，订货提前期为 1 个月，要求库存安全系数为 1.28，求其最大库存。

解

$$MS = T \cdot d + \overline{U} + z\sqrt{T \cdot \text{Var}(d) + \text{Var}(U)}$$
$$= 3 \times 15 + 1 \times 15 + 1.28\sqrt{3 \times 1.8 + 1.8 \times 1 + 0} = 63.43 \text{（单位）}$$

最大库存量为 63.43 单位。

2. 定期订货法的优缺点

1）优点

（1）可以降低订货成本，因为许多货物都可以在一次订货中办理。

（2）周期盘点比较彻底、精确，避免了定量订货法每天盘存的做法，减少了工作量，提高了工作效率。

（3）库存管理的计划性强，有利于工作计划的安全，实现计划管理。

2）缺点

（1）安全库存设置量较大，由于它的保险周期较长，保险周期内的需求量较大，需求偏差也较大，需要较大的安全库存来保证库存需求。

（2）每次订货的批量不固定，无法制定出经济批量，因而造成运营成本较高，经济性较差。

5.5 库存管理

5.5.1 库存管理的目标

1. 零库存

"零库存"的观念在 20 世纪 80 年代成为一个流行的术语。如果供应部门能够紧随需求的变化，在数量上和品种上都及时供应所需物资，即实现供需同步，那么，库存就可以取消，即达到"零库存"。

有一项统计反映，美国拥有的存货价值超过6500亿美元，这些存货由于各种原因存放在仓库里，如果能将其中的一半解放出来用于投资，按比较保守的10%的收益率计算，将有325亿美元的年收入。因此，企业经营者将减少库存作为一种潜在的资本来源，将"零库存"作为一种追求，就不足为怪了。

但由于需求的变化往往随机发生，难以预测，故完全实现供需同步是不易做到的，而且由于供应部门、运输部门的工作也会不时出现某些故障，使完全的"零库存"只能是一种理想的境界。

2. 保障供应

库存的基本功能是保证生产活动的正常进行，企业经常维持适度的库存，避免因供应不足而出现非计划性的生产间断，这是传统库存控制的主要目标之一。现代的库存控制理论虽然对此提出了一些不同的看法，但保障生产供应仍然是库存控制的主要任务。

3. 控制企业运作的工作状态

一个精心设计的企业作业系统，均存在一个正常的工作状态，此时，系统作业按部就班地有序进行。作业系统中的库存情况，特别是在制品的数量，与该系统所设定的在制品定额相近；反之，如果一个作业系统的库存失控，该系统也很难处于正常的工作状态。因此，现代库存管理理论将库存控制与生产控制结合为一体，可通过对库存情况的监控，达到对作业系统整体目标的控制。

4. 降低成本

控制作业成本是生产管理的重要任务之一。无论是作业过程中的物资消耗，还是作业过程中的流动资金占用，均与作业系统的库存控制有关。必须通过有效的库存控制方法，使企业在保障供应的同时，减少库存量，提高库存物资的周转率。

5.5.2 库存管理的方法

1. ABC库存管理方法

企业的库存物资种类繁多，对企业的全部库存物资进行管理是一项复杂而繁重的工作。如果管理者对所有库存物资均匀地使用精力，必然会使其有限的精力过于分散，只能进行粗放式的库存管理，使管理的效率低下。因此，在库存控制中，应加强重点管理的原则，把管理的中心放在重点物资上，以提高管理的效率。ABC分析法便是库存控制中常用的一种重点控制法。

1) ABC库存管理法的基本原理

ABC库存管理法又称为ABC分析法、重点管理法，它是"关键的少数和次要的多数"的帕累托原理在仓储管理中的应用。ABC库存管理法就是强调对物资进行分类管理，根据库存物资的不同价值而采取不同的管理方法。

ABC库存分类法的基本原理是由于各种库存品的需求量和单价各不相同，其年耗用金额也各不相同。那些年耗用金额大的库存品，由于其占压企业的资金较大，对企业经营的影响也较大，因此需要进行特别的重视和管理。ABC库存分类法就是根据库存品的年耗用金额的大小，把库存品划分为A、B、C三类。A类库存品的年耗用金额占总库存金额的75%~80%，其品种数却只占总库存数的15%~20%；B类库存品的年耗用金额占总库存金额的10%~15%，其品种数占库存品种数的20%~25%；C类库存品的年耗用金额占总库存金额的5%~10%，其品种数却占总库存品种数的60%~65%。

2）ABC分析的一般步骤

（1）收集数据。按分析对象和分析内容，收集有关数据。例如，打算分析产品成本，则应收集产品成本因素、产品成本构成等方面的数据；打算分析针对某一系统的价值，则应收集系统中各局部功能、各局部成本等数据。

（2）处理数据。利用收集到的年需求量、单价，计算出各种库存品的年耗用金额。

（3）编制ABC分析表。根据已计算出的各种库存品的年耗用金额，把库存品按照年耗用金额从大到小进行排列，并计算累计百分比，见表5-5。

表5-5 ABC分析表

产品序号	数量	单价/元	占用资金	占用资金百分比/%	累计百分比/%	占产品项的百分比/%	分类
1	10	680	6800	68.0	68.0	10	A
2	12	100	1200	12.0	80.0	20	A
3	25	20	500	5.0	85.0	30	B
4	20	20	400	4.0	89.0	40	B
5	20	10	200	2.0	91.0	50	C
6	20	10	200	2.0	93.0	60	C
7	10	20	200	2.0	95.0	70	C
8	20	10	200	2.0	97.0	80	C
9	15	10	150	1.5	98.5	90	C
10	30	5	150	1.5	100	100	C
合计			10000	100			

（4）根据ABC分析表确定分类。根据已计算的年耗用金额的累计百分比，按照ABC分类的基本原理，对库存品进行分类。

（5）绘制ABC分析图。以库存品种数百分比为横坐标，以累计耗用金额百分比为纵坐标，在坐标图上取点，并连接各点，绘成如图5.7所示的ABC曲线。按ABC分析曲线对应的数据，根据ABC分析表确定A、B、C三个类别的方法，在图上标明A、B、C三类，则制成了ABC分析图。

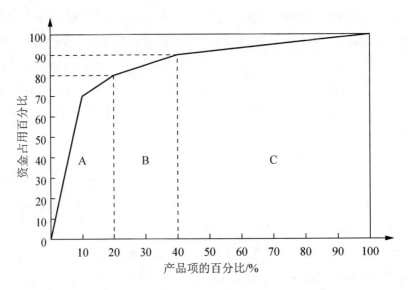

图 5.7 ABC 分析图

3) ABC 分析在库存控制中的应用

ABC 分析的结果只是理顺了复杂事物,搞清了各局部的地位,明确了重点,但是,ABC 分析的主要目的在于解决困难,它是一种解决困难的技巧,因此,在分析的基础上必须提出解决的办法,才真正达到 ABC 分析的目的。目前,许多企业为了应付验收检查,形式上搞了 ABC 分析,虽对了解家底有一些作用,但并未真正掌握这种方法的用意,未能将分析转化为效益,这是应力求避免的。按 ABC 分析结果,再权衡管理力量与经济效果,对 3 类库存物品进行有区别的管理,具体方法见表 5-6。

表 5-6 不同库存的管理策略

库存类型	特点(按货币量占用)	管理方法
A	品种数约占 15%~20%,年耗用金额占总库存金额的 75%~80%	进行重点管理。应严格控制其库存储备量、订货数量、订货时间;在保证需求的前提下,尽可能减少库存,节约流动资金;现场管理要更加严格,应放在更安全的地方;为了保持库存记录的准确,要经常进行检查和盘点;预测时要更加精细
B	品种数占库存品种数的 20%~25%,年耗用金额占总库存金额的 10%~15%	进行次重点管理。现场管理不必投入比 A 类更多的精力;库存检查和盘点的周期可以比 A 类长一些
C	品种数占总库存品种数的 60%~65%,年耗用金额占总库存金额的 5%~10%	只进行一般管理。现场管理可以更粗放一些;但是由于品种多,差错出现的可能性比较大,因此也必须定期进行库存检查和盘点,周期可以比 B 类长一些

2. JIT 库存管理方法

1）传统库存管理的缺陷

传统的库存管理思想以生产不间断为核心，库存管理是为生产服务的。库存管理系统所做的只是发出订单和催货，或用订货点法确定何时进行订货，或用经济批量法确定每次订货的最佳批量。订货点法是一种按过去的经验预测未来的物料需求的方法，这种方法的实质在于遵循"库存补充"的原则，保证在任何时候仓库里都有一定数量的存货，以便生产需要时随时取用。经济批量法是用经济批量公式计算出使订货费用和库存费用总和最低的订货批量。这些方法貌似科学，用这些方法建立的库存模型曾被称为科学的"库存模型"，然而，在实际应用中并非如此，这些方法建立在一些经不起实践考验的假设前提之上，热衷于寻求解决库存优化问题的数学模型，而没有认识到库存管理实质上是一个大信息的处理问题。传统库存管理的假设认为对各种物料的需求是相互独立的，不考虑物料项目之间的联系，各项物料的订货点是分别加以确定的，但是，在实际的生产中，各项物料的数量须进行合理的配置，才能制造装配成产品。由于传统库存订货方法是面向单个零件，对各项物料独立地进行订货，因而在生产装配时不可避免地会出现物料数量不匹配的状况。传统库存管理模型假定对物料的需求是相对稳定的，因此每次物料的需求量都是小于订货总数。在传统的生产方式下，企业按计划生产，生产数量一般不会有大的波动，因而物料的需求是均匀的。而在现代制造业中，企业面向市场，对物料的需求是不均匀、不稳定的，对库存的需求是间断发生的。实际上，采用传统订货法的库存管理系统下达的订货时间常常偏早，从而造成物料积压，既导致资金的大量无效占用，又引起库存费用的增加。另一方面，又由于生产需求的不均衡，会造成库存短缺，从而给生产造成严重损失。在传统库存管理中，库存一旦低于订货点或消耗时，就立即发出订货，以保证一定的存货，这种不依需求而订货的做法没有必要，也很不合理，在需求间断的条件下，必然造成大量的库存积压，资金周转周期长。

2）JIT 的定义

JIT（Just In Time）——"在需要的时候，按需要量生产所需的产品"。JIT 即准时生产方式，是一种有效利用各种资源、降低成本的准则。其中心思想是寻求、消除在生产过程中形成浪费的一切根源和任何不产生附加价值的活动。实现这一思想的控制方法和原则是将必要的材料，以正确的数量和完美的质量，在必要的时间，送往必要的地点。生产系统如果真正运行在准时制生产方式的状态下，它的库存就被减至最小，因此，JIT 又被简称为"零库存"管理。通过这个定义，可以知道 JIT 的核心是追求一种无库存的生产系统，或是使库存最小化的生产系统，即消除一切只增加成本，而不向产品中增加价值的过程。JIT 的最终目标是利润最大化，基本目标是努力降低成本。

3）零库存的形式

（1）委托保管方式。接受用户的委托，由受托方代存代管所有权属于用户的物资，从而使用户不再保有库存，甚至可不再保有保险储备库存，从而实现零库存。受托方收取一定数量的代管费用。这种零库存形式的优势在于受委托方利用其专业的优势，可以实现较高水平和较低费用的库存管理，用户不再设库，同时减去了仓库及库存管理的大量事务，集中力量于生产经营。但是，这种零库存方式主要是靠库存转移实现的，并不能使库存总量降低。

（2）协作分包方式。即美国的"Sub－Con"方式和日本的"下请"方式。主要是制造企业的一种产业结构形式，这种结构形式以若干企业的柔性生产达到准时供应，使主企业的供应库存为零；同时主企业的集中销售库存使若干分包劳务及销售企业的销售库存为零。

在许多发达国家，制造企业都是以一家规模很大的主企业和数以千百计的小型分包企业组成一个金字塔形结构。主企业主要负责装配和产品开拓市场的指导，分包企业各自分包劳务、分包零部件制造、分包供应和分包销售。例如分包零部件制造的企业，可采取各种生产形式和库存调节形式，以保证按主企业的生产速率，按指定时间送货到主企业，从而是使主企业不再设一级库存，直接送达到推销人或商店销售，可通过配额、随供等形式，以主企业集中的产品库存满足各分包者的销售，使分包者实现零库存。

（3）轮动方式。轮动方式也称同步方式，是在对系统进行周密设计前提下，使各环节速率完全协调，从而根本取消甚至是工位之间暂时停滞的一种零库存、零储备形式。这种方式是在传送带式生产基础上，进行更大规模延伸形成的一种使生产与材料供应同步进行，通过传送系统供应从而实现零库存的形式。

（4）准时供应系统。在生产工位之间或在供应与生产之间完全做到轮动，这不仅是一件难度很大的系统工程，而且，需要很大的投资，同时，有一些产业也不适合采用轮动方式。因而，广泛采用比轮动方式有更多灵活性、较易实现的准时方式。准时方式不是采用类似传送带的轮动系统，而是依靠有效的衔接和计划达到工位之间、供应与生产之间的协调，从而实现零库存。如果说轮动方式主要靠"硬件"的话，那么准时供应系统则在很大程度上依靠"软件"。

（5）看板方式。看板方式是准时方式中一种简单有效的方式，也称"传票卡制度"或"卡片"制度，是日本丰田公司首先采用的。在企业的各工序之间，或在企业之间，或在生产企业与供应者之间，采用固定格式的卡片为凭证，由下一环节根据自己的节奏，逆生产流程方向，向上一环节指定供应，从而协调关系，做到准时同步。采用看板方式，有可能使供应库存实现零库存。

（6）水龙头方式。水龙头方式是一种像拧开自来水管的水龙头就可以取水而无需自己保有库存的零库存形式，这是日本索尼公司首先采用的。这种方式经过一定时间的演进，已发展成即时供应制度，用户可以随时提出购入要求，采取需要多少就购入多少的方式，供货者以自己的库存和有效供应系统承担即时供应的责任，从而使用户实现零库存。适于这种供应形式实现零库存的物资主要是工具及标准件。

（7）无库存储备。国家战略储备的物资往往是重要物资，战略储备在关键时刻可以发挥巨大的作用，所以几乎所有国家都有各种名义的战略储备。由于战备储备的重要性，一般这种储备都保存在条件良好的仓库中，以防止其损失，延长其保存年限，因而，实现零库存几乎是不可想象的事。无库存的储备是仍然保持储备，但不采取库存形式，以此达到零库存。有些国家将不易损失的铝这种战备物资作为隔音墙、路障等储备起来，以备万一，在仓库中不再保有库存就是一例。

4）JIT库存管理的实施

（1）JIT采购。准时化采购是进行零库存管理的有效手段。有效地实施准时采购，可以从以下几个方面入手。

① 创建准时化采购班组。世界一流企业的专业采购人员有3个责任：寻找货源、商定价格、发展与供应商的协作关系并不断改进。因此专业化的高素质采购队伍对实施准时化采购至关重要，因此，首先应成立两个班组，一个是专门处理供应商事务的班组，该班组的任务是认定和评估供应商的信誉、能力，或与供应商谈判签订准时化订货合同，向供应商发放免检签证等，同时要负责供应商的培训与教育；另外一个班组是专门从事消除采购过程中浪费的班组。这些班组人员对准时化采购的方法应有充分的了解和认识，必要时要进行培训，如果这些人员本身对准时化采购的认识和了解都不彻底，就不可能指望供应商的合作了。

② 制订计划，确保准时化采购策略有计划、有步骤地实施。要制定采购策略，改进当前的采购方式，减少供应商的数量、正确评价供应商、向供应商发放签证等内容。在这个过程中，要与供应商一起商定准时化采购的目标和有关措施，保持经常性的信息沟通。

③ 精选少数供应商，建立伙伴关系。选择供应商应从这几个方面考虑：产品质量、供货情况、应变能力、地理位置、企业规模、财务状况、技术能力、价格，以及与其他供应商的可替代性等。

④ 进行试点工作。先从某种产品或某条生产线试点开始，进行零部件或原材料的准时化供应试点。在试点过程中，取得企业各个部门的支持是很重要的，特别是生产部门的支持。通过试点，总结经验，为正式实施准时化采购打下基础。

⑤ 搞好供应商的培训，确定共同目标。准时化采购是供需双方共同的业务活动，单靠采购部门的努力是不够的，需要供应商的配合。只有供应商也对准时化采购的策略和运作方法有了认识和理解，才能获得供应商的支持和配合，因此需要对供应商进行教育培训。通过培训，大家取得一致的目标，相互之间就能够很好地协调，做好采购的准时化工作。

⑥ 向供应商颁发产品免检合格证书。准时化采购和传统的采购方式的不同之处在于买方不需要对采购产品进行比较多的检验手续。要做到这一点，需要供应商做到提供百分之百的合格产品，当其做到这一要求时，即可发给免检手续的免检证书。

⑦ 实现配合准时化生产的交货方式。准时化采购的最终目标是实现企业的生产准时化，为此，要实现从预测的交货方式向准时化交货方式转变。

⑧ 继续改进，扩大成果。准时化采购是一个不断完善和改进的过程，需要在实施过程中不断总结经验教训，从降低运输成本、提高交货的准确性和产品的质量、降低供应商库存等各个方面进行改进，不断提高准时化采购的运作绩效。

(2) 零库存配送。零库存是微观领域内企业库存状况的理论抽象，是在有保障供应的条件下实现的。从某种意义上说，零库存现象是实行物流配送的必然结果。零库存是配送的伴随物，是一种全新的库存状态和库存结构，需要建立起有较强供货能力的社会库存保障体系，去承担企业外部和企业内部两个层次的供货任务，以保证经营实体生产正常运转。零库存的实现必须以强大的完善的信息系统作为支撑，在物流信息系统健全的情况下，实现零库存的途径和方式如下。

① 企业内部实行"看板供货"制度。"看板供货"就是在企业内部各工序之间，或者在建立供求关系的企业之间，采用固定格式的卡片由下一个环节根据自己的生产节奏逆方向向上一个环节提出供货要求，上一个环节则根据卡片上指定的供应数量、品种等即时组织送货。很明显，实行这样的供货办法可以做到准时、同步向需求者供应货物。

② 推行配套生产和"分包销售"的经营制度。采用配套生产和分包销售方式去从事生产活动和经营活动，也可以在一定范围内实现零库存。主导企业主要负责完成产品装配和市场开发等任务，协作企业承担零部件制造和供应任务，按照主导企业的生产速度和进度来安排和调整自己的生产活动，并且能在指定的时间内送货到位。由于供货有保障，因此，主导企业不再另设一级库存，从而使其库存呈现出零库存状态。

③ 委托营业仓库存储和保管货物。专业化、社会化程度比较高的物流集团或集团公司的服务对象并不仅限于集团内部各成员企业，而是面向社会开展经营活动的，为客户存储、保管货物而赚取一定的利润，以此维持其生存和发展。委托这样的物流组织存储货物，把所有权属于用户的货物存放在专业化的仓库中，采用这种方式存放和储备货物，在一般情况下，用户（委托方）自己不必再过多地储备商品，甚至不必再单独设立仓库从事货物的维护、保管等活动。这样，在一定范围内便可以实现零库存和进行无库存式生产。

④ 以"多批次、少批量"的方式向用户配送货物。配送企业集中各个用户的需求，统筹安排凑整运输车辆送货活动，提高运输效率。做到增加送货的次数，大幅度地降低每个用户、每个批次的送货量。配送企业也可以直接将货物运送到车间和生产线从而呈现出零库存状态。

⑤ 用集中库存和增强调节功能的办法，有保障地向用户配送货物。配送企业适当集中库存，增加库存商品的品种和数量，以此形成强大的调节能力和服务功能。在形成这种优势的基础上，去开展配送活动，将会大大提高配送服务的保险系数，同时，也自然能打消用户的顾虑。在这种有保障的配送服务体系的支持下，用户的库存也会自然日趋弱化。

⑥ 采用"即时配送"和"准时配送"方式向用户供货。为了满足用户的特殊需要，配送企业常常以"即时配送"和"准时配送"方式进行供货和送货。由于"即时配送"和"准时配送"具有供货时间灵活、稳定，供货弹性系数大等特点，客观上能够紧密衔接

供求及保障需要。在这种情况下，作为用户的生产者和经营者，因其库存压力大大减轻，必然会自动缩减自己的库存，甚至取消自己的库存。

扩展性学习案例

襄汉公司联合库存管理实施策略

建立联合库存管理模式的设想就是要打破传统的各自为政的库存管理方法，建立全新的库存管理模式。商务部作为联系分销商、经销商的桥梁，成立联合库存协调管理中心，负责与供应商、下级供应部门交换物流过程中的各种信息，负责收集汇总物资采购的各种信息。公司总部设立一个总库作为产品和原材料储备中心，并按照地理位置在全国范围内分片设立5个地区中心仓库，分别为东北区分库、华北区分库、华东区分库、西南区分库、华南区分库，其库存全部为总库库存，由总部商务部统一调配。

总库和分库要建立基于标准的托付订单处理模式，首先需要总库和分库一起确定供应商的订单业务处理过程中所需的信息和库存控制参数，然后建立一种订单处理的标准模式，把订货、交货和票据处理各个业务功能交给总部处理。其次，需要建立网络，使分销商能够定期跟踪和查询到计算机的库存状态，从而快速地响应市场的需求变化，对企业的生产（供应）状态做出相应的调整，因此，需要建立一种能够使总库和分销商的库存信息系统透明连接、可以实现查询的系统。再次，为实现与供应商的联合库存，总部应提供ID代码、条形码、条形码应用标识符、EDI或Internet等支持技术。

另外，为了使联合库存管理顺利实施，同时使企业更加集中于自己的核心业务，公司决策层选择了物流外包方式。在全国范围内筛选了3家资质优良、实力雄厚的第三方物流企业，负责公司所有的物流业务。

襄汉公司所选用的联合库存控制管理模式如图5.8所示。

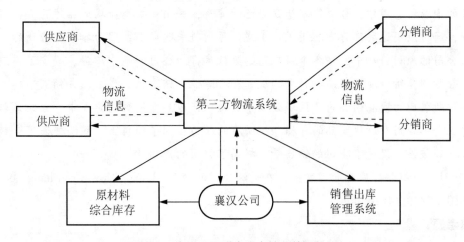

图5.8 襄汉公司联合库存控制管理模式

1. 原材料联合库存

为公司供应原材料的供应商将生产的成品直接存入公司（核心企业）的原材料库中，变各个供应商的分散库存为公司集中库存。集中库存要求供应商的运作方式是按公司的订单组织生产，产品完成时，立即实行小批量多频次的配送方式直接送到公司的仓库补充库存。公司库存控制的管理重点是既保证生产需要，又要使库存成本最小，还要为分销商发好货。具体的操作程序：①分析公司原材料供应商的资质状况，从中筛选出符合公司技术条件要求的供应商，并确定为合作伙伴，合作伙伴分一级伙伴和二级伙伴，二级伙伴为补充；②与确定的合作伙伴签订联合库存控制管理协议，协议内容包括责任、义务、利益，公司生产需求计划（数量、时间）传递给供应商，供应商组织生产，生产后按量、按时配货发给公司，公司按生产使用情况或按供应商指示发给其他用户；③加强公司联合库存控制管理，既保证账、卡、物相符，又保证不损坏变质；④搞好管理人员技术培训，提高业务素质；⑤加强领导，精心组织，专人负责。

2. 产销联合库存

公司总库承担产品储备中心的职能，相当于整个全国分库的供应商。在分库所辖区域内，设立地区中心仓库，承担各分销商产品供应工作。中心仓库的库存产品由公司总库配送或分销商代储。中心仓库的管理人员由总部指派，负责产品的接收、配送和管理。各中心仓库在联合库存协调管理中心即商务总库的领导下，统一规范作业程序，实时反馈产品需求信息，使联合库存协调中心能够根据进、出库动态信息，了解产品供应情况，充分利用现有资源，合理调配，提高发货速度，以最低的消耗，实现最大的收益，及时准确保证分销商及市场的需求。

建立产销联合库存关键是：①按照分销商的购货要求，及时、准确、安全地把产品配送到用户手上；②做好售后服务、技术资料提供、施工技术指导、施工人员培训；③处理好分销商相关信息的反馈。

在联合库存控制管理下，供应商企业取消自己的产成品库存，而将库存直接设置到核心企业的原材料仓库中，分销商不建立自己的库存，并由核心企业从成品库存直接送到用户手中，通过应用这种库存管理模式：①减低原材料采购成本，因为各个供应商的物资直接进入公司的原材料库中，即各个供应商的分散库存为公司的集中库存，减少了供应商的库存保管费用，所以减低了原材料采购成本；②降低分销商销售成本，分销商不建立自己的库存，所售出的商品由公司各区域分库中直接从产成品发库到用户手中，分销商取消了自己建立仓库费用对所售商品的分摊，把所有的精力放到了销售上，从而提高了分销商的主动性、积极性、促进了公司的销售量，提高了公司的产销量。

（资料来源：联合库存管理案例：在襄汉公司的应用. http://www.youshang.com/content/2010/05/26/14516.html）

思考题：

1. 襄汉公司是如何实现联合库存的？对其经营有何好处？
2. 实施联合库存应考虑哪些因素？

本 章 小 结

本章首先对配送中心的进货计划的编制进行了详细论述,从进货需求的确定,到进货计划的编制,细致地分析了进货计划编制过程中遇到的问题。其中的需求预测技术为配送中心进货计划的编制提供了依据。然后对库存的概念、作用与分类进行了详细的介绍,在此基础上详细分析了库存的成本构成,分析了经济订货批量的原理与计算方法,为配送中心的库存控制提供了方法支持。随后分析了定量订货法和定期订货法等订货点技术,为库存控制中的随机需求提供了方法支持;而 ABC 分析法则从定性角度对库存进行了分类,使库存管理变得更加方便;之后的零库存管理为库存管理提供了终极目标,并介绍了零库存管理的理论与方法。在本章的最后,比较详细地分析了库存盘点的一些具体方法。

综 合 练 习

一、名词解释

库存　　　　　　　订货点　　　　　　　定期订货法
经济订货批量模型　　配送需求计划　　　　定量订货法
准时供应系统　　　　ABC 库存管理方法

二、判断题

1. 因为下游客户的需求,在时间、季节、需求量上都存在大量随机性,这就需要配送中心事先了解进货需求,制订合理的进货计划。（　　）

2. 若客户向配送中心提供自己的需求预测,则配送中心只需根据客户的订单需求预测来准备进货。（　　）

3. 小组共识法、历史类比、德尔菲法均属于常用的定量需求预测方法。（　　）

4. 在运用德尔菲法预测时,最终一次判断是综合前几次的反馈做出的,因此在预测时一般以最后一次判断为主。（　　）

5. 常用的定量需求预测方法包括简单移动平均法、加权移动平均法、指数平滑法等。（　　）

6. 社会需求文件、库存文件、送货计划、订货进货计划等均属于 DRP 的输入文件。（　　）

7. 配送需求计划的最基本工具是产品的明细表。（　　）

8. 预计现有库存数 = 上一时间周期末的存货数 + 已定时接收货物数 − 本周起的预测需求。（　　）

9. 按计划期长短，采购计划分为年度物料采购计划、季度物料采购计划、月度物料采购计划等。（ ）

10. 按物料使用方向，采购计划分为金属物料采购计划、机电产品物料采购计划、非金属物料采购计划等。（ ）

三、计算题

1. 已知某配送中心15个月内某物资的需求量见表5－7，试利用一次和二次移动平均法预测其第17个月的需求量。

表5－7　15个月的物资需求量

月序 t	1	2	3	4	5	6	7	8	9	10	11	12	13	14	15
销售量 Y_t	10	14	9	13	13	15	16	18	17	19	21	20	21	22	22

2. 某配送中心某物资11年内每年的需求量见表5－8，用指数平滑法建立模型并预测第12年和第13年的需求量。

表5－8　11年内的物资需求量

年序 t	0	1	2	3	4	5	6	7	8	9	10	11
Y_t		225.2	249.9	263.2	293.6	318.9	356.1	363.8	424.4	466.5	582	750

3. 设某企业全年耗用某种物资292000件，物资单价每件1元，每次订货费50元，每日送达数量1000件，每日耗用800件，库存保管费用为10.4%，试求经济批量。

4. 某公司某存货单元实施定量订货法策略，有关订货提前期的历史资料见表5－9。另据上半年的逐日统计，日平均需求量 $d=40$ 单位/日，方差 $\mathrm{Var}(d)=20$（单位/日）。

表5－9　订货提前期资料

订单发出日期/（月/日）	1/7	2/3	3/16	4/6	5/2	6/2
订货收到日期/（月/日）	1/16	2/17	4/15	4/25	5/19	6/20
提前期（扣除假日）	5	10	23	24	12	14

求当期的服务水平分别为95%和99.5%时的订货点和安全存货水平。

5. 某种物资的销售速率服从均值 $\bar{d}=17/$月，方差 $\sigma^2=2/$月的正态分布。订货周期为2个月，订货提前期为1个月，要求库存安全系数为1，求其最大库存。

第6章 物流配送中心作业管理

【本章知识架构】

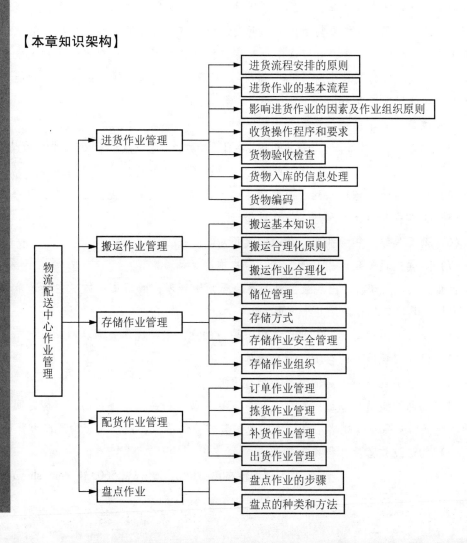

物流配送中心运作管理

【本章教学目标与要求】

- 熟悉物流配送中心的作业内容和流程。
- 理解各项作业的作用和原则。
- 掌握各项作业的具体内容、步骤和要求。
- 了解影响进货作业的因素及货物编码。
- 掌握搬运合理化、存储作业安全及盘点的种类和方法。
- 掌握配送作业机械化和信息化管理的方法。

广州医药有限公司配送中心的问题

广州医药有限公司（简称广药）自从1951年以来，经过多年的发展，规模效益日见端倪。近年来通过不断的实践探索，逐渐建成一批融商流、物流、信息流为一体，集储存保管、集散转运、流通加工、商品配送、信息传递、代购代销、连带服务等多功能于一体的物流配送中心。但面对目前市场竞争越演越烈，国家对流通企业实行GSP认证等因素，原有的物流管理模式也渐渐不能适应市场的竞争，而且物流成本居高不下，不能形成价格优势。目前，广药面临许多需要改善的问题，最严重的是流通过程中的物流管理滞后，如各个流通环节分散、重叠，物流成本没有综合核算和控制，这严重阻碍了物流服务的开拓和发展，已成为广药流通业发展的"瓶颈"。广药物流流通不畅，配送中心功能不全，效率较低，具体表现在以下几个作业区段。

（1）收货：货车等待；设备不合理。

（2）临时存放：收货员不知道将药品放在什么地方；收货地点过分拥塞；指定地点被占用。

（3）储存：货道拥塞；过多的蜂窝形空缺；不同种类药品的不规则混存。

（4）订货拣选：拣选不到所需的药品；拣选某一份或某一批药品时通过同一货道。

（5）包装：材料无法利用；产品贴错标签。

（6）药品集结：货场拥塞；药品归类不对。

（7）运输：运输延迟；车辆等待；客户抱怨。

上面几点现象症状的出现最主要的是缺乏系统管理，问题集中体现在配送中心的功能没有发挥，具体表现在以下几个方面。

（1）供应商不稳定，没有实现集中采购、进货，采购成本较高。

（2）没有实现统一的存货和库存管理。

（3）没有实现统一的运输安排，配送率低。

（4）药品的搬运环节过多，存在众多重复劳动，药品损耗率过高，装卸时间过长，标准化程度低，药品包装规格不一，未实现包装作业的机械，组织散装物流能力薄弱。

（5）物流设施落后，科技含量低。

（资料来源：http://www.560531.com/shownews.asp）

物流配送中心的作业活动可以按照常规作业和非常规作业进行分类，结合已有的资料来确定基本和辅助作业流程，分析各流程的必要性和合理性，建立作业流程规划。物流配送中心的主要活动有订货、进货、发货、仓储、拣货和配送等，在确定了物流配送中心的主要活动及其程序之后，才能规划设计整个作业流程。有的物流配送中心还要进行流通加工、贴标签和包装等作业；当有退货时，还要进行退货货物的分类、保管和退回等作业。物流配送中心的主要作业流程如图6.1 所示。

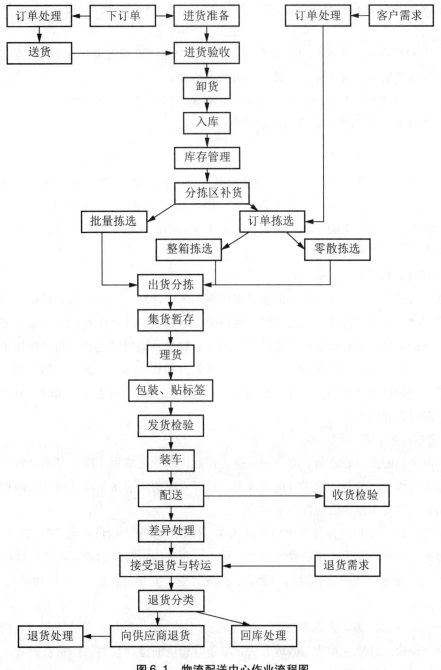

图6.1　物流配送中心作业流程图

6.1 进货作业管理

1. 进货流程安排的原则

为了安全有效地卸货以及使物流配送中心能按时正确地收货，在安排进货流程时应注意以下原则。

（1）多利用配送车司机卸货，以减少物流配送中心的作业人员，避免卸货作业的拖延。

（2）尽可能平衡码头或车站的配车调用，例如，按进出货需求状况制订配车排程，或分散安排部分耗时的进货作业，尽量避开进货高峰期。

（3）尽可能将多个作业活动集中在同一工作站，以节省必要的空间。

（4）在进货高峰期使货物维持正常速率移动。

2. 进货作业的基本流程

配送中心的基本作业流程中进货作业是其他作业环节的开始，主要内容包括核验单据、装卸、搬运、分类、验收、确认商品后，将商品按预定的货位储存入库的整个过程。商品进货作业是后续作业的基础和前提，进货工作的质量直接影响到后续作业的质量。其作业流程包括以下主要环节。

1）进货作业计划

配送中心的进货作业计划制订的基础和依据是采购计划与实际的进货单据，以及供应商的送货规律、送货的方式，或配送中心运输能力及方式。进货作业计划的制订必须依据订单所反映的信息，掌握商品到达的时间、品种、数量及到货供应商、物流配送中心及客户的方式，尽可能准确预测出到货时间，以尽早做出卸货、储位、人力、物力等方面的计划和安排。进货作业计划的制订有利于保证整个进货流程的顺利进行，同时有利于提高作业效率，降低作业成本。

2）进货前的准备

在商品到达配送中心之前，必须根据进货作业计划，在掌握入库商品的品种、数量和到库日期等具体情况的基础上做好进货准备，做好入库前的准备是保证商品入库稳中有序的重要条件，准备工作主要包括以下内容。

（1）储位准备。根据预计到货的商品特性、体积、质量、数量和到货时间等信息，结合商品分区、分类和储位管理的要求，预计储位，预先确定商品的理货场所和储存位置。

（2）人员储备。依照到货时间和数量，预先计划并安排好接运、卸货、检验、搬运货物的作业人员。

（3）搬运工具准备。根据到货商品的性能及包装、单位重量、单位体积、到货数量等信息，确定检验、计量、卸货与搬运方法，准备好相应的检验设备、卸货及码货工具与设备，并安排好卸货站台空间。

（4）文件准备。根据到货计划，准备到货单证核查的相关文件及相关验收标准。

3）接运与卸货

有些商品通过铁路、公路、水路等公共运输方式转运到达，需要配送中心从相应站、港接运商品，对直接送达配送中心的商品，必须及时组织卸货入库。

4）分类与标识

在对商品进行初步清点的基础上，需按储放地点、唛头标志进行分类并做出标记。在这一阶段，要注意根据有关单据的信息，对商品进行初步清理验收，以及时发现问题，查清原因，明确责任。

5）核对单据

进货商品通常会具备下列单据或相关信息：送货单、采购订单、采购进货通知，供应方开具的出仓单、发票、磅码单、发货明细表等；除此之外，有些商品还有随货同行的商品质量保证说明书、检疫合格证、装箱单等；对由承运企业转运的货物，接运时还需审核运单，核对货物与单据反映的信息是否相符。

6）入库验收

入库验收是对即将入库的商品，按规定的程序和手续进行数量和质量的检验，也是保证库存质量的第一个重要的工作环节。商品的检验方式有全检和抽检两种：全检主要是数量的全检，主要针对重要的商品在批量到货，或抽检发现问题时进行；配送中心对大批量到货商品、规格尺寸和包装整齐商品，多数采用抽检的方式进行抽样检查。商品检验方式一般由供货方和接货方双方通过签订协议或在合同中明确规定。

7）进货信息的处理

商品清点验收完毕后，即可通过搬运码放过程进入指定储位储存，进入储存阶段。与此同时，必须进行进货过程中相关信息的处理，进货作业信息是指示后续作业的基础，因此，掌握并处理好进货信息非常重要。在这一阶段，首先必须将所有进货入库单据进行归纳整理，并详细记录验收情况，登记入库商品的储位。然后依据验收记录和其他到货信息，对库存商品保管账进行账务处理，商品验收入库，库存账面数量与库存实物数量同时增加。有些到货信息还必须及时通过单据或库存数据，反馈给供应商和本公司采购、财务等部门，为采购计划的制订和财务货款结算提供依据。

3. 影响进货作业的因素及作业组织原则

1）影响进货作业的因素

在组织与计划进货作业时，首先必须对影响进货作业的主要因素进行分析，这些影响因素主要来自供应商及其运货方式、商品种类、特性、商品数量、进货作业与其他作业的相互配合等方面。

（1）进货供应商及其送货方式。每天送货供应商的数量、供应商所采用的送货方式、送货工具、送货时间等因素都会直接影响到进货作业的组织和计划，在具体分析时，应该主要掌握以下几个方面的数据。

① 每天前来送货的供应商的平均数和最大数。

② 送货的车型及车辆数目。

③ 车辆平均所需的卸货时间。

④ 车辆到达的高峰时间。

⑤ 中转运输的接运方式。

⑥ 货物装载形式。

⑦ 货物到达时间。

（2）商品种类、特性与数量。不同商品具有不同的特性，需要采用不同的作业方式，因此，每种商品的包装形态、规格、质量特性以及每天运到的批量大小都会影响配送中心的进货作业方式。在具体操作时，应掌握以下数据。

① 每天入库商品的平均及最多品种数。

② 商品的单元尺寸及重量。

③ 商品的包装。

④ 商品的特殊属性。

⑤ 商品的保存期限。

⑥ 装卸搬运方式。

（3）进货作业人员。在安排进货作业时，要考虑现有的工作人员以及人力的合理利用，尽可能缩短进货作业时间，避免车辆等待装卸的时间过长。

（4）与仓储作业的配合方式。一般配送中心出货、储存有托盘、箱、单件3种方式，同样进货也有这3种方式，因此，在进货时必须通过拆箱、整合等方式将进货摆放方式转换成储存摆放方式，到货方式应尽量与储存方式统一，否则将增加作业环节，造成不必要的浪费。

2）进货作业组织原则

进货作业作为配送中心后续作业的基础，及时、安全、准确、快速地组织货物入库成为其作业目标，因此，在安排进货作业时必须遵循以下几个原则。

（1）尽量使进货地点靠近商品存放点，避免商品进库过程的交叉、倒流。

（2）尽量将各项作业集中在同一个工作场所进行，即在进货作业过程中，将卸货、分类、标志、验货等理货作业环节集中在一个场所完成，这样既可减少空间的占用，也可以节省货物搬运所消耗的人力和物力，降低作业成本，提高作业效率。

（3）依据各作业环节的相关性安排活动，即按照各作业环节的相关顺序安排作业，避免倒装、倒流而引起搬运货物的麻烦，提高作业效率。

（4）将作业人员集中安排在进货高峰期，保证人力的合理安排与进货作业的顺利进行。

（5）合理使用可流通的容器，尽量避免更换。对小件商品或可以使用托盘集合包装的货物，尽量固定在可流通的容器内进行理货与储存作业，以减少货物倒装的次数。

（6）详细认真地处理进货资料和信息，便于后续作业及信息的查询与管理。

4. 收货操作程序和要求

（1）当供应商送货卡车停靠收货站台时，收货员"接单"，对于没有预报的商品需办理有关手续后方可收货。

（2）卸货核对验收，验收商品条形码、件数、质量、包装等。

（3）货物相符即在核对单上签名，在收货基础联上盖章并签注日期。对于一份收货单的商品分批送货的，应将每批收货件数记入收货检查联，待整份单据的商品收齐后，方可将签章回单给送货车辆带回；对于使用分运单回单制度的单位，除分批验收签单外，货收齐后可签盖总回单。

（4）在货物堆齐后，每一托盘标明件数，并标明这批商品的总件数，以便与保管员核对交接。送货操作过程中，为了做到单货相符、不出差错，在送货与复核过程中最好要求两人进行。

（5）收货检验在商品配送工作中具有相当重要的地位，所以要求每一个收货员在工作中一定要做到忙而不乱、认真核对；一定要做到眼快手勤，机动灵活地选择验收方法；一定要熟悉商品知识；一定要一丝不苟地检验，发现商品件数不符，必须查明原因，按照实际情况纠正差错，决不含糊。

总之，收货员必须严格按照岗位责任进行操作。

5. 货物验收检查

货物的验收主要是对商品数量、质量和包装的验收，即检查入库商品数量与订单资料或其他凭证是否相符合，规格、型号有无差异，商品质量是否符合规定的要求，物流的包装能否保证商品储运和运输的安全，销售包装是否符合要求。

实际验收包括"品质检验"和"数量验收"双重任务。验收工作的进行有 3 种不同的情形：第一种情形是先行点收数量，再由质量检验部门办理质量检验；第二种情形是先由质量检验部门检验品质，认为完全合格后，再由仓储部门办理收货手续，填写收货单；第三种情况是由仓储部门直接负责"品质检验"和"数量验收"。

1）货物验收的标准

为了准确、及时地验收货物，首先必须明确验收标准，通常依据以下标准验收货物。

（1）采购合同或订单所规定的具体要求和条件。

（2）以议价时的合格样品为准。

（3）采购合约中的规格或者图解。

（4）各类产品的国家品质标准或国际标准。

2）确定抽检比例的依据

配送中心的验收工作繁忙，商品连续到货，而且品种、规格较为复杂，在有限的时间内不可能逐件检查，因此，需要确定一定的抽查比例。抽查比例的大小可以根据商品的特性、价值、供应商信誉和物流环境等因素决定。

（1）商品的物理化学性能。对物理化学性能不稳定的商品应加大抽检比例。

（2）商品价值的大小。对贵重商品应加大抽检比例。

（3）生产技术和品牌信誉。品牌信誉好的商品抽检比例较小。

（4）物流环境。包括储运过程的气候、地理环境和运输包装条件等。

（5）散装商品的验收。散装称重商品必须全部通过计量，计件商品必须全部检查质量和核查数量。

3）货物验收的作业内容

（1）质量验收。配送中心对入库商品进行质量检验的目的是查明入库商品的质量情况，发现问题，分清责任，确保入库商品符合订货要求。质量检验有感官检查和仪器检查等方法。

① 感官检查。利用视觉、听觉、触觉、嗅觉和味觉对商品质量进行检查，主要受作业员的经验、作业环境和生理状态等因素的影响。

② 仪器检查。利用试剂、仪器和设备对商品规格、成分、技术标准等进行物理和生化分析。

（2）包装验收。货物包装具有保护商品、便利物流等功能，因此，包装检验是货物验收的重要内容。包装检验的主要标准有国家颁布的包装标准，购销合同和订单对包装规格的要求。具体作业内容如下。

① 包装是否安全牢靠。要从包装材料、包装外形、包装技术等方面进行检验。如检验箱板的厚度，卡具、索具的牢固程度，纸箱的钉距，内衬底和外封口的严密性等。此外，还需检验商品包装有无变形、水湿、油污、长霉和商品外露等情况。

② 包装的标志和标识是否符合标准。商品包装标记、标识主要用于识别商品、方便转运及指示堆垛，包装标志、标记要符合规定的制作要求，起到识别和指示商品的作用。

③ 包装材料的质量状况。主要检查包装材料的质量对商品保护和商品质量在理化方面的影响。

（3）数量验收。入库商品按不同供应商或不同类型初步整理查点大数后，必须依据订货单和送货单的商品名称、规格、包装细数等对商品进行验收，以确保准确无误。商品数量验收的方法如下。

① 标记记件法。在大批量商品入库时，对每一定件数商品做标记；待全部清点完毕后，再按标记计算总数。

② 分批清点。包装规则、批量不大的商品入库时，将商品按每行、列、层堆码，每行、列、层堆码件数相同，清点完毕后统一计算。

③ 定额装载。主要用来清点包装规则、批量大的商品，可以用托盘、平板车和其他装载工具实行定额装载，最后计算入库数量。

6. 货物入库的信息处理

商品验收完毕后，必须对进货信息进行处理。

商品经验收确认后，必须填写"验收单"，并将有关入库信息及时准确地录入库存商品信息管理系统，以便及时更新库存商品的有关数据。验货单样本见表6-1。

然后把相关资料记录下来，入库货物信息通常需要录入以下内容。

（1）商品的一般特征，通常包括商品名称、规格、型号、商品的包装单位、包装尺寸、包装容器及单位重量。

（2）商品的原始条码、内部编号、进货入库单据号码以及商品的储位。

（3）商品的入库数量、入库时间、进货批次、生产日期、质量状况、商品单价等。

（4）供应商信息，包括供应商名称、编号、合同号等。

（5）收集和处理辅助信息

进货辅助信息主要来自于进货作业过程中发生的相关信息，因此，必须注意收集与整理，以便为管理决策者提供重要的参考依据。

表6-1 验收入库单

验收单							
供应商		采购订单号			验收员		
运单号					验收日期		
运货日期		到货日期			复核员		
序号	储位编码	商品名称	商品规格型号	包装单位	应收数量	实收数量	备注

7. 货物编码

为了让后续作业准确而快速地进行，保持货物品质及作业水准，在进货阶段对货物进行有效的编码是一项十分重要的工作。

1）编码的原则

（1）简易性。编码结构应尽量简单，长度尽量短，这不仅便于记忆，也可以节省计算机的储存空间，减少代码处理的差错，提高信息处理效率。

（2）单一性。每一个编码只对应一种货物。

（3）完全性。每一种货物都用一种代码表示。

（4）充足性。采用的文字、记号或数字应足够用来编码。

（5）一贯性。编码要统一，有连贯性。

（6）规律性。编码应尽可能反映货物的特点，易于记忆，具有暗示或联想的作用。

（7）可扩充性。为未来货物品种的扩展及货物规格的增加留有余地，使其可因需要而自由延伸，或随时从中插入。

（8）适应性。管理计算机化已成为目前的发展趋势，编码应与计算机配合。

2）货物编码的方法

货物编码的方法很多，常见的有无含义代码和有含义代码。无含义代码通常可以采用顺序码和无序码来编排，有含义代码则通常是在对货物进行分类的基础上，采用序列顺序码、数值化字母顺序码、层次码、特征组合码及复合码等进行编排。物流配送中心常用的编码方法如下。

（1）顺序编码。顺序编码又称流水编号，即将阿拉伯数字或英文字母按顺序往下编码的方法，常用于账号及发票编号等。在品种少、批量多的物流配送中心也可用于货物编码，但为了使用方便，常与编码索引配合使用。

（2）分组编码。分组编码是按货物特性将数字组成多个数组，每个数组代表货物的一种特性的编码方法。例如，第一组代表货物的种类，第二组代表货物的形状，第三组代表货物供应商，第四组代表货物尺寸等。至于每一个数组的具体位数应视实际需要而定。

（3）数字分段编码。数字分段编码是把数字进行分段，每一段数字代表具有同一共性的一类货物的编码方法。

（4）实际意义编码。实际意义组码是指按照货物的名称、重量、尺寸、分区、储存位置、保存期限或其他特性等实际情况来编码的方法。此方法的优点在于通过货物的编码就可知货物的内容及相关信息。

（5）暗示编码。暗示编码是指用数字与文字的组合进行编码，编码本身虽不直接指明货物的实际情况，但却能暗示货物的内容的编码方法。此法容易记忆又不易让外人知道。

6.2　搬运作业管理

配送中心里，在入库、保管、拣货、流通加工、出库、装载、配送等所有过程中，都少不了搬运作业，而且，搬运作业约占全部作业的60%～70%以上。

1. 搬运基本知识

搬运就是将不同形态（散装、包装或整体）的原料、半成品或成品，在平面或垂直方向加以提起、放下或移动，可能是运送，也可能是重新摆置物料，而使货品能适时、适量移至适当的位置或场所存放。

搬运按场所可分为自用物流设施中的搬运，如工厂、仓库、配送中心等；营业用设施中的搬运，如港口、公路货物集散中心、机场等。按货物的包装形式、形状、式样分类有3种，个别搬运（将包装物一个一个地单个搬运）、单元装载搬运（将货物装载在托盘和装入集装箱搬运）和散货搬运（例如石油一类的液体货物或小麦一类的颗粒状货物的搬运）。

2. 搬运合理化的原则

1）单位装载化（Unit Load）原则

尽可能将搬运物集中整理为托盘或集装箱的方式，在搬运途中不至于倒塌，且可以提高装卸及搬运效率的方法。

2）拖运平衡（Balanced Handling）原则

在搬运系统中，若有瓶颈发生则会影响其作业效率，所以，在搬运系统上，必须考虑作业线的平衡，才能发挥应有的效率。

3）合理布置（Pant Layout）原则

若作业现场布置合理，可以使搬运效率提高，避免不必要的曲折迂回，且改善是无止境的，随时检讨布置，改善缩短搬运距离，往往不需要投资设备，就可以达到提高效率的目的。

4）机械化（Mechanization）原则

将人工作业改为机械化作业，同时尽量将机械设备改为自动化，则可以提高搬运效率。

5）标准化（Standardization）原则

作业方法、设备及尺寸等的标准化可以便各单位或是各公司之间的搬运设备共通化、作业单纯化，因此可以得到很好的效果。

6）安全（Safety）原则

工作环境的安全性越高，则其生产力也会越高。也许会担心致力于工作安全是否会降低工作效率，事实上恰好相反，安全就是提高效率及降低成本。

3. 搬运作业合理化

1）防止和消除无效作业

所谓无效作业是指在搬运作业活动中，超出必要的搬运量的作业，防止和消除无效作业对提高搬运作业的经济效益起着重要作用。为了减少无效作业，可以从以下几个方面入手。

（1）尽量减少搬运次数。物流过程中，货损主要发生在装卸环节，而搬运作业又是反复进行的。过多的搬运次数必然导致货损的增加。从发生的费用来讲，一次搬运的费用相当于几十千米的运输费用，因此，每增加一次搬运，物流费用就会有较大比例的增加。此外，减少搬运次数也是提高物流速度的重要因素。

（2）包装要适宜。包装是物流过程中不可缺少的辅助作业手段。包装过重、过大导致装卸时在包装上消耗较大的劳动量，包装的轻薄化、简单化、实用化会不同程度地减少作用于包装上的无效劳动。

（3）提高被搬运物料的纯度。物料的纯度是指物料中除去与物料性质无关的物质后的含量。在反复搬运时，这些无效物质反复消耗劳动，因而形成无效作业。物料的纯度越高，则装卸作业的有效程度越高。

（4）缩短搬运作业的距离。货物在搬运过程中，要实现水平和竖直两个方向的位移，选择最短路线完成这一活动，就可避免超过这一最短路线以上的无效劳动。

2）充分利用重力

搬运即通过做功实现货物竖直或水平位移，在这一过程中，要尽可能使搬运作业省力，在搬运作业中应尽可能地消除重力的不利影响。在有条件的情况下，利用重力进行搬运，可减轻劳动强度和能量的消耗。利用货物本身的重量，进行有一定落差的搬运，可减少或根本不消耗搬运的动力，这是合理化搬运的重要方式。将没有动力的小型运输带

（板）斜放在货车、卡车或站台上进行搬运，使物料在倾斜的输送带（板）上移动，这种搬运就是靠重力的作用完成的。在搬运作业中，不用手搬，而是把货物放台车上，由器具承担货物的重量，只要克服滚动摩擦力，就能使货物水平移动，这无疑是十分省力的。利用重力式移动货架也是一种利用重力的搬运方式。重力式移动货架的每一层、格均有一定的倾斜度，利用货箱或托盘，可沿着倾斜的货架层板滑到输送机械上。货物滑动的阻力越小越好，因此，货架表面通常处理得十分光滑。在货架层上装上滚轮或者在承重货物的货箱或托盘下装上滚轮，将滑动摩擦变为滚动摩擦，货物移动时所受到的阻力会更小。

3）提高搬运活性

货物平时存放的状态是各式各样的，可能是散放在地上，也可能是装箱放在地上，或放在托盘上等。由于存放的状态不同，货物的搬运难易程度也不一样。货物从静止的存放状态转变为搬运状态的难易程度称为搬运活性。如果很容易转变为下一步的搬运而不需过多地做搬运前的准备工作，则搬运活性就高；如果难于转变为下一步的搬运，则搬运活性就低。

4）合理组织搬运设备

搬运设备的运用是以完成搬运任务为目的，以提高搬运设备的效率、搬运质量，降低搬运作业成本为中心的技术组织活动，它包括下列内容。

（1）确定搬运任务量。根据物流计划、订货合同、装卸作业不均衡程度、搬运次数和装卸车时限等，确定作业现场年、季、月、旬、日平均搬运任务量。搬运任务量有事先确定的因素，也有临时变动的因素，因此，要合理地运用搬运设备，就必须把计划任务量与实际搬运作业量两者之间的差距缩小到最低水平。同时，搬运作业组织工作还要对所搬运货物的品种、数量、规格、质量等指标以及搬运距离进行尽可能详细的规划。

（2）根据搬运任务的情况和搬运设备的效率，确定搬运设备需用的台数和技术特征。

（3）根据搬运任务的情况、搬运设备的效率和搬运设备需用的台数，编制搬运作业进度计划。计划通常包括搬运设备的作业时间表、作业顺序，负荷情况等详细内容。

（4）下达搬运作业进度计划，安排作业人员和作业班次。

（5）统计和分析装卸作业成果，评价搬运作业的经济效益。

5）合理安排搬运作业过程

合理安排搬运作业过程是指对整个搬运作业的连续性进行合理安排，以缩短运输距离和减少装卸次数。搬运作业现场的平面布置是直接关系到装卸次数、搬运距离的关键因素，搬运设备要与货场长度、货位面积等互相协调；要有足够的场地满足搬运设备工作面的要求，场内的道路布置要为搬运创造良好的条件，有利于加速货位的周转；要使搬运距离达到最小，合理的平面布置是缩短搬运距离最理想的方法。

要提高搬运作业的连续性，应做到作业现场搬运设备合理衔接；不同的搬运作业在相互连接时，力求使它们的搬运速率相等或接近；充分发挥搬运调度人员的作用，一旦发生搬运作业障碍或停滞的情况，要立即采取有力的补救措施。

6.3 储存作业管理

在物流系统中,储存是极其重要的环节,它与运输形成了物流过程的两大支柱,是物流系统的中心环节。储存作业的核心目标是提高仓库的运作效率。储存管理是否合理,保管工作质量的好坏,直接影响着物流系统的整体功能。因此,实施货物的合理储存,不断提高货物保管质量,对加快物流速度,降低物流费用,改进物流系统整体功能都起着重要的作用。

6.3.1 储位管理

在配送中心商品由入库到最后出库的整个过程中,最重要的环节就是商品在库时的管理。储位管理直接影响到整个作业的顺畅与否,是仓储管理的重要环节。

1. 储位管理的概念

储位管理就是在保管好商品的前提下,经常对库存进行检查、控制与管理,以确保储存成本最低和效率最高。配送中心比传统仓库更要注意空间的弹性及对存货数量进行有效控制。

2. 储位管理的目标

（1）空间利用的最大化。

（2）劳动力和设备的有效使用。

（3）能随时存取。所有货品必须建立良好的储位管理系统和保证库房的合理布置,做到储存在库内的任何货物,随时可以方便地存取。

（4）货品的有效移动。在储区内进行的大部分活动是货品的搬运,需要多数的人力及设备来进行货品的搬进和搬出。因此,人力与机械设备操作应达到经济和安全的要求。

（5）货品的良好养护。因为储存的目的在于保存商品的使用价值,直到被客户订货出货的时刻,所以在储存时,必须保证良好的养护条件。

（6）良好的管理。清楚的通道、干净的地板、适当而有序的储存及安全的运行,将使工作变得有效率并促使工作效率得以提高。

3. 储位管理中应注意的问题

（1）依照货品特性来分类存储。

（2）按批量大小使用储区,大批量使用大储区,小批量使用小储区。

（3）确保对高储区货品能安全有效地进行储存和作业。

（4）比重大、体积大的货品应该存放在坚固的层架底层并接近出货区。

（5）将相同或相似的商品尽可能存放在相邻位置。

（6）滞销的货品或小、轻及容易处理的商品使用较远的储区。

（7）周转率低的货品远离进货、出货区，或存放于位置较高的区域。

（8）周转率高的货品存储于接近出货区及位置较低的区域。

（9）服务设施应在低层楼区。

4. 商品储位策略

1）定位储放

每一项存储货品都有固定储位，物品之间不能互用储位，因此，必须规定好每一项货品的储位容量，而且这个量不能小于其可能的最大库存量。定位储放容易管理，能缩短搬运行走时间，但存储空间利用率较低。

优点：①每种货品都有固定储放位置，拣货人员容易熟悉货品的储位；②货品的储位可按周转率的大小或出货频率来安排，以缩短出入库搬运距离；③可针对各种货品的特性调整储位，将不同物品特性间的相互影响减至最小。

缺点：储位必须按各项货品的最大在库量设计，因此，储区空间平时的使用效率较低。

总之，定位储放容易管理，所需要的总的搬运时间较少，但却需要较多的储存空间。适用于仓库空间大，库存商品数量少、品种较多的情况。

2）随机储放

每一个货品被指派存储的位置都是随机产生的，而且可经常改变，任何品种可以被存放在任何可利用的位置上。该随机原则一般是由储存人员按习惯来存放，并且通常与靠近出口原则综合使用，按商品入库时间顺序存放在靠近出入口的储位。根据模拟研究的结果，随机储存系统与定位储存比较，可节省35%的移动存储时间及增加30%的存储空间，但较不利于货品的拣取作业。

优点：①随机存储能使货架空间得到最有效的利用，可减少储位数目；②由于储位共用，因此只需按所有库存货品的最大在库量设计即可，储区空间的使用效率较高。

缺点：①货品的出入库管理及盘点工作的难度较高；②周转率高的货品可能被储放在离出入口较远的位置，增加了出入库的搬运距离；③具有相互影响特性的货品可能相邻储放，造成货品损坏变质或发生危险。

随机储放适用于厂房空间有限，要求尽量利用存储空间，货品种类少或体积较大的情况。

3）分类储放

所有的存储货品按照一定特性加以分类，每一类货品都有固定存放的位置，而同属一类的不同物品又按一定的规则来分配储位。分类存放通常按产品相关性、流动性、产品尺寸和重量、产品特性来分类。

优点：①便于畅销品的存取，具有定位储放的各项优点；②各分类的存储区域可根据货品特性再重新设计，有助于货品的在库管理。

缺点：储位必须按各项货品最大在库量设计，因此储区空间的平均利用效率低。

分类储放适用于产品相关性大、经常被同时订购、产品周转率差别大、产品尺寸相差大的货品。

4）分类随机储放

每一类货品有固定存放位置，但在各类的储区内，每个储位的指派是随机的。

优点：具备分类储放的部分优点，又可节省储位数量，提高储区利用率。

缺点：货物出入库管理及盘点工作难度较高。

分类随机储放适用于品种数多，仓库面积相对不足的货品。

5）共用储放

在确定各货品进出仓库时间的情况下，不同的货品可共用相同储位的方式称为共用储放。

优点：节省空间，缩短搬运时间。

缺点：管理上比较复杂。

共用储放适用于品种数较少，快速流转的货品。

5. 储位编码

1）储位编码的作用

在配送中心的实际管理中，需要对储位进行编码，储位编码具有以下作用。

（1）确定储位资料的正确性。

（2）提供计算机中相应的记录位置以供识别。

（3）提供进出货、拣货、补货等人员存取货品的位置依据，以方便货品进出、上架及查询，节省重复找寻货品的时间，且能提高工作效率。

（4）提高调仓、移仓的工作效率。

（5）可以利用计算机处理分析。

（6）因记录正确，可迅速存储或拣货。

（7）方便盘点。

（8）可让仓储及采购管理人员了解存储空间，以控制货品存量。

（9）可避免货品因胡乱堆置导致过期而报废，并可有效掌握存货，降低库存量。

2）储位编码的方法

一般储位编码的方法有以下 4 种，由于存货品质特性不同，所适合的储位编码方式也不同，必须按照保管货品的存储量、流动率、保管空间布置以及所使用的保管设备而做出选择。

（1）区段方式。把保管区域分为几个区段，再对每个区段编码。这种编码方式是以区段为单位，每个号码所代表的储位区域较大，因此适用于容易单位化装载的商品，以及大量或保管周期短的货品。在 ABC 分类中的 A、B 类货品很适合这种编码方式。货品以物流量大小来决定其所占的区段大小；以进出货频率来决定其配置顺序。

（2）商品判别方式。把一些相关的货品经过集合后，区分成几个商品群，再对每个商品群进行编码。这种编码方式适用于按商品群类别保管及品牌差距大的货品，如服饰、五金等。

（3）地址式。利用保管区域中的现成参考单位，如建筑物的第几栋、区段、排、行、层、格等，依照其相关顺序来进行编码。该方式为目前配送中心使用最多的编码方式，但由于受其储位的体积所限，适合一些量少或单价高的货品存储使用。

（4）坐标式。利用空间概念来编排储位，由于其储位切割细小，在管理上比较复杂，适用于流通率很小，长时间存放的货品。

6.3.2 储存方式

1. 托盘堆垛方式

托盘堆垛方式即使用叉车将满载货品的托盘直接放置到储存的位置，再将第二个托盘、第三个托盘的商品用叉车依次叠放。这种堆垛方式完全采用叉车作业，不需人力，但托盘上的物品必须堆码平整，让上面的托盘能平稳放置。

2. 货架储存方式

货架储存系统一般由许多个货架组成，通常把货架纵向数称为"排"，每排货架水平方向的货格数称为"列"，每列货架垂直方向的货格数称为"层"。一个货架系统的规模可用"×排数×列数×层数"，即货格总数来表示，例如，50 排 20 列 5 层，其货格总数为 5000 个。在一个货架系统中，某个货格的位置也可以用其所在的排、列、层的序数来表示，称之为货格的位置，例如，"04—18—06"即表示第 4 排、第 18 列、第 6 层的位置。用位置作为货格的编号，简单明了。

货架储存系统具有以下优点。

（1）充分利用仓间库房的高度，消灭或降低蜂窝率，提高仓容利用率。

（2）每一货格都可以任意提取，货品品类的可拣选率达到 100%。

（3）货品不受上层堆叠的重压，特别适宜于异型货物和怕压易碎的货品。

（4）便于机械化和自动化操作。

（5）便于实行"定位储存"和计算机管理。

6.3.3 储存作业安全管理

1. 劳动安全

劳动安全是储存安全工作的重要内容之一。为了确保仓库员工的生产安全，提高劳动效率，防止各类工伤事故的发生，应采取必要的防范措施，包括以下内容。

（1）将开展劳动安全条例的教育、学习与考核制度化。

（2）对业务操作所用的机械设备和设施经常检查和维修保养，严格遵循使用者、维修保养者和检查者分离的制度,并切实做好相关记录。

(3) 定期或不定期开展业务安全操作技能竞赛以及业务安全操作的检查,发现问题及时纠正,严重时可以采取相应的行政手段,直至消除隐患。

2. 治安保卫

仓库治安保卫工作要立足于防范,预防各种有政治或经济影响的事故发生,具体防范措施包括以下几种。

(1) 建立和完善仓库出、入库制度和日常安全检查制度。

(2) 经常开展法制宣传,并将其制度化。

(3) 加强库区的巡逻检查。

(4) 仓库内部重要部位和存放易燃、易爆、剧毒物品的场所,要指定专人负责并加强检查。

(5) 仓库管理人员一旦发现货物有异常情况,应当立即组织检查,并做好现场记录,直到情况弄清为止。

(6) 重要库房应配备电子报警装置,应用现代科技手段确保仓库安全。

3. 消防安全

消防是保障仓库货物和全体员工安全的重要工作,仓库管理人员必须认真地做好每一项预防工作,彻底保证仓库安全,消防安全的基本措施包括以下几种。

(1) 建立消防系统,保障消防通道、安全门、走道畅通无阻。

(2) 加强防火宣传和教育,普及基本灭火科学知识。

(3) 任何有明火的操作,必须经消防部门或安全部门审查批准,并配置防火安全措施后,方能实施操作。

(4) 加强火种管理,严禁任何形式的火种进入库区。

(5) 保护电器设备的完整性,对避雷和防静电装置要经常检查,工作结束后要切断所有电源。

(6) 发生任何火警和爆炸事故,必须立即通知公安消防部门,认真调查事故原因,严肃处理事故责任者,直至追究刑事责任。

6.3.4 储存作业组织

储存作业组织包括空间组织和时间组织两方面的内容。空间组织是指确定储存保管作业过程在空间的运动形式,即划分作业区及确定它们在一定平面上的布置,使得货物在空间上运动的路线最短,避免往返转运。这就要求合理划分作业班组,仓库班组主要是根据仓库的吞吐量、储存规模、储存货物的种类及作业流程的特点等因素来确定的。在一般情况下,仓库按专业化形式来设置,即集中同类设备和同一种作业人员,完成作业过程中某一道工序。例如,装卸搬运队专门负责装卸、搬运、堆码等作业,验收组专门负责商品的检验作业，维护保养组专门负责货物质量的维护保养作业等。时间组织是研究货物在整个储存保管过程中所处的各个阶段，如何在时间上得到合理安排，保证作业连续不断地进行，并且尽可能地减少作业人员和设备的停工时间。作业过程的时间组织与作业班组和工序的结合形式等有很大的关系，需要综合各方面的情况合理组织。

6.4　配货作业管理

6.4.1　订单作业管理

从接到客户订货开始到准备出货之间的作业阶段称为订单处理，包括订单确认、存货查询、库存分配和出货配送等。订单处理是与客户直接沟通的作业阶段，对后续的拣选作业、调度和配送产生直接影响。

1. 接受订货的方式

随着流通环境及科学技术的飞速发展，接受客户订货方式也在发生深刻的变化，下面分别介绍传统的订货方式和电子订货方式。

1）传统订货方式

（1）厂商铺货。供应商直接将商品放在货车上，一家家去送货，缺多少补多少。此种方法适用于周转率快的商品或新上市的商品。

（2）厂商巡货、隔天送货。供应商派巡货人员前一天先到各客户处查寻需补充的商品，隔天再予以补货。传统的供应商采用这种方式可利用巡货人员为商店整理货架、贴标签或提供经营意见、市场信息等，也可促销新品。

（3）电话口述。订货人员将商品的名称及数量，以电话口述的方式向厂商订货。由于每天需向许多供应商要货，且需订货的品项可能达数十种，故花费时间长，错误率高。

（4）传真订货。客户将缺货的信息整理成文，利用传真机传给供应商。

（5）邮寄订单。客户将订货单邮寄给供应商。

（6）客户自行取货。客户自行到供应商处看货、补货，此种方式多为传统杂货店因地缘近而采用。

（7）业务员跑单接单。业务员到各客户处去推销产品，而后将订单带回或紧急时用电话先与公司联系，通知客户的订单信息。

2）电子订货方式

这是一种借助计算机信息处理，以取代传统人工书写、输入的订货方式。它将订货信息转为电子信息经通信网络传送，故称电子订货系统（Electronic Order System，EOS），具体做法有以下3种。

（1）订货簿或货架标签配合手持终端机及扫描器。订货人员携带订货簿及手持终端机巡视货架，若发现商品缺货就用扫描器扫描订货簿或货架上的商品条形码标签，再输入订货数量，当所有订货资料输入完毕后，利用数据机将订货信息传给供应商或总公司。

（2）销售点管理的自动订货系统。客户若有 POS 收银机，则可在商品库存系统内设定安全存量，每当销售一笔商品时，计算机自动扣除该商品库存。当库存低于安全存量时，便自动生成订单，经确认后便通过通信网络传给总公司或供应商；或将每日的 POS 数据传给总部，总部将销售资料与库存数据对比后，根据采购计划向供应商订货。

（3）订货应用系统。客户的计算机信息系统里有订单处理系统，可将订货信息通过与供应商约定的格式，在约定的时间里将订货信息传送出去。

2. 订单内容确认

1）订单需求品项数量及日期确认

如果总部配送中心对门店的订单资料进行检查，发现要求送货时间有问题或出货时间已延迟时，需要与客户再次确认订单内容或更正要求的送货时间。如果采用电子方式订货和接收，也须对接收的订货资料加以检查确认。若透过 VAN 中心进行电子订货处理，对于错误的订单资料，应传回给客户修改再重新传送。

2）订单形态的确认

配送中心除了向自有商店配送外，如果同时进行第三方配送功能，还须具备批发和其他相关的服务功能，具有多种订单交易形态。

（1）一般订单。接单后，将订单信息输入处理系统，按正常的订单处理程序处理，数据处理完后进行拣货、出货、配送，配送中心定期进行收款结账等作业。

（2）现销式订单。订单资料输入后，由于物品已经交付给客户，所以订单资料不需再参与拣货、出货、配送等作业，只需记录交易资料，以便收取应收款项，或现场将货款结清，返回配送中心后进行入账处理。此种方式对出入库货品的检查、核对非常重要。

（3）间接订单。接单后，将客户的出货资料传给供应商，由供应商负责按订单出货。其中最需要注意的是，客户的送货单是自行制作或委托供应商制作的，配送中心的管理信息系统要记录所有相关单据的信息，以便保证市场预测时所依据数据的准确性。

（4）合约式订单。到约定的送货日时，将该笔业务的资料输入系统进行处理以便出货配送；或在最初便输入合约内容的订货资料，并设定各批次的送货时间，以便在约定的日期系统自动产生需要送货的订单资料。

（5）寄存式订单。当客户要求配送寄存物品时，系统应该核实客户是否有此项物品寄存，若有，则进行此项物品的出库作业，并且相应地扣除该物品的寄存量。而物品的交易价格是依据客户当初订购时所定的价格来计算的。

（6）兑换券订单。将客户交换券所兑换的商品配送给客户时，系统应核查客户是否确实有此兑换券的回收资料，若有，依据兑换券兑换的商品及兑换条件予以出货，并应扣除客户的兑换券的回收资料。

3）订货价格的确认

对不同的客户（分销、批发、零售）、不同的订购量，可能有不同的售价，输入价格时系统应加以检验核查。若输入的价格不符（输入错误或因业务员降价接单等），系统应加以锁定，以便主管审核。

4）加工包装确认

客户对订购的商品是否有特殊的包装、分装或贴标等要求，或是有关赠品的包装等资料都应详细确认并记录，并将出货要求在订单上注明。

5）订单号码

每一个订单必须有唯一的订单号码，可以根据经营合同或成本单位来指定，除了便于计算成本外，采购结算、配送等整个商品流转过程，所有工作说明及进度报告均以此号码为标准号码。

3. 建立和维护客户文档

更新客户信息的详细记录，保证相关商流的有效性和效率。客户文档应包含订单处理及物流作业的相关资料。

（1）客户姓名、代号、等级。

（2）客户信用制度：对批发用户或第三方物流的客户。

（3）客户销售付款及折扣率的条件：对批发用户或第三方物流的客户。

（4）开发或负责此客户的业务员：经营批发业务的配送中心或第三方物流的客户。

（5）客户配送区域：基于地理性或相关性，将客户按不同区域分类。例如，大分类：市内、郊区、长途；中分类：南城、北城、东城、西城等；小分类：朝阳区、丰台区等。

（6）客户配送路径顺序：根据区域、街道、客户位置、将客户分配于适当的配送路径。

（7）客户点适合的车辆形态：客户所在地的街道有车辆大小的限制，因此须将适合该客户的车辆类型记录在系统中。

（8）客户点卸货地特性：客户所在地点或客户卸货地的环境，由于建筑物本身或周围环境的特别限制（如地下室有限高或高楼层），可能造成卸货时有不同的卸货需求及难易程度，必须把车辆及工具调度问题加以考虑。

（9）客户配送要求：客户对送货时间有特定要求或有协助上架、贴标等要求时，也应在资料文件中注明。

（10）过期订单处理指示：延迟订单的处理方式，可事先约定规则，避免过多的临时询问或紧急处理。

4. 存货查询及订单分配存货

1）存货查询

确认有效库存是否能够满足客户需求，通常称为"事先拣货"。库存商品资料一般包括品项名称、SKU、号码、产品描述、库存量、已分配存货、有效存货及顾客要求的送货时间。输入客户订货商品名称、代号时，系统即应查对存货文档的相关资料，看此商品是否缺货。若缺货，则应生成相应的采购订单，以便与客户协调订替代品或是允许延后出货，从而提高订单处理效率。

2）分配库存

订单资料输入系统，确认无误后，最主要的处理作业是如何做有效的汇总分类，调拨库存，以便以后的物流作业能有效地进行。库存分配模式可分为单一订单分配及批次分配两种。

（1）单一订单分配。这种模式一般用于在线的即时分配，在输入订单资料时，就将存货分配给该订货单。

（2）批次分配。累积汇总已输入的订单资料后，再一次分配库存。配送中心因订单数量多、客户类型等级多，多采用一天固定配送次数的方式，因此通常采用批次分配，确保最佳分配库存。

6.4.2 拣选作业管理

1. 拣选作业的概念和意义

1）拣选作业的概念

它是配送中心根据客户提出的订货单所规定的商品品名、数量和储存仓位地址，将商品从货垛上或货架上取出，并放在指定的位置的物流作业活动。

2）拣选作业的意义

在配送中心内部所涵盖的作业范围里，拣选作业是其中十分重要的一环，它不但消耗大量的人力物力，而且所涉及的作业技术含量也是最高的。拣货信息来源于客户的订单，拣选作业的目的也就在于正确且迅速地挑选出顾客所订购的商品。

从人力需求的角度来看，目前大多数的配送中心仍属于劳动力密集型产业，其中与拣选作业直接相关的人力更占到50%以上，且拣货作业的时间也占整个配送中心作业周期的30%~40%。由此可见规划合理的拣选作业方式，对配送中心的运作效率具有决定性的影响。

从成本分析的角度来看，物流成本约占商品最终销售额的20%，其中包括配送、搬运、储存等成本项目。拣选成本占物流搬运成本的绝大部分，因此若要降低物流成本，改进拣选作业可以收到较好的效果。

2. 拣选作业的流程

拣选作业从接受订单开始，包括信息确认、制定拣选作业单据、拣选、装载等一系列活动，如图6.2所示。

3. 拣选作业的信息传递方式

为提高拣货效率，必须缩短拣货时间及行走距离，降低拣错率。拣取作业时能否迅速地找到需拣取货品的位置，信息指示系统、储位标识与位置指示非常重要。

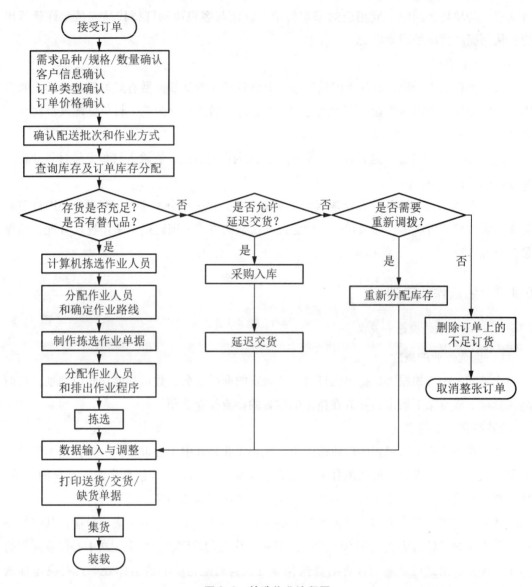

图 6.2 拣选作业流程图

1) 主要拣选作业的信息传递方式

拣选作业首先需要将信息有效地传递给作业人员,拣选作业的信息传递主要有以下几种。

(1) 订单传票。直接以客户订单或以配送中心送货单作为拣选作业指示凭据。这种方法只适合订购数量较小和批量较小的情况。由于订单在作业时容易受到污损,比较容易导致作业错误。

(2) 拣货单。将客户订单输入计算机系统,生成拣货信息,并打印拣货作业单。拣货单的优化主要取决于信息系统相应的支持功能。

(3) 灯光显示器。通过安装在储位上的灯光显示器或液晶显示器传递拣选作业信息,该系统可以安装在重力货架、托盘货架和轻型货架上,以提高拣选作业的效率和准确率。

（4）无线通信。通过在堆高机等装置上安装无线通信设备，把应该从哪个储位拣选何种商品和数量的信息实时通知拣选作业者，此系统适应大批量的拣选作业。

（5）自动拣货系统。

（6）计算机辅助拣选车。通过在堆高机等装置上安装计算机辅助终端机，向拣选作业者传递拣选作业指令，此系统适应多品种、小批量、体积小、价值高的货品拣选。

2）拣货单的格式

在设计拣货单时，应根据货架编号、货号、数量、品名安排顺序，以免拣货时产生混淆，应避免以下缺点。

（1）一位多货。即数种货品放在同一储位时，使货架编号指示拣取的准确性受到影响。

（2）一号多货。外包装相同，但颜色、花样不同的商品，当使用相同的商品编码时，则无法利用货号来拣取货物，因此，在建立货品编号时，应预留货品码数，以区分颜色、花样等。

（3）单据数字混淆拣错。若存货单的上下行或相邻列容易混淆，看错数量而导致拣取错误，则应多考虑利用计算机辅助拣货设备或是以编号明确区分，以降低失误。

4. 拣选策略

1）按订单拣货（摘果法）

这种拣选模式是针对每一张订单，拣选人员或拣选工具巡回于各个存储点将客户所订购的商品取出，完成货物配备的方式，是较传统的拣货方式。

（1）按订单拣货的优点：①作业方法单纯；②订单处理前置时间短，针对紧急需求可快速拣选；③导入容易且弹性大，对机械化、自动化没有严格要求；④作业人员责任明确，派工容易、公平；⑤拣货后不必再进行分拣作业，适用于大量、少品种订单的处理。

（2）按订单拣货的缺点：①拣货区域大时，搬运系统设计困难；②商品品种多时，拣货行走路径加长，拣货效率降低。

（3）按订单拣货适用的情况：①用户不稳定，波动较大，不能建立相对稳定的用户分货货位，难以建立稳定的分货线，在这种情况下，宜采用灵活机动的拣选式工艺，用户少时或用户很多时都可采取这种拣选方式；②用户之间的共同需求不是主要的，而差异很大，在这种情况下，统计用户共同需求，将共同需求一次取出再分给各用户的办法无法实行，在有共同需求，又有很多特殊需求的情况下，采取其他配货方式容易出现差错，而采取一票一拣方式便利得多；③用户需求的种类太多，增加统计和共同取货的难度，采取其他方式配货时间太长，而利用拣选式配货能起到简化作用；④用户配送时间要求不一，有紧急的，也有限定时间的，采用拣选式工艺可有效地调整拣选配货顺序，满足不同的时间需求，尤其对于紧急的即时需求更为有效，因此，即使是以其他工艺路线为主的情况下，仍然需要辅助以拣选式路线；⑤一般仓库改造成配送中心时可作为一种过渡性的办法。

（4）按订单拣货的装备设置。适应不同配送中心的装备水平及用户要求，以及业务量的大小，配送中心拣选式工艺有以下几种形式。

① 人力拣选+手推作业车拣选。人力拣选可与普通货架配合，也可与重力式货架配合，按单拣货，直到配齐。

② 机动作业车拣选。拣选员操作拣选车为一个用户或几个用户拣选，车辆上分装拣选容器，拣选的货物直接装入容器，在拣选过程中就进行了货物装箱或装托盘的处理。由于利用了机动车，拣选路线长。

③ 传送带拣选。拣选员固定在各货位面前，不进行巡回拣选，只在附近的几个货位进行拣选操作。在传送带运动过程中，拣选员按指令将货物取出放在传送带上，或置于传送带上的容器中，传送带运动到终点时便配货完毕。

④ 旋转式货架拣选。拣货员在固定的拣货位置上，按用户的配送单操纵旋转货架，待需要的货位回转至拣货员面前时，则将所需的货物已拣出。这种方式介于订单拣选方式和批量拣选分式之间，但主要是按订单拣选。这种配置方式的拣选适用领域较窄，只适用于旋转货架货格中能放入的货物。由于旋转货架动力消耗大，一般只适合仪表零件、电子零件、药材、化妆品等小件物品的拣选。

2）批量拣货

把多张订单集合成一批，按照商品类别将数量分别加总后再进行拣货并按客户的订单做分类处理的拣选作业方法。

（1）批量拣选的优点：①可以缩短拣货时行走搬运的距离，增加单位时间的拣货量；②适用于订单数量庞大的系统。

（2）批量拣选的缺点：①对订单无法快速反应，必须等订单累积到一定数量时才做一次处理，因此容易出现停滞现象，只有根据订单到达的情况做等候时间分析，才决定适当的批量大小，才能将停滞时间减到最少；②批量拣选后还要进行再分配，容易出现错误。

（3）批量拣货的订单分批方法有以下几种。

① 计算机分批法。订单汇总后，由计算机按预先设计的程序、将拣取路线相近的订单集中处理，求得最佳的订单分批，可大大缩短拣货和搬运距离。采用计算机分批法配送中心通常将前一天的订单汇总后，经过计算机处理，在当日下班前产生明日的拣货单，所以如果发生紧急加单时，处理作业较为困难。其优点是分批时已考虑到订单的相似性及拣货路径的顺序，使拣货效率进一步提高，但所需计算机软件的技术要求较高，数据处理时间较长。

② 总量分批法。在拣货作业前，将所有累积订单中的商品按品种类别合计总量，再根据总量进行拣货的方式，适合固定的周期性配送。优点是一次拣出所有商品，可使平均拣货距离最短，但必须经过功能较强的分类系统完成分类作业，订单数量不可过多。

③ 定量分批法。订单分批按先进先出（FIFO）的基本原则，当累计订单到达某一预设的固定数量后，开始进行拣货作业。优点是保持稳定的拣货效率，使自动化的拣货、分类设备发挥最大功效，但订单的商品总量变化不宜太大，否则会造成分类作业的成本上升。

④ 时窗分批法。当订单到达至出货时间非常紧迫,可利用分批方式,开启短暂时窗,如5分钟或10分钟,再将此时间到达的订单作为一个批次处理,比较适合密集频繁的订单和满足紧急插单的要求。

(4) 批量拣选适用的情况:①连锁企业内部的配送中心,用户都是自营的商店,用户稳定且数量较多;②用户的需求具有很强的共同性,货物的种类相同,需求差异较小,为了配合批次作业,可以要求商店按品类和货架商品群定期向配送中心补货;③用户需求的种类有限,易于统计,且分拣时间不至于太长;④用户对配送时间没有严格要求;⑤适合对效率和作业成本有较高要求的配送中心;⑥专业性强的配送中心,容易形成稳定的用户和需求,货物种类有限,适合采用批量拣选工艺。

(5) 批量拣选的装备设置主要有以下几种。

① 人力+手推车作业。配货员将手推车推至一个存货点,将各用户共同需要的某种货物集中取出,利用手推车的机动性可在较大范围巡回分放,这种方式是人工取放与半机械化搬运相结合。存货一般采用普通货架、重力式货架、回转货架或其他人工拣选式货架。所分货物一般是小包装或拆零货物。适合人力分货的有药品、钟表、仪表、零部件、化妆品、小百货等。

② 机动作业车分货。用台车、平板作业车、堆高机、巷道起重机以单元装载方式一次取出数量较多、体积和重量较大的货物,然后由配货人员驾驶车辆巡回分放。

③ 传送带+人力分货。传送带一端和货物存储点相接,传送带主体和另一端分别与各用户的集货点相接。传送带运行过程中,由存储点一端集中取出各用户共同需要的货物置于传送带上,各配货员从传送带上取下该位置用户所需的货物,反复进行直到配货完毕。采用这种分货方式时,传送带的取货端往往选择重力流动式货架,以减少传送带的安装长度。

④ 分货机自动拣货。这是分货高技术作业的方式,目前高水平的配送中心一般都有自动分拣机。分拣机在一端集中取出共同需要的货物,随着传送带的运行,按计算机预先设定的指令,通过自动装置送入用户集货终点货位。

3) 其他拣货作业模式

(1) 复合拣货。复合拣货是按订单拣货及批量拣货的组合,可以根据订单上的品种数量决定哪些订单适合按订单拣货,哪些适合批量拣货。

(2) 分类式拣货。一次处理多张订单,并且在拣取各种商品的同时,各商品按照客户订单分开放置的方式。如一次拣取五六张订单时,每次拣货用台车或笼车带五六家客户的篮子,边拣取边按客户不同区分摆放。这样可以减少拣货后再分类的麻烦,提高拣货效率,适于每张订单量不大的情况。

(3) 分区、不分区拣货。不论是按订单拣货还是按批量拣货,为了提高作业效率都可以配合采用分区或不分区的作业策略。所谓分区作业就是各拣货作业场地做区域划分,每一个作业员只负责拣取指定区域内的商品。而分区方式又可分为拣货单位分区、拣货方式分区及工作分区。事实上在做拣货分区时也要考虑到储存分区的部分，必须先针对储存分区进行了解、规划，才能使得系统整体的配合趋于完善。

（4）接力拣货。这种方法与分区拣货类似，在确定拣货员各自负责的商品品种或货架的责任范围后，各个拣货员只拣选拣货单中自己负责的部分，然后以接力方式交给下一位拣货员。采用这种分工合作的方式，主要优点是缩短整体的拣货路线，减少人员及设备移动的距离，提高拣货效率，但单据的格式必须明确标识范围。

（5）订单分割拣货。当一张订单所订购的商品品种较多，为了提高拣货效率，缩短拣货处理周期，将订单分割为若干个子订单，交由不同的拣货人员同时进行拣选作业。订单分割策略必须与分区策略配合运用才能产生出色的效果。

6.4.3 补货作业管理

补货作业的目的是向拣货区补充适当的商品，以保证拣货作业的需求。通常是以托盘为单位，从商品保管区将商品移到拣货区域的作业过程。

1. 补货方式

与拣货作业息息相关的是补货作业，补货作业的策划必须满足两个前提，即"确保有货可配"和"将待配商品放置在存取都方便的位置"。通常，在配送中心主要采用下列两种补货方式。

（1）由储存货架区与流动式货架（即流力架）组成的存货、拣货、补货系统。

（2）将货架的上层作为储存区，下层为拣货区，商品由上层货架向下层货架补货的系统。

2. 补货时机

补货作业的发生与否主要看保管区拣货区的货物存量是否符合要求，因此，究竟何时补货要看保管区拣货区的存量。避免出现在拣货中途才发现保管区货量不足需要补货，而影响整个拣货作业。通常，可采用批次补货、定时补货或随机补货3种方式。

1) 批次补货

在每天或每一批次拣取之前，经计算机计算所需货品的总拣取量，再查看拣货区的货品量，计算差额并在拣货作业开始前补足商品。这样"一次补足"的补货原则比较适合于一天内作业量变化不大、紧急追加订货不多，或是每一批次拣取量大、需事先掌握的情况。

2) 定时补货

将每天划分为若干个时段，补货人员在各个时段内检查拣货区货架上的货品存量，如果发现不足，马上予以补足。这种"定时补足"的补货原则较适合于分批拣货、时间固定且处理紧急追加订货的时间也固定的情况。

3）随机补货

这是一种指定专人从事补货作业的补货方式，这些人员随时巡视拣货区的分批存量，发现不足随时补货。此种"不定时补足"的补货原则较适合于每批次拣取量不大、紧急迫加订货较多，以至于一天内作业量不易事前掌握的场合。

6.4.4 出货作业管理

1. 出货作业的基本流程

完成拣取后的商品按订单或路线进行分类，再进行出货检查，装入适当的容器或进行捆包，做好标识和贴印标签的工作，根据客户和行车路线等指示将物品运至出货准备区，最后装车配送。这一过程构成出货作业的基本内容。出货作业的主要流程如图6.3所示。

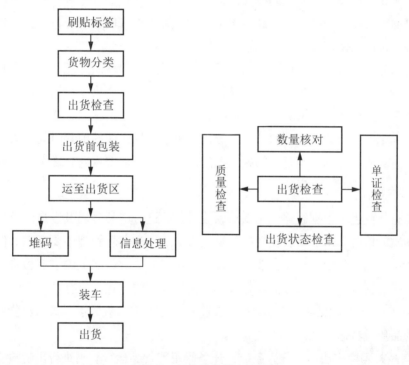

图6.3 出货作业基本流程图

2. 货物分类

在完成拣选作业之后，将所拣选的商品根据不同的顾客或配送路线进行分类，对其中需要流通加工的商品，拣选集中后，先按流通加工方式分类，分别进行加工处理，再按送货要求分类出货。分货作业可分为人工分拣和自动分拣。

1）人工分拣

它是用人力以手推车为辅助工具，将被分拣商品分别送至指定的场所堆放待运的方式。批量较大的商品则用叉车托盘作业，目前我国的仓库、配送中心基本上都采用人工分拣。其优点是机动灵活，不需复杂、昂贵的设备，不受商品包装等条件的制约。其缺点是速度慢、工作效率低、易出错，只适用于分拣量小、分拣单位少的场合。

因此，人工分货作业的复核工作是非常重要的，通常是由计算机系统打印《仓间配货明细表》，供理货员根据各门店配货数进行复核，并打印《配送汇总表》（配送中心内勤与运输车之间的交接汇总单）。

2）自动分拣

随着消费者"多品种，少批量"的消费需求日趋强烈，配送中心商品分拣和拆零拣选作业量越来越大，分拣作业已成为物流配送中心的一个重要的作业环节。例如，一个配送中心的日分拣货量超过5万件、一次分拣的客户超过100个的情况，已很常见，同时对服务质量要求也越来越高，人工分拣根本无法满足大规模配送的要求。如何大幅度提高分拣作业的效率和质量，已成为配送中心在提高核心竞争能力方面的当务之急。

随着科学技术的日新月异，如激光扫描、计算机控制和条形码等高新技术应用于物流领域，使自动分货技术朝高速化、高准确率和低分拣成本方向发展。目前，国外许多大中型配送中心，都广泛使用自动分拣机进行分拣。

使用自动分拣系统可产生以下作用：提高单位时间内的商品处理量，一台自动分拣机每小时分拣量可达6000~10000箱；可提高物流服务品质，使物品在物流作业过程中的货损率大大低于人工作业，降低分货的差错率，通常自动分拣系统的分拣错误率在万分之零点几，这是人工分拣所无法比拟的，自动分拣缩短了分拣作业的前置时间，大大降低了物流成本，同时解决了劳动力不足的问题，把配送中心人员从繁重的分货作业中解放出来。

3. 出货检查

出货检查作业也可根据客户、车次对象等对货品进行产品号码及数量的核对，以及产品状态及品质的检验。出货检查耗费时间及人力，所以在实际管理中要考虑如何提高出货检查的效率。若能先找出让拣货作业不会发生错误的方法，就能免除事后检查，或只对少数易出错物品做检查，会大大提高作业效率。出货检查的方式主要有以下几种。

（1）人工检查。指以纯人工方式进行，将货品一个个点数并逐一核对出货单，进而再查验出货的品质及状态。

（2）商品条码检查法。指导入条码，让条码跟着货品运行。当进行出货检查时，只将拣出货品的条码用扫描机读出，计算机则会自动将资料与出货单对比，检查是否有数量或号码上的差异。

（3）声音输入检查法。声音输入检查法是一项新技术，是由作业员发声读出货品的名称（或代号）及数量后，计算机接收声音做自动判识，转成资料再与出货单进行对比。

（4）重量计算检查法。这是先利用计算机自动加总出货单上的货品重量，将拣出货品以计重器秤出总重，再将两者互相对比的检查方式，此作业可利用装有重量检测系统的拣货台车完成拣取。

4. 出货前包装

出货前包装在整个物流配送作业系统中处于具有可选择性的附带货物作业地位，它是一项可提高服务水平、增加附加价值的作业。一般较常见的有进口商品贴中文标签、礼品包装、热缩包装及贴价格标签等。

流通加工作业的方式很多，依客户需求的不同，其作业流程的时间点也不同。

（1）贴标签作业。贴标签作业大致可分为贴中文说明标签和贴价格标签两种。贴中文说明标签大部分是以进口商品为主，当商品入库后，就开始进行作业，标签贴完后再入库。这主要是针对贸易进口商的一种物流服务项目；另外一种是贴价格标签，这是针对零售店的要求所进行的流通加工，其作业大部分是在拣货完成后进行的。

（2）热缩包装。在流通加工作业中，热缩包装作业也是一种比较常见的加工方式。主要是针对超市或大卖场的需求，把某些商品按促销要求组合，用热收缩塑料包装材料固定在一起。常用的PE膜收缩温度范围在88～149℃，受热时变软冷却后收缩，收缩强度相当大，可承受较大、较重的商品。其作业流程是打开纸箱—取出商品（组合所需数量）—套PE（热收缩塑料）袋—封口—热收缩—放入纸箱内—封箱。

（3）礼品包装。主要是针对逢年过节时，有些商品必须组合成礼盒销售，如酒礼盒、食品礼盒等。其作业流程为准备包装材料及商品—拿出礼盒—放入商品—热收缩—封盖—贴价格标签—装箱—封箱。

（4）小包装分装。主要是针对国内外厂商的大包装商品或散装商品，以计量（或计重）包装方式改为商品的销售包装。其作业流程是准备包装材料及商品—计重（或计量）—充填—封口—放入纸箱内—封箱。

6.5 盘点作业管理

盘点工作不仅仅是对现有商品库存状况的清点，而且可以针对过去的商品管理状态进行分析，进一步为将来商品管理改进提供参考资料，因此，盘点作业是衡量配送中心经营管理状况好坏的标准尺度，也是一项极费时间的工作。

6.5.1 盘点作业的步骤

1. 盘点准备工作

盘点的准备工作是决定盘点效率的关键。为了使盘点作业能在较短的时间内，利用有限的资源，迅速准确地完成目标，应做好以下准备工作。

（1）明确盘点的程序方法。

（2）配合会计决算进行盘点。

（3）盘点、复盘和监盘人员必须经过训练。

（4）盘点人员必须熟悉盘点单据的使用方法。

（5）盘点单据必须事先印制完成。

（6）库存资料必须确实结清。

2. 盘点周期的决定

为提高货物库存的准确率，盘点频率以较高为佳。但由于盘点作业是消耗大量资源的非增值性活动，因此，应根据配送中心的商品 ABC 管理，确定不同的盘点周期。

A 类货品：每天或每周盘点一次。

B 类货品：每 2 ~ 3 周盘点一次。

C 类货品：每月盘点一次即可。

在实施商品类别 ABC 管理的配送中心，应对较容易损坏及高单价的货品增加盘点次数，以 2 ~ 3 日一次为宜。日期一般会选择在财务结算前夕，有利结算损益以及表达财务状况；或者选择淡季进行，因淡季储货量少，盘点容易，人力的损失相对降低，且调动人力较为便利。

3. 决定盘点方法

因盘点的场合、商品特性和盘点要求的不同，盘点的方法也有差异。配合不同状况，盘点方法必须以准确高效为原则。

4. 盘点人员的培训

为使盘点工作得以进行，盘点时必须增派人员协助进行，各部门增援的人员必须组织化并且予以短期培训，确保每位参与盘点的人员能确切地发挥其功能，人员培训分为以下两个部分。

（1）针对所有人员进行盘点方法的培训，包括盘点作业程序、表格的填写等。

（2）针对复盘与监盘人员进行商品识别的培训。

5. 储存现场清理

（1）在盘点前明确盘点和非盘点货物。

（2）预先通知盘点事宜，并在存储场所关闭前通知所有相关部门。

（3）整理存储场所，以便计数盘点。

（4）预先鉴定呆滞货品、废品、不良品，以便盘点时鉴定。

（5）账卡、单据、资料均应整理后加以结清。

（6）储存场所的管理人员在盘点前应自行预盘，以便早发现问题并加以预防。

（7）对所有区域编码，并对所有员工进行分工定岗。

6. 盘点工作

由于盘点工作单调烦琐，人员较难持之以恒，为确保盘点工作的正确性，除加强人员培训外，盘点期间应加强现场监督和指导。

（1）盘点作业正式开始前，首先确定各盘点区域的责任人员；盘点前应做好商品整理、盘点工具与用品的准备、单据整理等工作。

（2）在计算机信息管理系统里，通常是按仓卡编号和仓位编号进行盘点，打印出

《盘点清单》，供盘点人员使用；保管人员将盘点结果输入计算机，并对盘点中产生差异的商品进行复核，对库存商品进行报损益，并对所报的商品损益进行复核，打印出《配送损益单》；最后按加点或不加点生成损益结算的财务凭证。

（3）盘点作业的关键是点数，其工作强度极大，且手工点数差错率较高。通常可使用手掌机进行盘点，以提高盘点的速度和精确性。

7. 差异原因调查

当盘点结束后，发现所得的数据与账簿资料不符时，应调查产生差异的原因，主要因素如下。

（1）明确差异的原因，盘点差异的原因及对策见表6-2。

表6-2 盘点差异的原因及对策

差异原因	对策
系统单据输入错误	加强对单据输入人员的管理和培训
盘点制度缺点导致货账不符	改进盘点流程
盘点人员不负责，导致盘点错误	加强对盘点人员的培训
漏盘、重盘、错盘	加强复盘
进货验收错误	明确进货验收作业管理规则
拣选出货错误	加强对拣选出货的管理
库存移动作业错误	加强对库存移动的作业和单据处理的管理
退货作业错误	加强对退货人员的管理和培训
其他领用的错误	加强对商品领用的管理
报损作业的错误	加强对商品报损作业的管理

（2）确认差异是否在允许的范围之内。

（3）明确责任人。

（4）盘点差异的调整手续。

（5）对报销商品和滞销商品的处理。

（6）差异原因调查清楚后，应针对原因进行切实的调整与处理，并同时处理滞销商品、报损商品和不良品。

8. 盘盈、盘亏的处理

差异原因查找后，应针对主要原因适当地调整与处理，至于呆滞品、废品、不良品减价的部分需与盘亏一并处理。货品除了盘点时产生的盈亏外，有些货品价格上会增减。这些变更在经主管审核后，必须利用《货品盘点盈亏表》、《价目增减更正表》和《库存更正表》修改。

6.5.2 盘点的种类和方法

1. 盘点的种类

1）账面盘点

账面盘点又称为"虚盘",就是把每天入库及出库商品的数量及单价,记录在计算机或账簿上,而后不断地累计加总计算账面上的库存量及库存金额。

2）实物盘点

实物盘点亦称为"实地盘点"或"实盘",也就是实地去清点调查仓库内的库存数,再根据商品单价计算实际库存金额的方法。

因此,要得到正确的库存情况并确保盘点无误,最直接的方法就是看账面盘点与实物盘点的结果是否完全一致。一旦存在差异,即"料账不符",就要检查究竟是账面盘点出现错误还是实物盘点错误,这样才能得出正确结果及决定责任归属。

2. 盘点的方法

1）账面盘点法（永续盘点法）

账面盘点的方法是将每一种商品分别设账,然后将每一种商品的入库与出库情况进行记录,不必实地盘点即能随时从计算机或账册记录上查看商品存量。账面盘点法的记录形式见表6-3。通常数量少而单价高的商品适合采用这种方法。

表6-3 账面盘点示意表

商品编号											
		订货点:				经济订购量:					
日期		订购		入库		出库			现存		记录人
月	日	数量	订单号	数量	单价	数量	出货单	金额	数量	金额	
合计											

2）期末盘点法

期末盘点法是传统的"现货盘点"的主要方式,也就是现场清点调查仓库的实际库存数,再根据盘点单据计算出实际库存金额的方法。

现货盘点按照盘点频率的不同又分为"期末盘点"及"循环盘点"。期末盘点是指在期末一起清点所有货品数量的方法,而循环盘点则是按预先的计划在每天、每周即做少量的盘点,到了月末或期末完成一次周期的盘点。

由于期末盘点是将所有品项的货品一次盘完,因此需要全体员工参加,采取分组的方式进行。一般来说,每组盘点人员至少要3人,以便能够相互核对减少错误,同时也能彼此监督,避免疏漏。

3）循环盘点法

循环盘点法是将每天或每周当作一个周期来盘点，其目的除了减少商品的损耗外，对于不同的商品用不同的商品管理手段也是主要原因，就像商品 ABC 管理法，价格越高越重要的商品，盘点次数越多，价格越低越不重要的商品，就尽量减少盘点的次数。循环盘点一次只进行少量盘点，所以只需专门人员负责即可，不需要全体人员参加。

计算机管理系统循环盘点的最大优点是盘点时配送中心不用停止作业，并且可以有针对性、灵活地进行盘点；可根据企业的不同要求进行盘点；可以对整个配送中心、一个库房、一个类别及一种商品进行盘点。盘点当日只要将所需盘点的商品数量清点出来就可以了，对所盘的商品可以任选某一时间进行录入，当把盘点的商品全部录入后，系统就会自动比较商品的盈亏，对盈亏数量较大的商品可以再次重盘。这种计算机管理系统的循环盘点方式有效地避免了过去那种耗时耗力的停业盘点，并且解决了盘点所带来的不真实、不准确等问题。

循环盘点法最常用的单据为现货卡，其使用方式为每次出入库一边查看出入库单据，一边把出入库年月、出入库数量、票据编号、库存数量登记在现货卡上。主要目的在于：①使作业者能确认出入库数量及库存量；②可协调出入库作业的分配管理，且在错误发生时能立即纠正；③随时掌握库存商品的流动性及库存量控制情况。

使用现货卡盘点较为烦琐，但对差异原因调查较为有利。以下为使用现货卡的循环盘点方式的盘点步骤。

第一步，决定将要进行循环盘点的库存品种，并把上月末的计算机库存数记录下来。

第二步，前往盘点商品的位置，记录现货卡中的上月末库存数 k。

第三步，清点盘点商品，将实际库存数 R 和现货卡中的库存数 r 记录下来。

第四步，进行计算：$R-r$。

第五步，当 $R-r \neq 0$ 时，检查现货卡的入库及库存记录中是否有计算错误：若有错误，则修改；若无错误，再次计算库存量。

第六步，当 $R-r=0$ 时，计算上月底的计算机库存数 K 与同为上月底的现货卡库存数 k 间的差 $K-k$。

第七步，当 $K-k \neq 0$ 时，调查上月底现货出库是否转入本月。

第八步，当 $K-k=0$ 时，若 $(R-r)-(K-k)-F=0$ 时，表示盘点无误差；若 $(R-r)-(K-k)-F \neq 0$ 时，表示盘点有误差，需进行调查，其中 F 表示上月底出库转本月库存量。

第九步，做修正记录。

4）循环盘点与期末盘点相结合的方法

期末盘点是比较规范的盘点，但需要停业和消耗大量作业成本。循环盘点较能针对各货物物账差额做出适时调整，且收效较明显，因此，配送中心应将两种盘点方法结合起来使用，平时针对重要商品做循环盘点，到期末时再将所有商品做一次大盘点，不仅能使循环盘点的误差渐渐减少，而且到了期末大盘点，由于循环盘点配合，使误差大幅降低，并缩短期末盘点的时间。期末盘点和循环盘点两者的区别见表6-4。

表6-4 期末盘点与循环组点比较

盘点方式	期末盘点	循环盘点
周期	期末每年仅数次	平常、每天或每周盘点一次
时间	长	短
人员消耗	全体动员（或临时雇用）	专门人员
盘查情况	多且发现得晚	少且发现得早
对营运的影响	需停止作业数天	无
对品项管理	平等	A类：重点管理；C类：常规管理
盘查原因追究	不易	容易

扩展性学习案例

烟台铁路公司珠玑配送中心作业规划

1. 项目背景

珠玑地区位于烟台市郊，是烟台市的交通枢纽和重要商品集散地，烟台铁路公司、烟台交运集团都有在烟台市珠玑地区设立配送中心的设想，本案例就是对烟台市铁路公司珠玑配送中心作业规划情况的分析。

该规划主要包括珠玑配送中心的配送模式、配送中心的作业功能规划、作业流程规划、作业区域布局、岗位设置和主要设备规划等内容。

2. 珠玑配送中心作业规划

1）作业功能规划分析

规划中的珠玑配送中心是货物的集散中心，根据对项目的详细调研，确定该中心配送物品的主要品类为煤炭、钢材、木材三大类，初期的发展方向为进行大宗散装货物的存储及配送活动。据此对配送中心作业功能进行了如下规划。

（1）储存作业，被认为是配送中心的主要作业。

（2）分拣理货，远期规划为核心，但由于初期物流作业量不是很大，可以不重点布局，但是应留有远期布局的区域，以利于将来扩充。

（3）配货，目前尚不具备条件，但该配送中心的运作模式被定义为实行共同配送（Joint Distribution），需进行远期规划工作，并努力做好前期工作，为尽快实现共同配送打下基础。

(4) 倒装、分装作业,这是由产品及客户性质决定的。

(5) 装卸搬运,规划为辅助作业。

(6) 流通加工,利用铁路经营优势及场地条件,充分发挥,作为竞争优势。

(7) 送货,在不断发展配送商品品种,扩大业务量范围的基础上,发展多种送货方式。

(8) 信息处理,分阶段,分步骤进行。

2) 作业流程规划分析

该配送中心主要进行煤、钢材、木材三大类商品的配送业务,根据业务流程重组理论,该配送中心流程规划主要是针对每一品种的商品进行单独业务流程布置,结合实际业务流程,对每一种配送品种制定一套业务流程。

3) 作业区域布局分析

根据珠玑配送中心作业功能规划及作业流程规划的需要,该配送中心做出如下布局。(略)

(资料来源:汝宜红,田源,徐杰. 配送中心规划 [M]. 北京:北京交通大学出版社, 2002.)

思考题:

1. 烟台铁路公司珠玑配送中心作业规划有何特点?
2. 配送中心作业管理对物流成本控制有何影响?

本 章 小 结

本章先对物流配送中心作业内容和流程进行了介绍,然后对物流配送中心的进货、搬运、存储、配货、盘点 5 项作业的具体内容、步骤和要求分别进行了详细的阐述。

综 合 练 习

一、填空题

1. 在商品到达配送中心之前,必须根据进货作业计划,在掌握入库商品的品种、数量和到库日期等具体情况的基础上做好进货准备,准备工作的主要内容有_____、_____、_____和_____。

2. 要消除搬运活动中的无效作业,可以从_____、_____、_____、_____等几个方面入手。

3. 储位管理的目标有_____、_____和_____。

4. 补货作业的发生与否主要看拣货区的货物存量是否符合要求,通常,可采用_____、_____和_____3 种补货物方式。

5. 现货盘点按照盘点频率的不同又分为_____和_____,将每天或每周当作一个周期来盘点是_____。

二、多项选择题

1. 影响进货作业的因素主要有（　　　）。
   A. 进货供应商及其送货方式　　　　B. 商品种类、特性与数量
   C. 进货时间　　　　　　　　　　　D. 与仓储作业的配合方式
2. 搬运合理化原则有（　　　）。
   A. 单位装载化　　B. 拖运平衡　　C. 合理布置　　D. 机械化
3. 商品储位策略主要有（　　　）。
   A. 定位储放　　B. 分类储放　　C. 自由储放　　D. 固定储放
4. 配货管理中的拣选策略可以是（　　　）。
   A. 复合拣货　　B. 批量拣货　　C. 按订单拣货　　D. 接力拣货
5. 循环盘点的主要优点有（　　　）。
   A. 盘点周期长　　　　　　　　　　B. 盘点量少，发现问题早
   C. 需要的盘点人员较少　　　　　　D. 盘点时只需要停业较少天数

三、判断题

1. 收货员"接单"时对于没有预报的商品需办理有关手续后方可收货。（　　）
2. 搬运活性高的物品在搬运前需要做较多的准备工作。（　　）
3. 区段式储位编码适合一些量少或单价高的货品存储使用。（　　）
4. 批量拣货较适用于订单数量庞大的系统。（　　）
5. 采用账面盘点的方法应该将每种商品分别设账，该种方法盘点不需要实地进行实物盘点。（　　）

四、思考题

1. 收货的操作程序和要求有哪些？
2. 简述搬运合理化原则。
3. 储位管理的目标及储位管理中应注意的问题是什么？
4. 盘点作业的基本步骤有哪些？
5. 简述盘点的方法。
6. 怎样进行订单处理？
7. 什么是按订单拣选和批量拣选？两者各自有什么优缺点？

第7章　配送运输管理

【本章知识架构】

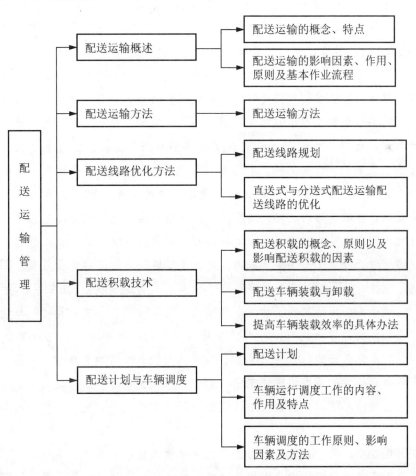

【本章教学目标与要求】
- 了解配送运输的特点、影响因素。
- 掌握配送运输的基本作业流程。
- 理解配送车辆装载作业的技术。
- 掌握车辆调度的方法。
- 掌握配送运输线路进行简单优化设计的方法。

四川销售泸州分公司优化配送纪实

四川销售泸州分公司开展的以"整顿运输流向、整顿运输工具、整顿运输费用"的运输专项整顿工作初见成效。目前，这个分公司的成品油配送线路优化，运行效率提高，配送量增加，运输费用降低。今年1~3月，这个分公司共配送汽柴油3.5万吨，比去年同期增加28%；节约公路运费、油料费、修理费、轮胎费等5.5万元。

这个分公司将全区市场划为5个配送片区，分片制定了详细的"车辆运输优化路线方案"，把机构用户、社会加油站和自有加油站纳入统一配送范围，建立起了布局合理、流向优化、管理扁平、运转高效的成品油新型营销配送体制。这个分公司还对业务配送流程进行整合，将油料配送车辆的调度权由汽车队调整到销售中心，使销售、运输、服务一体化。同时，这个分公司在四川省销售系统率先给油罐车安装上了先进的卫星导航与定位系统（GPS系统，俗称"天眼"），通过卫星将车辆与公司监控、指挥基站相连，对运油罐车运行路线、载重量、行驶里程、车速等运行状态实行24小时不间断全程监控。利用这一先进的功能，分公司可根据油料配送区域市场内的用户情况、道路状况、加油站销售量、储存量以及油罐车辆的状况，对原油料配送运输路线进行优化，合理安排科学的运输线路，并确保驾驶人员能严格按照规定的时间、优化的线路进行行驶和配送，避免了迂回运输和绕道行驶，降低了车辆运营成本，提高了车辆配送效率和运营效益。GPS系统开通至今，就使这个分公司的油料配送率达到了98%，较开通前提高10个百分点。

年初，这个分公司还完善了油罐车驾驶员、汽车队队长、技安员收入与运输量、安全行驶里程全额挂钩的考核机制，并对维修费用、车辆出勤率等控制指标实行KPI指标考核。技安员按车队队长的60%兑现薪酬，维修人员按KPI考核兑现薪酬。新的考核办法执行后，车队每日提供的运力均保证在98%以上，大大提高了车辆营运效率。今年1~3月，这个分公司在油罐车辆因报废较去年同期减少25%的情况下，配送量还比去年同期增加了1万吨。

在实际配送中，这个分公司做到了不仅要算收入账、安全账，更要算"节约账"。这个分公司针对汽车运行路线的公路收费站主要集中在隆纳路段和321国道的实际，车辆调度员在安排车辆运输时对内部加油站采用大吨位、双罐多油品车辆配送，通过减少车辆运输次数,来降低过路过桥费、燃料费等变动费用。仅今年 2 月份就利用双罐车 192 次,运送油料 1960 吨,按可比价格计算,过路过桥费就节约 0.35 万元。

这个分公司还采取全程监控等有力措施,减少车辆修理费、轮胎费和燃料费,切实降低车辆运行费用。实行维修费定额制度,对超过预算维修费的部分不予报销。探索出节约轮胎费的使用办法,在全车队实行轮胎滚动循环使用,将全队车辆按使用轮胎类型、车辆吨位、运行路线分为大小两个级别,大吨位车的前轮使用到 6~7 成新时,换下给小吨位车使用至报废,使每个轮胎的运行里程都达到了 5 万千米以上,去年,全年节约轮胎费 11 万元。这个分公司对油料费实行定车考核,根据车辆发动机类型和耗油程度核定每百千米耗油量,节约的燃料费按每 0.2 元/升奖励,超耗部分则按市场零售价进行赔付。去年,这个分公司全年平均单车节约油料 1800 升,约 0.54 万元,全年车队节约油料费 10.8 万元。

(资料来源:杨泽源.四川销售泸州分公司优化配送纪实[N].中国石油报,2007(4).)

随着经济一体化的不断深入,市场竞争日趋激烈,如何应用有限资源提高企业对市场的反应速度,实现更高的顾客满意度,是企业面临的重要课题,而高效的配送运输管理是实现这一目标的重要手段。

7.1 配送运输概述

7.1.1 配送运输的概念

配送运输是指将被订购的货物使用汽车或其他运输工具从供应点送至顾客手中的活动。

配送运输通常是一种短距离、小批量、高频率的运输形式,它以服务为目标,以尽可能满足客户要求为优先。如果单从运输的角度看,它是对干线运输的一种补充和完善,属于末端运输、支线运输,主要由汽车运输进行,具有城市轨道货运条件的可以采用轨道运输,对于跨城市的地区配送可以采用铁路运输进行,或者在河道水域通过船舶进行。配送运输过程中,货物可能是从工厂等生产地仓库直接送至客户,也可能通过批发商、经销商或由配送中心、物流中心转送至客户手中。从日本配送运输的实践来看,配送的有效距离最好在 50km 半径以内,国内配送中心、物流中心,其配送经济里程大约在 30km 以内。"距离最短"、"时间最短"、"成本最小"是提高配送效率的三大基本前提。

7.1.2 配送运输的特点

1. 时效性

快速及时,即确保在客户指定的时间内交货是客户最重视的因素,也是配送运输服务的充分体现。配送运输是从客户订货到交货的最后环节,也是最容易引起时间延误的环节。影响时效性的因素有很多,除配送车辆故障外,所选择的配送线路不当、中途客户卸货不及时等均会造成时间上的延误,因此,必须在认真分析各种因素的前提下,用系统化的思想和原则,有效协调,综合管理,选择配送线路、配送车辆、送货人员,使每位客户在其所期望的时间能收到所期望的货物。

2. 安全性

配送运输的宗旨是将货物完好无缺地送到目的地。影响安全性的因素有货物的装卸作业、运送过程中的机械振动和冲击及其他意外事故、客户地点及作业环境、配送人员的素质等,因此,配送运输管理必须坚持安全性的原则。

3. 沟通性

配送运输是配送的末端服务,它通过送货上门服务直接与客户接触,是与顾客沟通最直接的桥梁,代表着公司的形象和信誉。在沟通中起着非常重要的作用,所以,必须充分利用配送运输活动中与客户沟通的机会,巩固和发展公司的信誉,为客户提供更优质的服务。

4. 方便性

配送以服务为目标,以最大限度地满足客户要求为优先,因此应尽可能地让顾客享受到便利的服务。通过采用弹性的送货系统,如紧急送货、顺道送货与退货、辅助资源回收等,为客户提供真正意义上的便利服务。

5. 经济性

实现经济利益是企业运作的基本目标,因此,对合作双方来说,以较低的费用,完成配送作业是企业建立双赢机制加强合作的基础,所以客户要求的不仅是高质量、及时方便的配送服务,还必须提高配送运输的效率,加强控制与管理,为客户提供优质、经济的配送服务。

7.1.3 配送运输产生的原因及影响因素

1. 配送运输产生的原因

(1) 消费者消费行为的变化,使消费行为个性化、多样化,要求生产少批量、多品种、快速化、柔性化。

(2) 生产商生产策略的转变及其对物流管理的强化。

(3) 零售商向连锁经营发展的趋势。

(4) 信息技术的革新与电子商务的兴起。

2. 配送运输的影响因素

影响配送运输效果的因素很多,本书将其分为动态因素和静态因素两大类:动态因素包括车流量变化、道路施工、配送客户的变动、可供调动的车辆变动等；静态因素包括配送客户的分布区域、道路交通网络、车辆运行限制等。

各种因素互相影响，很容易造成送货不及时、配送路径选择不当、延误交货时间等问题，因此，对配送运输的有效管理极为重要，否则不仅影响配送效率和信誉，而且将直接导致配送成本的上升。

7.1.4 配送运输的作用

配送运输的作用主要体现在以下几个方面。

（1）实现低库存或零库存。

（2）解脱大量储备基金用来开发新业务。有效的配送运输，将大大减少降低库存资金的占用，企业可以把节约的资金投向新业务领域的开发。

（3）提高物流服务水准，简化手续，方便用户。

（4）完善干线运输的社会物流功能体系。配送运输是对干线运输的一种补充和完善，属于末端运输、支线运输。

（5）扩大企业产品的市场占有率。配送运输能够有效地缩短供应链反应时间，提高顾客满意度，促进产品市场占有率的提高。

7.1.5 配送运输的基本原则

制订配送计划主要包括以下原则。

1. 生意需求原则

根据生意的需求决定配送资源规划的重点。

2. 时效性原则

时效性是流通业客户最重视的服务指标，确定配送路线就是要将各商店的时间要求和先后到达顺序安排妥当，确保能在指定的时间内交货。

3. 可靠性原则

指将货品完好无缺地送达目的地，主要包括以下控制因素。

（1）装卸货的质量水平。

（2）运送过程中对货品的保护。

（3）司机对客户地点及作业环境的熟悉程度。

（4）配送人员工作操守。

4. 便利性原则（服务弹性）

尽量满足顾客的需求，增加配送的附加价值。送货计划应采取较具弹性的系统，才能够随时提供便利的服务，例如紧急送货、信息传送、顺道退货、辅助资源回收等。

5. 人员素质原则

配送人员与顾客的沟通能力和良好的服务态度是配送质量的重要标志之一。

6. 经济性原则

（1）成本最低原则：以最经济的运作成本达到最佳的服务效果。

（2）路程最短：通常路线的长短与成本成正比，在选择最短路程时，应权衡道路条件、道路收费等因素对运输成本的影响。

（3）吨公里最小：吨公里最小通常是长途运输所选择的目标。

（4）运力利用最合理：当运力紧张时，避免不合理的租车和车辆购置投资，充分利用现有运力。

（5）人员消耗最低：以司机人数最少，工作时间最短为原则。

（6）车辆故障损耗最低：当车辆周转超过一定比例，维修费用会大增，因此，将每辆车的平均周转控制在一定水平，以控制维修费用对成本的影响。

7. 安全性原则

车辆远行的安全保证，包括车辆状态、驾驶员安全素质和安全保险等要素。

7.1.6 配送运输的基本作业流程

配送运输包括以下 7 个基本作业流程，如图 7.1 所示。

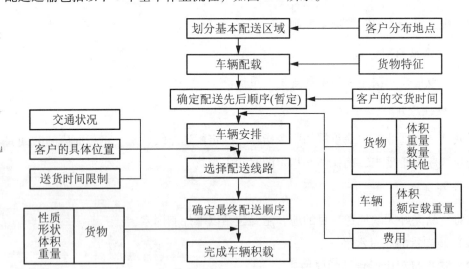

图 7.1 配送运输基本作业流程

1. 划分基本配送区域

为使整个配送有一个可循的基本依据，应首先将客户所在地的具体位置做系统统计，并将其作业区域进行整体划分，将每一客户囊括在不同的基本配送区域之中，以作为下一步决策的基本参考，如按行政区域或依交通条件划分不同的配送区域，在这一区域划分的基础上再做弹性调整来安排配送。

2. 车辆配载

由于配送货物品种、特性各异，为提高配送效率，确保货物质量，在接到订单后，首先必须将货物依特性进行分类，然后分别选取不同的配送方式和运输工具，如按冷冻食品、速食品、散装货物、箱装货物等分类配载；其次，配送货物也有轻重缓急之分，必须按照先急后缓的原则，合理组织运输配送。

3. 确定配送先后顺序（暂定）

在考虑其他影响因素，做出确定的配送方案前，应先根据客户订单要求的送货时间将配送的先后作业次序做概括的预订，为后面车辆积载做好准备工作。计划工作的目的是为了保证达到既定的目标，所以，预先确定基本配送顺序可以既有效地保证送货时间，又可以尽可能提高运作效率。

4. 车辆安排

车辆安排要解决的问题是安排什么类型、吨位的配送车辆进行最后的送货。一般企业拥有的车辆有限，车辆数量亦有限，当本公司车辆无法满足要求时，可使用外雇车辆。在保证配送运输质量的前提下，是组建自营车队，还是以外雇车为主，则须视经营成本而定，具体费用如图7.2所示。曲线1表示外雇车辆的运送费用随运输量的变化情况；曲线2表示自有车辆的运送费用随运量的变化情况。当运量小于 A 时，外雇车辆费用小于自有车辆费用，所以应选用外雇车辆；当运输量大于 A 时外雇车辆费用大于自有车辆费用，所以应选用自有车辆。但无论是自有车辆还是外雇车辆，都必须事先掌握哪车辆可以供调派并符合要求，即这些车辆的容量和额定载重是否满足要求；其次，安排车辆之前，还必须分析订单上货物的信息，如体积、重量、数量等对于装卸的特别要求等，综合考虑各方面因素的影响，做出最合适的车辆安排。

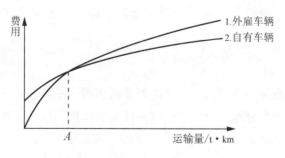

图7.2　车辆安排与成本的关系

5. 选择配送线路

知道了每辆车负责配送的具体客户后，如何以最快的速度完成对这些货物的配送，即如何选择配送距离短、配送时间短、配送成本低的线路，这需根据客户的具体位置、沿途的交通情况等做出优先选择和判断。除此之外，还必须考虑有些客户或其所在地的交通环境对送货时间、车型等方面的特殊要求，如有些客户不在中午或晚上收货，有些道路在高峰期实行特别的交通管制等。

6. 确定最终配送顺序

做好车辆安排及选择最好的配送线路后，依据各车负责配送的具体客户的先后，即可将客户的最终派送顺序加以确定。

7. 完成车辆积载

明确了客户的配送顺序后，接下来就是如何将货物装车，以什么次序装车的问题，即车辆的积载问题。原则上，知道了客户的配送顺序先后，只要将货物依"后送先装"的顺序装车即可，但有时为了有效利用空间，可能还要考虑货物的性质（怕振、怕压、怕撞、怕湿）、形状、体积及重量等做出弹性调整。此外，对于货物的装卸方法也必须依照货物的性质、形状、重量、体积等来做具体决定。

在以上各阶段操作过程中，需要注意以下要点。

（1）明确订单内容。

（2）掌握货物的性质。

（3）明确具体配送地点。

（4）适当选择配送车辆。

（5）选择最优的配送线路。

（6）充分考虑各作业点装卸货时间。

7.2 配送运输方法

影响配送运输的因素较多，为了在运输方法的选择上既有利于客户的便捷性、经济性，又有利于货物的安全性，应尽量避免不合理运输。配送运输方法主要有汽车整车运输、多点分运及快运。

1. 汽车整车运输

汽车整车运输是指同一收货人、一次性需要到达同一站点，且适合配送装运3吨以上的货物运输，或者货物重量在3吨以下，但其性质、体积、形状需要一辆3吨以上车辆一次或一批运输到目的地的运输。

1）特点

整车货物运输一般中间环节较少，送达速度快，运输成本较低。通常以整车为基本单位订立运输合同，以便充分体现整车配送运输的可靠、快速、方便、经济等特性。

2）基本程序

按客户需求订单备货→验货→配车→配装→装车→发车→运送→卸车交付→运杂费结算→货运事故处理。

3）作业过程

整车货物运输作业过程是一个多工种的联合作业系统，是社会物流中必不可少的重要过程。这一过程是货物运输的劳动者借助于运输线路、运输车辆、装卸设备、站场等设施，通过各个作业环节，将货物从配送地点运送到客户地点的全过程。它由4个相互关联又相互区别的过程构成，即运输准备过程、基本运输过程、辅助运输过程和运输服务过程。

（1）运输准备过程。包括车型的选择、线路的组合与优化、装卸设备的配置以及运输过程的装卸工艺方案的设计等。

（2）基本运输过程。

（3）辅助运输过程。包括运输车辆、装卸设备、基础设施的维护及修理作业，以及有关商务事故的预防、处理和费用的结算工作等。

（4）运输服务过程。包括行车燃料、润料及配件的供给，配送货物的包装、储存及保险业务等。

2. 多点分运

多点分运是在保证满足客户要求的前提下，集多个客户的配送货物进行搭配装载，以充分利用运能、运力，降低配送成本，提高配送效率。

1）往复式行驶线路

一般是指由一个供应点对一个客户的专门送货。从物流优化的角度看，其基本条件是客户的需求量接近或大于可用车辆的核定载重量，需专门派一辆或多辆车一次或多次送货。可以说往复式行驶线路是指配送车辆在两个物流节点间往复行驶的路线类型。根据运载情况，具体可分为以下3种形式。

（1）单程有载往复式线路，里程利用率不到50%。

（2）回程部分有载往复式线路，里程利用率大于50%，但小于100%。

（3）双程有载往复式线路，里程利用率为100%。

2）环形式行驶线路

环行式行驶线路是指配送车辆在由若干物流节点间组成的封闭回路上，所做的连续单向运行的行驶路线。车辆在环形式行驶路线上行驶一周时，至少应完成两个运次的货物运送任务。由于不同运送任务其装卸作业点的位置分布不同，环形式行驶线路可分为4种形式，即简单环形式、交叉环形式、三角环形式、复合环形式。

3）汇集式行驶线路

汇集式行驶线路是指配送车辆沿分布于运行线路上各物流节点间，依次完成相应的装卸任务，而且每一运次的货物装卸量均小于该车核定载重量，沿路装或卸，直到整辆车装满或卸空，然后再返回出发点的行驶线路。汇集式行驶线路可分为直线形和环形两类，其中汇集式直线形线路实质是往复式行驶线路的变形。这两种类型的线路各自都可分为分送式、聚集式、分送—聚集式。

4）星形式行驶线路

星形式行驶线路是指车辆以一个物流节点为中心，向其周围多个方向上的一个或多个节点行驶而形成的辐射状行驶线路。

3. 快运

根据《道路货物运输管理办法》的有关规定，快件货运是指接受委托的当天15时起算，300千米运距内，24小时内送达；1000千米运距内，48小时内送达；2000千米运距内，72小时送达。

1）快运的特点

（1）送达速度快。

（2）配装手续简捷。

（3）实行承诺制服务。

（4）可随时进行信息查询。

2）快运业务操作流程

通过电话、传真、电子邮件接受客户的委托→快速通道备货→分拣→包装→发货→装车→快速运送→货到分发→送货上门→信息查询→费用结算。

3）快运的基本形式

（1）定点运输。指按发货点固定车队，专门完成固定货运任务的运输组织形式。在组织定点运输时，除了根据任务固定车队以外，还实行装卸工人、设备与调度员固定在该点工作。实行定点运输，可以加速车辆的周转，提高运输效率，提高装卸工作效率，提高服务质量，并有利于行车安全和节油。定点运输组织形式既适用于装卸地点比较固定集中的货运任务，也适用于装货地点集中而卸货地点分散的固定性货运任务。

（2）定时运输。指车辆按运行计划中所拟定的行车时刻表来进行工作。采用定时运输组织形式，一般要规定货车运行时刻，例如，在货车行车时刻表中规定货车从车场开出的时间，每个运次到达和开出装卸点（站）的时间及装卸时间等。由于车辆按预先拟定的行车时刻表进行工作，也就加强了各方面工作的计划性，提高了工作效率。

（3）特快运输。

（4）联合快运。

7.3　配送线路优化方法

7.3.1　配送线路规划

在配送运输线路设计中，需根据不同客户群的特点和要求，选择不同的线路设计方法，最终达到节省时间、运距和降低配送运输成本的目的。

实际中配送规划所能运用的前置时间仅有1~2小时而已，必须依赖电脑系统的辅助功能，因而最好的方式是能发展一套以人为判断为主，电脑辅助配合的配送规划决策支援系统，目标在于取得即时可用的可行性配送手段及路线。而此决策支援系统主要的决策项目应包含：配送区域划分、车辆安排、每辆车负责客户、配送路径选择、配送顺序决定、车辆装载方式。

各决策项目的影响因素很多，在配送规划进行中最需要去做分析与整合的部分可大致归纳出如图 7.3 所示的基本关系。

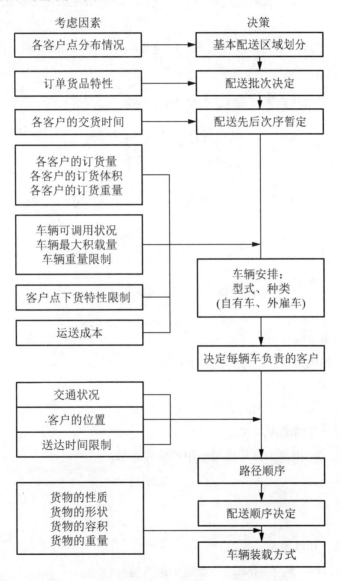

图 7.3　主要影响因素与配送规划决策项目的关系

配送路径如何顺路以及决定最佳配送顺序的问题，往往会影响整个配送作业的效率，因此，以下就直送式配送运输、分送式配送运输两种配送运输情况分别说明如何进行配送线路的优化。

7.3.2 直送式配送运输配送线路的优化

直送式配送运输是指由一个供应点对一个客户的专门送货。从物流优化的角度看，直送式客户的基本条件是其需求量接近于或大于可用车辆的额定载重量，需专门派一辆或多辆车一次或多次送货，因此，直送情况下，货物的配送追求的是多装快跑，选择最短配送线路，以节约时间、费用，提高配送效率，即直送问题的物流优化主要是寻找物流网络中的最短线路问题。

目前解决最短线路问题的方法有很多，如位势法、"帚"型法、动态法等。

1. 最短路径设计

图 7.4 所示为运输线路图，求 V_1 至 V_7 的最短路径。

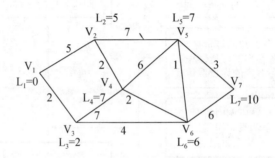

图 7.4　运输线路图 1

求解步骤如下。

（1）设 V_1 点为 $L_1=0$。

（2）求与 V_1 相邻未标点最小距离值并标号。

V_2：$0+5=5$

V_3：$0+2=2$

则标号 $L_3=2$，并描黑 V_1—V_3。

（3）求与 V_1、V_3 相邻未标号点最小距离值并标号。

V_4：$2+7=9$

V_2：$0+5=5$

V_6：$2+4=6$

则标号 $L_2=5$，并描黑 V_1—V_2。

（4）求与 V_1、V_2、V_3 相邻未标号点最小距离值并标号。

V_5：$5+7=12$

V_4：$5+2=7$

V_6：$2+4=6$

则标号 $L_6=6$，并描黑 V_3—V_6。

（5）求与 V_1、V_2、V_3、V_6 相邻未标号点最小距离值并标号。

$V_4:\begin{cases} V_6—V_4 & 2+6=8 \\ V_3—V_4 & 2+7=9 \\ V_2—V_4 & 5+2=7 \end{cases}$

$V_5:\begin{cases} V_6—V_5 & 6+1=7 \\ V_2—V_5 & 5+7=12 \end{cases}$

则标号 $L_5=7$，$L_4=7$，并描黑 $V_6—V_5$，$V_2—V_4$。

（6）求与 V_1、V_2、V_3、V_4、V_5、V_6 相邻未标号点最小值。

$V_7:\begin{cases} V_5—V_7 & 7+3=10 \\ V_6—V_7 & 6+6=12 \end{cases}$

则标号 $L_7=10$，并描黑 $V_5—V_7$。

则最短路线为 $V_1—V_3—V_6—V_5—V_7$，为 10 千米。

思考：求 V_1 至 V_6 的最短路线，运输线路图如图 7.5 所示。

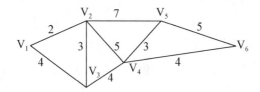

图 7.5　运输线路图 2

2. 位势法

目前解决最短线路问题的方法有很多，现以位势法为例，介绍如何解决物流网络中的最短线路问题。已知物流网络如图 7.6 所示，各节点分别表示为 A、B、C、D、E、F、G、H、I、J、K，各节点之间的距离在图中已标出，试确定各节点间的最短线路。

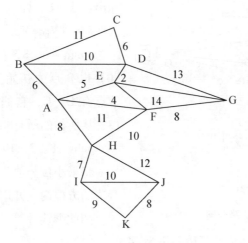

图 7.6　运输线路图 3

寻找最短线路的方法步骤如下。

（1）选择货物供应点为初始节点，并取其位势值为"零"即 $V_1=0$。

(2) 考虑与 I 点直接相连的所有线路节点。设其初始节点的位势值为 V_I，则其终止节点 J 的位势值可按下式确定：

$$V_J = V_I + L_{IJ}$$

式中：L_{IJ}——I 点与 J 点之间的距离。

(3) 从所得到的所有位势值中选出最小者，此值即为从初始节点到该节点的最短距离，将其标在该节点旁的方框内，并用箭头标出该连线 I—J，以此表示从 I 点到 J 点的最短线路走法。

(4) 重复以上步骤，直到物流网络中所有的节点的位势值均达到最小为止。

最终，各节点的位势值表示从初始节点到该节点的最短距离。带箭头的各条连线则组成了从初始节点到其余节点的最短线路。分别以各点为初始节点，重复上述步骤，即可得各节点之间的最短距离。

【例 7.1】物流网络如图 7.6 所示，试寻找从供应点 A 到客户 K 的最短线路。

解：根据以上步骤，计算如下。

(1) 取 $V_A = 0$。

(2) 确定与 A 点直接相连的所有节点的位势值。

(3) 从所得的所有位势值中选择最小值，并标注在对应节点 E 旁边的方框内，并用箭头标出连线 AE，即

$$\min\{V_B, V_E, V_F, V_H\} = \min\{6, 5, 11, 8\} = V_E = 5$$

(4) 以 E 为初始节点，计算与之直接相连的 D、G、F 点的位势值（如果同一节点有多个位势值，则只保留最小者）。

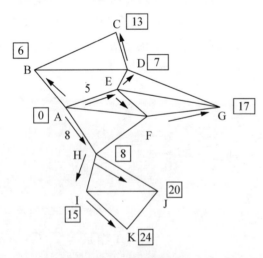

图 7.7 最优路线图

(5) 从所得的所有剩余位势值中选出最小者 6，并标注在对应的节点 F 旁，同时用箭头标出连线 AB，即

$$\min\{V_B, V_H, V_D, V_G, V_F\}$$
$$= \min\{6, 8, 7, 19, 9\} = V_B = 6$$

(6) 以 B 点为初始节点，与之直接相连的节点有 D、C，它们的位势值分别为 16 和 17，从所得的所有剩余位势值中取最小，即

$$\min\{8, 7, 19, 9, 17\} = V_D = 7$$

将最小位势值 7 标注在与之相应的 D 点旁边的方框内，并用箭头标出其连线 ED。

如此继续计算，可得最优路线如图 7.7 所示，由供应点 A 到客户 K 的最短距离为 24。

依照上述方法，将物流网络中的每一节点当作初始节点，并使其位势值等于"零"，然后进行计算，可得所有节点之间的最短距离，见表 7-1。

表7-1 节点之间的最短距离

物流网节点	A	B	C	D	E	F	G	H	I	J	K
A	0	6	13	7	5	9	17	8	15	20	24
B	6	0	11	10	11	15	23	14	21	26	30
C	13	11	0	6	8	12	19	21	28	33	37
D	7	10	6	0	2	6	13	15	22	27	31
E	5	11	8	2	0	4	12	13	20	25	29
F	9	15	12	6	4	0	8	10	17	22	26
G	17	23	19	13	12	8	0	15	22	27	31
H	8	14	21	15	13	10	15	0	7	12	16
I	15	21	28	22	20	17	22	7	0	10	9
J	20	16	33	27	25	22	27	12	10	0	8
K	24	30	37	31	29	26	31	16	9	8	0

3. 表上作业法

1)原理

表上作业法是指用列表的方法求解线性规划问题中运输模型的计算方法,是线性规划的一种求解方法。当某些线性规划问题采用图上作业法难以进行直观求解时,就可以将各元素列成相关表,作为初始方案,然后采用检验数来验证这个方案,再采用闭合回路法、位势法等方法进行调整,直至得到满意的结果,这种列表求解方法就是表上作业法。

前提:供需平衡,总运费最小。

$$总运费 = 运量 \times 单位运价(已经考虑距离)$$

2)步骤

【例7.2】某线性规划问题的原始信息见表7-2。

表7-2 原始信息表

产地\运价\销地	B_1	B_2	B_3	B_4	产量/t
A_1	3	11	3	10	7
A_2	1	9	2	8	4
A_3	7	4	10	5	9
销量/t	3	6	5	6	20

(1)给定初始方案——最小元素法。运价最小优先供应见表7-3。

表7-3 初始方案运量表

产地＼销地	B_1	B_2	B_3	B_4	产量/t
A_1			4	3	7
A_2	3		1		4
A_3		6		3	9
销量/t	3	6	5	6	20

初始基本可行解下总运费为：$4×3+3×10+3×1+1×2+6×4+3×5=86$（百元）

（2）最优解的判别——位势法。

① 制造初始方案运价表见表7-4。

表7-4 初始方案运价表

产地＼销地 运价	B_1	B_2	B_3	B_4	行位势 U_I
A_1	2	9	3	10	$U_1=0$
A_2	1	8	2	9	$U_2=-1$
A_3	-3	4	-2	5	$U_3=-5$
列位势 V_J	$V_1=2$	$V_2=9$	$V_3=3$	$V_4=10$	

② 作位势法，$U_I+V_J=$单位运价。

第三列：$U_1+V_3=3$，$0+V_3=3$，则 $V_3=3$。

第四列：$U_1+V_4=10$，$0+V_4=10$，则 $V_4=10$。

第三列：$V_3+U_2=2$，$3+U_2=2$，则 $U_2=-1$。

第四列：$V_4+U_3=5$，$10+U_3=5$，则 $U_3=-5$。

第一列：$U_2+V_1=1$，$-1+V_1=1$，则 $V_1=2$。

第二列：$U_3+V_2=4$，$-5+V_2=4$，则 $V_2=9$。

③ 行位势＋列位势＝单位运价，将运价填入空格。

④ 计算得出检验数表，见表7-5。检验数＝单位运价－上表中相对应格中的数字，如检验数≥0，则为最优方案；如检验数<0，则需方案改进。

表7-5 检验数表1

产地＼销地	B_1	B_2	B_3	B_4
A_1	1	2	0	0
A_2	0	1	0	-1
A_3	10	0	12	0

从表7-5中可知检验数第二行第四列小于0，则此方案不是最优方案。

(3) 初始运量方案的改进——闭回路法。

① 从负数格出发，做一闭回路，边线为垂直线和水平线且顶点是有数字的格子，见表 7-6。

表 7-6 闭合回路

销地 产地	B_1	B_2	B_3	B_4	产量/t
A_1			4	3	7
A_2	3		1		4
A_3		6		3	9
销量/t	3	6	5	6	20

② 奇数点减去奇数点最小量，且必须是实格。
③ 则调整后运量见表 7-7。

表 7-7 调整后运量表

销地 产地	B_1	B_2	B_3	B_4	产量/t
A_1			5	2	7
A_2	3		0	1	4
A_3		6		3	9
销量/t	3	6	5	6	20

(4) 对表 7-7 再求位势表（表 7-8）和检验数表（表 7-9）。

表 7-8 位势表

销地 运价 产地	B_1	B_2	B_3	B_4	行位势 U_i
A_1	3	9	3	10	$U_1 = 0$
A_2	1	7	1	8	$U_2 = -2$
A_3	-2	4	-2	5	$U_3 = -5$
列位势 V_j	$V_1 = 3$	$V_2 = 9$	$V_3 = 3$	$V_4 = 10$	

表 7-9 检验数表 2

销地 产地	B_1	B_2	B_3	B_4
A_1	0	2	0	0
A_2	0	2	1	0
A_3	9	0	12	0

检验数均为非负，调整后的运量表则为最优解。

思考：运价见表 7-10，用表上作业法求出最佳运量表。

表 7-10 运价表

产地\运价\销地	B_1	B_2	B_3	B_4	产量/t
A_1	5	12	3	11	7
A_2	1	9	2	7	4
A_3	7	4	10	5	9
销量/t	3	6	5	6	20

7.3.3 分送式配送运输配送线路的优化

分送式配送运输是指由一个供应配送点往多个客户货物接收点的配送。这种配送运输模式要求同一条线路上所有客户的需求量总和不大于一辆车的额定载重量,其基本思路是由一辆车装载所有客户的货物,沿一条优选的线路,依次逐一将货物送到各个客户的货物接收点,既保证按时送货又节约里程,节省运输费用。解决这种模式的优化设计问题可以采用节约里程法。

1. 节约里程法的基本思想

如图 7.8 所示,假设 P 为配送中心,A 和 B 为客户接货点,各点相互的道路距离分别用 a,b,c 表示。比较两种运输路线方案:一是派两辆车分别为客户往 A、B 点送货,总的运输里程为 $2(a+b)$;一是将 A、B 两地的货物装在同一辆车上,采用巡回配送方式,总的运输里程为 $a+b+c$,若不考虑道路特殊情况等因素的影响,第二种方式与第一种方式之差为 $2(a+b)-(a+b+c)$,按照三角原理,可以看出,第二种方式比第一种要节约 $a+b-c$ 的里程数,节约法就是按照以上原理对配送网络的运输路线进行优化计算的。

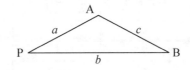

图 7.8 节约里程法的基本思想示意图

2. 节约里程法需考虑的因素和注意事项

(1) 适用于顾客需求稳定的配送中心。
(2) 各配送路线的负荷要尽量均衡。
(3) 要充分考虑道路运输状况。
(4) 要预测需求的变化以及发展趋势。
(5) 考虑交通的状况。
(6) 利用计算机软件求解优化。

3. 节约里程的线路设计

1) 原理

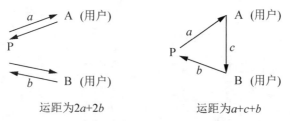

节省里程为 $2a+2b-a-c-b=a+b-c>0$（两边之和大于第三边）。

2) 步骤

【例7.3】图7.9所示为某配送中心的配送网络，图中P点为配送中心，A~J表示配送客户，共10位客户，括号内为配送货物吨数，线路上的数字为道路距离，单位为千米。

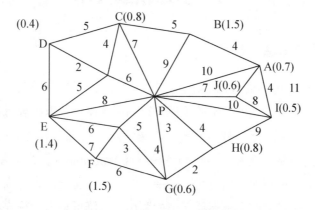

图7.9 某配送中心的配送网络

(1) 计算网络节点之间的最短距离。

(2) 计算各客户之间可节约的运行距离。

(3) 对节约里程按大小顺序进行排列。

(4) 组成配送路线图。

假定本配送企业有额定载重量分别为2吨和4吨的货车，每车每次运行距离不超过30km。

(1) 初始方案：行程148km，需要2吨车10辆。

(2) 二次解：连接AB、AJ、BC，同时连接PA、PJ，则里程为 $7+4+4+5+7=27$km

$0.6+0.7+1.5+0.8=3.6$ 吨，需4吨车一辆。

(3) 三次解：连接DE、EF、FG，同时连接PD、PG，则里程为 $8+6+7+6+3=30$km

$0.4+1.4+1.5+0.6=3.9$ 吨，需4吨车一辆。

(4) 四次解：连接HI，同时连接PI、PH，则里程为 $4+9+10=23$km

$0.8+0.5=1.3$ 吨，需2吨车一辆。

则共行驶 $27+30+23=80$km，共需4吨车两辆，2吨车一辆，比初始方案节约里程 $148-80=68$km。

思考：根据图 7.10 所示网络，求节约里程的线路设计，假定该公司有 2 吨和 4 吨车，每次运行距离不超过 60km。

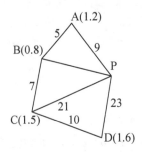

图 7.10　配送网络图

7.4　配送积载技术

7.4.1　配送积载的概念

配送是"配"和"送"的有机结合，它与一般送货的重要区别在于，配送通过集合、分拣、配货等环节，使送货达到一定的规模，以利用规模优势取得较低的送货成本。如果不进行分拣、配货，有一件运一件，需要一点送一点，就会大大增加运力的消耗，因此，针对配送中心服务的对象是众多的客户和各种不同的货物品种，为了降低配送运输成本，需要充分利用运输配送的资源，对货物进行装车调配、优化处理，提高车辆在容积和载货两方面的装载效率，进而提高车辆运能运力的利用率，降低配送运输成本，这就是积载。

7.4.2　配送积载的原则

配送积载的原则有以下几条。

（1）轻重搭配的原则。车辆装货时，必须将重货置于底部，轻货置于上部，避免重货压坏轻货，并使货物重心下移，从而保证运输安全。

（2）大小搭配的原则。货物包装的尺寸有大有小，为了充分利用车厢的内容积，可在同一层或上下层合理搭配不同尺寸的货物，以减少箱内的空隙。

（3）货物性质搭配的原则。拼装在一个车厢内的货物，其化学性质、物理属性不能互相抵触，如不能将散发臭味的货物与具有吸臭性的食品混装；不将散发粉尘的货物与清洁货物混装。

（4）确定合理的堆码层次及方法。可根据车厢的尺寸、容积、货物外包装的尺寸来确定。

（5）到达同一地点的适合配装的货物应尽可能一次积载。积载时不允许超过车辆所允许的最大载重量且车厢内货物重量应分布均匀，同时还应防止车厢内货物之间碰撞与玷污等。

（6）装载时不允许超过车辆所允许的最大载重量。

（7）装载易滚动的卷状、桶状货物时，要垂直摆放。

(8) 货与货之间，货与车辆之间应留有空隙并适当衬垫，防止货损。

(9) 装货完毕后，应在门端处采取适当的稳固措施，以防开门卸货时，货物倾倒造成货损。

(10) 尽量做到"后送先装"。

7.4.3 影响配送积载的因素

导致车辆亏载的原因主要有以下几种。

(1) 物理特性因素。如轻泡货物，由于车辆容积的限制和运行限制（主要是超高），而无法满足吨位，造成吨位利用率降低。

(2) 货物包装情况。如车厢尺寸不与货物包装容器的尺寸成整倍数关系，则无法装满车厢，如货物宽度80cm，车厢宽度220cm，将会剩余60cm。

(3) 不能拼装运输。应尽量选派核定吨位与所配送的货物数量接近的车辆进行运输，或按有关规定而必须减载运行，比如有些危险品必须减载运送才能保证安全。

(4) 由于装载技术的原因，造成不能装足吨位。

7.4.4 提高车辆装载效率的具体办法

提高车辆装载效率的具体包括以下办法。

(1) 研究各类车厢的装载标准，根据不同货物和不同包装体积的要求，合理安排装载顺序，努力提高装载技术和操作水平，力求装足车辆核定吨位。

(2) 根据客户所需要的货物品种和数量，调派适宜的车型承运，这就要求配送中心根据经营商品的特性，配备合适的车型结构。

(3) 凡是可以拼装运输的，尽可能拼装运输，但要注意防止差错。

箱式货车有确定的车厢容积，车辆的载货容积为确定值。设车厢容积为 V，车辆载重量为 W。现要装载质量体积为 R_a、R_b 的两种货物，使得车辆的载重量和车厢容积均被充分利用。

设：两种货物的配装重量为 W_a、W_b。

$$W_a + W_b = W$$

$$W_a \times R_a + W_b \times R_b = V$$

则 $\quad W_a = \dfrac{V - W \times R_b}{R_a - R_b} \qquad W_b = \dfrac{V - W \times R_a}{R_b - R_a}$

【例7.4】某仓库某次需运输水泥和玻璃两种货物，水泥质量体积为 $0.9\text{m}^3/\text{t}$，玻璃是 $1.6\text{m}^3/\text{t}$，计划使用的车辆的载重量为11t，车厢容积为 15m^3。试问如何装载使车辆的载重能力和车厢容积都被充分利用？

设水泥的装载量为 W_a，玻璃的装载量为 W_b。

其中，$V = 15\text{m}^3$，$W = 11\text{t}$，$R_a = 0.9\text{m}^3/\text{t}$，$R_b = 1.6\text{m}^3/\text{t}$

$$W_a = \frac{V - W \times R_b}{R_a - R_b} = \frac{15 - 11 \times 1.6}{0.9 - 1.6} = 3.71t$$

$$W_b = \frac{V - W \times R_a}{R_b - R_a} = \frac{15 - 11 \times 0.9}{1.6 - 0.9} = 7.29t$$

该车装载水泥3.71t，玻璃7.29t时车辆到达满载。

通过以上计算可以得出两种货物的搭配使车辆的载重能力和车厢容积都得到充分的利用，但是其前提条件是车厢的容积系数介于所要配载货物的容重比之间。如果所需要装载的货物的质量体积都大于或小于车厢容积系数，则只能是车厢容积不满或者不能满足载重量。当存在多种货物时，可以将货物比重与车辆容积系数相近的货物先配装，剩下两种最重和最轻的货物进行搭配配装；或者对需要保证数量的货物先足量配装，再对不定量配送的货物进行配装。

7.4.5 配送车辆装载与卸载

1. 装卸的基本要求

装载卸载总的要求是省力、节能、减少损失、快速、低成本。

（1）装车前应对车厢进行检查和清扫。因货物性质不同，装车前需对车辆进行清洗、消毒，必须达到规定要求。

（2）确定最恰当的装卸方式。在装卸过程中，应尽量减少或根本不消耗装卸的动力，利用货物本身的重量进行装卸，如利用滑板、滑槽等。同时应考虑货物的性质及包装，选择最适当的装卸方法，以保证货物的完好。

（3）合理配置和使用装卸机具。根据工艺方案科学地选择并将装卸机具按一定的流程合理地布局，以使搬运装卸的路径最短。

（4）力求减少装卸次数。物流过程中，发生货损货差的主要环节是装卸，而在整个物流过程中，装卸作业又是反复进行的，从发生的频数来看，超过其他环节。装卸作业环节不仅不增加货物的价值和使用价值，反而有可能增加货物破损的几率和延缓整个物流作业速度，从而增加物流成本。

（5）防止货物装卸时的混杂、散落、漏损、砸撞，特别要注意有毒货物不得与食用类货物混装，性质相抵触的货物不能混装。

（6）装车的货物应数量准确，捆扎牢靠，做好防丢措施；卸货时应清点准确，码放、堆放整齐，标志向外，箭头向上。

（7）提高货物集装化或散装化作业水平。成件货物集装化、粉粒状货物散装化是提高作业效率的重要手段，所以，成件货物应尽可能集装成托盘系列、集装箱、货捆、货架、网袋等货物单元再进行装卸作业；各种粉粒状货物应尽可能采用散装化作业，直接装入专用车、船、库，不宜大量化运输的粉粒状也可装入专用托盘、集装箱、集装袋内，提高货物活性指数，便于采用机械设备进行装卸作业。

(8) 做好装卸现场组织工作。装卸现场的作业场地、进出口通道、作业流程、人机配置等布局设计应合理，使现有的和潜在的装卸能力充分发挥或发掘出来，避免由于组织管理工作不当造成装卸现场拥挤、紊乱现象，以确保装卸工作安全顺利完成。

2. 装卸的工作组织

货物配送运输工作的目的在于不断提高装卸工作质量及效率、加速车辆周转、确保物流效率，因此，除了强化硬件之外，在装卸工作组织方面也要给予充分重视，做好装卸组织工作。

（1）制定合理的装卸工艺方案。用"就近装卸"方法或用"作业量最小"法，在进行装卸工艺方案设计时应该综合考虑，尽量减少"二次搬运"和"临时放置"，使搬运装卸工作更合理。

（2）提高装卸作业的连续性。装卸作业应按流水作业原则进行，工序间应合理衔接，必须进行换装作业的，应尽可能采用直接换装方式。

（3）装卸地点相对集中或固定。装载、卸载地点相对集中，便于装卸作业的机械化、自动化，可以提高装卸效率。

（4）力求装卸设施、工艺的标准化。为了促进物流各环节的协调，要求装卸作业各工艺阶段间的工艺装备、设施与组织管理工作相互配合，尽可能减少因装卸环节造成的货损货差。

3. 装车堆积

装车堆积是在具体装车时，为充分利用车厢载重量、容积而采用的方法。一般是根据所配送货物的性质和包装来确定堆积的行、列、层数及码放的规律。

（1）堆积的方式。堆积的方式有行列式堆码方式和直立式堆码方式。

（2）堆积应注意的事项如下。

① 堆码方式要有规律、整齐。

② 堆码高度不能太高，车辆堆装高度一是受限于道路高度限制；二是道路运输法规规定，如大型货车的高度从地面起不得超过 4m；载重量 1000kg 以上的小型货车不得超过 2.5m；载重量 1000kg 以下的小型货车不得超过 2m。

③ 货物在横向不得超出车厢宽度，前端不得超出车身，后端不得超出车厢的长度。大货车不超过 2m；载重量 1000kg 以上的小型货车不得超过 1m；载重量 1000kg 以下的小型货车不得超过 50cm。

④ 堆码时应重货在下，轻货在上；包装强度差的应放在包装强度好的上面。

⑤ 货物应大小搭配，以利于充分利用车厢的容积及核定载重量。

⑥ 按顺序堆码，先卸车的货物后码放。

7.5 配送计划与车辆调度

7.5.1 配送计划

影响配送好坏的因素非常多，且其中又包含许多不可预期的状况，因而为使内部配送计划能够周详，且能掌握外部难以直接控制的情况，有关配送业务的表单很多，图7.11所示为在整个配送计划中相配合的一些业务及表单明细。

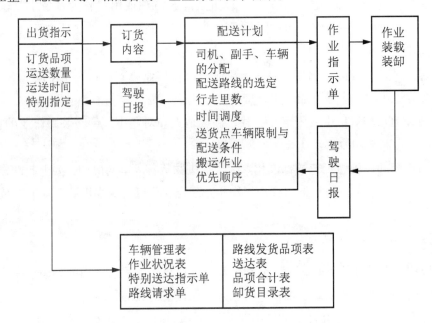

图7.11 与配送计划相配合的业务及表单明细

外部驾驶过程中常会有突发状况发生，通常由表7-11、表7-12、表7-13等表单来对于驾驶情况做记录，除了能随时对车辆与驾驶员的品质及负担做评估调整外，也能反映出事前配送规划的效果，作为后续营运配送的参考。

表7-11 汽车驾驶日报表

日期	年	月	日	星期		天气		温度	度	单位			
卡车号码	驾驶员	运送内容	作业时间			行走		燃料	输送量	同乘客	运费	收款人运费计算			其他
			开始	终了	移动时间	合计	实际	空车					收款人	运费	人事费用	合计	
			时	时	时		km	km	L	吨	名字	元		元	元		

续表

合计值	作业时间		行走时间		输送吨数		燃料		人事费用		支付费用	
	本日	累积	本日	累积	本日	累积	本日	累积	本日	累积	本日	累积
	时间	时间	km	km	吨	吨	L	L	元	元	元	元

表7-12 驾驶成绩报告书

日期　年　月　日　　　　　　单位

车辆号码	工作日数	总车辆数	行走距离	输送数量	燃料	其他
	日	辆	km		L	
合计	日	辆	km		L	

表7-13 配送人员出勤日报表

趟次编号：　　　　车号：　　　　　　车种
驾驶姓名：　　　　助理姓名：　　　　年　月　日

报到、交货地点	计划时间	到达时间	离开时间	经过时间	里程数	冷冻、冷藏温度	卸货箱数	送货单据号码	备注（延迟送达原因）

如何对表7-3做出正确有效的记录，目前国内外已有采用随车使用温度记录器及行车记录器的方式，来对车辆配送情况进行即时详细地掌握。温度记录器随时监控车内温度状况，温度记录器多设置在货品温度须有效控制的配送上，例如冷冻、冷藏食品的配送，温度记录器可提供随时监控管理的功能，一旦货柜温度过高或过低，温度记录器会马上发出警讯提醒配送人员注意，以采取必要措施，且这些资料的记录数据可供事后管理人员检

查之用。行车记录器的用途很广,只要是牵涉到货品配送而且想要好好管理的业者,都可将它运用在车辆行车配送上,行车记录器最主要的功能就是能掌握车辆配送过程中的行驶数据,包括时间、里程数、行车速度等,其具有以下功能目的。

(1) 记录车辆行驶及交货时间。对于时间的记录,需要掌握的时点很多,包括以下内容。

① 由配送中心出发至各客户点的经过时间,以及各客户点相互间的路程时间,以判断此路程的配送有无阻碍,是否应改换路线。

② 到达每一客户点的时间,观察有无延迟交货发生。

③ 离开客户点时间,检查司机交货作业手续的完成速度。

④ 返回配送中心的时间,以观察整趟配送的时间耗费,可根据这些数据来制订以后调配车辆的计划。

(2) 记录车辆行驶的里程数。对于里程的记录,也可分别从以下几个方面来掌握。

① 配送中心至各客户点及各客户点间的里程,观察配送顺序及路径是否合理。

② 空车返回配送中心的里程,以检查空车行走的里程会不会过高,有没有达到车辆运行效益。

(3) 记录车辆运行速度。对于速度的掌握,可由以下两个方面来观察记录。

① 行车速度与平均速度。其目的是随时记录车辆的运行速度,观察是否常受红绿灯影响,或是否会受塞车所阻挠,以评估所选择路径的顺畅程度,检查在哪个时段来配送效果较佳。

② 超速次数。可由此来衡量驾驶员的品质,是否会为公司带来不当的费用。

(4) 记录耗油量与平均耗油量。市区开太慢容易耗油,车辆负载过重容易耗油,司机操纵不当也耗油,因而对于车辆行驶的耗油量也需要特别观察,如此对运费的节省才能发挥实际的效果。

(5) 记录引擎转速。由车辆引擎转速是否正常可看出车辆本身的状况,状况不良的车辆易发生意外和将延误交货时间,因而由行车记录器的记录来观察引擎转速,可确保车辆的配送品质。

由以上行车记录器的功能,可归结出行车记录器所能提供给业者的5项最主要效益。

① 便于统计及分析车辆使用状况,让管理人员能随时调整改善。

② 取代原来人工记录的方式,提高驾驶员工作效率。

③ 简化报表作业程序,提升管理效率及效益。

④ 掌握每一配送时点,提高对客户的服务品质。

⑤ 节省油量消耗及车辆的保养费用,确实降低配送成本。

7.5.2 车辆运行调度工作的内容、作用及特点

1. 车辆运行调度工作的内容

车辆运行调度是配送运输管理的一项重要的职能,是指挥监控配送车辆正常运行、协

调配送生产过程以实现车辆运行作业计划的重要手段，其主要工作包括以下内容。

（1）编制配送车辆运行作业计划。包括编制配送方案、配送计划、车辆运行计划总表、分日配送计划表、单车运行作业计划等。

（2）现场调度。根据货物分日配送计划、车辆运行作业计划和车辆动态分派配送任务，即按计划调派车辆，签发行车路单；勘察配载作业现场，做好装卸车准备；督促驾驶员按时出车；督促车辆按计划送修进保。

（3）随时掌握车辆运行信息，进行有效监督。如发现问题，应采取积极措施，及时解决和消除，尽量减少配送生产中断时间，使车辆按计划正常运行。

（4）检查计划执行情况。检查配送计划和车辆运行作业计划的执行情况。

2. 车辆调度工作的作用

配送作业在物流中心的总体物流成本中占较大比例，配送规划和调度直接影响运输成本与效率。

（1）保证运输任务按期完成。

（2）能及时了解运输任务的执行情况。

（3）促进运输及相关工作的有序进行。

（4）实现最小的运力投入。

3. 车辆调度工作的特点

（1）计划性。

（2）预防性。

（3）机动性。

7.5.3 车辆调度的工作原则

1. 车辆调度工作的基本原则

（1）坚持统一领导和指挥，分级管理，分工负责的原则。

（2）坚持从全局出发，局部服从全局的原则。

（3）坚持以均衡和超额完成生产计划任务为出发点的原则。

（4）最低资源（运力）投入和获得最大效益的原则。

2. 车辆调度工作的具体原则

（1）宁打乱少数计划，不打乱多数计划。

（2）宁打乱局部计划，不打乱整体计划。

（3）宁打乱次要环节，不打乱主要环节。

（4）宁打乱当日计划，不打乱以后计划。

（5）宁打乱可缓运物资的计划，不打乱急需物资运输计划。

（6）宁打乱整批货物运输计划，不打乱配装货物运输计划。

(7)宁使企业内部工作受影响,不使客户受影响。

7.5.4 车辆调度工作的影响因素

配送调度包括许多动态与静态的影响因素,静态因素如配送客户的分布区域、道路交通网路、车辆通行限制(单行道、禁止转弯、禁止货车进入等)、送达时间的要求等;动态因素如车流量变化、道路施工、配送客户的变动、可供调度车辆的变动等因素,使得配送规划更加困难。而且实际调度的前置时间仅有1~2小时,最好的调度方式是以人工经验为主,电脑辅助配合。在配送规划时应主要考虑以下因素。

(1)订单内容的检查。
(2)订单紧急程度确认。
(3)送货处所确认。
(4)配送路径如何顺路。
(5)货品送至客户手中时间的估计。
(6)考虑装卸货时间以做调整。
(7)出发时刻调整。
(8)配送手段的选定。
(9)不同路径的物资的重量、个数。
(10)配送费用。

7.5.5 配送车辆调度问题的分类

配送车辆调度问题有以下分类方式。

(1)按配送中心(车场)的数目分,有单配送中心(车场)问题和多配送中心(车场)问题。
(2)按车辆载货状况分,有满载问题、非满载问题以及满载和非满载混合问题。
(3)按配送任务特征分,有纯送货问题或纯取货(单向)问题及取送混合(双向)问题。
(4)按客户对货物取(送)时间的要求分,有无时限问题和有时限问题;有时限问题又可以分为硬时间窗问题和软时间窗问题。
(5)按车辆类型数分,有单车型问题和多车型问题。
(6)按车辆对车场的所属关系分,有车辆开放问题和车辆封闭问题。
(7)按优化目标数分,有单目标问题和多目标问题。

7.5.6 车辆调度的方法

车辆调度的方法有很多种,根据客户所需货物、配送中心站点及交通线路的布局不同,简单的可采用定向专车运行调度法、循环调度法、交叉调度法等;如果运输任务较重，交通网络较复杂时，为合理调度车辆的运行，可运用运筹学中线性规划的方法，如最短路径法、表上作业法、图上作业法等。

1. 图上作业法

图上作业法是将配送业务量反映在交通图上，通过对交通图初始调运方案的调整，求出最优配送车辆运行调度方法。运用这种方法时，要求交通图上没有货物对流现象，以运行路线最短、运费最低或行程利用率最高为优化目标，其基本步骤如下。

1）绘制交通图

根据客户所需货物汇总情况、交通线路、配送点与客户点的布局，绘制出交通示意图。

【例7.5】设有 A_1、A_2、A_3 共 3 个配送点，分别有化肥 40t、30t、30t，需送往 4 个客户点 B_1、B_2、B_3、B_4，而且已知各配送点和客户点的地理位置及它们之间的道路通阻情况，可据此制出相应的交通图，如图 7.12 所示。

2）将初始调运方案反映在交通图上

任何一张交通图上的线路分布形态无非为成圈与不成圈两类。对于不成圈的，A_1、B_2 的运输，可按"就近调运"的原则即可，很容易得出调运方案。其中（$A_1 \to B_4$ 70km）<（$A_3 \to B_4$ 80km），（$A_3 \to B_2$ 70km）<（$A_2 \to B_2$ 110km），先假定（$A_1 \to B_4$），（$A_3 \to B_2$）运输。对于成圈的，A_2、A_3、B_1 所组成的圈，可采用破圈法处理，即先假定某两点（A_2 与 B_4）不通（即破圈，如图 7.13 所示），再对货物就近调运，（$A_2 \to B_3$）、（$A_2 \to B_4$），数量不够的再从第二点调运，即可得出初始调运方案，如图 7.13 所示。在绘制初始方案交通图时，凡是按顺时针方向调运的货物调运线路（如 A_3 至 B_1、B_1 至 B_4、A_2 至 B_3），其调运箭头线都画在圈外，称为外圈；否则，其调运箭头线（A_3 至 B_3）都画在圈内，称为内圈，或者两种箭头相反方向标注也可。

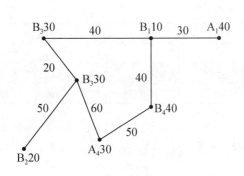

图 7.12 运距运量交通图

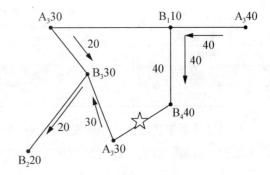

图 7.13 破圈调运图

3）检查与调整

面对交通图上的初始调运方案，首先分别计算线路的全圈长、内圈长和外圈长（圈长即指里程数），如果内圈长和外圈长都分别小于全圈长的一半，则该方案即为最优方案；否则，即为非最优方案，需要对其进行调整。如图 7.14 所示，全圈长（$A_2 \to A_3 \to B_1 \to B_2$）为

210km，外圈（$A_3 \to B_1$ 40km、$B_1 \to B_4$ 40km、$A_2 \to B_3$ 60km）长为140km，大于全圈长的一半，显然，需要缩短外圈长度。调整的方法是在外圈（若内圈大于全圈长的一半，则在内圈）上先假定运量最小的线路两端点（A_3 与 B_1）之间不通，再对货物就近调运，可得到调整方案如图7.14所示。然后，再检查调整方案的内圈长与外圈长是否都分别小于全圈长的一半。如此反复至得出最优调运方案为止。根据图7.14，计算可得内圈长为70km，外圈长为100km，均小于全圈长的一半，可见，该方案已为最优方案。

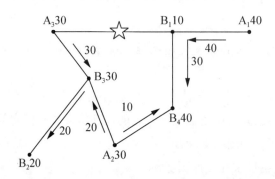

图7.14　$A_3 \to B_1$ 破圈调运图

2. 经验调度法和运输定额比法

在有多种车辆时，车辆使用的经验原则为尽可能使用能满载运输的车辆进行运输，如运输5t的货物，安排一辆5t载重量的车辆运输。在能够保证满载的情况下，优先使用大型车辆，且先载运大批量的货物。一般而言大型车辆能够保证较高的运输效率和较低的运输成本。

例如某建材配送中心，某日需运送水泥580t、盘条400t和不定量的平板玻璃。该中心有大型车20辆，中型车20辆，小型车30辆。各种车每日只运送一种货物，运输定额见表7-14。

表7-14　车辆运输定额表　　　　　　　　　　　　（单位：t/日·辆）

车辆种类	运送水泥	运送盘条	运送玻璃
大型车	20	17	14
中型车	18	15	12
小型车	16	13	10

根据经验派车法确定，车辆安排的顺序为：大型车、中型车、小型车。货载安排的顺序为水泥、盘条、玻璃。得出派车方案见表7-15，共完成货运量980t。

表7-15　经验派车法

车辆种类	运送水泥	运送盘条	运送玻璃	车辆总数
大型车	20		14	20
中型车	10	10	12	20
小型车		20	10	30
货运量/t	580	400		

对于以上车辆的运送能力可以按表 7-16 计算每种车运送不同的定额比。

表 7-16　车辆运输定额比

车 辆 种 类	运水泥/运盘条	运盘条/运玻璃	运水泥/运玻璃
大型车	1：18	1：21	1：43
中型车	1：2	1：25	1：5
小型车	1：23	1：3	1：6

其他种类的定额比都小于1，不予考虑。在表 7-17 中小型车运送水泥的定额比最高，因而要先安排小型车运送水泥；其次由中型车运送盘条；剩余的由大型车完成。得出表 7-17 所示的派车方案，共完成运量 1106t。

表 7-17　定额比优化派车法

车 辆 种 类	运送水泥车辆数	运送盘条车辆数	运送玻璃车辆数	车 辆 总 数
大型车	5	6	9	20
中型车		20		20
小型车	30			30
货运量/t	580	400	126	

扩展性学习案例

日本佐川急便的运输配送体制

佐川急便的 5 个运输要素包括据点网、收集和递送体制、道路网、信息网、营业驾驶员。

1. 佐川急便的据点网

日本佐川急便在全国各地的每个地区有 400 多个据点（1998年），用"2店"、"2中心"对联 2 个区域 6000 多个据点进行管理，将日本全国分为 12 个区域进行管理。

（1）主营店。在各区域设立几家成为核心的主营店，以这些店为中心，管理附近的小型店。

（2）小型店。在主营店的周围，行星般散布着的小规模的店，有些小店配置的车辆不到 10 辆，但为了营业覆盖全国，配置得非常缜密。

（3）运输中转中心。运输中转中心主要完成货物的分拣、集运等功能。

（4）佐川物资流通中心。这就是公司引以为豪的 SRC（佐川流通中心），全国共有 23 家据点，在使用这些大型设施。其主要功能是受托开展顾客货物的保管、加工、发送等业务，遇业务量大时，还积极利用外部的仓库。流通中心的目标是满足顾客的所有要求，满足从简单的保管业务,到大规模的第三方物流业务。因货物的周转率很高,按单位面积的营业额计算,佐川急便数全国第一。

2. 收集和递送货物的主角是驾驶员

收集和递送货物的主角是驾驶员,主要负责以下工作。

(1) 货物的收集和递送、收款、营业活动。

(2) 有义务负责一条路线的顾客管理(负责顾客的发送内容)和营业额的管理。

(3) 负责出发前的车辆运行检查、运行过程中的检视等车辆管理工作(修理、验车时替代车的安排,新车购买计划由专业的运行管理科负责)。

(4) 经常看到驾驶员傍晚6点左右独自一个人卸货的情景。

(5) 为保证自己负责的路线上的顾客所希望的到达时间,驾驶员必须计算本路线上,车辆的出发时间、回到公司的时间以及卸货的时间。

(6) 回到公司后除了卸货以外,还有许多工作要做,如收款进款、收据等账单的管理,纸面上的报告书,虽不写很多,但上报营业情况等许多工作,需在短时间内完成。

3. 佐川急便不分昼夜地利用道路运输网的5类车辆

(1) 直达车。直达车指直接运输店与店之间的直达货物,这种形式对货物的拖延或损坏很少,是理想的送货方式。

(2) 路过一个店的车。这种方式只能适合于有一定规模的店之间采用,并且路过的店必须在中间的理想位置。

(3) 路过数家店的车。这种方法和上面路进一个店的车恰恰相反,从一个店发车,按顺序路过数家店的同时卸货。

(4) 由数家店集中货物发直达车。单用自家店的货物无法构成货物或路过货物时,将货物送到各店,集中几个店的货物再组成直达货物的方式。

(5) 数家店的货物集中到达车。这是从具有一定送货量的店铺发送到主营店或母店等区域内具有横向路线的据点,再转送到最终目的地的方式。

4. 信息网——保障佐川急便一年处理10亿个以上货物的生命线

佐川急便每天利用近400个物资流通中心及城市中心的大规模中转站等进行据点间的运输,还有店对店、区域对区域也进行着各种方式的据点间运输。

5. 营业驾驶员是企业最大的生命线

实施以安全驾驶为主的各种职工教育,如企业文化、微机使用、故障排除及业务训练等。刚录用时及以后定期对驾驶员进行驾驶适应能力诊断。

(资料来源:洪家祥. 仓储与配送 [M]. 南昌:江西人民出版社,2010.)

思考题:

日本佐川急便是如何通过完善运输配送体制提升运输配送效率的?

本章小结

本章对配送运输概念、基本作业流程、运输合理化、配送运输车辆调度及配送运输线路优化进行了讨论，具体要点如下：

（1）配送运输基本作业程序包括划分配送区域、车辆配载、车辆安排等作业环节，合理划分配送区域是其他作业程序的基础工作。

（2）配送运输方法主要有汽车整车运输、多点分运及快运。

（3）配送线路优化技术包括直送式配送运输线路优化和分送式配送运输线路优化，重点是分送式配送运输线路优化。

（4）配送车辆积载技术包括配送车辆积载原则、提高车辆装载效率的具体办法。

（5）车辆运输调度包括车辆调度内容、原则及调度方法，其中车辆调度方法是车辆调度工作的重点，包括表上作业法、经验调度法和运输定额比法。

综合练习

一、名词解释

配送运输　多点分运　快运　直送式配送运输　分送式配送运输　配送积载

二、判断题

1. 配送运输通常是一种短距离、小批量、高频率的运输形式。（　）
2. 汽车整车运输一般中间环节较少，送达速度快，运输成本较高。（　）
3. 多点分运集多个客户的配送货物进行搭配装载，以充分利用运能、运力，降低配送成本，提高配送效率，但是不能有效保证满足客户的要求。（　）
4. 直送式配送运输是指由一个供应点对多个客户的专门送货。（　）
5. 表上作业法是指用列表的方法求解线性规划问题中运输模型的计算方法。（　）
6. 分送式配送运输是指由一个供应配送点往一个客户货物接收点的配送。（　）
7. 影响配送车辆积载的因素主要是物理特性因素。（　）
8. 配送规划和调度不直接影响运输成本与效率。（　）
9. 装载卸载总的要求是：省力、节能、减少损失、快速、低成本。（　）
10. 车辆调度工作的影响因素主要是客户的地理位置。（　）

三、简答题

1. 配送运输具有哪些特点？
2. 配送运输产生的原因是什么？
3. 简述配送运输的基本作业流程。
4. 简述合理运输的5个要素。
5. 简述配送积载的原则。

第8章 物流配送中心信息技术与管理

【本章知识架构】

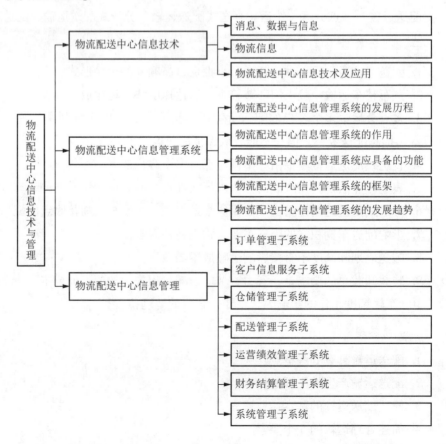

【本章教学目标与要求】

- 掌握物流配送中心信息技术及应用。
- 了解物流配送中心信息管理系统的发展历程。
- 了解物流配送中心信息管理系统应具备的功能。
- 了解物流配送中心信息管理系统的发展趋势。
- 掌握物流配送中心信息管理系统的框架。
- 理解物流配送中心信息管理系统的作用。
- 掌握物流配送中心各子系统的信息管理。

导入案例

沃尔玛——利用信息技术成就其零售业霸主地位

沃尔玛在全球拥有4000多家商店、60多个配送中心及多个特别产品配送中心，它们分布在美国、阿根廷、巴西、加拿大、中国、法国、墨西哥、波多黎各等多个国家。公司总部与全球各家分店和各个供应商通过共同的计算机系统进行联系。它们有相同的补货系统、相同的EDI条形码系统、相同的库存管理系统、相同的会员管理系统、相同的收银系统，这样的系统能从一家商店了解全世界的商店的资料。

沃尔玛的全球采购战略、配送系统、商品管理、电子数据系统、天天平价战略在业界都是可圈可点的经典案例。可以说，所有的成功都是建立在沃尔玛利用信息技术整合优势资源、信息技术战略与零售业整合的基础之上的。

早在20世纪60年代中期，山姆·沃尔顿只拥有几家商店的时候，他就已经清醒地认识到管理人员必须能够随时随地获得他所需要的数据。1974年，公司开始在其分销中心和各家商店运用计算机进行库存控制。1983年，沃尔玛的整个连锁商店系统都用上了条形码扫描系统。1984年，沃尔玛开发了一套市场营销管理软件系统，这套系统可以使每家商店按照自身的市场环境和销售类型制定出相应的营销产品组合。1985—1987年，沃尔玛安装了公司专用的卫星通信系统。

在沃尔玛的管理信息系统中，最重要的一环就是它的配送管理。20世纪90年代，沃尔玛提出了新的零售业配送理论：集中管理的配送中心向各商店提供货源，而不是直接将货品运送到商店，其独特的配送体系大大降低了成本，加速了存货周转，形成了沃尔玛的核心竞争力。沃尔玛的配送系统由3个部分组成：高效的配送中心，迅速的运输系统和先进的卫星通信网络。沃尔玛中国有限公司的管理信息系统来自强大的国际系统支持。

（资料来源：沃尔玛——利用信息技术成就其零售业霸主地位［EB/OL］. http: //www.wal-martchina.com）

随着信息和知识资源逐渐成为企业创造财富和增强竞争力的重要资源，信息技术已经对社会经济文化发展、政府行为和企业管理产生了重要的影响。人们也称这种影响为第三次科技革命的浪潮,它使经济、政治、教育、科研、文化、国防等各方面发生了巨大的改变。信息技术的广泛应用是现代物流与传统物流的主要区别之一,现代物流通过信息化实现其战略决策系统化、管理现代化和作业自动化。本章从现代物流信息技术概述出发,以现代物流信息特征为基础,对信息技术在现代物流中的应用进行分类,从现代物流信息的标识、采集、传输、存储及处理系统等不同方面介绍条形码(Bar Code)、电子数据交换(Electronic Data Interchange,EDI)、数据库(Database)、网络(Internet)、物流信息系统(Logistics Information System)等涵盖的相关技术的基础知识及其在物流配送中心的应用。

8.1 物流配送中心信息技术

8.1.1 消息、数据与信息

消息是由语言、文字、数字等符号组成的序列;数据是指对客观事务观察后可被当前技术及载体记录的可被识别和自动处理的符号;信息不同于消息、数据,它是消息所包含的内容,但并非任何消息都携带着信息,如"现代物流信息技术"这样一个序列构成消息,却不能称之为信息。信息是对数据的分析、处理、利用过程中得到的有用的东西,数据的存在是客观的,而信息则在某种程度上依赖于主观对客观的能动作用。不同的学科,由于其研究的内容不同,对信息的理解也有所不同。日常生活当中,信息在字面上往往被理解为消息、情报、新闻、知识等。

《韦氏(Webster)字典》定义信息为,信息就是在观察或研究过程中获得的数据、新闻和知识。

《牛津(Oxford)字典》定义信息为,信息就是谈论的事情、新闻和知识。

《辞苑》定义信息为,信息就是所观察事物的知识。

《辞海》定义信息为,信息是对消息接受者来说预先不知道的报道。

西蒙(Simon)和维纳(Verla)分别从决策和控制的角度对信息进行了定义,西蒙认为信息是影响人们改变对于决策方案的期待或评价的外界刺激;维纳认为信息是人和外界相互作用过程中相互交换内容的表述,是使不确定因素减少的有用的知识。在现代物流管理和实践中,信息对物流决策和管理的支持及控制作用是最为重要的因素。

总之,对于信息的定义应掌握以下几个方面。

信息来源于对客观事物观察记录的数据,是数据加工处理的结果;信息是主观客体对于客观事物的理解,信息资源的组织、利用方式反映主观客体的能力;信息具有价值,通过信息的接收、处理和传递,可以指导人们的行动并反作用于客观事物,实现对客观事物的管理控制。

例如,入库单可以定义:入库单(发货单位:沈阳工程学院;名称:图书;数量:100;单位:本),构成入库单的基本数据。如果没有实际的客观事物,这些基本数据是没有意义的。只有当这些数据被人们加工、利用，用来指导实际的物流运作时，才成为信息。如果更进一步对一批入库单按照实际需求进行统计分析，就能够获得更为有效的信息。

8.1.2 物流信息

信息是信息管理系统中最为重要的组成部分，信息管理系统不仅是一个计算机系统，更重要的是对信息资源进行有效地组织利用。物流信息是现代物流信息管理系统的重要组成部分，是现代物流7个运作环节（运输、仓储、装卸搬运、流通加工、包装、配送、信息处理）的主要处理对象之一。

1. 物流信息的含义

物流信息（Logistics Information）是物流活动的内容、形式、过程及发展变化的反应，是由物流引起并能反应物流活动实际和特征的，可被人们接受和理解的各种消息、情报、文书、资料、数据等的总称。它是物流系统内部及物流系统与外界联系构成的可以利用的数据集合、加工处理后得到的结果，它是反映物流各种活动内容的文字、声音、图像、消息、知识、情报等，并反作用于客观活动。物流活动中的信息流是伴随着物流的运作而不断产生的，物流信息不仅对物流活动具有支持保证的功能，而且具有连接整合整个供应链和使整个供应链活动效率化的功能。物流系统中信息的产生与作用如图8.1所示。

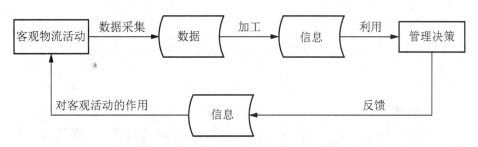

图8.1 物流系统中信息的产生与作用示意图

物流信息产生于从生产领域到销售领域产品流动的过程，随着社会生产过程日益复杂，物流信息在产品流通过程中的地位日益突出，成为流通过程中的主要资源。对于微观个体企业，其日常运作存在"商流、物流与信息流"，"三流"关系密不可分，如图8.2所示，但是从其本身的结构、性质、作用及处理方法来看，"三流"又各具自己独有的特征。物流信息存在于物流系统当中，伴随物流系统活动而产生，反过来又指导和支持物流系统的运行。在实际的商业运作中，信息发挥着对整个商业交易过程的控制作用，也指挥控制着物流活动，图8.3表示了国际贸易货物交付过程中"三流"的顺序。

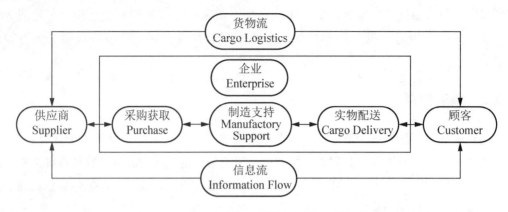

图 8.2　企业日常运作中的"三流"

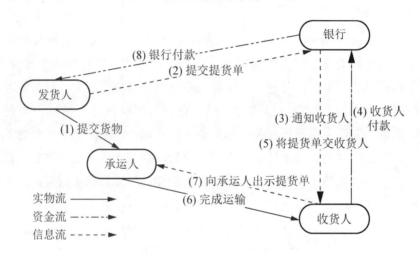

图 8.3　国际贸易货物交付过程中的"三流"顺序示意图

2. 物流信息的特征

随着现代物流的发展，物流信息呈现出以下特征。

（1）物流信息作为一种无形的抽象资源，具有信息的一般特征，包括真实性、有价性、可识别性、可转换性、可存储性、可传输性、可共享性、可处理性、可再生性等。

（2）由于物流活动领域的范围不断扩大，物流信息具有覆盖的广泛性和数目的海量性。由于第三方物流企业经营范围的不断扩大，物流服务的领域和种类日新月异，覆盖的经济领域不断扩大，物流信息需要反映的内容也越来越丰富，来源多样化，数据量不断增大。

（3）由于物流信息伴随着产品的流通，其往往呈现动态、实时的特征。随着信息技术的应用，加速了信息的处理传播，推动了物流运作的速度，从而使物流信息在时效性上有更高的要求，对信息管理提出了更新更高的要求。

（4）随着供应链一体化的发展，各种不同的物流信息的联系越来越紧密，呈现高度的相关性。

（5）由于物流信息的海量、动态实时和一体化的特征，使得物流信息的复杂性增加，通过科学准确处理原始数据获得的物流信息具有极大的应用价值。

由于物流信息的独特特征，物流信息在不同企业的运作管理及社会经济发展中的地位日益突出，构成现代物流发展的关键。

3. 物流信息的构成及作用

物流信息的构成如图8.4所示。

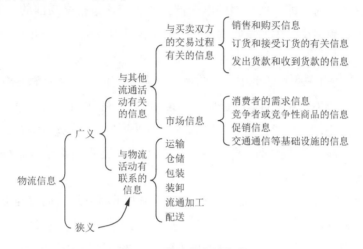

图8.4　物流信息的构成

物流信息对管理决策具有支持作用。在物流管理与决策中，如运输工具的选择、运输路线的确定、每次运送批量的确定、在途货物的追踪、仓库的有效利用、最佳库存数量的确定、库存时间的确定、订单管理、如何提高顾客服务水平等，都需要详细和准确的物流信息。

除此之外，物流信息还能促进物流系统整合和供应链一体化，在应用现代信息技术（EDI、EOS、POS、互联网、自动识别、追踪）的基础上，实现整个供应链活动的效率化，利用物流信息对供应链企业的计划、协调、顾客服务和控制活动进行更有效的管理。应用现代物流技术可以通过清楚地揭示供应链的实际情况，实质性地解决供应链的"长鞭效应"。正是由于物流信息所具有的功能，使得提供全面、及时、准确、快速的物流信息成为现代企业获得竞争优势的必要条件。

8.1.3　物流配送信息技术及应用

物流配送信息技术是对配送中心在实施配送前、中、后过程中的物流信息，进行收集、传输、加工、储存和维护以提高配送作业效率和客户服务水平的硬软件技术，其中的软件技术包括数据库技术、网络技术、通信技术、多媒体技术等信息技术，下面主要介绍电子商务技术、EDI 技术、GIS 技术和 GPS 技术。

1. 电子商务技术

1) 电子商务的含义

广义的电子商务（Electronic Commerce）包括一切以电子方式进行的交易活动，如电视购物、电话购物、传真购物、网络购物等形式。一般的电子商务专指在 Internet 开放的网络环境下，基于浏览器服务器应用方式，实现消费者的网上购物、商户之间的网上交易和在线电子支付的一种新型的商业运营模式。

Internet 上的电子商务主要交易类型有企业与个人的交易（B2C 方式）、个人与个人的效易（C2C 方式）和企业之间的交易（B2B 方式）3 种。其具体内容可以分为 3 个方面：信息服务、交易和支付，即一次完整的电子商务过程应该包括交易前的了解商情、询价、发送订单、应答订单，交易中的发收货通知、取货凭证以及交易后的电子支付与结算、售后的网上服务等过程。

在 Internet 上的电子商务活动中，参与电子商务的实体有 4 类：顾客（个人消费者或企业集团）、商户（包括销售商、制造商、储运商）、银行（包括发卡行、收单行）及认证中心（进行信息中转、信息发送者与接收者身份认证的中间网络运营商）。可见，完整的电子商务的实现涉及很多方面，除了买家、卖家外，还要有银行或金融机构、政府机构、认证机构等相关主体的配合。

Internet 上的电子商务的具体交易流程为：首先电子商务经营商要建立一个虚拟的电子商厦，顾客通过 Web 浏览器就可以迅速地进入电子商厦的主页；进入商厦的顾客必须是在此商厦内已经注册的顾客，因此顾客进入商厦前要经过商厦服务器的认证和授权，被授权后的顾客可以进入商厦浏览商品并把选中的商品放进电子购物车中；当选择完毕后，可以再重新选择所挑选的商品，当完全确认后把订货信息通过网络发送给电子商务经营商；电子商务经营商接到订货信息后将顾客和商品信息送到银行认证中心进行电子签名认证并登记，然后将商品送到顾客家中，并同时向银行清款结算。

2）电子商务系统的关键技术

电子商务系统集合计算机技术、网络通信技术、金融信息处理技术等诸多方面的技术，是一个综合性的系统，其中涉及的关键技术主要有以下几个方面。

（1）Web 技术，特别是 Web 数据库技术。主要用于网上商品信息的发布、检索及后台数据库的相关数据操作。现代企业的电子商务离不开 Web 数据库技术，它为企业面向因特网的新型经营模式提供了强大的技术基础。

（2）电子数据交换，即 EDI 技术。企业与企业之间的交易谈判、交易合同传送、商品订货单的传送都需要 EDI 技术。

（3）在线支付技术。包括电子支票、信用卡的使用管理、电子资金转账、银行资金清算等，主要解决付款问题，需要和银行处理系统协同工作。

（4）信息安全技术。这是电子商务系统的关键技术，主要包括防火墙、信息加密解密、数字签名等。

（5）计算机虚拟现实，即 VR 技术。虚拟电子商厦的建立、虚拟顾客商品浏览、商品外貌的展示都要用到 VR 技术。

（6）因特网技术。因特网是根据一定的通信协议，通过通信线路，由各种终端设备连接起来的数量众多的计算机组成的网络。因特网技术的应用能够实现配送中心与客户信息资源的实时共享。

（7）多媒体技术。多媒体是融合两种或两种以上媒体的一种人机交互式信息交流和传播媒体，使用的媒体有文字、图形、图像、声音、动画、电视图像。多媒体技术的应用可实现多种媒体的传输与显示，创造逼真的虚拟镜像。

电子商务提供了时空无限的商务方式，网罗了所有的潜在市场，其发展令人瞩目，将成为 21 世纪商业发展的主流模式。

3）物流配送中心电子商务系统提供的服务项目

物流配送中心的电子商务系统可自建或利用专门的电子商务经营者的服务，通过上述电子商务技术的应用，一般要向客户提供如下的服务项目。

（1）提供配送商务软件。对于有意与自己合作的客户，允许其到配送中心门户站点下载应用软件，使客户端能迅速与配送中心门户站点间实现电子信息互操作。

（2）交易或发货前的服务。主要有以下几项。

① 地址服务。许多退货的原因是由于将收货人的地址或邮政编码写错，因此系统要在为每个用户存储一批常用地址簿目录，并提供录入、查询、修改、删除和校对等管理功能的同时，其服务器能调用邮政编码系统和地理信息系统中的基本数据进行校对，发现错误后，系统立即通知用户，从而保证了地址的正确性。

② 价格服务。门户站点应为用户提供清晰的商品价格和货运价格体系及在各种情况下的折扣价格，便于客户从中选取最适合自己的商品数量和货运方式。系统还应提供便利的价格计算方法，使用户在选定商品数量和货运方式的同时，就可得知货运价格。

③ 商品服务。用户在网上选定商品后，可获得其重量、质地、外形尺寸、运输包装方式等与货运价格相关的因素。

④ 运输方式服务。系统应向用户提供各种运输方式，如不同车型、不同到货时间等要求的说明，使用户能在运输前，了解货运所需时间，参考价格体系，选取最适合自己的运输方式。

（3）交易中或发货后的有关服务。主要有以下几项。

① 货物运输状况信息服务。用户可以查询自己货物的运输状况，在配送中心门户站点上输入购物单号，找到匹配的货运单号，然后可以在配送中心的系统中查出货运数据；当用户知道自己的货运单号时，也可直接到配送中心的网站查询数据。系统返回给用户的数据一般是表格或图形形式，并包括运输预计行程时间表与实际行程的比较。对于实际行程迟于预计行程的，系统给予合理的解释。

② 电子单证服务。实现订货单、拣货单、送货单、货运清单等单证的实时网络传输、自动转换和生成，节省时间，避免出错，提高单证作业效率和服务水平。

（4）交易后的服务。主要是电子支付和结算、售后服务等。电子支付和结算要通过银行等金融机构的在线连接系统实现。售后服务是用户有任何疑难问题或不满时，可通过配送中心的呼叫中心或网上服务中心迅速得到解决。

2. EDI 技术

EDI（Electronic Data Interchange）是电子商务过程中很重要的环节和技术，因为商品或服务信息、数据、单证和资料等的传输，要通过 EDI 实现。EDI 通过计算机网络传递商务信息，如商品选择、订货、配送、验收、付款等信息，用标准报文来解决交易双方因为不同单证与传递方式不同而引起的问题，实现交易的电子化和标准化。

1）EDI 定义及工作过程

为解决 EDI 的标准问题，联合国行政、商业及运输电子数据交换标准委员会（UN/EDIFACT）制定了世界通用的 EDI 标准。国际标准化组织（ISO）对 EDI 的技术定义为按照一个公认的标准形成的结构化事务处理或信息数据格式，实施商业或行政事务处理从计算机到计算机的电子传输。

可见 EDI 是一套报文通信工具，它利用计算机的数据处理与通信功能，将交易双方彼此往来的商业文档（如询价单或订货单等）转成标准格式，并通过通信网络传输给对方。EDI 系统一般由以下几个方面组成：关于信息传送方式的规定、关于信息表示方式的规定、关于系统运行操作的规定和关于交易业务的规定，并且主要通过增值网（VAN）实现 EDI 的通信功能。应用 EDI 的优越性在于加快信息传递，迅速核对各类数据，易于发现差错，实现无纸化交易。

交易双方交易前，先向通信网络运营商或电子商务服务商申请电子通信信箱，并且安装 EDI 软件，然后用 EDI 软件将交易信息发往自己的信箱，经中间商对发送信息进行识别、处理后转发到接收方的信箱，接收方进入自己的信箱借助于 EDI 软件就能收到与获知交易信息。

可见，EDI 的工作过程就是交易双方进入各自信箱进行的商务通信活动，具体如图 8.5 所示。发送方通过自己的应用系统如管理信息系统等，将收集到的客户信息制作或生成表格、图形、单证等待发信息，并用转换程序将其转换为系统数据格式，然后经过映射软件将系统数据格式转换为内部固定格式的文件，生成 EDI 平面文件（通过应用系统将用户的应用文件，如单证、票据等或数据库中的数据，映射成一种标准的中间文件的过程称为映射），再用翻译软件将平面文件转换生成 EDI 标准格式文件（是信息传输时的格式），接着通过专用网络将 EDI 标准格式文件发送至商务网络中心，由商务网络中心打包、压缩后传至商贸业务的接收方。

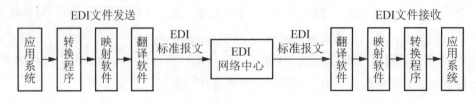

图 8.5　EDI 的工作过程

EDI 文件的接收和处理过程和发送环节一样，流程正好相反。接收方通过通信网络接入 EDI 信箱系统，打开自己的信箱，将来信接收到自己的计算机中，经格式校验、翻译、映射还原成应用文件，最后对应用文件进行编辑、处理或回复。

2）EDI 的应用范围和功能

不同规模和功能的物流配送中心，EDI 应用的范围和功能是不一样的，一般包括以下说明。

（1）应用范围。交易双方往来的单证都属于商业 EDI 报文所能适用的范围。配送中心与其交易伙伴的商业行为大致可分为接单、配送、催款及收款 4 种作业，其间往来的单据包括订货单、出货单、催款对账单及付款凭证等。

（2）服务功能。除报文标准外，EDI 还需要有一套系统来完成将 EDI 报文转换成企业内部信息系统能识别和使用的文件的操作，因此，商业 EDI 系统的主要功能就是提供报文转换。从不同的角度考察，配送中心 EDI 主要具有以下服务功能。

① 作为客户，EDI 需具有的服务功能主要有生成并将采购进货单传送给供应商；生成并将退货单传送给供应商；生成并将询价单传送给供应商；验收并打印供应商传来的报价单。

② 作为供应商，EDI 需具有的服务功能主要有接收并使用客户传来的采购进货单；接收并使用客户传来的退货单；接收并打印客户传来的询价单；生成报价单并传送给客户；生成退货单并传送给配送中心有关退货部门。

③ 委托运输时，EDI 需具有的服务功能主要有生成托运单并传送给运输商；生成出货单并传送给配送中心有关出货部门；生成到货或发货通知；接收运输商的送货到货通知；接收供应商或客户的发货或到货通知。

④ 进行转账业务时，EDI 需具有的服务功能主要有生成催款对账单并传送给客户；接收并使用厂商传来的催款对账单；生成付款明细单并传送给厂商；接收并使用客户传来的付款明细单；生成付款指示明细并传送给银行；接收并使用银行传来的扣账通知；接收并使用银行传来的扣账不符通知；接收并使用银行传来的进账失败通知；接收并使用银行传来的进账通知明细单。

3. GIS 技术

人类的活动总是受限于一定的时空范围内，人们的生产和生活中 80% 以上的信息和地理空间位置有关。地理信息系统（Geographic Information System，GIS）是 20 世纪 60 年代中期开始发展起来的新技术，最初用来解决地理问题。1963 年加拿大测量学家 R. E. Tomlinson 首先提出了地理信息系统这一术语，规划设计并建成世界上第一个 GIS（加拿大地理信息系统 CGIS），用于自然资源的管理和规划。目前，GIS 广泛地应用于地质、资源管理、土地规划、环境监测、防灾减灾、电力行业、交通管理、城市规划、科研、教育和国防等领域。

GIS 是能够收集、管理、查询、分析、操作以及表现与地理相关的数据信息的计算机信息系统，能够为分析、决策提供重要的支持平台。GIS 处理的数据都和地理信息有着直接或间接的关系。地理信息是有关地理实体的性质、运动状态的表征知识，而地理数据则是各种地理特征和现象间关系的符号化表示，包括空间位置、属性特征（简称属性）及时域特征 3 个部分。空间位置数据描述物体或现象所在的位置；属性数据有时又称作非空间数据，是属于一定物体或现象、描述其特征的定性或定量指标；时域特征是指地理数据采集或地理现象发生的时刻或时段。

1）GIS 应用系统的构成

GIS 应用系统除人员外由 4 个主要部分构成，即硬件系统、软件系统、数据和方法。

（1）硬件系统。地理信息系统的硬件系统一般由计算机和一些外围设备组成。计算机是硬件的核心，用作数据和信息的处理、加工与分析；外围设备包括数据的采集设备，如数字化仪、扫描仪、解析测图仪、测绘仪器等。

（2）软件系统。软件是指 GIS 运行所必需的各种程序，主要包括计算机系统软件和地理信息系统软件。地理信息系统软件提供存储、分析和显示地理信息的功能和工具，主要的软件部件有输入和处理地理信息的工具、数据库管理系统工具、支持地理信息查询、分析和可视化显示的工具、容易使用这些工具的图形界面等。

（3）数据。GIS 系统的地理数据来源包括室内数字化和野外采集及其他数据的转换数据，其中空间数据的表达可以采用栅格和矢量两种形式。矢量数据结构直接以采样点的坐标为基础尽可能精确地表示点、线、面等地理实体；栅格数据模式采用规则的正方形或者矩形栅格，组成每个栅格点或者像素的位置由栅格所在的行号和列号来定义。

（4）方法。主要是指空间信息的综合分析方法，也就是应用模型，它是在对专业领域的具体对象与过程进行大量研究的基础上总结出的规律的表示，GIS 应用就是利用这些模型对大量空间数据进行分析综合来解决实际问题的。

综合是 GIS 技术开发和应用的重要方向，GIS 技术的发展日益与其他信息技术相结合，如与 CAD、多媒体、通信、Internet、办公自动化、虚拟现实等多种技术结合，形成了综合的信息技术。常说的"3S"即 GIS、RS（遥感）和 GPS 的一体化就是技术综合的体现。

在配送中心实施配送的过程中，往往要涉及货物的运输、仓储、装卸、移交等网络的选择、仓库位置的选择、仓库的容量设置、合理装卸策略、运输车辆的调度和配送路线的选择等，这些方面的有效管理和决策分析将有助于配送中心有效地利用现有资源，降低消耗，提高效率。不难看出，上面的问题都涉及地理要素和地理分布，而凡是涉及地理信息的领域都可以应用 GIS 技术。

2）GIS 技术在配送中的主要功能

GIS 技术在配送中的主要功能有以下几种。

（1）移动车辆的电子地图显示。在指挥、调度中心屏幕的电子地图上，用图标形式直观显示一个或用多窗口显示多个移动车辆的实时位置，随着移动车辆的 GPS 定位信息不断改变，在电子地图上可以自动跟踪其行进轨迹。

(2) 调度功能。监控、调度中心的调度员可以在中心显示屏的电子地图上，找到被监控车辆的具体位置，还可根据货运情况对司机进行调度，让他们就近运送货物，以减少车辆的空载率，降低货运成本。

(3) 报警功能。在被盗、遇劫等情况下，电子地图弹出报警窗口并发出报警声，监控中心进入出事车辆监控程序，除了实时监控出事车辆的情况外，还可以记录车辆位置、方向、速度和记录行车轨迹供事后回放。

(4) 信息查询功能。授权用户可通过电话或浏览因特网向监控中心查询相关车辆实时位置信息或所保存的历史信息。

(5) 车载导航功能。在车载终端中采用大屏幕显示，将车辆自身的 GPS 定位图标显示在当地的电子地图上，用以实现自动导航功能。

(6) 其他功能。如车辆行驶轨迹存储与回放、给司机导航和选择最佳路线、目标距离估算、盲区航迹推算、交通智能管理等。

4. GPS 技术

全球定位系统（Global Positioning System，GPS）是美国为满足军事部门和民用部门对连续实时、高动态、高精度导航定位的要求，从 20 世纪 70 年代开始研制，历时 20 年，耗资 200 亿美元，于 1994 年全面建成，具有在海、陆、空进行全方位实时三维导航与定位能力的新一代卫星导航与定位系统。GPS 是近年开发的最具有开创意义的高新技术之一，其全球性、全能性、全天候性的导航定位、定时、测速优势在诸多领域中得到越来越广泛的应用，已成功地应用于大地测量、工程测量、航空摄影测量、运载工具导航和管制、地壳运动监测、工程变形监测、资源勘察、地球动力学等多种学科，应用领域目前已遍及国民经济各种部门，并开始逐步深入人们的日常生活。

1) GPS 系统构成

GPS 系统包括三大部分：空间部分——GPS 卫星星座；地面控制部分——地面监控系统；用户设备部分——GPS 信号接收机及相应支撑软件。

(1) GPS 卫星星座。负责信息的接收、发射与传递。GPS 工作卫星及其星座由分布在 20000 千米高空的 21 颗工作卫星和 3 颗在轨备用卫星组成，记做 (21+3) GPS 星座。24 颗卫星均匀分布在 6 个轨道平面内，轨道倾角为 55°，各个轨道平面之间相距 60°。GPS 工作卫星组保障全球任一时刻、任一地点都可对 4 颗以上的卫星进行观测（最多可达 11 颗），实现连续、实时地导航和定位。

(2) 地面监控系统。该系统的功能是对空间卫星系统进行监测、控制，并向每颗卫星注入更新的导航电文。GPS 工作卫星的地面监控系统包括主控站、注入站和监测站。

监测站用 GPS 接收系统测量每颗卫星的经纬度和距离差，采集气象数据，并将观测数据传送给主控站。

主控站接收各监测站的 GPS 卫星观测数据、卫星工作状态数据、各监测站和注入站自身的工作状态数据，并根据上述各类数据，完成以下几项工作：及时编算每颗卫星的导航电文并传送给注入站；控制和协调监测站间、注入站间的工作，检验注入卫星的导航电文是否正确以及卫星是否将导航电文发给了GPS用户系统；诊断卫星工作状态，改变偏离轨道的卫星位置及姿态，调整备用卫星取代失效卫星。

注入站接收主控站送达的各卫星导航电文并将之注入飞越其上空的每颗卫星。

（3）用户接收系统。接收GPS卫星发射的信号，以获得必要的导航和定位信息，经数据处理，完成导航和定位工作。用户接收系统主要由以无线电传感器和计算机技术支撑的GPS卫星接收机和GPS数据处理软件构成。

GPS卫星接收机的基本结构是天线单元和接收单元两部分。天线单元的主要作用是当GPS卫星从地平线上升起时，能捕获、跟踪卫星，接收放大的GPS信号。接收单元的主要作用是记录GPS信号并对信号进行解调和滤波处理，还原出GPS卫星发送的导航电文，解求信号在站星间的传播时间和载波相位差，实时地获得导航定位数据或采用测后处理的方式，获得定位、测速、定时等数据。微处理器是GPS接收机的核心，承担整个系统的管理、控制和实时数据处理。视屏监控器是接收机与操作者进行人机交流的部件。

GPS数据处理软件是GPS用户系统的重要部分，其主要功能是对GPS接收机获取的卫星测量记录数据进行"粗加工"、"预处理"，并对处理结果进行平差计算、坐标转换及分析综合处理，解得测体的三维坐标、运动速度、方向及精确时刻。

2）GPS技术定位

GPS定位采用空间被动式测量原理，即在测站上安置GPS用户接收系统，以各种可能的方式接收GPS卫星系统发送的各类信号，当地面用户的GPS接收机同时接收到3颗以上卫星的信号后，测算出卫星信号到接收机所需要的时间、距离，再结合各卫星所处的位置信息，将卫星至用户的多个等距离球面相交后，即可确定用户的三维（经度、纬度、高度）坐标位置及速度、时间等相关参数。

用户如何测量与卫星的距离呢？GPS采用的办法是在卫星和用户机上各安装一个时钟，并在卫星发送的测距信号中包含发送时的时间信息。这样，用户机在接收到测距信号后，只要与自身时钟的时间对比，就可以获得发送时间与接收时间的时差，再乘以光速，就可以得到用户与卫星的距离了。

GPS技术按待定点的状态分为静态定位和动态定位两大类。

（1）静态定位。指待定点的位置在观测过程中是固定不变的，如GPS在大地测量中的应用。静态定位的精度一般在几毫米、几厘米范围内，对GPS信号多采用后处理。

（2）动态定位。是指待定点在运动载体上，在观测过程中是变化的，如GPS在船舶、车辆导航中的应用。动态定位的精度一般在几厘米到几米范围内。对GPS信号采用实时处理或后处理。

GPS技术定位和导航过程为不同方位的导航卫星不断地向地球表面发射无线电波，经装在移动的目标（如车辆、船、飞机）上的接收装置接收后，对这些不同方位的导航卫星的定位信号进行处理，就可以计算出自己当前的经纬度坐标，然后将其坐标信息记录下来或发回监控中心，地面监控中心借助于 GIS 就可以根据道路交通状况向移动目标发出实时调度指令。

3）GPS 技术在物流配送中心的应用

配送中心利用 GPS 技术，主要实现车辆管理和货物跟踪管理。

（1）基于 GPS 技术的车辆监控管理系统。该系统是将 GPS 技术、地理信息技术和现代通信技术综合在一起的高科技系统，其主要功能是将任何装有 GPS 接收机的移动目标的动态位置（经度、纬度、高度）、时间、状态等信息，实时地通过无线通信网传至监控中心，而后在具有强大地理信息处理、查询功能的电子地图上进行移动目标运动轨迹的显示，并能对目标的准确位置、速度、运动方向、车辆状态等客户感兴趣的参数进行监控和查询，以确保车辆的安全，方便调度管理，提高运营效率。

（2）基于 GPS 技术的智能车辆导航仪。该装置是安装在车辆上的一种导航设备，它以电子地图为监控平台，通过 GPS 接收机实时获得车辆的位置信息，并在电子地图上显示出车辆的运动轨迹。当接近路口、立交桥、隧道等特殊路段时可进行语音提示。作为辅助导航仪，可按照规定的行进路线使司机在熟悉或不熟悉的地域都可迅速地到达目的地。该装置还设有最佳行进路线选择及路线偏离报警等多项辅助功能。

（3）利用 GPS 技术实现货物跟踪管理。货物跟踪管理是利用 GPS 和其他技术及时获取有关货物运输状态的信息（如货物品种、数量、货物在途情况、交货期间、发货地和到达地、货主、送货责任车辆和人员等），提高物流运输服务。

货物跟踪管理的过程为货物装车发出后，运输车辆上装载的 GPS 接收机在接收到 GPS 卫星定位数据时，自动计算出自身所处的地理位置的坐标，由 GPS 传输设备将计算出来的位置坐标数据经移动通信系统（GSM）发送到 GSM 公用数字移动通信网，移动通信网再将数据传送到基地指挥中心，基地指挥中心将收到的坐标数据及其他数据还原后，与 GIS 系统的电子地图相匹配，并在电子地图上直观地显示车辆实时坐标的准确位置，在电子地图上清楚而直观地掌握车辆的动态信息（位置、状态、行驶速度等）。同时还可以在车辆遇险或出现意外事故时进行种种必要的遥控操作。

8.2 物流配送中心信息管理系统

随着现代物流理念和供应链理念的发展，以及信息技术的发展，先进的物流信息系统成为供应链管理不可或缺的重要组成部分。配送中心作为供应链中的重要环节，必然需要合适的信息系统进行管理，以保证高效、低成本、高水平的物流服务的开展。

8.2.1 物流配送中心信息管理系统的发展历程

物流配送中心的作业管理先后经历了传统人工作业阶段，以使用计算机作为记录工具的计算机化管理阶段，以使用自动输送设备、自动仓储、自动叠放托盘设备并通过自动分类、自动识别等方式结合信息系统进行存货管理为特征的自动化阶段，以及以普遍采用计算机终端作为作业数据输入输出工具，利用网络、自动化设备等作为自动输送设备，以工作站、自动仓储、自动拣货系统等实现系统化、最佳化作业控制并降低仓储成本为特征的整合阶段。

伴随着物流配送中心作业方式的不同，物流配送中心管理信息系统的发展历程大致可划分为4个阶段：人工作业时代，计算机化管理时代，自动化信息整合时代，智能化信息整合时代。

1. 人工作业时代

该时期仓储、配送作业均以手工为主，因此各项事务管理作业均由经营管理者根据紧迫程度要求而设定，没有固定的文档、报表格式及固定的作业流程。

2. 计算机化管理时代

随着仓储搬运设备自动化，物流配送中心的各项作业逐渐显示出作业方式的混乱、无效率，因此在经营管理中需要较准确的信息作为有效管理的依据，故各物流配送中心开始将事务作业进行规范化、标准化并引进计算机或机械设备来排除人工作业所产生的进度缓慢及统计数字失真等问题。

该时期具有以下特征：作业流程规范化；报表单据合理化、标准化；开始采用计算机进行数据统计；采用计算机编制各项管理报表；各计算机信息系统之间相互独立，拥有独立的数据库，形成"信息孤岛"。

3. 自动化信息整合时代

当仓储设备由机械化进入自动化阶段时，由于自动化设备的使用，如自动仓储系统、自动搬运系统、自动分类系统、自动拣货设备等，使得作业数据的处理量和处理速度成为整个系统运行的瓶颈，因此如何处理自动化设备的输入/输出数据及如何连接这些系统至关重要，直接关系到能否有效应用与控制这些自动化设备。信息整合时代的事务作业包括以下特征。

（1）计算机软硬件整合。

（2）建立数据库管理系统。

（3）物流配送管理信息系统与不同的作业系统自动转账。

（4）对数据进行一定的统计分析并辅助制定各种决策。

（5）物流配送管理信息系统能与外部网络连接，接收、存储外部信息并进行数据格式转换。

该阶段物流配送管理信息系统的作业内容已经涵盖了物流配送中心绝大部分的作业，包括以下几种。

（1）订单处理。

（2）销售预测。

（3）商品管理。

(4) 集货、拣货排程。

(5) 车辆调派。

(6) 配送路径选择。

(7) 厂商管理。

(8) 与自动化设备间的数据传输、处理控制。

(9) 各类信息系统整合连接。

(10) 与银行间的自动转账。

(11) 绩效管理。

4. 智能化信息整合时代

当各项作业及管理事务实现计算机化、网络化管理后，经营管理者对信息系统的需求已由作业管理的自动化转向经营决策自动化，经营管理者可参考各项作业数据统计结果，利用信息系统完成数据查询、排序、分类等功能，使信息得以快速处理，并且引进人工智能与机器学习、专家系统等技术来简化分析推理时间并减少人工作业的错误，增加系统运行效率。该阶段事务作业特征主要表现为以下几点。

(1) 引进人工智能技术。

(2) 引进专家系统技术，建立企业知识库。

(3) 计算机辅助制定运营决策。

8.2.2 物流配送中心信息管理系统的作用

一个现代化的物流配送中心除了具备自动化的物流设备和物流技术之外，还应具备现代化的物流管理信息系统，这样才能取得最大的效率和效益。建立物流配送中心的根本意义在于提高服务水平和营业额、降低成本和增加效益。为了实现这一目的，要从物流配送中心的供货时间、有无缺货、错误率、畅销与滞销品信息以及新品的信息和样品提供等方面进行调查、研究和分析。

现代化的物流配送中心管理信息系统的作用体现在以下几个方面：缩短订单处理周期；保证库存水平适量；提高仓储作业效率；提高运输配送效率；接受订货和发出订货更为简便；提高接受订货和发出订货的精度；提高发货、配送准确率；调整需求和供给。

物流配送管理信息系统就是要解决好上述这些问题，总的目的是为了提高对顾客的服务水平和降低物流总成本，但需要注意的是，提高服务水平和降低总成本之间存在"效率背反"规律。这时物流配送管理信息系统起到控制物流各种机能，并加以协调的作用。

8.2.3 物流配送中心信息管理系统应具备的功能

一般来说，配送中心中用到的信息系统需要满足以下功能或者是以下功能中的一部分。

1. 供应链设计与协同

某些物流配送中心负有供应链管理的功能。通过信息系统，提供供应链管理的解决方案。其价值在于能够通过结成战略层、战术层、执行层的解决方案，在满足基本需求的同时，建立物流网络模型，通过优化算法对各种情况进行测算评估，优化物流资源的利用，实现供应链整体成本的降低、降低库存水平、提高生产率。

2. 运输管理功能

基于销售订单、采购订单以及对于运输分包商、运输方式的分析，构建模型进行优化，采取运输合并、入出库整合等措施，降低运输成本，减少周期，提高服务质量。对运输进行整合管理是信息系统的部分功能，信息系统整合运输模式如图8.6所示。

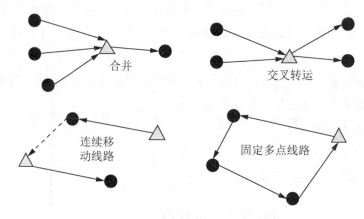

图8.6　信息系统整合运输模式图示

3. 线路优化功能

基于不同的线路策略，如固定线路、主干线路，或者新的线路，以及区域划分、补货送货时间、车队规模等的分析，选择恰当的优化线路，既考虑线路策略的优化，也考虑线路顺序的优化、资源分配等因素。在运输途中发生路线变化时，重新进行优化和排线。

该类模块能够有效缩短路程、线路时间和加班时间，提高运作效率。

4. 仓库管理功能

仓库管理系统（Warehouse Management System，WMS）是配送中心信息系统的核心组成部分，根据配送中心的具体情况，需要涵盖配送中心的主要功能范围包括：收货通知，收货确认，上架，订单接收，排序，分装，拣货（备货确认），二次包装，排车，发货，客户收货，退货，货主维护，批次号维护，产品维护，仓库维护，条码跟踪及识别，条码生成，交叉驳运，货物跟踪，策略定制，任务管理，库存周转，盘点，库存，报表，在线帮助系统，接口功能，KPI指标评估体系。

5. 增值服务

增值服务是很多物流配送中心的重要业务构成。根据业务的需要，配送中心的信息系统能够使配送中心很容易地实现组装产品等增值服务的业务流程的系统控制。

6. 交叉转运

如果配送中心执行货品直运（Flow—Thru）和转运（Transshipment），WMS 应提供交叉转运功能。此项技术已被广泛认为是加快物流速度（Velocity），提高可用库存品类，并降低库存量的重要且有效的手段。根据需要，WMS 的交叉转运应该具有中途转送（Transshipment）、直通发运（Flow—Thru）、见缝插针式的交叉转运管理（Opportunistic Cross Dock）、合并转运（Merge—In Transit）等功能。

7. 事件管理

比较好的信息系统能够对订单的生命周期内发生的事件提供自动的通知功能，例如，当系统按照预先的定义，发现某一客户的业务出现异常之时，WMS 即可通过传呼、短信息、电子邮件、传真、FTP、TCP/IP 等渠道发出警报。

某些可能引发警报的事件举例如下：客户订单被接收、供货及出货通知、承运商运到关键性货品、某一货品的库存量在满足某张订单后降到安全库存量以下等。用户可以按照业务需求定义所需要报警的异常或事件，例如，收完某客户的货品后，WMS 自动生成收货差异报表通过电子邮件发给相应的工作人员，并同时通知上级主管人员货已收到和是否有差异。

8. 数据接口

根据需要，配送中心需要和客户、供应商及分包商等系统之间通过相关的数据接口，确保信息流正常。具体的数据接口依据不同的客户，会有不同的特殊和个性化要求。下面举例列出部分可能需要实现数据交换的过程：ASN/收货预警，ASN/收货确认，仓库发货接口，库存冻结，库存调整，库存转移，库存水平协调，零件主数据设置，空料箱退回供应商，货主表设置（供应商/承运人），物料主数据导入。

8.2.4　物流配送中心信息管理系统的框架

在了解配送中心各项作业之后，就可根据各项活动与活动之间的相关性，将作业内容相关性较大的或所需资料相关性较大的作业划分为同一个群组，并将这些群组视为信息系统下的大架构。为了分析方便，这里所建构的是一个一般买卖业典型的配送中心，没有既有的公司组织架构可作为信息系统模块划分的参考，因此框架根据作业内容的相关性及作业流程的关联性来划分模块。根据配送中心的各项作业将配送中心的系统架构划分为以下4个模块：销售出库管理系统，采购入库管理系统，财务会计系统，经营效果评估系统。每个系统下又包括各自的子系统，图8.7所示显示了配送中心的内部信息系统的结构和配送中心信息系统与外界的联系情况。下面对各个系统进行简单的介绍。

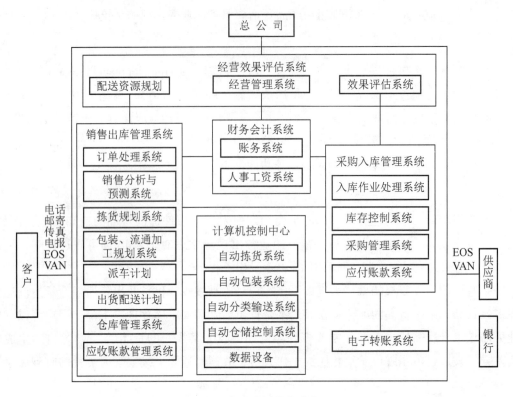

图8.7 各系统间的关联关系

1. 销售出库管理系统

销售出库管理系统的内容包括从客户处取得订购单、做订单处理、仓库管理、出货准备、将货品运送至客户手中，整个作业都以对客户服务为主。内部各系统间的作业顺序是首先统计订单需求量，然后传送给采购入库管理系统作为库存管理参考的数据，并由采购入库管理系统取得货品，在货品外送后将应收账款账单转入会计部门作为转账之用，最后将各项内部资料提供给经营效果评估系统作为绩效考核的参考，并由经营效果评估系统取得各项营运指示。销售出库管理系统与其他三大系统间信息的关联性如图8.8所示。

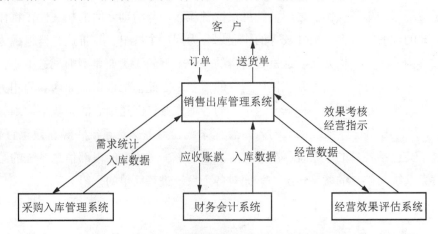

图8.8 销售出库管理系统与其他三大系统间的关联

销售出库管理系统包括：订单资料处理系统、销售分析与预测系统、拣货规划系统、包装与流通加工规划系统、出货配送计划、派车计划、仓库管理系统、应收账款系统，其系统架构如图 8.9 所示，其信息流程描绘如图 8.10 所示。

2. 采购入库管理系统

采购入库管理系统是处理与生产厂商相关的作业的管理系统，包括商品实际入库、根据入库商品内容做库存管理、根据需求商品向供货厂商下订单。采购入库管理系统包括入库作业处理系统、库存控制系统、采购管理系统、应付账款系统。

1）入库作业处理系统

入库作业发生在生产厂商交货之时，输入数据包括采购单号、厂商名称、商品名称、商品数量等，可输入采购单号来查询商品名称、内容及数量是否符合采购内容并用以确定入库月台，然后由仓库管理人员指定卸货地点及摆放方式并将商品叠于托盘上，仓库管理人员检验后将修正入库数据输入，包括修正采购单一并转入库存入库数据库并调整库存数据库。退货入库的商品也需检验，可用品方可入库，这种入库数据既是订单数据库、出货配送数据库、应收账款数据库的减项，同时也是入库数据库及库存数据库的加项。

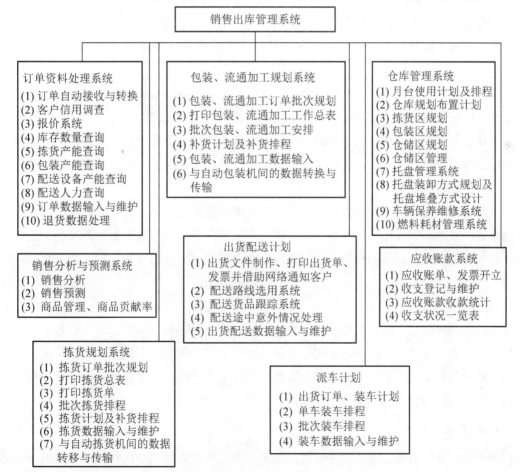

图 8.9 销售出库管理系统架构

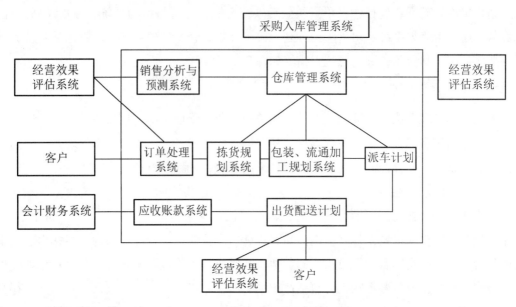

图 8.10　销售出库管理系统信息流程

2）库存控制系统

库存控制系统主要完成库存数量控制和库存量规划,以减少因库存积压过多造成的利润损失。它包括商品分类分级、订购批量及订购时点确定、库存跟踪管理以及库存盘点作业。

库存控制系统具备按商品名称、货位、仓库、批号等数据分类查询的功能,并设有定期盘点或循环盘点时点设定功能,使系统在设定时间自动启动盘点系统,打印各种表单协助盘点作业。当同一种商品有不同储存单位时,系统应具备储存单位自动转换功能。在移库整顿或库存调整作业时,系统应具备大量货位及库存数据批量处理功能。

3）采购管理系统

采购管理系统是为采购人员提供一套快速而准确地、为供货厂商适时适量地开立采购单的系统,使商品能在出货前准时入库,尽量避免库存不足及积压货太多等情况发生。此系统包括 4 个子系统:采购预警系统、供应厂商管理系统、采购单据打印系统、采购跟踪系统。

4）应付账款系统

采购商品入库后,采购数据即由采购数据库转入应付账款数据库,会计管理人员为供货厂商开立发票及催款单时即可调用此系统,按供货厂商做应付账款统计表作为金额核准之用。账款支付后可由会计人员将付款数据登录,更改应付账款文件内容。高层主管人员可由此系统制作应付账款一览表、应付账款已付款统计报表等。

3. 财务会计系统

财务会计部门对外主要依据采购部门传来的商品入库数据核查供货厂商送来的催款数据,并据此给厂商付款,或由销售部门取得出货单来制作应收账款催款单并收取账款。会计系统还制作各种财务报表提供给经营效果评估系统参考。财务会计系统与其他系统的关联如图 8.11 所示。

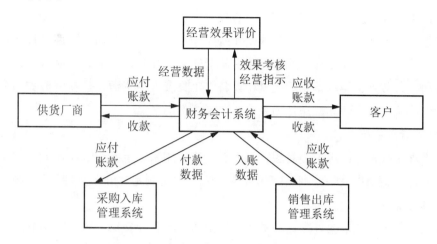

图 8.11　财务会计系统与其他系统的关联

财务会计系统主要包括财务系统与人事工资管理系统。

1）财务系统

财务系统可将销售管理系统、采购入库管理系统的数据转入此系统，并制作成会计总账、分类账、各种财务报表等。

2）人事工资管理系统

人事工资管理系统包括人事数据的建库维护、工资统计报表打印、工资单打印及与银行计算机联网的工资数据转换。

4. 经营效果评估系统

经营效果评估系统从各系统及流通业取得信息，制定各种经营政策，然后将政策内容及执行方针告知各个经营部门，并将配送中心的数据提供给流通业。它与其他系统的关联如图 8.12 所示。

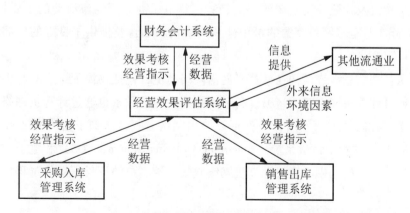

图 8.12　经营效果评估系统与其他系统的关联

经营效果评估系统包括：配送资源计划、经营管理系统、效果评估系统。

1）配送资源计划

配送资源计划是在配送中心有多个运作单位时规划各种资源及经营方向、经营内容的计划。配送中心有多座仓库、多个储运中心或多个转运站时，应该设置多少仓储据点、仓库的位置如何才可满足市场开发的需求，而哪座仓库应存放哪些商品，商品存放量有多少才足以供应该区域的商品需求，所需仓库空间又需多大才足以存放该商品数量，而适应这些配送活动，各节点又需具备哪些机械、设备、工具及人力资源，这些资源如何分配、彼此间又如何协调，这是建立配送计划系统所要考虑的问题。

2）经营管理系统

经营管理系统是供配送中心高层管理人员使用，用来制定各类管理政策（如车辆设备租用、采购计划、销售策略计划、配送成本分析、运费制定、外车管理等），偏向于投资分析与预算分配的系统。

配送成本分析系统以会计数据为基础分析配送中心各项费用，来反映赢利或资源投资回收的状况，同时也可作为运费制定系统中运费制定的基准。配送成本分析与运费制定系统是非常重要的系统，配送中心需要确定运费能否赢得客户并合理地覆盖成本。

3）效果评估系统

配送中心的赢利状况，除各项经营策略的正确制定与实际计划的执行外，还需有良好的信息反馈作为政策、管理及实施方法修正的依据，这就需要效果评估系统。它包括作业人员管理系统、客户管理系统、订单处理绩效报表、库存周转率评估、缺货金额损失管理报表、拣货效果评估报表、包装效果评估报表、入库作业效果评估报表、装车作业效果评估报表、车辆使用率评估报表、月台使用率评估报表、人力使用绩效报表、机器设备使用率评估报表、仓库使用率评估报表、商品保管率评估报表等。

8.2.5 物流配送中心信息管理系统的发展趋势

1. 网络化

网络化是物流及物流系统发展的必然趋势，是电子商务下物流活动的主要特征之一。当今世界Internet等全球网络资源的可用性及网络技术的普及提供了良好的外部环境，网络化趋势不可阻挡。

物流配送管理信息系统建构在计算机通信网络之上，包括物流配送中心与供应商或制造商的联系通过计算机网络完成，另外与下游顾客之间的联系也通过计算机网络实现。例如，物流配送中心向供应商发出订单就可以使用网络方式，借助于增值网（Value Added Network，VAN）上的电子订货系统（Electronic Ordering System，EOS）和电子数据交换技术来自动实现，物流配送中心通过计算机网络收集下游客户的订货信息的过程也可以自动完成。

2. 智能化

智能化是物流配送系统自动化、信息化的一种高层次应用，物流作业过程大量的运筹和决策，如库存水平的确定、运输（搬运）路径的选择、自动导向车的运行轨迹和作业控制、自动分拣机的运行、物流配送中心经营管理的决策支持等问题都需要借助于大量的知识才能解决。在物流配送中心的自动化进程中，智能化是不可回避的技术难题。目前专家系统、机器学习等相关技术已经有比较成熟的研究成果，为了提高整个配送系统对物流配送中心的运营支持能力，智能化已成为电子商务背景下物流配送管理信息系统发展的一个新趋势。

3. 柔性化

柔性化本来是为实现"以顾客为中心"理念而在生产领域提出的，但要真正做到柔性化，即真正地能根据消费者需求的变化来灵活调节生产工艺，没有配套的柔性化物流配送系统是不可能达到目的的。20世纪90年代国际上发达国家在生产领域中纷纷推出柔性制造系统（Flexible Manufacturing System，FMS）、计算机集成制造系统（Computer Integrated Manufacturing System，CIMS）、制造资源系统（Manufacturing Requirement Planning，MRP）、企业资源计划（Enterprise Resources Planning，ERP），以及供应链管理的概念和技术，这些概念和技术的实质是要将生产、流通进行集成，根据需求端的需求组织生产、安排物流活动。

因此，柔性化的物流配送正是适应生产、流通与消费的需求而发展起来的一种新型物流配送模式。这就要求物流配送中心要根据消费需求"多品种、小批量、多批次、短周期"的特色，灵活组织和实施物流作业，最终这一特色也必须反应到对物流配送作业进行支持的物流配送管理信息系统上。

8.3 物流配送中心信息管理

8.3.1 订单管理子系统

订单是现代企业运作的重要驱动力，采购、设计、制造、销售等一系列工作都围绕订单展开，因此订单处理的支持对于物流配送中心而言至关重要。订单管理子系统包含一组与订单处理相关的功能模块，其涉及的作业主要包括：客户订单的受理，包括入库和出货订单的受理，进而进行相应的订单处理生成入库计划与发货计划；EDI数据转换，即当客户通过EDI方式直接与物流配送中心进行订单数据交换时完成相应的数据格式转换。这些作业处理对应为相应的功能模块：出入库订单受理和订单数据转换。

1. 出入库订单受理

订单处理包括自动报价与接受订单。自动报价系统需要输入的数据包括客户名称、商品名称、商品详细规格、商品等级等，信息系统根据这些数据调用产品明细数据库、客户交易此商品的数据库、对该客户报价的历史数据、客户数据库、生产厂商报价数据等，以取得此项商品的报价资料、数量折扣、客户以往交易记录及客户折扣、商品供应价格等信息；再由物流配送中心根据所需利润与配送成本、保管成本等，制定估价公式并计算销售价格；接着再由报价单制作系统打印出报价单，经销售主管核准后可送给顾客，经客户签回后成为正式订单。

2. 订单数据转换

订单传送有多种方法，包括邮寄、销售人员取回、电话订购、传真订购、通过计算机网络订购等，所以订单的接收需要考虑订单数据的识别及法律效力等问题。若订单是由报价单确认而来，则可由信息系统将报价数据转换为订购数据；若订单由计算机网络传送，则需根据 EDI 标准格式将数据转换成内部订单文件格式。输入转换后的订购资料需由销售人员核查在客户指定出货日期是否能如期出货，这样，当销售部门了解到无法如期配送时，可以由销售人员跟客户协商是否能分批交货或延迟交货，然后按照协商结果调整订单数据文件。销售人员还须检查客户付款状况及应收账款数是否满足公司信用策略中设定的相应信用额度，超出该额度时则需要销售主管核准后再重新输入订购数据。

当商品退回时，可按订单号码找出原始订单数据与配送数据，修改其内容并标识退货记号，以备退货数据处理。

8.3.2 客户信息服务子系统

在物流配送中心门户网站上及时发布在库信息及发运信息，供客户、收货人、货运公司实时查询；或客户服务人员按客户查询条件生成统计报表，保存成指定数据格式，进而与客户信息系统进行数据交换。

8.3.3 仓储管理子系统

仓储管理子系统负责货物从采购入库到销售出库的整个过程，一方面管理入库和出货订单的实际处理过程，另一方面处理与配送管理相对应的仓储作业。该子系统主要包括以下功能模块：采购入库管理、理货管理、销售分析与预测、出库管理、流通加工与包装规划、仓库管理，对应于实际物流配送过程中的入库作业、理货作业、流通加工作业、出库作业等。

1. 采购入库管理

采购入库管理工作负责与上游供应商之间的交互，包括订货过程的管理、商品入库过程信息的处理以及根据入库商品内容而进行的库存管理。该模块与物流配送中心管理信息系统其他子模块的逻辑关系如图 8.13 所示。其处理过程是从供应商处取得商品并将应付账款信息转入会计部门，然后根据销售出库管理子系统的订货量统计将商品转入出货部门，当库存数达一定标准时即向供货商下订单，并定期将入库、库存、采购资料提供给运营、绩效管理部门作为绩效考核与运营调整的参考。

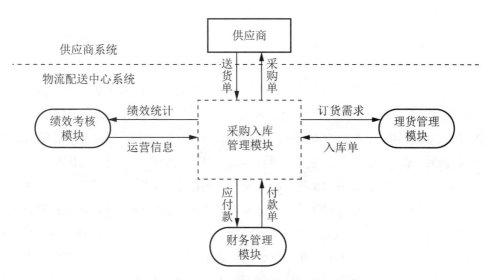

图 8.13 采购入库管理模块与其他模块的关联

从图 8.13 可以看出，采购入库管理模块的核心功能是对入库作业处理、存货控制、采购、应付账款的管理，其功能见表 8-1。

表 8-1 采购入库管理模块功能列表

功能模块	子模块	内容说明
采购入库管理	入库作业管理	
	预入库信息管理	对入库前与各项准备工作相关的信息，如装卸平台调度、人力资源调度等信息进行管理
	入库信息管理	对入库商品明细，如名称、数量、货位等信息的管理
	货位信息管理	对商品货位登记、商品跟踪、空闲货位分配进行管理
	入库检验	对入库商品质量检验结果的管理
	货位指定	计算入库商品所需货位大小并指定最佳货位
	立即出库	入库后的两种处理方式之一
	上架出库	入库后的两种处理方式之一
	采购管理	
	采购单管理	对采购明细信息进行管理
	采购预警	列出需要采购的备选商品
	供应商管理	对供货商资料进行维护与分析
	采购单打印	（略）
	采购过程跟催	记录对商品采购入库跟催的信息

下面就各功能模块及其处理流程进行详细阐述。

1）入库作业管理

入库是指货物到达仓储区，经过接运、验收、分拣，码放至相应的货位，并完成交割手续的过程。商业物流配送中心的收货工作涉及商品所有权的转移，商品一旦收下，物流配送中心将承担商品完好的全部责任。

入库作业按作业顺序分成两部分：入库前的准备即预入库，实际入库。入库作业管理模块主要是对这两个过程的资源与数据进行管理。

预入库信息的处理一般都用来作为入库装卸平台排程、入库人力资源及机具设备资源分配时的参考。其数据的来源包含两个方面：一是采购单上的预定入库日期、入库商品项目、入库数量等信息；二是供应商预先通知的进货日期、商品及入库数量；信息均取自或修订于采购数据库。预定入库信息处理可打印指定日期段的入库信息汇总资料。

实际入库作业则发生在采购交货时，需要输入的信息包含采购单号、厂商名称、商品名称、商品数量等，一般都可输入采购单号来查询商品名称、内容及数量是否符合采购内容并用以确定入库装卸平台，而后由理货人员指定卸货地点及摆放方式并将商品进行堆码存放。经理货人员检验后修正采购单数据，将其状态标记为已入库，另一方面将以上信息记入库存入库表并核加库存数。入库除由厂商处入库外还包括来自客户的退货入库。在退货入库情形下，商品一般须经过检验，经检验是可用品的方可入库，此类型的入库数据一方面将成为数据库中订单表、出货配送数据表、应收账款数据表的减项，另一方面是入库信息表及库存数据表的加项。

商品入库后一般有两种处理方式，可立即出库或上架出库，这取决于物流配送中心的出货政策。当物流配送中心有入库即出货的状况发生时，入库作业管理模块应具备待出库信息查询的功能，并连接派车计划及配送子系统，因此当入库数据输入后即启动订单信息表，取出该商品项目待出货信息，而后将其记入出货配送数据表中，并核销库存可调用量，以便于出货作业。这种情形在加工型、大宗交易、快速流通型企业的配送中心很常见。例如，在专为服装出口服务的配送中心，当某订单服装加工完毕入库时，也即做好了发货准备，可立即出库。更普遍的情形则采用上架入库再出库，若采用该入库方式则采购入库管理模块应具备货位（或称储位）指定功能或货位信息管理功能。

2）采购管理

采购管理模块的主要设计目的在于向采购人员提供一套快速准确的工具来向合适的供货厂商适时适量下达采购请求，以使商品能在出货之前准时入库并避免缺货及过多呆货情况发生。采购管理主要由4个子模块组成：采购预警模块、供应商管理模块、采购单据管理模块和采购过程跟催。

当库存控制模块确定采购批量及采购时点后，理货人员即可随时调用采购预警模块来查询采购商品，调用库存数据表、采购批量及采购时点信息表并通过对比确定当前库存数是否低于采购时点，当某商品库存量低于其采购时点时系统就以报表形式将该商品清单列印出来，报表内容包含商品名称、建议采购量、现有库存量、已订购待入商品数等信息。

当采购预警模块产生出建议采购商品报表后，仓管人员即可依据报表内容查询供应商信息表，输入商品名称后从供应商信息表选择供应商基本信息、历史交货记录、交货品质等信息作为采购参考。系统所提供的主要报表为各商品供货厂商供货分析报表、各供货商交货报表。

根据以上各报表，仓管人员可根据采购商品需求下采购单给各供应商，此时只需要录入商品资料、供应商名称、采购数量、商品等级等信息建立采购数据表，系统可打印采购单以此作为物流配送中心对外采购的依据。当物流配送中心与供应商之间可使用电子订货系统采购商品时，系统应设计对网络订货数据的接收、转换与传送功能。

采购单一经发出后，仓管人员即可由采购过程跟催模块编制应入库未入库报表及已采购未入库报表，来完成商品入库跟催或商品入库日期核对等作业。此时系统不需要输入特殊资料，只需要输入欲打印报表名称，而后由系统根据当前系统日期来与采购数据表日期加以比较，打印出未入库资料。

2. 理货管理

理货管理模块主要负责商品入库后的货物检验和复核，仓储区、货位的安排及货物在库保管维护、码放、备货、盘点作业的相关信息和流程的管理。其主要功能包括货位指定、盘点管理、库存控制等。

理货管理模块功能构成见表8-2。

表8-2 理货管理模块功能列表

功能模块	子模块	内容说明
理货管理	空闲货位查询	查询指定仓库或区域空闲货位的详细信息
	货位占用信息查询	查询指定仓库或区域已占用货位上所存放商品的详细信息
	货位信息维护	对仓库中所有可存储货位的基本信息进行维护
	货位指定	计算入库商品所需货位大小并指定最佳货位
	采购时点制定	确定商品经济采购批量与采购时间
	采购预警	列出需要采购的备选商品
	库存商品分类查询	（略）
	存货追踪	对指定商品在库状态进行跟踪
	盘点单管理	完成对库存数与货位数的核对
	冲销管理	记录对账面库存的调整过程及调整原因

1) 货位指定

当入库数据输入时即启动货位指定模块，根据当前货位信息表、产品明细表来计算入库商品所占货位的大小，结合商品特性及货位占用状况来指定最佳货位。货位的指定可依据相关的法则来判断和选用，如最短搬运距离法、最佳货位分类法等，均可设定到程序中作为专门的运算模块来调用。货位管理功能主要负责商品货位的录入、商品的追踪，及提供当前已占用货位报表、空闲货位报表等，以此作为货位分配的参考。有些物流配送中心并不使用货位指定模块，而由人工先将商品入库，然后将其货位位置记入货位信息表中，以便商品出库及商品追踪，这是一种事后的货位管理，当入库商品种类繁多、数目庞大时入库效率会受到一定限制。进行货位追踪时可将商品编码或入库编码输入货位信息表来查询商品所在货位。此模块输出的主要报表包括货位指示单、商品货位报表、可用货位报表、指定时间段入库一览表、入库统计表等。

货位指定模块除可由入库信息的录入模块启动外，也支持人工操作的功能，以方便仓管人员随时进行货位调整。在程序的设计上，最好能强化仓库中不同存货区域的划分功能，支持将同一仓库标识划分成多个区域使用。系统最好能具有按多个不同特征来查询入库信息的功能，如按存货人、入库日期、订单号等；或能提供按商品特性的组合来查询的功能，如由商品名称、入库批号及仓库编号的组合来查询某一商品所在货位及商品进出状况。

2）库存控制

库存控制模块主要用来做库存量控制、库存量规划，以减少因商品库存积压过多而造成的各种利润损失，其主要的作业包含商品的分类分级、订购批量及订购时点的确定、存货的追踪管理、库存的盘点作业。

有关商品的分类分级、订购批量及订购时点的制定、存货的追踪管理均不对内部数据表做任何更新，而是读取一些既定的数据表，如库存数据表、储位信息表，以及一些平常就已建立并维护的既有数据表，如厂商报表、采购批量计算公式表等，来进行内部运算。所谓的分类分级方式即是将商品根据其类别的不同统计其库存数量并以柱状图等工具将其按库存量的大小排序、分类，以作为仓库区域规划布置、商品采购、人力资源规划、工具设备选用的参考。商品的分类分级并不一定仅以商品的库存数作为分类的唯一标准，也可采用商品单价或实际库存金额等不同指标来加以排序，这些分类结果也许更具有代表性。在该模块中，最主要的是以商品为主体所做的各种排序报表。

为了配合商品的销售配送，物流配送中心必须备有足够的库存以满足供货需求，而何时采购、采购数量的多少均影响资金的调度及库存成本的大小，因此在商品采购之前应针对不同的商品来确定其经济采购批量及采购时点。在订购批量及订购时点的制定时，可由系统查询商品信息表、厂商资料表、库存数据表、采购数据表等信息来源，从而得到商品名称、商品单价、商品现有库存量、自采购到交货所需时间及运输成本等数据，从而计算经济订购批量及定购时点。当然，订购批量及订购时点的确定方式不止一种，也可通过其他方法来完成，如安全库存量的制定、经济采购量的制定等。该子系统模块的主要输入信息为商品名称，并依赖于一些平时维护的数据表，如厂商信息表、库存数据表、采购数据表、运输成本表等，而输出的主要报表包括商品安全库存报表、商品经济批量报表、定期采购点查询报表、定期库存量统计报表等。

存货追踪管理模块主要是完成货位管理作业，此模块不需要输入太多的信息，主要是从既有的数据表，如由货位信息表调用现有存货的货位位置、储存区域及其分布状况，或由库存数据表调用查询库存量等，故此系统模块所产生的主要报表包含商品库存量查询报表、商品货位查询报表、呆货存量或货位报表、空闲货位信息表等。

库存控制模块应具备由商品名称、货位、仓库、批号等信息分类查询的功能。当同一种商品具有不同储存单位时，系统最好具备储存单位自动转换的功能。当有库位转移或库存调整作业时，系统应支持对大量储位及库存数据进行批量化处理的功能。

库存数量的管理与控制及货位管理等作业的有效性依赖于库存信息、货位信息的正确性，因此盘点作业在仓储的管理中不可或缺。盘点管理模块主要的工作内容包括：按一定期间打印各类商品报表；待实物盘点后将实际库存数据输入并修改当前账面库存；打印盘盈盘亏报表、库存损失率分析等报表。

一般而言，常见的盘点方式有两种：定期盘点与循环盘点。定期盘点常以季、半年或年度为盘点时段，而循环式盘点则于一般工作日针对某些特定商品实施盘点。无论是定期盘点或循环盘点，理货员在盘点前一般先录入待盘点产品或待盘点仓库的名称、仓库某一区域名称，此时系统将调用库存数据表或货位信息表并查询该商品存放的位置及数量或该区域所有商品的库存数及其货位信息，以便编制盘点清单。而后理货员持盘点清单会同会计人员进行实物盘点，盘点时如出现误差可将误差记录在盘点清单上，盘点后可在盘点信息维护模块录入盘点结果，以修改库存数据表与货位信息表并对其进行更新。另外，盘点也可由理货员会同会计人员以手持式数据收集器，如条码扫描仪在仓储现场收集库存信息，当某一区域盘点完毕或数据收集满后将其发回数据中心进行数据导入，进而以批量化方式修正库存数据表；或者采用无线式数据采集器，在盘点的同时将数据同步传回数据中心加以处理。若采用这些设备，系统本身应设计数据接收、传送、转换的功能。

系统最好应具备定期盘点或循环盘点时点设定的功能，使系统可在用户设定的时间自动启动盘点功能，打印各种表单协助盘点作业的完成。在盘点完成后，可由盘点报表系统模块打印盘盈盘亏报表、库存损失率报表、呆废料盘存报表等。

需要注意的是，不同的物流配送中心在盘点政策上会有所不同。当出现实盘与库存账面数据不符时，往往不能直接对账面数进行修正，而应查明不符原因后再进行修正，即冲销库存，并记录冲销原因与对应的盘点清单编号，以备日后追踪查询。

3. 销售分析与预测

销售分析与预测系统部分包括销售分析、销售预测、商品管理3个核心模块。

1）销售分析

该模块的功能是为销售主管及高层领导提供及时的、全面的销售信息。使用者可以通过两种方式了解销售状况：查询销售明细、分指标对销售数据进行统计分析。销售明细包括订单数据、出货配送控制数据、商品明细、预测工具模型、客户对商品的响应信息、入库数据等。统计分析则主要是对商品销售量、年度商品进出数量、年度及月份商品进出数量比较、商品成本利润百分比、各仓库经营业绩等指标进行统计对比。统计结果可以通过多种展示形式，如饼图、直方图、柱状图、折线图来进行展示。

2）销售预测

销售预测模块的功能是协助高层主管预测物流配送中心销售动态趋势，其基本的设计原理是根据历史销售数据结合作业模式或者使用统计方法完成预测分析。典型的统计模型有最小二乘法、移动平均法、指数平滑法、回归分析等。近年来，数据仓库与数据挖掘技术在销售预测中也开始逐渐得到应用。基于统计方法的销售预测系统较为常见，但物流配送中心特别是大型物流配送中心的数据量较大，当变量过多及数据集合不断变化，并且存在数据残缺现象时，统计分析往往无法有效地发现潜在的顾客消费模式进而得出合理的预测结论，此时应考虑使用数据仓库、数据挖掘技术，但建设数据仓库及采用数据挖掘技术的难度较大，实施也比较困难。

3) 商品管理

该模块的功能是协助高层管理者了解物流配送中心各种商品的基本信息及销售状况，包括商品基本信息的维护与查询、商品销售排行、畅销品与滞销品分析、商品周转率分析、商品获利率分析等。

4. 出库管理

该模块负责完成对不同类型出库指令的实际处理，其主要功能包括出库指令受理、出库指令查询、拣货排程处理、拣货、发货出库、出库明细查询等。

1) 出库指令受理

该功能记录发货指令的详细信息，如应出库时间、出库类型、待发商品名称、数量、客户名称、发货地址。其中出库类型指发货的原因，如销售出库、调拨出库、采购退货出库、盘亏出库等，不同的出库类型影响到实际发货出库的处理过程。

2) 出库指令查询

根据一定条件如日期、商品名称、客户名称等查询发货指令信息表，列出符合条件的记录。该功能的设计主要是方便发货处理，因此在设计时往往默认列出尚未处理完的发货指令。

3) 拣货排程处理

该模块负责根据出库指令内容做出库前准备，通常由仓库管理员或理货员使用。在输入配送日期后，该模块检索出库指令信息表、库存数据表、设备调用信息表、工具调用信息表、人力资源调动信息表、拣货产能信息表、自动拣货机数据控制对照表，从而计算工时需求、人力需求及库存量需求以便制作拣货排程报表、批次拣货调度报表、批次拣货单、人力调度规划报表、补货调度规划报表、补货批次调度报表、库存取用统计表、自动拣货设备拣货报表、拣货差异分析等，以此作为指令分派依据及对工程进度进行管理与控制的依据。拣货人员（如理货员）领取工作分派单或拣货单时，即根据该单据进行拣货作业，拣货作业完成后将实际作业进度及其他修正数据录入系统，从而消减拣货流通加工表、订单信息表中拣货、库存量的相应记录。

4) 拣货

进行出库受理后，必须首先确定待发商品的实际存放货位，即找到货物才能进行实际发货。在拣货操作中，一方面确定货物的存放位置信息，另一方面查询该商品当前的库存数量。当无法确定货位即货物不存在或库存数量不足时必须与存货人进行协商或修正发货指令后再发货。

5）发货出库

该功能记录实际的发货过程，即发货指令中每一项商品的出库记录。如出库指令受理功能中所述，不同的出库类型对应的发货出库过程不同。对于正常出库，首先将出库信息记入出库明细表（包括出库商品编号、出库指令编号、出库日期、派车单编号、发货人等），然后核减该商品当前库存数量，并修改该商品所在货位状态；对于采购退货出库及盘亏出库等其他出库类型，不同的物流配送中心具有不同的处理规定，一般来说，与正常出库相比在处理顺序、费用结算上会有所区别。

6）出库明细查询

可列出某时间段内或某商品的所有发货出库记录，便于客户了解其商品的出库过程，或在发货无法一次完成的情况下便于仓库管理人员完成出库作业。

出库管理模块各功能处理流程如图 8.14 所示。在该图中，出库指令受理功能模块分别从订单管理子系统和仓库管理员处获得出库指令，对应为不同的出库类型。正常的销售出库指令信息来自于客户通过订单管理子系统下达的订单，而其他出库类型对应的指令信息则来自于仓库内部。

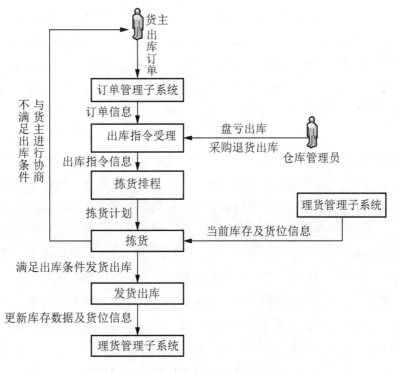

图 8.14 出库管理模块管理流程图

5. 流通加工与包装规划

该模块负责根据订单内容做出库前准备，通常由流通加工员或理货员使用。在输入配送信息后，该模块检索订单信息表、库存数据表、自动包装机数据控制对照表、工具调用信息表、人力资源调动信息表、包装产能调用信息表从而计算工时需求、人力需求及库存量需求，以便制作包装流通规划表、客户地址标签、包装流通加工批次报告、包装流通加工差异分析等，以此作为指令分派依据及对工程进度进行管理与控制的依据。拣货人员（如理货员）领取工作分派单或进行包装时，即根据该单据实施打包、贴标签等作业，作业完成后将实际作业进度及其他修正数据录入系统，对包装流通加工信息表、订单信息表中包装流通加工需求数量、库存量进行削减操作。

6. 仓库管理

为完成商品的销售、运输配送，除了事务性的理货、配送作业外，也需要对仓库的硬件设备及内部空间的使用进行有效的规划与管理。

仓库管理包含两大部分，一部分为硬件机械设备的应用规划、使用管理及设备本身的保养维护，其中包含装卸平台使用计划及排程、仓储区管理、托盘管理、托盘装卸方式规划、托盘叠放方式设计、车辆保养维修、燃料耗材管理；另一部分为使物流配送中心有效利用既有空间的区域规划布置，包括仓库规划布置计划、拣货区规划、包装区规划、仓储区规划等。

1）设备设施的管理与维护

从商品销售、运输配送至客户手中完成交易，商品进出物流配送中心均要经由装卸货平台进行作业，因此在仓库建立之初即须考虑装卸平台的长度所能容纳的车数、平台物品暂存区是否足以满足装卸物品规模及平台建造的高度是否能方便各类车辆的装卸货作业。在仓库正式启用之后进出货装卸平台区、车辆的摆放方式、车辆行驶路线的规划及进出车辆的排程均通过装卸平台使用计划及排程系统模块来加以管理和控制。

仓储区管理模块主要的工作是完成仓库库存区的规划、应用与管理，此模块主要的功能包含：物品的分类、商品所占容积比率分析、现有货位的分配及货架设置计划、一般货位的转换调用计划与实际作业，当仓储区使用自动仓储、升降梯、输送带等其他自动化设备时，系统应具备与自动仓库、设备间的数据转换接口功能，并具备由配送信息系统指挥控制这些硬件设备运转的功能。

在物品搬运储存作业过程中，会大量使用各种不同的容器，包括托盘、塑胶笼、纸箱等。这些容器使用时是否对外流通、对外流通是否回收、空容器的保管、运用等对物流配送中心的投资成本、商品配送的便利性及与客户间的合作均有重大的影响，因此需要加以规划与管理。而容器管理模块就是针对这些问题，结合成本、装卸配送绩效等数据加以分析并制作各种报表以供管理人员作为管理政策制定的依据的模块。

而托盘装卸方式规划、托盘叠放方式设计模块则是针对托盘的有效应用而设置的模拟与设计系统。该模块根据产品明细信息表读取商品的体积、重量、商品形状特性等信息，按各种不同的堆叠方式来计算某一种托盘可堆叠的商品数量，从其中求取最大堆叠量为推荐的堆叠方式，并制作相应报表。

在物流配送中心的各种作业中车辆是其必备的工具，而车辆长期且长途的行驶必定造成车身及各项机件的磨损，因此在平时配送运作中就对车辆做好保养维修的工作非常重要。车辆保养维修模块主要的工作在于收集车辆使用的信息，如车辆数、行车里程、行车最高时速、车辆使用时间等数据，然后与每一辆车的保养历史记录做比对，当行车里程数到达某一定数量时即由系统发出维修通告，送厂保养或更换零件耗材等，以便作为车辆维修的预警。

2）区域规划与管理

仓库区域规划模块负责为有效利用仓库空间提供规划依据，包含仓库规划布置、拣货区规划、包装区规划、仓储区规划等。

在仓库规划布置模块中，主要根据销售统计、预测信息分析商品所需要数量及其流动状况，并依据商品明细信息来计算其所占用的储存、拣货、包装流通加工空间，然后可根据模拟仿真方式来排列比较各种不同的布置方案，以选取最佳空间利用率规划方案。

尽管空间的划分对于拣货区的规划非常重要，然而根据批次拣货内容及数量将商品分类更重要。一般情况下商品的拣取以人工拣取方式较多，通常将一条拣取线划分成好几个区域，每一个拣取人员仅负责某一区域的拣取，而各区域内商品的分配则需要考虑商品的种类数及拣取数进行平均分配，以免因拣取人员工作不平均而产生拣取线的瓶颈，造成拣取效率低下，这时拣货区规划模块的作用就会非常明显。若使用自动拣取设备则应考虑自动拣取机的摆放及机器与机器间的动态连接。

包装、流通加工区规划模块与拣货区规划的重点相类似，不同之处在于较偏重于机器摆设方式及位置的规划。此区域的规划中应注意将各项包装、流通加工工作流程与机械设备摆放位置相对应，以流畅完成整个作业程序为准。

仓储区的规划主要受仓库管理政策影响，仓库的空间划分可按商品的周转率、商品存货单位等条件来划分，一般而言商品的周转率可以反映出该商品的存取频度，因此在考虑商品摆放时可将存取频率相差较大者放置于同一线上，这样可使拣货线较为流畅而无冲突存在。从商品的存货单位角度而言，不同存货单位的商品使用不同的搬运设备来存取商品，如托盘货品的存取往往由叉车来存取，而单品的拣取则多为人工拣取。因此在仓库规划时宜将同一储存单位的商品摆放在同一区，以方便拣取作业。要达到商品分类的目的可由仓储区规划模块以商品周转率及商品储存单位来计算排序、并编制报表作为商品分类的参考。

8.3.4 配送管理子系统

以流通的观念来看，配送是指将客户订购的商品，使用一定的运输工具从产地或存放地送至顾客手中的活动，而中间可能是从制造商的仓库直接运给客户，也可能再通过批发商、经销商或由物流配送中心转送至客户。主要目的在于克服供应商与消费者之间空间上的距离。

配送作业管理可变因素太多，且各因素之间往往又相互影响，常见问题表现为从接受订货至出货周期过长；难以制订准确的配送计划；配送路径选择困难；配送效率低；配送业务的评价指标不明确；运输配送过程中存在损毁与遗失风险；难以了解和监控配送在途情况。

配送管理子系统主要用于与出库商品实际的运输交付过程相关的派车、配载、运输、签收等作业活动的管理，其主要功能模块包括配送计划管理、车辆调度管理、配送装车管理、在途监控管理、配送签收管理。配送管理子系统的作业流程如图 8.15 所示。

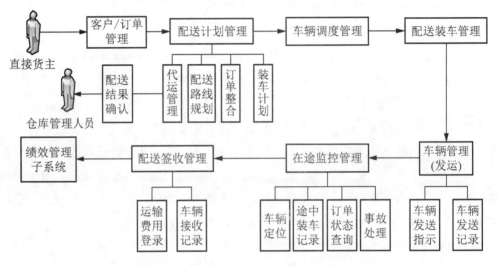

图 8.15　配送管理子系统作业流程图

下面对配送管理子系统的各功能模块进行简要分析。

1. 配送计划管理

该模块根据订单内容，即由物流配送中心管理人员（配送业务员）根据订单数据将当日预定出货订单汇总，查询当前车辆信息表、车辆调用信息表、客户信息表、地图信息表等，先将客户按其配送地址划分区域，然后统计该区域出货商品的体积与重量，以体积或重量最大化等条件为首选配送条件来分配配送车辆的种类与数量。随后查询外协车辆信息表、自营车队调用信息表、设备调用信息表、工具调用信息表、人力资源调用信息表来制定出车批次、装车计划及配送调度计划，并打印配送批次规划报告、配送调度报告等。配送调度报告包括装卸平台、机械设备、车辆、装车搬运人力、司机分配等报表。自动规划的配送计划可以进一步进行人工修改，修改后的数据即转入出货配送信息表，并作为车辆、装卸平台、设备、人力分配计划的基础数据。

配送计划管理模块各功能之间的关系及处理流程如图 8.16 所示。当日订单信息的汇总结果经过订单整合功能处理，按到货时间、目的地、所在线路、商品属性等条件进行归类、排序后，分别计算不同商品的容积及各种包装物的容积、现有车辆运输能力，从而可以自动得出一个初始的装车计划与装箱单、货运清单。自动产生的装车计划可以进行人工方式的再次修改，从而产生最终的车辆需求计划作为车辆配载模块的输入。

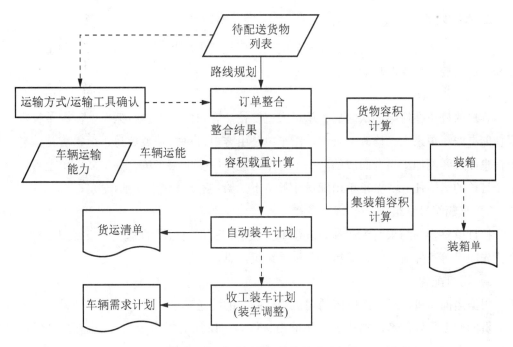

图 8.16　配送计划管理模块处理流程图

1）代运管理

当用户选择的运输方式为代运时，由物流配送中心委托其他运输企业对商品进行运送。该功能模块负责对代运委托单据、货运提单、到货记录、客户取货记录进行管理。

2）配送路线规划

配送路线的选择决定最佳配送顺序，往往也会影响整个配送作业的效率。IBM 公司开发的 VSP（Vehicle Scheduling Problem）系统可以利用数值计算的方式由电脑来寻找最短运行路径，该系统的设计原则为以循环配送来产生最短值。一般性的设计思想是在得到订单中商品运输的目的地信息后，按最快速度送达目的地为原则设计路径，即根据各点的位置关联性及交通状况来做路径的选择规划。除此之外，还必须考虑某些客户或其所在环境有送达时间的限制，例如某些客户只在特定时间收货，或是某些城市个别道路在高峰时间不准卡车进入等，都必须尽量在选择路径时避开。

3）订单整合

为让整个配送有一个可遵循的基础，物流配送中心通常会首先根据订单中客户所在地点的远近、关联状况做一区域上的基本划分，例如西北、华北、东北等；其次，当订单中商品性质差异很大，有必要分批配送时，则须根据各订单中商品的特性做优先级的划分，如生鲜食品与一般食品使用不同的运输工具，须分批配送；再次客户订单下达时间的先后顺序也是考虑因素之一。

4）装车计划

该项功能包括两个基本部分：车辆的安排，即分配何种车型、使用自备车辆还是使用外单位车辆等；车辆装载方式。

2. 车辆调度管理

该模块完成对车辆和司机的任务分配，主要包括生成派车单、车辆编号编组、司机配置和生成监控计划4个功能。

1）生成派车单

客户的订单在最终确认之后，承运人就要按照客户的要求进行派车。派车单管理的主要功能有派车单录入、修改、查询。派车单是由客户订单的相关信息、运送货物信息及车辆信息经过匹配加工组合而成的。一个订单可能对应多个派车单，一个派车单也可以完成多个订单的运输任务。派车单由配送业务员下达给签有运输合同的运输人。

2）车辆编号编组

按订单整合的结果对配送计划进行手工调整，在车辆指派的基础上根据配送路线、配送优先顺序等条件对其进行编组，并记录编组信息。

3）司机配置

根据当前司机信息指派空闲的司机给已确定的配送车辆，并记录指派结果。司机及随车人员的调派最好能考虑司机的工作能力、体力、以往的工作量及曾经配送的区域范围，以便于更有效地安排配送人员。

4）生成监控计划

在配送业务中，为了能使货物及时、完好地运抵目的地，除了在派车环节进行合理的车辆调度外，货物在途的监控也必不可少。能否实施有效的监控也是客户评价物流服务提供商服务质量的一个重要指标。因此，拟订一个合理有效的监控计划是整个监控环节的首要任务。目前，一些先进的科学技术已应用到配送业务中，使得实时监控成为可能。

根据派车单上的信息如起始城市/地点、终点城市/地点、运输方式，结合地理信息系统提供的路线建议，拟订监控计划（即预计什么时间，到达什么地点）。配送业务员可以在系统推荐的监控计划的基础上拟定最终的监控计划。监控计划的拟定方式有两种：按地点进行监控和按时间点进行监控。按地点监控这种方式是根据运输线路的规划，将一些重要的途经城市/地点设定为监控计划的监控点，在运输车辆途经或到达这些预定的监控城市/地点时，司机需要反馈到达时间及当时的运输情况和货物状况，由系统记录反馈的情况，比较监控计划的预定到达时间及任务完成情况，并结合实际情况帮助管理人员做出进一步的安排或调整。按时间点监控的方式是以设定时间间隔的方式来定时监控货物在途情况，这些定时监控的时间点也就是监控计划的监控点，当到预定时间点时司机反馈到达的地点信息以及当时的车况和货物状况，以此实现按计划实行在途监控。

3. 配送装车管理

根据物流配送中心的出库单，生成货物装车明细清单，并投运输保险。配送装车管理主要包括货物装车和运输投保两大部分。

1）货物装车

派车单和拟定的监控计划下达后，承运人就要根据客户的要求和具体情况安排货物的出库。运输人根据派车单的要求，到指定的一个或多个仓库进行货物装车，在出库单上记录货物装车明细信息。同时，记录实际装货数量，作为到达卸货点交割的依据；记录提送费、装卸费、搬倒费、运输费、保险费及其他费用，作为与客户结算的依据。

2）运输投保

根据实际装货数量和单价填写投保单明细，为客户货物投保。对于运输人投的保险，如果由运输人支付保险费，在系统中只做备注。投保单的内容主要包括投保人、保险人、投保项目、投保货物信息、投保金额、保险费率、保单状态、经办人、投保日期、回复日期等信息。

4. 在途监控管理

中途运输管理环节主要包括在途监控、事故处理、在途货物装卸3个部分的内容。

1）在途监控

根据监控计划中设定的沿途监控点，对一个车次进行全方位跟踪，记录每个路段的具体信息，包括计划到达时间、实际到达时间、实际行驶里程、路段费用情况。在系统中，可以根据需要增加新的监控点（重大事件记录点），记录运输过程的各种情况。

2）事故处理

在运输过程中，如果发生意外、需要拖运或者换车，司机应及时向总部调度或配送业务员反馈情况以决定下一路段是否能继续运输。中途发生意外（指车祸、雨雪等不可预知的情况）时，该系统记录发生的时间、地点，并记录货物破损的明细。中途需要拖运时，该系统记录拖运工具的车牌号、开始时间、结束时间、起点、终点、费用、里程。中途需要换车时，后续运输有两种方式，其一是本车次的运输人自己组织替换车辆、支付替换车辆的运费，将货物运达卸货点后，记录换车后的车号、司机姓名及各车货物的明细，到货交接仍是原运输人；其二是向承运人求援，由承运人重新组织车辆，完成剩余的运输任务，第二种方式要结束原运输人的运输车次，记录扣款金额；承运人重新组织车辆，按新派车单的要求，到中途接管全部出库单，清点货物，运输到约定卸货点；如果新组织的车辆是多台，则要在派车单中分割原来装在一台车上的货物，但出库单号不变，出库单的实发数量是实际从故障车上分装的数量。

3）在途货物装卸

沿途有装货和卸货时，记录沿途所发生的货物装车与卸货的起止时间。

5. 配送签收管理

运输车辆按派车单要求，将货物运至目的地，收货人核查实际到货数量，确认并签收。签收单是收货人对所到货物的实际情况进行验收记录的单据，同时也是运输人向承运人出示的货物运抵凭据。

签收单记录卸货物名称及其数量，如果少于出库单的实发数量，一般由运输人赔偿，能确认在下一次运输时补齐的，可以在货物补齐后，再更新相关单据的完成标志；如果收货数量大于出库单的数量，要将多余货物退回给客户，或由客户补开出库单，也可以用于补齐以往的拖欠数量。

进行联运时，货物只是交割给下一运输人，由下一运输人或其后的运输人根据承运人新派车单的要求交给收货人。

8.3.5 运营绩效管理子系统

运营绩效管理子系统通过与仓储管理子系统、配送管理子系统及财务结算管理子系统的交互取得运营绩效信息，此外也可从外部获得各种市场信息来制定并调整各种运营政策，而后将政策内容及执行方针通知各个业务部门。运营绩效管理子系统由3个部分组成：资源管理、运营管理及绩效管理。

1. 资源管理

在物流配送系统中，运输配送是涉及影响因素最多的环节，包括客户、合同、运输人、车辆、司机、道路、货物、保险、运费等信息。该模块实现对上述资源的统一管理，其中，合同管理主要包括合同输入、合同查询、合同审核、合同延期、合同预警等功能；车辆管理包括车辆基本信息输入查询、费用支出、车辆保险、车辆年审、保养小修、交通事故、大修及报废、月度绩效、收支平衡等功能；司机管理包括司机基本信息输入查询、个人借款、违章记录、驾照年审、月度绩效、收支平衡等功能。

2. 运营管理

运营管理模块通常由物流配送中心较高层的管理人员使用，主要用来制定各类管理政策，如车辆设备租用政策、销售策略计划、配送成本分析、外车管理等，偏向于投资分析与预算预测。

1）车辆设备租用政策

物流配送中心可执行两种不同的配送政策：使用本单位自有车辆来配送，或雇用外单位车辆配送。在两种政策的选用上，基本上考虑两点：车辆的管理方便与否，资金投入金额大小及成本效益。该模块利用现有系统数据，如配送需求统计、车辆调派信息表、人力资源的利用率等信息来作为车辆采购或租用车的分析基础。决定采用外车情形下该模块也可设计成对不同租用方案的选用分析，如采用车辆租赁公司专车配送或雇用货运公司只做单程单一批次货物的配送，是否租用个人货车、运费如何计算、各货运公司或个人间如何协调与管理等。而若决定自购货车来进行配送，则可利用各种成本回收方法，如回收年限预估法、净现值法、决策树分析法等来选择最有效益的资金投资及回收政策。

2）销售策略计划

该模块主要是利用销售金额、业务员的销售实绩、商品的销售能力、销售区域的分配状况等数据来做单一物流配送中心的销售规划政策，规划的内容可包括所销售商品内容、客户分布区域的规划、业务员销售金额及区域的划分、市场的行销对策制定、促销计划等。

3）配送成本分析

一般均以财务结算子系统数据作为基础进行物流配送中心各项费用分析，主要用来反映盈利或资源投资回收的状况，同时也可作为运费制定系统中运费制定的基准。配送成本分析与运费制定模块对以提供仓储储存、管理及配送业务为主的运输型物流配送中心而言是一个重要的功能，物流配送中心的盈亏很大程度上依赖于运费是否能够低廉足以吸引客户并且合理地反映应有的成本。

4）外车管理

该模块用以管理承租车辆，主要内容包括外车租用信息的维护、管理方法的选择分析、配送车辆的调度及排程计划等。

3. 绩效管理

物流配送中心的经营状况是否良好，除了取决于各项运营管理策略制定的正确性、计划的实际执行效果之外，更在于有良好的信息反馈机制来作为政策、管理及实施方法修正的依据，这也是绩效管理模块存在的主要理由。该模块的主要内容包含：业务人员管理、客户管理、订单处理绩效分析、存货周转率评估、库存保管情况分析、运输绩效分析、拣货绩效管理、包装绩效管理、入库作业绩效管理、装车作业绩效管理、车辆使用率评估、装卸平台使用率评估、人力使用绩效评估、机器设备使用率评估、仓库使用率评估、货物保管率评估等。

1）业务人员管理

主要包含业务销售区域划分、销售业绩管理、呆账率分析、票据期限分析等。

2）客户管理

主要包含客户销售金额管理、客户信用管理、客户投诉管理等。

3）订单处理绩效分析

主要包括订单处理失误率分析、订单处理时效分析、订单处理量统计分析等。

4）存货周转率评估

主要包含资金周转率分析与计算、单一物品周转率分析、某一种类产品的平均周转率分析与比较等。

5）库存保管情况分析

物流配送中心一般会在一定时期进行库存盘点，比较盘盈盘亏并计算报废商品的金额及数量。

6）运输绩效分析

主要用于对运输作业效率进行统计和分析。运输绩效为运输业务的预测与决策提供数据依据。运输绩效主要从人、财、物3个方面来考核，并进一步涉及运输规划的合理性以及配送时效性等。

（1）设备负荷指标。衡量运输设备的总作业量、平均作业量和单位作业量等，考察运输设备的使用情况。

（2）运输成本指标（资金绩效）。用于衡量运输成本花费的多少，主要考核总运输成本、吨千米运输成本、线路成本。

（3）人员作业指标。用于评估配送人员的工作分摊（距离、重量、车次）及其作业贡献度（配送量），以衡量配送人员的能力负荷与作业绩效；同时判断是否应增添或删减配送人员数量。主要考核的要素有人均配送量、人均配送车次、人均配送吨千米数等。

（4）配送规划指标。考核配送规划的合理程度，考核的要素有配送频率、积载率、每车次配送重量、每车次配送吨千米数等。

（5）配送时效指标。用于考核配送的时间利用情况、配送是否及时等。主要考核的要素有平均配送速度、配送时间比率、单位时间配送量、单位时间生产率等。

8.3.6 财务结算管理子系统

该子系统主要由财务会计部门使用，对外主要以仓储管理子系统产生的物品入库信息查询供应商所送来的应付款单，并据此进行付款，或由销售部门取得出货单、制作应收账款请款单并收取账款。财务结算子系统也可自动生成各种财务报表提供给运营绩效管理子系统作为调整运营政策的参考。财务结算子系统与其他子系统之间的交互关系如图8.17所示。

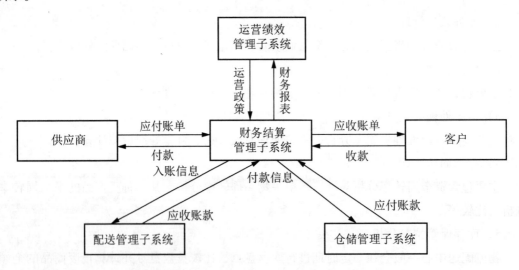

图8.17 财务结算管理子系统与其他子系统的关系

1. 应付账款管理模块

当采购商品入库后，采购信息即由采购数据库转入应付账款数据库，会计管理人员则在供货厂商开立发票及请款单时即可调用该模块，按供货厂商进行应付账款统计并做核对。账款支付后可由会计人员将付款信息录入系统，更改应付账款表中相应的内容。领导人员可使用该模块功能制作应付账款一览表、应付账款已付款统计报表等。

2. 配送费用结算

当商品配送出库后，订购数据即由订单数据库转入应收账款数据库，财务人员于结账日将应收账款按客户进行统计，并打印催款单及发票。发票的打印可以比较灵活，将统计账款总数开成一张发票，或以订单为基础开具多张发票。收到的账款可由会计人员确认并登录，作为应收账款的销项并转为会计收支系统的进项。

3. 工资管理

工资管理模块包含人事信息维护、工资统计报表管理、工资单管理。其中，从运营绩效管理子系统获得业务部门各岗位工作人员工作量统计及绩效考核信息，以此作为工资单管理和编制的依据。

4. 财务报表管理

该模块负责各类财务报表的生成和打印，包括资产负债表、损益表两大财务报表，可以查看任意账务期间的报表，可以进行跨年度报表查询。

5. 费用设置

根据业务需要定制各项费用的名称及计价方式，使得费用名称可与业务单据自由绑定。

8.3.7 系统管理子系统

1. 基本信息管理

将仓库、物品、客户、货运公司、员工、车辆等在业务中重复出现的基础信息都用一个唯一的编码标识，避免同一信息的重复录入，提高信息的准确度和共享率。

2. 用户及权限管理

为操作人员确定岗位，指定可操作的系统功能；企业员工经授权后才能成为系统的合法操作员。

3. 数据接口管理

支持对条码、GPS 等数据采集系统所采集数据的导入和转换。通过数据采集系统自动收集业务数据并导入相关业务子系统，可以实现这些自动化设备与信息系统的协同作业，大幅度提高信息处理和实际作业效率。

4. 系统设置

分企业级、操作员级等多个级别设置系统的运行参数。

5. 日志管理

记录系统中用户的所有操作过程，便于完成对系统的维护和管理。

物流配送中心运作管理

扩展性学习案例

中海北方物流有限公司的物流信息管理

中海北方物流有限公司是中海集团物流有限公司所属的八大区域物流公司之一。公司注册资金5000万元人民币,管理着东北地区18家子公司、分公司、办事处和50多个配送网点。其业务涵盖物流策划与咨询、企业整体物流管理、海运、空运、码头、集装箱场站、铁路班列运输、集卡运输、仓储配送等。

公司建有现代化的集装箱场站和码头,通过集团发达的国际、国内集装箱航线,可将货物运抵国内任意指定港口和国际各主要港口;拥有集装箱冷藏班列,独立经营着冠名为"中国海运一号"的大连—长春内外贸集装箱班列;组建了实力强大的集卡车队和配送车队,拥有配备GPS系统的集卡拖车200余辆,配送车50辆,构成了纵贯东北的陆上运输体系,可将货物运往东北任意指定地点。

公司在大连港建有10万平方米的现代化物流配送仓库,采用以条码技术为核心的信息管理系统,配有国际先进的物流仓储设备。并以大连为中心,按照统一标准在各主要城市建有二、三级配送中心,形成了辐射东北三省的梯次仓储配送格局;公司的冷藏高温仓库成为新鲜瓜果蔬菜存储、加工、包装、分拨和配送中心。

公司具有多年的物流服务经验,吸纳了国内一流的物流人才,拥有完备的物流硬件设备,具有较强的物流策划与实施能力。公司恪守"使客户满意,使客户的客户也满意"的服务宗旨,遵循"5R"原则,提供"安全、优质、便利、快捷"的整体优化服务。

主要客户有顶新集团、青岛啤酒集团、露露集团、海信电器、TCL电器、上海家化及沈阳金杯等公司。

中海北方物流公司的物流信息系统以 Intranet/Extranet/Internet 为运行平台的,以客户为中心,以提高物流效率为目的,集物流作业管理、物流行政管理、物流决策管理于一体的大型综合物流管理信息系统,由电子商务系统、物流企业管理软件、物流作业管理系统和客户服务系统组成。

(1)电子商务系统使客户通过Internet实现网上数据的实时查询和网上下单。

(2)物流企业管理系统对企业的财务、人事、办公等进行管理,对数据进行统计、分析、处理,为企业提供决策支持。

(3)物流作业管理系统则通过集成条码技术、GPS/GSM技术、GIS技术等物流技术,实现物流作业、管理、决策的信息化。

(4)客户服务系统为客户提供优质的服务。

其整体构架如图8.18所示,而实际应用流程如图8.19所示。

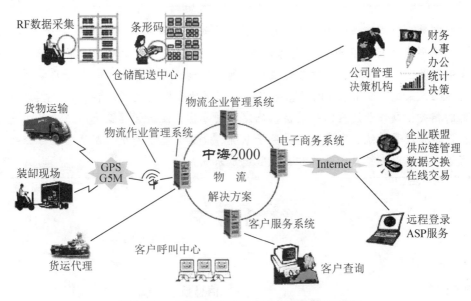

图 8.18　中海北方物流有限公司物流信息系统

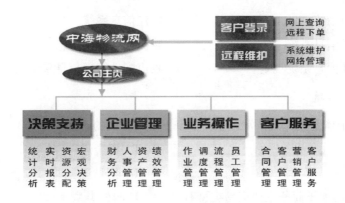

图 8.19　物流管理信息系统实际应用流程

(资料来源：中海北方物流有限公司．北方物流 [EB/OL]．(2007－10－08)．http：//www.cs1656.com)

思考题：

1. 中海北方物流有限公司的物流信息管理采用了哪些主要技术？
2. 物流信息系统对提高物流配送中心效率起到了哪些作用？

本 章 小 结

不同类型的物流配送中心，其工作流程和业务处理环节有所不同，业务规则也千差万别，但其基本功能模块是相同的。物流配送中心管理信息系统的规划与设计受以下几个因素的影响：物流配送中心的业务职能定位、物流配送中心作业流程、物流配送中心提供的业务功能及物流配送中心的组织机构与管理制度。

综合来看，物流配送中心的管理信息系统应该包含下列基本功能：对物品、设备、人员等系统要素的标准化管理，业务承接，合同管理，入库管理，理货管理，出库管理，车辆调度，货物装车，货物在途监控，到货交接，费用结算，与电子订货系统、条码系统、GPS 系统、EDI 系统的数据接口等。按照功能模块之间的相关性、其涉及的作业内容的相关性及作业流程的关联性，确定和划分物流配送管理信息系统由 7 个子系统组成：订单管理子系统、客户信息服务子系统、仓储管理子系统、配送管理子系统、绩效管理子系统、财务结算子系统和系统管理子系统。

综 合 练 习

一、名词解释

物流信息　　　　　　　　　　　　信息技术

地理信息系统　　　　　　　　　　全球定位系统

电子数据交换系统　　　　　　　　物流信息系统

物流配送管理信息系统　　　　　　物流配送管理信息系统的功能结构

物流配送管理信息系统规划　　　　物流配送管理信息系统的体系结构

二、不定项选择题

1. 对于微观个体企业，其日常运作存在以下哪几方面的"流"？（　　）

　A. 商流　　　　　　　　　　　　B. 资金流

　C. 物流　　　　　　　　　　　　D. 信息流

2. Internet 上的电子商务主要交易类型有（　　）两种类型。

　A. B2B 方式　　　　　　　　　　B. B2C 方式

　C. B2G 方式　　　　　　　　　　D. C2C 方式

3. 下述（　　）是 GIS 技术在物流配送中的主要功能。

　A. 移动车辆的电子地图显示　　　B. 报警功能

　C. 调度功能　　　　　　　　　　D. 车载导航功能

　E. 信息查询功能　　　　　　　　F. 交通智能管理

4. 下列（　　）是 GPS 系统的构成部分。

　A. GPS 卫星星座　　　　　　　　B. 地面监控系统

　C. GPS 信号接收机　　　　　　　D. 相应支撑软件

5. 伴随着物流配送中心作业方式的不同，物流配送中心管理信息系统大致经历了（　　）阶段。

　A. 人工作业时代　　　　　　　　B. 计算机化管理时代

　C. 自动化信息整合时代　　　　　D. 智能化信息整合时代

6. 下列描述中,( )属于现代化的物流配送中心管理信息系统的作用。
A. 缩短订单处理周期　　　　　　　　B. 提高仓储作业效率
C. 保证库存水平适量　　　　　　　　D. 提高运输配送效率
E. 调整需求和供给　　　　　　　　　F. 提高接收订货和发出订货的精度

三、判断题

1. 消息是由语言、文字、数字等符号组成的序列。　　　　　　　　　(　　)
2. 信息不同于消息、数据,它是消息所包含的内容,任何消息都携带着信息。
　　　　　　　　　　　　　　　　　　　　　　　　　　　　　　　(　　)
3. 物流信息产生于从生产领域到销售领域产品流动的过程,随着社会生产过程日益复杂,物流信息在产品流通过程中的地位日益突出,成为流通过程中的唯一资源。(　　)
4. 完整的电子商务的实现涉及很多方面,除了买家、卖家外,还要有银行或金融机构、政府机构、认证机构等主体的配合。　　　　　　　　　　　　　(　　)
5. 物流信息存在于物流系统当中,伴随物流系统活动而产生,反过来又指导和支持物流系统的运行。　　　　　　　　　　　　　　　　　　　　　　　(　　)

第9章　特殊货物配送

【本章知识架构】

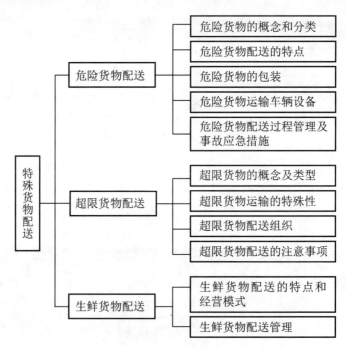

【本章教学目标与要求】

- 了解危险货物的概念和分类。
- 了解超限货物的概念、类型和运输的特殊性。
- 了解生鲜货物的配送特点和要求。
- 理解危险货物的配送特点、超限货物运输的概念、配送的组织及生鲜货物运输的特点。
- 掌握危险货物的包装、车辆设备要求和配送管理的方法。
- 掌握生鲜货物配送管理的几个环节。

云南危险品运输泄漏事故

2008年1月28日和2月11日，云南省境内连续发生3起浓硫酸运输泄漏事故。国务院安委会办公室有关负责人分析认为，这3起浓硫酸运输泄漏事故，暴露出当前危险货物运输单位安全管理松懈，危险化学品发货销售单位没有严格执行国家严禁危险化学品超装的有关规定，危险化学品道路运输安全监管存在漏洞等问题，要严防类似事故再次发生。国务院安委会办公室要求各地安监部门针对上述事故的教训，督促危险化学品生产经营单位切实落实企业安全生产主体责任；采取有效措施监督危险化学品充装单位加强管理，增强责任意识，认真落实安全生产主体责任和社会责任；建立并严格执行发货和装载的查验、登记、核准等管理制度，严禁超装超载。安全监管部门对发现有超装超载问题的危险化学品充装单位要依法给予行政处罚，对反复出现超装超载问题的危险化学品充装单位要依法暂扣安全生产许可证和危险化学品经营许可证。

（资料来源：国务院安委会．云南3起浓硫酸运输泄漏事故国安办严管危化品运输[EB/OL]．(2008-2-27)．http：//info.pf.hc360.com)

在配送过程中，货物按运送条件可划分为两大类：一是按一般配送条件运送的普通货物；另一类是须按特定配送条件运送的特殊货物，为了保证这类货物的配送安全和正常运行，它们相对于普通货物而言各有其特定的配送组织条件和防护措施。这类特殊货物包括：危险货物；超限货物；生鲜货物；集装箱货物；自轮运转货物；汽车、拖拉机、货捆和托盘货物。在本节中主要介绍前3种特殊货物。

9.1 危险货物配送

危险货物作为一种特殊的商品，在其配送过程中，相应会有许多与众不同的特殊性，特别是安全管理的重要性问题。

9.1.1 危险货物的概念和分类

1. 危险货物的概念

危险货物是指具有造成爆炸、易燃、毒害、腐蚀、放射性等性质,在运输、装卸和储存保管道程中,容易造成人身伤亡和财产损毁而需要特别防护的货物。这个概念包括3层意思。

（1）具有爆炸、易燃、毒害、腐蚀、放射性等性质。这些危险性质是能造成火灾、中毒、灼伤、辐射伤害与污染事故的基本条件。

（2）容易造成人身伤亡和财产损毁。这是指危险货物在运输、装卸和储存保管过程中,在一定外界因素作用下,比如受热、明火、摩擦、振动、撞击、洒漏及与性质相抵触物品接触等,发生化学变化所产生的危险效应,不仅使危险货物本身遭受损失,而且危及人身安全和破坏周围环境。

（3）需要特别防护。主要指必须针对各类危险货物本身的物理化学特性所采取的"特别"防护措施,如对某种爆炸品必须添加抑制剂、对有机过氧化物必须控制环境温度等,这是危险货物安全运输的先决条件。

因此,上述3项要素必须同时具备的货物方可称为危险货物。

2. 危险货物的分类

物质的理化性质决定其是否能燃烧、爆炸或产生危害性。例如,有些物质本身的原子比较活泼,能与空气中的氧在常温下进行反应,并放出热能；有些物质能与水进行反应,置换出氢气,在常温下反应也极为剧烈；有的物质有氧化性或还原性；有的在常温下是气态的物质与空气混合能形成易燃、易爆的混合气体；有的物质是液态或固态,但暴露在空气中,遇明火极易燃烧；还有的物质本身就不稳定,当受热、振动或摩擦极易分解导致危害；有的物质具有毒性和放射性等。因此,危险货物尤其是化学危险物品种类繁多,性质各异,有的还相互抵触；为了保证储运安全,方便运输,有必要根据各种危险货物的主要特性对危险货物进行分类。

另外,为适应国际贸易运输的需要,使危险货物运输在分类、标志、包装和运输条件等方面与国际接轨,我国国内铁路、公路、水路、民航等在制定或修订《危险货物运输规则》时,原则上都采用按联合国推荐的《危险货物运输》提出的危险货物分类方法所制定的国家标准 GB 6944—1986《危险货物分类和品名编号》所规定的危险货物分类,使国内各种运输方式的《危险货物运输规则》的危险货物分类得到统一。

我国于1987年7月31日颁布实施的国家标准 GB 6944—1986 将危险货物分成九类,其分类序列名称依次为：第一类,爆炸品；第二类,压缩气体和液化气体；第三类,易燃液体；第四类,易燃固体、自燃物品和遇湿易燃物品；第五类,氧化剂和有机过氧化物；第六类,毒害品和感染性物品；第七类,放射性物品；第八类,腐蚀品；第九类,其他危险物品。

因国家标准 GB 6944—1986 中的第九类适用于民航运输中的磁性物品和另行规定的物品（即指具有麻醉、毒害或其他类似件质，能造成飞行机组人员情绪烦躁或不适，以致影响飞行任务的正确执行，危害飞行安全的物品）在汽车运输中无妨碍。故在我国交通部颁发的行业标准 JT 3130—1988《汽车危险货物运输规则》中未予列入。

3. 危险货物的确认

确认某一货物是否为危险货物，是危险货物运输管理的前提，也是保证客运和普通货物运输安全的前提。仅凭危险货物的定义和危险品的分类标准来确认某一货物是否为危险货物，在具体操作上常有困难。所以，各种运输方式在确认危险货物时，都采取了列举原则。各运输方式都颁布了本运输方式的，各《危险货物运输规则》都在所附的《危险货物品名表》中收集列举了本规则范围具体的危险货物的名称。在此基础上，国家发布了国家标准 GB 12268—1990《危险货物品名表》，列举了危险货物的具体品名。据此，各运输方式结合本身的特殊性，也相继发布了各自的《危险货物品名表》。因此，危险货物必须是该运输方式《危险货物品名表》所列明的，方予确认、运输。

9.1.2　危险货物配送的特点

根据危险货物的上述特点，危险货物的配送与普通货物配送相比应具有以下基本特点。

1. 业务专营

它是指只有符合规定资质并办理相关手续的经营者才能从事道路危险货物运输经营业务。国务院及交通部对道路危险货物运输的经营者做了不同于普通货物运输经营者的特别规定。国务院发布的《危险货物安全管理条例》第二十五条规定，国家对危险货物的运输实行资质认定制度；未经资质认定，不得运输危险货物。交通部《道路危险货物运输管理规定》第十条规定，凡申请从事营业性道路危险货物运输的单位，及已取得营业性道路运输经营资格需增加危险货物运输经营项目的单位，均须按规定向当地县级道路运政管理机关提出书面申请，经地（市）级道路运政管理机关审核，符合本规定基本条件的，发给加盖道路危险货物运输专用章的《道路运输经营许对证》和《道路运输证》，方可经营道路危险货物运输。同时还规定，凡从事道路危险货物运输的单位，必须拥有能保证安全运输危险货物的相应设施设备；从事营业性道路危险货物运输的单位，必须具有 10 辆以上专用车辆的经营规模，5 年以上从事运输经营的管理经验，配有相应的专业技术管理人员，并已建立健全安全操作规程、岗位责任制、车辆设备保养维修和安全质量教育等规章制度。

2. 车辆专用

装运危险货物的车辆不同于普通货物运输的车辆，交通部发布的《危险货物运输规则》对装运危险货物的车辆技术状况和设施做了特别的规定：①车厢、底板必须平坦完好，周围栏板必须牢固，铁质底板装运易燃、易爆货物时应采取衬垫防护措施，如铺垫木板、胶合板、橡胶板等，但不得使用谷草、草片等松软易燃材料；②机动车辆排气管必须装有有效的隔热和熄灭火星的装置，电路系统应有切断总电源和隔离电火花的装置；③车辆前上方必须安置黄底黑字"危险品"字样的三角标志灯；④根据所装危险货物的性质，配备相应的消防器材和捆扎、防水、防散失等用具；⑤装运危险货物的罐（槽）应适合所装货物的性能，具有足够的强度，并应根据不同货物的需要配备泄压阀、防波板、遮阳物、压力表、液压计、导除静电等相应的安全装置，罐（槽）外部的附件应有可靠的防护设施，必须保证所装货物不发生"跑、冒、滴、漏"，并在阀门口装置积漏器；⑥应定期对装运放射性同位素的专用运输车辆、设备、搬运工具、防护用品进行放射性污染程度的检查，当污染量超过规定的允许水平时，不得继续使用；⑦装运集装箱、大型气瓶、可移动罐（槽）等的车辆，必须设置有效的紧固装置；⑧各种装卸机械、工具要有足够的安全系数，装卸易燃，易爆危险货物的机械和工具，必须有消除产生的火花的措施。

3. 人员专业

危险货物运输业是一个特殊的行业，从事道路危险货物运输的相关人员必须掌握危险货物运输的有关专业知识和技能，并做到持证上岗。《危险货物安全管理条例》规定，危险货物单位从事生产、经营、储存、运输、使用危险货物或者处置废弃危险货物活动的人员，必须接受相关法律、法规、规章和安全知识、专业技术、职业卫生防护和应急救援知识的培训，并经考核合格后，方可上岗作业。交通部门负责危险货物公路、水路运输单位及其运输工具的安全管理，对危险货物水路运输安全实施监督，负责危险货物公路、水路运输单位、驾驶人员、船员、装卸人员和押运人员的资质认定，并负责前述事项的监督检查；危险货物的装卸作业必须在装卸管理人员的现场指挥下进行。运输危险货物的驾驶员、船员、装卸人员和押运人员必须了解所运载的危险货物的性质、危害特性、包装容器的使用特性和发生意外时的应急措施。运输危险货物必须配备必要的应急处理器材和防护用品。

4. 安全运输

安全运输是危险货物运输的基点，是区别于其他普通运输的标志，当然，这并不是说其他普通运输不需要注意安全，不需要进行安全管理，而是鉴于危险货物运输的特殊性，安全管理工作对危险货物运输管理显得更为重要和关键。应当指出的是，这里所说的"安全性"有两层含义：一是在危险货物运输管理中，一定要把安全工作放在首位，一切以安全为重，一切工作都必须在安全的前提条件下进行，严格实行"安全一票否决制"；二是必须合法、规范地进行危险货物运输和管理，否则，安全就没有保证，效益也就成了"空中楼阁"，稍有不慎将会严重危及人民生命财产。

9.1.3 危险货物的包装

危险货物包装不仅为了保护产品的使用价值不受损失，而且是防止危险货物的使用价值在配送过程中间使环境受到损害的重要条件之一,所以,不少发达国家都对危险品的包装制定法规,要求对危险品按法律规定进行包装,以保障公共安全。

1. 危险货物运输包装的作用

对于一般商品来说,其包装的作用主要表现:一是保护商品,便于运输,这是包装最基本的功能;二是扩大销售,增加利润,这是商品市场竞争的必然要求;三是商品包装在一定程度厂还反映出一个国家生产力和科学技术的水平,这是一个国家综合国力和科技水平的外在表现。

危险货物的危险性主要取决于其自身的理化性质,同时也受到外界条件的影响,如温度、雨雪水、机械作用以及不同性质货物之间的影响。对于危险货物运输包装来说,除了一般的经济学、市场营销学上的意义外,还具有如下重要的作用。

（1）能够防止被包装的危险货物因接触雨雪、阳光、潮湿空气和杂质而使货物变质,或发生剧烈化学反应所造成的事故。

（2）可以减少货物在运输过程中所受到的碰撞、振动、摩擦和挤压,使危险货物在包装的保护下保持相对稳定状态,从而保证运输过程的安全。

（3）可以防止因货物洒漏、挥发及与性质相悖的货物直接接触而发生事故或污染运输设备及其他货物的事情发生。

（4）便于储运过程中的堆垛、搬动、保管,提高车辆生产率、运送速度和工作效率。

（5）可以防止放射性物质放出的射线对人体所造成的危害。

2. 危险货物运输包装的基本分类

1）按危险货物的物质种类分类

危险货物自身的理化性质客观上就决定了包装的特殊要求,各类危险货物有的可采用通用的危险货物包装,有的只能或必须采用分类物品的专用包装,所以,按危险货物的物种划分,一般可分为通用包装、爆炸品专用包装、压缩气体和液化气体（气瓶）专用包装、放射性物品包装、腐蚀性物品包装、特殊物品的专用包装。

2）按危险货物的包装材料分类

按危险货物使用的包装材料分类,一般可分为木制包装、金属制包装、纸制包装、玻璃陶瓷制包装、棉麻织品制包装、塑料制包装和编织材料包装等。

3）按危险货物的包装类型分类

按危险货物包装容器类型一般可分为桶类、箱类、袋类、筐类、包类、捆类、坛瓶类以及组合包装、复合包装、集装箱等多种。在各种包装分类方法中,以包装类型分类是最主要的分类方法。危险货物运输包装中不允许使用包类、捆类和裸露的坛瓶类,因此,危险货物按运输包装的类型分,主要可归纳为桶、箱、袋三大类。

3. 危险货物包装的要求

根据危险货物的性质和运输的特点,以及包装应起的作用,危险货物的包装必须满足以下基本要求。

1）包装所用的材质应与所装的危险货物的性质相适应

危险货物对不同材料的腐蚀作用要求相应的包装材质必须耐腐蚀。同属强酸，浓硫酸可用铁质容器，其他任何酸都不能用铁器盛装。因为75%以上的浓硫酸会使铁的表面氧化生成一层薄而结构致密的氧化物（Fe_3O_4）保护膜，阻止了浓硫酸与铁质容器的连续反应。不过不能将盛装浓硫酸的铁器敞开放置，浓硫酸会吸收空气中的水分而变稀，稀硫酸能破坏已形成的四氧化三铁，而使铁容器被腐蚀。铝可以作为硝酸、醋酸的容器，但不能盛装其他酸。氢氟酸不能使用玻璃容器。总之，危险货物包装容器与所装物品直接接触的部分，不应受该物品的化学或其他作用的影响，包装与内装物直接接触部分，必要时应有内涂层或进行相应处理，以使包装材质能适应内装物的物理、化学性质，不使包装与内装物发生化学反应而形成危险产物或削弱包装强度。

2）包装及其容器要有一定的强度

危险货物包装应有一定的强度，以保护包装内的货物不受损失。包装及容器的强度应能经受储运过程中正常的冲撞、振动、积压和摩擦。

危险货物的包装强度与货物的性质密切相关。压缩气体和液化气体处于较高的压力下，使用的是耐压钢瓶，强度极大。又因各种气体的临界温度和临界压力不同，要求钢瓶耐受的压力大小也不同。我国所用的各种气体钢瓶的耐压强度等级和钢瓶的材质、制造工艺、技术要求、检验使用、保管维修等程序和方法等均应符合《气瓶安全监察规程》的有关规定。

盛装液体货物的包装，考虑到液体货物热胀冷缩系数比固体大，液体货物的包装强度应比固体高。同是液体货物，沸点低的可能产生较高的蒸气压力；同是固体货物，比重大的在搬动时产生的动能亦大，这些都要求包装有较大的强度。

一般来说，货物性质比较危险的，发生事故危害性较大的，其包装强度要高一些。同一种危险货物，单件包装质量越大，包装强度也应越高；同一类包装运距越长、倒载次数越多，包装强度应越高。

检验包装强度的方法是根据在运输过程中可能遇到的各种情况，做各种不同的模拟试验，以检验包装构造是否合理，能否经受正常运输条件下所遇到的冲撞、挤压、摩擦等。通常包装模拟试验有气压试验，落体试验，静负荷（堆积）试验，温、湿度试验，水平冲击试验，滚动振动试验，气密水压试验等，但不是每一种包装都要做以上的各种试验，而是根据货物的性质，所用包装材质和型式选做其中几项。

3）包装的封口应与所装危险货物的性质相适应

《危险化学品安全管理条例》第四十二条第二款规定："运输危险化学品的槽罐以及其他容器必须封口严密，能够承受正常运输条件下产生的内部压力和外部压力，保证危险化学品在运输中不因温度、湿度或者压力的变化而发生任何渗（洒）漏。"

危险货物包装的封口一般来说应严密不漏，特别是挥发性强或腐蚀性强的危险货物，封口更应严密；但对有些危险货物要求封口不能太严密，甚至还要求设有通气孔。应如何封口，要根据所装货物的性质决定，大部分危险货物的包装应严密。

根据包装性能的要求，严密封口可分为气密封口（即不透气的封口）、液密封口（即不透水的封口）和牢固封门（即封门关闭的严密程度应使所装的固体物质在正常运输过程中不致漏出）3 种。

航空运输的包装封口的装置和方法还应考虑到高空与地面的气压差，以确保在高空中环境气压低于包装内气压的条件下，封口的严密性仍能达到安全运输的要求。

4）内、外包装之间应适当衬垫

运输包装有很多是组合包装，直接用于商品销售的包装称为销售包装，为了方便销售，一般件重较小，故又称为小包装。小包装不便于运输，故把若干的小包装组合起来，再包装成一个大件，称为运输包装。这样的运输包装就是一个组合包装，由外包装（又称大包装）和内包装（即销售包装）两部分组成。

危险货物的组合包装的组成还应包括外、内包装之间的衬垫材料，但危险货物的特性对衬垫材料提出了以下要求。

（1）衬垫材料应有缓冲作用。

（2）衬垫材料应有吸附作用。

（3）衬垫材料应有缓解作用。

通常使用的衬垫材料有瓦楞纸、草套、草垫、纸屑等有机物，以及气泡塑料、发泡塑料、硅藻土、蛭石、陶土、黄沙等惰性材料。

5）危险货物运输包装应能适应温度和湿度的变化

我国幅员辽阔，同一时间各地的气温相差很大，如 1 月份，哈尔滨平均气温为 -25.8℃，而广州为 9.2℃；8 月份平均最高气温昆明为 24.5℃，南京、上海为 33℃；国际运输中各地温差相距更大。温差对某些危险货物有重要的影响，运输包装必须适应这些变化。

同一时间内各地相对湿度也相差很大，如 8 月份的平均相对湿度，上海为 84%，乌鲁木齐为 44%，因此，包装的防潮措施应按相对湿度最大的地区考虑。危险货物的防潮包装有利于防止产品吸潮后变质和吸潮后起化学反应而发生事故。

包装用的防潮衬垫有塑料袋、沥青纸、铝箔纸、耐油纸、蜡纸及干燥剂等，同时一些外包装如纸箱、纸袋、木箱等也有一定的防潮性能。

6）包装的件重、规格和型式应适应运输要求

每件包装的质量和体积应符合规定，不能过重或过大，以便于搬运。较重的货件应有便于提起的提手或抓手，应有便于使用装卸机械的吊环扣或底部槽间隙：各类《危险货物运输规则》都对各品种的单件件重做了规定，一般来说危险性大的货物，单件货物要小一些，危险性小的货物，可以允许采用较大一些的包装。件重不光与危险货物的性质有关，还与各运输方式的货舱大小、形式和装卸手段有关。以铁桶为例，海运规定单件的最大容积为 450L，最大净重为 400kg。因为港口装卸有庞大的船吊、港吊、船舱是上部开门，货

物进出货舱很方便，这样的体积和质量对海运不存在什么困难。件重400kg对载重量五六十吨的货车车厢来说是可以接受的。但是，450L的大铁桶要进入火车的车厢就很困难，所以铁路运输规定，铁桶的容积不得超过220L，最大净重250kg。而航空运输则规定桶的最大容积为220L，最大净重200kg。

同样，包装的外形尺寸也应与有关的运输工具包括集装箱的容积、装载量和装卸机具相配合，以利于装卸、积载、搬运和储存。

7）包装的外表应有规定的各种包装标志

为保证危险货物运输安全，使从事危险货物运输、装卸、储存的有关人员在进行作业时提高警惕，以防发生危险，并在一旦发生事故时能及时采取正确的施救措施，危险货物运输包装必须具备国家或政府间组织规定的"危险货物包装标志"。危险货物包装标志应正确、明显和牢固、清晰。一种危险货物同时具两种以上性质的，应分别具有表明该货物主、副特性的主、副标志。一个集合包件内具有几种不同性质的货物，所有这些货物的危险性质标志都应在集合包件的表面显示出来。

为了说明货物在装卸、保管、运输、开启时应注意的事项（如易碎、禁用手钩、怕湿、向上、吊装位置等），必须同时粘贴"包装储运图示标志"。

包装的表面还必须有内装货物的正确品名（必须与托运书中所列品名一致）、货物的质量等运输识别标志，以及表明包装本身的质量等级的标志。

4. 危险货物包装分级

各种危险品包装，除了爆炸品、压缩气体和液化气体、感染性物品的包装另有专门的规定外，其余均按包装的结构强度和防护性能及内装物品危险性的大小分为3级。

（1）Ⅰ级包装：指符合各项试验要求的适用于内装具有较大危险性的危险品的包装。

（2）Ⅱ级包装：指符合各项试验要求的适用于内装具有中等危险的危险品的包装。

（3）Ⅲ级包装：指符合各项试验要求的适用于内装具有较小危险性的危险品的包装。

9.1.4　危险货物运输车辆设备

在危险货物运输中，首要一点是必须符合危险货物运输中对运输车辆的要求，应当使用专用的运输车辆。《道路危险货物运输管理规定》第六条明确规定：国家鼓励使用厢式、罐式和集装箱等专用车辆运输危险货物。目前，很多危险货物运输事故的发生，就是因为使用了不合格的运输车辆造成的，因此，在危险货物运输管理中，要特别加强对危险货物运输车辆的管理。

1. 危险货物运输对车辆的限制

由于危险货物所特有的物理、化学性质，具有一定的潜在危险性，在运输装卸过程中，对于环境、温度、湿度、振动、摩擦、冲击等因素的防范，要求非常严格，因此《汽车运输危险货物规则》中对道路危险货物运输工具做了限制。

1) 车型的限制

不准使用货车列车（经特许，具有特殊装置的大型物件运输专用车辆除外）装运危险货物。这些运输车辆在运输途中的不稳定性（如全挂汽车的拖拉车在行驶中颠簸、摆动很大）易造成货物丢失，且挂车与主车连接部位易产生火花等，容易造成火灾事故。

倾卸式车辆只准装运散装硫磺、茶饼、粗蒽、煤焦沥青等危险货物。自卸汽车在运输行驶中，其自卸装置有可能造成误操作而发生事故。因此自卸汽车除二级固体危险货物外不得装运其他危险货物。

微型拦板货车除运输民用液化气外不得运输其他危险货物。一些城市交通管理部门规定，城市道路禁止大中型货车通行，因此，微型拦板货车适宜在城市中运输小批量货物，由于车厢较小，在运输氧气、氢气等瓶装危险货物时，无法横向码放，个别运输车辆，沿车厢纵向码放，在行驶中由于紧急刹车或追尾，易造成事故，因此不得运输危险货物，只能运输民用液化气。

2) 车辆车况的限制

道路危险货物运输车辆的车况对道路危险货物运输安全和运输服务质量都是重要的环节，车况的好坏直接影响运输的安全，因此，运输危险货物车辆的车况必须达到一级车况的标准，凡不符合一级车况标准的车辆，不得运输危险货物。

2. 危险货物运输的管理要求

《道路危险货物运输管理规定》第八条规定了申请从事道路危险货物运输经营，必须具备的专用车辆及设备、从业人员及安全生产管理制度方面的条件。其中，所属专用车辆及设备应满足以下要求。

（1）自有专用车 5 辆以上。

（2）专用车辆技术性能符合国家标准《营运车辆综合性能要求和检验方法》（GB 18565—2001）的要求，车辆外廓尺寸、轴荷和质量符合国家标准《道路车辆外廓尺寸、轴荷和质量限值》（GB 1589—2004）的要求，车辆技术等级达到行业标准《营运车辆技术等级划分和评定要求》（JT/T 198—2004）规定的一级技术等级。

（3）配备有效的通信工具。

（4）有符合安全规定并与经营范围、规模相适应的停车场地，具有运输剧毒、爆炸和 I 类包装危险货物专用车辆的，还应当配备与其他设备、车辆、人员隔离的专用停车区域，并设立明显的警示标志。

（5）配备有与运输的危险货物性质相适应的安全防护、环境保护和消防设施设备。

（6）运输剧毒、爆炸、易燃、放射性危险货物的，应当具备罐式车辆或厢式车辆、专用容器，车辆应当安装行驶记录仪或定位系统。

（7）罐式专用车辆的罐体应当经质量检验部门检验合格，运输爆炸、强腐蚀性危险货物的罐式专用车辆的罐体容积不得超过 $20m^3$，运输剧毒危险货物的罐式专用车辆的罐体容积不得超过 $10m^3$，但罐式集装箱除外。

(8) 运输剧毒、爆炸、强腐蚀性危险货物的非罐式专用车辆，核定载质量不得超过10t。

9.1.5　危险货物配送过程管理及事故应急措施

由于危险货物的特殊性质和国民经济发展的要求，在进行通路危险货物配送管理时，总的方向是鼓励技术力量雄厚、设备和运输条件好的大型专业配送企业从事道路危险货物配送，鼓励实行集约化、专业化经营，鼓励使用厢式、罐式和集装箱等专用车辆运输危险货物。

1. 危险货物配送过程管理

加强对危险货物配送管理，应注意抓好以下几个方面。

（1）危险货物应当严格按照国家有关规定包装，并向配送人员说明危险货物的品名、数量、危害、应急措施等情况。需要添加抑制剂或者稳定剂的，应当按照规定添加。

（2）道路危险货物配送企业或者单位不得运输法律、法规禁止运输的货物。法律、法规规定的限运货物、凭证运输货物，道路危险货物配送企业或者单位应当按照有关规定办理相关运输许可手续。法律、法规规定必须办理有关手续后方可运输的危险货物，道路危险货物运输企业应当检查有关手续齐全有效后方可配送。

（3）危险货物配送应当采取必要措施，防止危险货物脱落、扬散、丢失、燃烧、爆炸、辐射、泄漏等。

（4）专用车辆驾驶人员应当随车携带《道路运输证》，驾驶人员、装卸管理人员和押运人员上岗时应当随身携带从业资格证。危险货物配送企业或者单位应当聘用具有相应从业资格证的驾驶人员、装卸管理人员和押运人员。在道路危险货物运输过程中，除驾驶人员外，专用车辆上应当另外配备押运人员，押运人员应当对运输全过程进行监管。

（5）危险货物的装卸作业应当在装卸管理人员的现场指挥下进行，要按《汽车运输危险货物规则》规定的包装要求进行严格检查，凡不符合规定要求的不得装运。在危险货物装卸、保管、储存过程中，应当根据危险货物的性质和保管要求，轻装轻卸，分区存放，堆码整齐。防止混杂、洒漏、破损，不得与普通货物混合存放。性质或灭火方法相抵触的危险货物严禁混装。

（6）道路危险货物配送从业人员必须熟悉有关安全生产的法规、技术标准和安全生产规章制度、安全操作规程，了解所装运危险货物的性质、危害特性、包装物或者容器的使用要求和发生意外事故时的处置措施。严格按照《汽车运输危险货物规则》（JT 617—2004）、《汽车运输、装卸危险货物作业规程》（JT 618—2004）操作，不得违章作业。道路危险货物配送企业或者单位在运输危险货物时，应当遵守有关部门关于危险货物运输线路、时间、速度等方面的有关规定。

（7）道路危险货物配送企业或者单位应当对从业人员经常进行安全、职业道德教育和业务知识、操作规程培训。道路危险货物运输企业或者单位应当加强安全生产管理，配备专职安全管理人员，制定突发事件应急预案，严格落实各项安全制度。

（8）在危险货物运输过程中发生燃烧、爆炸、污染、中毒或者被盗、丢失、流散、泄漏等事故时，驾驶人员、押运人员应当立即向当地公安部门和本单位报告，说明事故情况、危险货物品名、危害和应急措施，并在现场采取一切可能的警示措施。驾乘人员应当根据承运危险货物的性质，按规定要求，采取相应的救急措施，防止事态扩大。配送企业或者单位应当立即启动应急预案，处理发生的事故，采取措施，消除危害。凡发生人身伤亡或重大经济损失的危险货物运输事故，当地道路运政管理机关应在3天内将事故情况报告上级机关，并在30天内提出处理意见，报告上级交通主管部门，并及时通知车籍所在地道路运政管理机关。

2. 危险货物配送过程的事故应急措施

1）爆炸品

爆炸品通常有效的灭火方法是用水冷浇达到灭火目的，但不能采取窒息法或隔离法。禁止使用砂土覆盖燃烧的爆炸品，否则会导致燃烧转化为爆炸。对有毒性的爆炸品，灭火人员应戴防毒面具。

对爆炸物品洒漏物，应及时用水湿润，再洒以锯末或棉絮等松软物品收集，并保持相当湿度，报请公安部门或消防人员处理，绝对不允许将收集的洒漏物重新装入原包装内。

2）易燃液体

大部分易燃液体的密度小于水，且不溶于水，一旦发生火灾，用水扑救时因水会沉在燃烧着的液体下面，并能形成喷溅、漂流面扩大火灾；另外，易燃液体燃烧时所产生的热量较大，而其燃点又较低，很难使温度降低到其燃点以下。因此，消灭易燃液体火灾的最有效方法，是采用泡沫、二氧化碳、干粉、1211灭火器等扑救。

易燃液体一旦发生洒漏时，应及时以砂土或松软材料覆盖吸附后，集中至空旷安全处处理。覆盖时，特别要注意防止液体流入下水道、河道等地方，以防污染环境。更主要的是如果易燃液体浮在下水道或河流的水面上，其火灾隐情也很严重。

在销毁收集物时，应充分注意燃烧时所产生的有毒气体对人体的危害，必要时应戴好防毒面具。

3）易燃固体、自燃物品和遇湿易燃物品

由于本类物品性质各异，因此采取灭火的手段有所区别，分别如下。

（1）易燃固体。根据易燃固体的不同性质，可用水、砂土、泡沫、二氧化碳、干粉灭火剂来灭火。

（2）自燃物品。此类物品着火时，一般可用干粉、砂土（干燥时易爆炸的自燃物品除外）和二氧化碳灭火剂灭火。与水能发生反应的物品，如三乙基铝、铝铁溶剂等禁用水扑救。

（3）遇湿易燃物品。此类物品发生火灾时，应迅速将邻近未燃物品从火场撤离或与燃烧物进行有效隔离，用砂、干粉进行扑救。

本类货物洒漏时，可以收集起来另行包装。收集的残留物不能任意排放、抛弃。对与水反应的洒漏物处理时不能用水，但清扫后的现场可以用大量水冲刷清洗。

还应注意，对许用稳定剂的物品，残留物收集后重新包装，也应注入相应的稳定剂。

4）毒害品和感染性物品

毒害品因其种类繁多、性质各异，一旦发生火灾，必须注意以下几点：无机毒害品中的氮化镁遇水后能和水中的氢生成有毒和有腐蚀性的氨，因此，此类物品着火时，不能用水扑救，应用砂土、干粉扑救；毒害品中的氰化物遇酸性物质能生成剧毒气体氢化氰，这类物品发生火灾时，不得用酸碱灭火器扑救，可用水及砂土扑救；大部分毒害品在着火、受热或与水、酸接触时，能产生有毒和刺激性气体及烟雾，灭火人员必须根据毒害品的性质采用相应的灭火方法。在扑救火灾时，尽可能站在上风方向，并戴好防毒面具。

对毒害品的洒漏应视其具体情形进行处理：如固体货物，通常扫集后装入其他容器中交货主单位处理；液体货物，应以砂土、铝末等松软物浸润，吸附后扫集，盛入容器中交付货主单位处理；对毒害品的洒漏物不能任意乱丢或排放，以免扩大污染甚至造成不可估量的危害。

5）压缩气体和液化气体

运输中遇有火情应迅速扑救，应将未着火的气瓶迅速移至安全处；对已着火的气瓶应使用大量雾状水喷洒在气瓶上，使其降温冷却；火势尚未扩大时，可用二级化碳、干粉、泡沫等灭火器进行扑救。

运输中发现气瓶漏气时，特别是有毒气体，应迅速将气瓶移至安全处，并根据气体性质做好相应的人身防护，人站在上风处，将阀门旋紧，大部分有毒气体能溶解于水。紧急情况时，可用浸过清水的毛内捂住口鼻进行操作，若不能制止时，可将气瓶推入水中，并及时通知相关管理部门处理。

6）氧化剂和有机过氧化物

发生火灾时，对有机过氧化物、金属过氧化物不能用水扑救，因为这类物品与水反应能生成氧气而帮助燃烧，扩大火势，只能用砂土、干粉、二氧化碳灭火剂进行扑救。泡沫灭火器中的药剂是水溶液，故禁止使用泡沫灭火器扑救有机过氧化物、金属过氧化物。绝大部分氧化剂都可以用水扑救，粉状物品应用雾状水扑救。

在扑救时，要配备适当的防毒面具，以防中毒。在没有防毒面具的情况下，可将一般口罩用5%的碳酸氢钠溶液浸泡后使用，因其有效防毒时间短，必须随时更换。

在装卸过程中，由于包装不良或操作不当，造成氧化剂洒漏时，应轻轻扫起，另行包装。这些从地上扫起重新包装的氧化剂，因接触过空气或混有可燃物等杂质，为防止发生化学变化，不得同车发运，须留在洒漏处适当地方。对洒漏的少量氧化剂或残留物应清扫干净，另行处理。

7）放射性物品

发生火灾时，可用雾状水扑救，注意不要使水流以防面积过大而造成大面积污染。消防人员须穿戴防护用具，并站在上风处。

放射性物品的洒漏对环境影响的程度有很大区别，应针对不同的洒漏情况采取相应的处理方法。

剂量较小的放射性物品外层辅助包装损坏时，应及时修复，不能修复的，应换相同的外包装。调换后外包装的运输指数不得大于原来的运输指数，也不得按新包装修改相应的运输证件和运输标志。放射性矿石、矿砂洒漏时，应将洒漏物收集，并调换包装。

9.2 超限货物配送

超限货物在配送总量中所占比重不大，但由于这类货物在体积、重量上往往超过普遍车辆允许的载重量或容积，甚至超过公路、桥涵的净空间及通过能力，所以配送超限货物时的安全、质量、效率问题尤为突出，组织好超限配送具有很大意义。

9.2.1 超限货物的概念及类型

1. 超限货物运输的概念

超限货物运输是公路运输中的特定概念，指使用非常规的超重型汽车列车（车组）载运外形尺寸和重量超过常规车辆装载的规定的大型物件的公路运输。

大型物件是指符合下列条件之一的货物。

（1）货物外形尺寸长度在 24m 以上或宽度在 3.5m 以上或高度在 3m 以上的货物。

（2）重量在 20t 以上的单位货物或不可解体的成组（捆）货物。

2. 公路运输超限货物类型

根据我国公路运输主管部门的现行规定，公路运输超限货物（即大型物件，简称大件）按其外形尺寸和重量分成 4 级，见表 9-1。

超限货物重量指货物的毛重，即货物的净重加上包装和支撑材料后的总重，它是配备运输车辆的重要依据，一般以生产厂家提供的货物技术资料标明的重量为参考数据。

表 9-1 大型物件分级

级 别	重量/t	长度/m	宽度/m	高度/m
一	40～(100)	14～(20)	3.5～(4)	3～(3.5)
二	100～(180)	20～(25)	4～(4.5)	3.5～(4)
三	180～(300)	25～(40)	4.5～(5.5)	4～(5)
四	300 以上	40 以上	5.5 以上	5 以上

注：（1）括号内数表示该项参数不包括括号内的数值。

（2）货物的重量和外廓尺寸有一项达到表列参数，即为该级别的超限货物，货物同时在外廓尺寸和重量达到两种以上等级时，按高级别确定超等级。

9.2.2 超限货物运输的特殊性

与普通公路货物运输相比较,超限货物运输具有以下特殊性。

(1) 大件货物要用超重型拉车做载体,用超重型牵引车做动力。而这种超重型车组(即汽车列车)是非常规的特种车组,车组装上大件货物后,其重量和外形尺寸大大超过普通汽车列车和国际集装箱汽车列车。因此,超重型货车和牵引车都是用高强度钢材和大负荷轮胎制成的,价格昂贵,而且要求行驶平稳、安全可靠。

(2) 运载大件货物的超重型车组要求通过的道路有足够的宽度和净空,良好的道路线形,桥涵要有足够的承载能力,有时还分段封闭交通,让超重型车组单独通过。这些要求在一般道路上往往难以满足,必须事先进行勘察,运输前采取必要的工程措施,运输中采取一定的组织技术措施,以保证超重型车组顺利通过。这就牵涉到公路管理、交通管理、电信电力、绿地树木管理等管理部门,必须得到这些部门的同意、支持和配合,采取相应措施,大件货物运输才能进行。

(3) 大件货物运输必须确保安全,万无一失。许多大型设备都是涉及国家经济建设的关键设备,重中之重,稍有闪失,后果不堪设想。为此要有严密的质量保证体系,任何一个环节都要有专职人员检查,按规定要求严格执行,未经检查合格,不得运行。安全质量第一的要求既是超限、超长和超重货物运输的指导思想,也是超限、超长和超重货物运输的行动指南。

由于大件货物运输要求严、责任重,所运大件价值高、运输难度大、牵涉面广,所以受到各级政府和领导、有关部门、有关单位和企业的高度重视。

9.2.3 超限货物配送组织

依据公路超限货运运输的特殊性,其组织工作环节主要包括办理托运验道、制定运输方案、签订运输合同、线路运输工作组织以及运输结算等。

1. 理货

理货是运输企业对货物的几何形状、重量和重心位置事先进行了解,取得可靠数据和图纸资料的工作过程。通过理货工作分析,可为确定超限货物级别及运输形式、查验道路以及制定运输方案提供依据。

2. 验道

验道工作的主要内容包括:查验运输沿线全部道路的路面、路基、纵向坡度、横向坡度及弯道处的横坡坡度、道路的竖曲线半径、通道宽度及弯道半径,查验沿线桥梁涵洞、障碍,查看装卸货现场、倒载运现场,了解沿线地理环境及气候情况,根据上述查验结果预测作业时间、编制运行路线图,完成验道报告。

3. 制定运输方案

在充分研究、分析理货报告及验道报告的基础上，制定安全可靠、可行的运输方案。其主要内容包括：配备牵引车、挂车组及附件，配备动力机组及压载块，确定限定最高车速，制定运行技术措施，配备辅助车辆，制定货物装卸与捆扎加固方案，制定和验算运输方案，完成运输方案的书面文件。

4. 线路运输工作组织

线路运输工作组织包括：建立临时性的大件运输工作领导小组负责实施运输方案，执行运输合同和相应对外联系。领导小组下设行车、机务、安全、后勤生活、材料供应等工作小组及工作岗位，并健全相关工作岗位责任制，组织大型物件运输工作所需牵引车驾驶员、挂车操作员、修理工、装卸工、技术人员及安全员等，依照运输工作岗位责任及整体要求认真操作、协调工作，保证大件运输工作全面、准确完成。

5. 运输统计

运输统计是指完成公路大型物件运输工作各项技术经济指标的统计。

9.2.4 超限货物配送的注意事项

运输大件货物时，通常都要采取相应的技术措施和组织措施。鉴于大件货物的特点，装运车辆的性能和结构，货物的装载和加固技术等都有一定的特殊要求。为了保证车辆完好，保证车辆运行安全，必须满足下列基本技术条件。

（1）货物的装卸应尽可能选用适宜的装卸机械，装车时应使货物的全部支承面着地、平稳地放置在车辆底板上，以免损坏大梁。

（2）载运货物的车辆应尽可能选用大型平板车等专用车辆。除有特殊规定外，装载货物的质量不得超过车辆的核定吨位，其装载的长度、高度、宽度不能超过规定的装载界限。

（3）支重面不大的笨重货物，为使其质量能均匀地分布在车辆底板上，必须将货物安置在纵横垫木上，或相当于垫木的设备上。

（4）货物的重心应尽量置于车底板纵、横中心线交叉点的垂直线上，如无可能时，则对其横向位移应严格限制；纵向位移在任何情况下必须保证负荷较重的一端对转向架的承载重量不超过车辆设计标准。

（5）重心高度应有一定限制，重心如偏高，除应认真进行装载加固外，还应采取配重措施以降低其重心高度，同时车辆应限速行驶。

有些大件货物的质量超过普通载货车辆允许的载重量，这些货物称为笨重货物。笨重货物质量无一定标准，根据其质量在车辆底板上的分布情况，可分为下列两类。

（1）均重货物。指其质量能均匀地或接近均匀地分布在装载车辆底板上的货物。

（2）集重货物。指其质量集中于装载车辆底板上某一小部分上的货物。

大件货物载于运输车辆（尤为平板车）上运输时，比普通货物更易受到各种外力的作用，例如纵向惯性力、横向力、垂直惯性力、风力及货物支重面与车底板（或垫木）之间的摩擦力等（图9.1），这些外力综合作用往往会使货物发生水平移动、滚动甚至倾覆，因此在运输大见货物时，除应考虑它们合理装载的技术条件外，还应视货物质量、形状、大小、重心高度、车辆和道路条件、运送速度等具体情况，采用相应的加固捆绑措施。

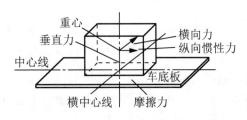

图9.1 大件货物运输时所受外力作用

在托运长大货物时，除按一般货物办理托运手续外，发货人还应向承运人提交货物说明书，必要时应附有货物外形尺小的三面视图（以"+"表示重心位置）和计划装载、加固等具体意见及要求。配送中心在办理配送时，应按有关资料对货物进行审核，指派专人观察现场道路和交通情况，研究装载和运送方案。

在特殊情况下，发货人托运长大货物前，还须报请有关部门同意，在办理准运手续后方可由配送中心起运，并按指定的路线中速（或低速）行驶。在装运超限货物时，除应仔细加以捆扎外，还应在其最长、最宽、最高部位设置安全标志，以引起来往车辆的注意，装运超限货物的车辆在运送途中必须修筑便道或改拆建筑物时，应事先解决。

9.3 生鲜货物配送

生鲜货物的物流配送备受关注的原因也是多方面的：一方面，随着零售市场竞争加剧，居民生活水平提高，人们对快速食品、生鲜半成品和冷冻食品的需求增加，要求大型零售企业设立食品加工中心和配送中心；另一方面，由于生鲜加工配送不同于常温干货配送，要求有相应保鲜条件并有不菲的投入，配送半径有限，相对经营风险较大，使得多数连锁超市一时没有贸然介入。

9.3.1 生鲜货物的特点和经营模式

1. 生鲜货物的特点

生鲜货物是超市吸引客流，提高顾客光顾频率的品类，同时也是损耗最大和消耗人力最多、销售成本较高的品类。生鲜货物具有以下特点。

（1）时令性。

（2）生活必需、价格敏感、购买频率高、消费量大。

（3）冲动购买。

（4）促销主题丰富。

（5）损耗风险大。

（6）非标准条形码。

（7）流转过程中出现的损耗是不可逆转的。

（8）只有经过盘点才能核算成本。

2. 生鲜货物配送的原则

现代物流通过系统化来实现合理化，其根本任务在于降低运费、压缩库存成本和提高服务水平。生鲜货物的特殊性决定了其在传统的物流系统服务"5R"原则基础上提出了更高的要求，可以用"5S"来表述。

（1）优质服务（Service）：重点在于降低损耗，保证"鲜活"。

（2）迅速及时（Speed）：重点在于在"鲜活"期内迅速送达。

（3）节约空间（Space Saving）：重点在于满足"鲜活"产品对于物流空间的相关要求。

（4）规模适当（Scale Optimization）：在配送范围内优化生鲜商品物流配送设施的布局，实现配送设施的合理规模及鲜活农产品配送的自动化和机械化。

（5）合理库存（Stock Control）：重点不仅在于控制鲜活农产品的库存量，而是将生鲜商品的物流纳入到供应链体系下，优化生鲜商品的供应、配送、销售结构。

衡量生鲜商品配送系统是否合理，可以依据"5R"标准，将合适的鲜活农产品以合适的方式、合适的价格、运抵正确的交货地点交给正确的收货人即为合理。

3. 生鲜货物的经营模式和配送模式

1）生鲜易腐货物的经营模式

在目前的主要业态中，生鲜货物占有一定的经营比例，主要面积比例数据见表9-2。

表9-2 主要业态生鲜货物经营面积比例

超市类型	经营面积/m²	生鲜货物经营面积
便民超市	小于1000	建议不经营
食品超市	1000~2000	30%~40%
大型超市	2000~5000	25%
超大型号超市	5000~8000	20%

由于生鲜货物的损耗和成本控制比较困难，因此具有一定的风险性，生鲜货物经营模式见表9-3。

表9-3 生鲜商品经营模式

经营模式	说 明	优 点	缺 点
加工模式	初级经营模式,生鲜商品全部由供应商供货,不设生鲜加工场地	投资少,人员配置少	卖场活力小,价格和毛利空间较小,竞争能力较弱
现场加工模式	加工区较大	现场气氛活跃,品种变化灵活,鲜度较好	加工间占地较大,设备投资较大
加工中心统一加工、配送模式	由加工中心统一加工后,配送到各门店	通过投资规模效益和标准化作业降低成本,提高商品质量,控制损耗	基础投资规模较大,冷链供应设备投资巨大,投资风险较大

2) 生鲜货物的配送模式

随着连锁规模的扩大,为了降低运作成本和提高生鲜货物的质量,连锁企业需考虑发展生鲜货物的配送中心,表9-4比较了有无生鲜货物配送中心的区别。

表9-4 有无生鲜商品配送中心比较

比较项目	无生鲜货物配送中心	有生鲜货物配送中心
供应渠道	供应商环节较多,价格缺乏竞争力	直接从产地进货,供应商环节较少
货源与价格	由于按地区采购,供应商分散,经常出现货源和价格不稳定的情况	控制采购货源和相对稳定的价格
质量与鲜美度	商品的质量和鲜度控制较为困难,难以统一管理促销	提高生鲜商品的鲜度、促进销售;同时可以组织有吸引力的促销活动,并保证货源充足
损耗	由于存储加工作业缺乏专业性,损耗较大	通过专业存储加工作业减少商品损耗
运作管理成本	由于生鲜加工的作业量大,人员需求较多,增加了商店的运作管理成本	降低商店的作业量,降低销售成本

9.3.2 生鲜货物配送管理

1. 生鲜货物的保藏

生鲜货物在整个配送中,除了一部分活的动植物因途中照料不当或车辆不适造成死亡外,还有相当一部分变质是因为发生腐烂。发生腐烂的原因对于动物性食品来说,主要是微生物的作用,由于细菌、霉菌和酵母菌在食品内的繁殖,使蛋白质和脂肪分解,变成氨、游离氮、硫化醛、硫化铜、二氧化碳等简单物质,同时产生臭气和有毒物质。此外,还使维生素受到破坏,有机酸分解,使食物腐败变质不能食用。对于植物性食物来说,腐烂原因主要是呼吸作用所致,呼吸作用是一个氧化过程,能抵抗细菌入侵,但同时也不断消耗体内的养分。随着体内各种养分的消耗,抗病性逐渐减弱,到了一定的程度,细菌就会乘虚而入，加速各种成分的分解，使水果、蔬菜很快腐烂，而水果蔬菜如被碰伤后，呼吸就会加强，也就加快了腐烂过程。

清楚了解生鲜货物腐烂变质的原因，就可以得出保藏这些货物的方法。凡能抑制微生物的滋长、减缓呼吸作用的方法，均可达到延长生鲜货物保藏时间的目的。冷藏的方法比较有效并常被采用，它的优点是能很好地保持食物原有的品质，包括色、味、香、营养物质和维生素；保藏的时间长，能大量保藏及运输。

冷藏货物大致分为冷冻货和低温货两种。冷冻货是指在冻结状态下进行运输的货物，运输温度的范围一般为 –20 ~ –10℃；低温货是指在还未冻结或货物表面有一层薄薄的冻结层的状态下进行运输的货物，一般允许的温度调整范围为 –1 ~ 16℃。货物要求低温运输的目的主要是为了维持货物的呼吸以保持货物的鲜度。

冷藏货在运输过程中为了防止货物变质需要保持一定的温度，该温度一般称作运输温度。温度的大小应根据具体的货种而定，即使是同一种货物，由于运输时间、冻结状态和货物成熟度的不同，对运输温度的要求也不一样。一些具有代表性的冷冻货和低温货的运输温度见表9-5和表9-6。

表9-5 冷冻货物的运输温度

货　　名	运输温度/℃	货　　名	运输温度/℃
鱼	–17.8 ~ –15.0	虾	–17.8 ~ –15.0
肉	–15.0 ~ –13.3	黄油	–12.2 ~ –11.1
蛋	–15.0 ~ –13.3	浓缩果汁	–20

表9-6 低温货物的运输温度

货　　名	运输温度/℃	货　　名	运输温度/℃
肉	–5 ~ –1	葡萄	+6.0 ~ +8.0
腊肠	–5 ~ –1	菠萝	+11.0 以内
黄油	–0.6 ~ +0.6	橘子	+2.0 ~ +10.0
带壳鸡蛋	–1.7 ~ +15.0	柚子	+8.0 ~ +15.0
苹果	–1.1 ~ +16.0	洋葱	–1 ~ +15.0
白兰瓜	+1.1 ~ +1.2	土豆	+3.3 ~ +15.0
梨	0 ~ +5.0		

用冷藏方法来保藏和运输生鲜货物时，温度固然是主要的条件，但湿度的高低、通风的强弱和卫生条件的好坏对货物的质量也会产生直接的影响。而且温度、湿度、通风、卫生4个条件间又有互相配合和互相矛盾的关系，只有充分了解其内部规律，妥善处理好它们相互之间的关系，才能保证生鲜货物的运输质量。

用冷藏方法来保藏生鲜货物的一个突出特点是必须连续冷藏，因为微生物活动和呼吸作用都随着温度的升高而加强，若储运中某个环节不能保证连续冷藏的条件，就可能导致货物变质。就运输环节来讲,应尽可能配备一定数量的冷藏车和保温车,尽量组织门到门的直达运输,提高运输速度,确保生鲜货物的完好。

2. 生鲜货物包装及装卸搬运

生鲜货物包装对生鲜商品在配送中的保质、保鲜、保形、方便储存、装卸、运输等方面起着重要的作用,即物流配送中心的系统构成要素均与包装有关,都会受到包装的制约,所以应根据不同类型生鲜货物的特点,通过采用优质适用的包装材料、先进的包装设备、技术和方法保障农产品尤其是鲜活农产品的运输,使其便于储存、装卸和销售。生鲜货物包装应力求轻薄化、单纯化、机械化,符合集装单元化和标准化的要求。配送中心各子系统的功能如果不均匀,配送系统的整体优化效果将会在一定程度上受到影响,如储存能力强,但运输装卸环节薄弱,大量库存生鲜货物无法及时配送,会带来巨大的经济损失;反之如运输装卸能力强,但储存力量不足,生鲜货物的质量和鲜活等特性也会受到一定的破坏,因此,在生鲜货物运输装卸方面,要合理利用机械,推广各式叉车、推广集装单元化装载、消除无效搬运,提高配送综合效果等。

3. 生鲜货物的装载

装运的生鲜货物在车或箱内需按一定要求堆垛,以在货物之间形成通风通道。通风通道的形式与货物的种类、货物的运输包装、车辆或集装箱的调温技术条件等密切相关。配送中心装运易腐货物的装载方法一般有4种,即品字形、井字形、"一二三、三二一"、筐口对装等。这些方法都是通过理论分析、试验和工程实践总结出的有效的基本方法。

1) 品字形装车法

也称棋盘式装车法,此法适用于箱装货物,和在热季要求冷却或通风,或在寒季要求加温的货物。所谓"品字形"就是把奇数层与偶数层货件交错骑缝装载使其呈品字形状,如图9.2所示。

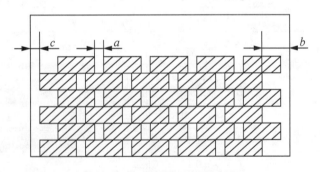

图9.2 品字形装车法示意图

注:$a = 2 \sim 3 \text{cm}$;$b = 5 \sim 7 \text{cm}$;$c = 2 \sim 3 \text{cm}$。

2) 井字形装车法

这种装载方法灵活多样,各层货物纵横交错,可按车辆有效装载尺寸和包装规格确定纵向或横向的放置件数。现举"二横三顺"的装载方式(图9.3)为例加以说明。这种装载方法的原则是:货箱侧板之间留空隙,端板之间靠紧,奇数层与奇数层、偶数层与偶数层的装法相同,奇数层与偶数层交叉堆放形成"井"字。此法的特点是,空气可在每个井字孔中上下流动，并可通过井字孔串入箱间的缝隙。同时，各层纵向直缝内的空气也能畅通无阻，因而空气的循环情况远比品字形为优，且装载也较品字形牢靠。另外，由于车内空气比较流畅，车门中间也可以装载货物，货箱在车内还可以灵活摆放，因此装载量也较大。

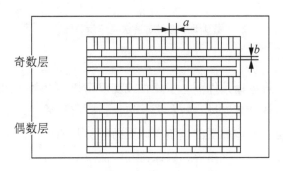

图9.3　井字形装车法示意图

注：$a = 2 \sim 3$cm；$b = 5 \sim 7$cm。

3）"一二三、三二一"装车法

这是我国铁路在冬季运输柑橘时使用较多的一种装车方法（图9.4）。用这种方法装车时，空气只能在车辆纵向的3条通风道中流通，因此空气的循环情况比前两种方法都差，但装载量可以提高，适于运输较坚实的水果和蔬菜。

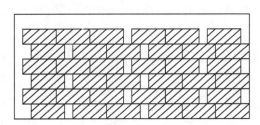

图9.4　"一二三、三二一"装车法示意图

4）筐口对装法

这种装车方式主要用于竹筐、柳条筐等包装的水果和蔬菜。由于这些筐子本身的形状及编造上的特点，装载时在货件之间能自然形成一定的间隙，故不必留出专门的通风空隙，只要适当考虑货物性质，并有意识地确定货件装载顺序就可以保证形成适当的通风道。常用的几种筐口对装法如图9.5所示。图9.5（a）的装载法能在货堆中形成2条纵向通风道，再加上延侧墙的通风道，共有4条纵向通风道，车内空气也可在上下方流通，横向货件间也有间隙，故车内空气循环较好，为装运香蕉效果最好的一种装车方法。图9.5（b）与图9.5（a）的不同之处是：货堆中无纵向通风道，故空气循环不如前者，但可多装货物，寒季装运坚实的水果蔬菜比较合适，热季运输香蕉之类货物时，不宜采用。图9.5（c）比图9.5（a）、图9.5（b）的通风条件都好，便于降低未冷却货物的温度，但对车辆容积的利用较差，可用于热季运发热量较大的水果蔬菜。

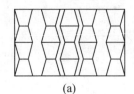 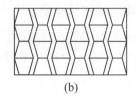 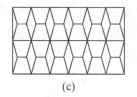

(a)　　　　　　　　(b)　　　　　　　　(c)

图9.5　筐口对装法装车示意图

4. 生鲜货物的运输

生鲜货物是指在一般运输条件下易于死亡或变质腐烂的货物，如虾、蟹类、肉类、花卉、水果、蔬菜类、沙蚕、活赤贝、鲜鱼类、植物、树苗、蚕种、蛋种、乳制品、冰冻食品、药品、血清、疫苗、人体白蛋白、胎盘球蛋白等。此种货物，一般要求在运输和保管中采取特别的措施，如冷藏、保温等，以保持其鲜活或不变质。

1）收运条件

（1）生鲜货物应具有必要的检验合格证明和卫生检疫证明，还应符合有关到达站国家关于此种货物进出口和过境的规定。

（2）托运人交运生鲜货物时，应书面提出在运输中需要注意的事项及允许的最长运输时间。

2）标签

除识别标签外，货物的外包装上还应拴挂"鲜货易腐"标签和"不可倒置"标签。

3）运输文件

（1）货运单。货运单品名栏"Natureand Quantity"应注明"PERISHABLE"字样；注明已订妥的各航段航班号/日期。

（2）其他文件。在货运单的"Handling Information"栏内注明其他文件的名称和注意事项，并将装有各种卫生检疫证明的信封钉在货运单后面，随货运单同时运输。

4）运输规则

（1）运输生鲜货物必须遵守有关国家对生鲜物品进出口、转口的运输规定，如机场能否提供冷库、清关的时间范围等，确定无误后方可承运。

（2）生鲜商品需预先订妥航班。

（3）应尽可能利用直达航班优先发运。

（4）若采用铁路或公路运输，应遵守铁路或公路鲜活货物运输规则。

扩展性学习案例

华联超市生鲜配送物流中心

1. 华联生鲜配送业务背景

建立自己的生鲜加工配送中心，它将成为有效连接生鲜供应链上、下游，改善连锁超市生鲜经营采购运作环境的重要环节。华联物流已经拥有一个生鲜配送中心,但由于其信息系统开发较早,功能、定位已经不能满足管理和业务日益增长的需求。

2. 华联生鲜中心急需解决的几个问题

(1) 生鲜货品进货问题。华联生鲜货品进货时,有的货品有外包装,有的货品无外包装,有些蔬菜是连麻袋等容器一起进来,这样收货时有的是净重,有的是毛重。原先的操作是以出为进,即出多少货,就认为是进了多少货,这样做的好处是和供应商结算方便,弊端是管理层无法对采购人员的采购质量进行考核,因为看到的数据、到门店的货品数量都是合格的,采购质量是100%合格的。

(2) 生鲜货品库存问题。生鲜货品在仓库中保存时,会发生水分蒸发、变质等自然损耗,由于原先的操作是以出为进,因此,这些损耗数据都无从查找。当这些损耗量较大或存在人为因素时,管理层也就不乐意了。

(3) 生鲜货品加工问题。一类是生鲜货品进入仓库后,需要进行简单分箱加工就可配给门店,比如说蔬菜,把这些蔬菜分成一箱一箱(每箱3千克)后就能配给门店。对于以出为进的方式,在这种加工过程中到底损耗了多少,谁也说不清楚。还有一种加工,涉及到了成本的转移,用到了配方,同样在加工过程中损耗了多少,也是一笔糊涂账。

(4) 生鲜配送中心的容器管理问题。如何能够通过系统自动计算出每天要送到每个门店各种类型的周转箱的数量数据、从门店拿回到物流的周转箱的数量数据是个比较棘手但必须解决的问题。

3. 系统的解决方案介绍

华联的生鲜配送系统包含了采购入库、加工管理、配货出库、周转箱管理、退货五大功能模块。针对华联物流的业务特点和其急需解决的问题、发展战略目标,海鼎项目组提出了如下解决方案。

在采购入库后,记录入库数量,在加工过程中,记录加工过程、拣货过程中的废弃物数量、拣货完成后进行盘点,得到最后的实际库存,就可以统计出采购质量如何、分拣损耗了多少。举例说明,采购入库数量为64千克,给门店配货出库后,实际发到门店的为50千克,分拣产生残次物12.5千克,库存0.5千克,则当日的分拣损耗为1(64−50−12.5−0.5=1)千克,采购损耗为12.5千克。如果最后的实际库存为5千克,则当日采购溢余为3.5(5−(64−50−12.5)=3.5)千克。

通过以上数据,就可以知道采购员采购的商品质量如何,分拣出库时到底产生了多少损耗,为管理提供量化的指标。

生鲜配送中的周转箱管理问题一直是比较头疼的问题。一箱蔬菜只用一个塑料箱装就可以了,一箱鸡蛋就会用到一个蛋框和4个蛋托这两种类型的周转箱,一盒绢豆腐又用不了一个塑料箱,一箱水果是用一个纸箱来装的,塑料箱、蛋框、蛋托这些周转箱要回收,纸箱不需要回收,但都要求出货时装车人员能够明确知道有哪些类型的箱子,各有几个。针对这种业务情况,系统支持用户维护货品和周转箱的使用关系、使用数量,然后根据维护好的内容在配货出库时自动计算出使用的周转箱类型、周转箱数量,根据以前送到门店的周转箱数据,系统自动计算出应回收的周转箱数据,供送货人员使用。

4. 系统运行效果

华联生鲜配送中心从2008年3月15日开始使用海鼎生鲜配送系统,进、销、存过程也由原来的以出为进变为管理库存,这样做的效果就是:提高了配送中心生鲜产品的质量控制水平,加强了采购员的采购谈判能力;在此基础上,企业就可以淘汰一些实力弱、运作不规范的中、小供应商,重建有效的生鲜采购渠道;这又有利于规范化管理,使连锁超市与供应链上游的沟通更加顺畅,商品采购供应更有保障。

(资料来源:华联超市生鲜配送物流中心. 中国冷链产业网 http://www.lenglian.org.cn/)

思考题:

1. 华联超市在生鲜商品配送过程中遇到了哪些困难?如何解决的?
2. 华联超市所使用的海鼎生鲜配送信息系统在生鲜配送管理中起到了什么作用?

本 章 小 结

本章介绍了特殊货物中的危险货物、超限货物、生鲜货物3种类型货物的配送管理,重点介绍了危险货物的概念、种类,分析了危险货物的配送特点、包装要求、车辆设备等要求,比较全面地介绍了危险货物配送的组织。还介绍了超限货物配送的组织、注意事项及生鲜货物配送的特点、要求及配送组织,以便读者对特殊货物运输工作的组织与管理有较全面的认识。

综 合 练 习

一、名词解释

危险货物 业务专营 车辆专用 安全运输 超限货物运输 超限货物重量 运输理货 托运验道 品字形装车法 井字形装车法 筐口对装法

二、判断题

1. 酒精运输属于危险品货物运输。   (   )
2. 磁性物品在汽车运输中属于危险品。   (   )
3. 装运危险货物的车辆必须是专用车辆。   (   )
4. 申请从事道路危险货物运输经营,必须拥有自有专用车2辆以上。   (   )
5. 某货物外形尺寸的高度为2.5m,那么它属于超限货物。   (   )
6. 某精密机床重量为25t,那么它属于超限货物。   (   )

7. 集重货物指其质量能均匀地或接近均匀地分布在装载车辆底板上的货物。（ ）

8. 生鲜货物在整个配送中发生腐烂的原因，对于动物性食品来说，主要是微生物的作用。（ ）

9. 冷藏货物大致分为冷冻货和低温货两种。（ ）

10. "一二三、三二一"装车法是装运香蕉效果最好的一种装车方法。（ ）

三、简答题

1. 危险货物主要包括哪几类？
2. 运输和装卸爆炸物品的安全要求是什么？
3. 危险货物的运输包装有什么作用？
4. 开展危险货物运输应具备哪些条件？
5. 怎样组织超限运输？

第10章 物流配送中心运作绩效管理

【本章知识架构】

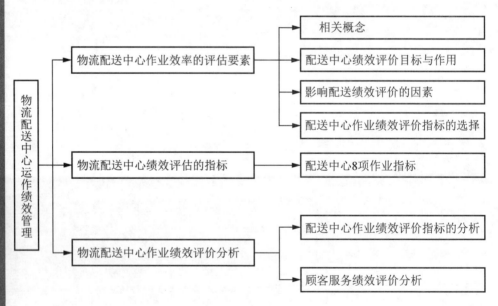

【本章教学目标与要求】
- 掌握物流配送中心作业绩效评价指标的构成。
- 掌握选择物流配送中心作业绩效评价指标的方法。
- 理解物流配送中心作业绩效评价分析。
- 掌握物流配送中心作业绩效评价与改进的方法。
- 了解物流配送中心作业绩效评价指标的变动原因与对策。

导入案例

联华便利店配送中心的绩效评估

在上海,零售业态的竞争已扩展到连锁便利店。联华便利店以每月新开60家门店的速度急剧扩张,在物流配送方面形成了巨大的需求,原来的江杨配送中心显然不能满足其需要。联华便利店与日本冈村制作所共同设计建造联华便利配送中心。两个配送中心在作业效率方面有以下区别。

江杨配送中心每天的拆零商品配送能力在1万箱左右,单店商品拆零配置时间约需4分钟,由于场地小、缺乏先进技术、人力资源浪费,人工分拣的差错率达0.6%,每天配送200多家门店。联华便利配送中心库存商品可达10万箱,每天拆零商品可达3万箱,商品周装期从原来的14天缩短到3.5天,库存积压资金大大降低;采用DPS(数字拣选系统)方式取代人工拣选,使差错率减少到0.1%,配送时间从4分钟/店压缩到1.5分钟/店,每天可配送400多家门店。配送准确率、门店满意度等都有大幅提升,降低了物流成本,为联华便利店业态的良好稳定发展奠定了坚实的基础。

开展绩效评估能正确判断配送中心的实际经营水平,提高经营能力和管理水平,从而增加配送中心的整体效益。配送中心的绩效评估是运用数量统计和运筹学方法,采用特定的指标体系,对照统一的评估标准,按照一定的程序,通过定量、定性分析,对配送中心在一定经营期间的经营效益和经营者的业绩,做出客观、公平和准确的综合判断。

(资料来源:张洪革,辽宁省交通高等专科学校《仓储与配送》精品课程。)

通过对物流配送中心作业的事前计划与控制及事后的分析与评估,衡量配送中心配送系统和配送活动全过程的投入与产出状况,通过科学的物流配送中心运作绩效管理,提高物流配送中心作业绩效。

10.1 物流配送中心作业效率的评估要素

10.1.1 相关概念

1. 绩效管理

绩效一词在英文里的含义为"表现",绩效管理顾名思义是解决让无形资产有效地创

造价值的问题，它针对的是知识、技能和人的管理。绩效管理既是企业典型的人力资源管理问题，又是企业战略管理（Strategic Management）的一个非常重要的有机组成部分。

绩效管理强调的是对过程的监控，通过对行动过程中各项指标的观察与评估，保证战略目标的实现。它不是基于目标的管理（Management By Objective，MBO），而是基于事实的管理（Management By Fact，MBF）。因此绩效管理的出现使得企业战略已不再是企业决策层少数几个人的任务，成为从CEO到每一位员工所有人的事。

2. 企业绩效评价

企业绩效评价运用数理统计和运筹学方法，采用特定的指标体系，依据统一的评价标准按照一定的程序，通过定量、定性分析，对企业在一定的经营期间内的经营效益和经营者的业绩，做出客观、公正和准确的综合判断。评价内容重点在赢利能力、资产运营水平、偿债能力和发展能力等方面。

3. 物流绩效

物流绩效通常是指物流活动中一定量的劳动消耗和劳动占用与符合社会需要的劳动成果的对比关系，即投入与产出的比较。物流活动是指运输、仓储、装卸、搬运、包装、流通加工、物流信息、配送等要素或功能的物流服务，包含物流增值服务；劳动成果是物流服务的内容、质量、水平及客户满意度。

4. 配送中心绩效

配送中心绩效指配送中心依据客户订单在组织配送运作过程中的劳动消耗和劳动占用与所创造的物流价值的对比关系，或者是配送运作过程中配送中心投入的配送资源与创造的物流价值的对比。

5. 配送中心绩效评价

配送中心绩效评价是对物流价值的事前计划与控制及事后的分析与评估，以衡量配送中心配送系统和配送活动全过程的投入与产出状况的分析技术与方法。

目前被广泛应用的绩效管理框架主要是关键业绩指标法（Key Performance Indicator，KPI）和平衡计分法（Balance Score Card，BSC）。不过在我国，尤其在我国的物流、物流相关企业运用不多。

KPI的精髓是指出企业业绩指标的设置必须与企业的战略挂钩，其"关键"两字的含义即是指在某一阶段一个企业战略上要解决的最主要的问题，例如处于超常增长状态的企业，业务迅速增长带来的企业组织结构迅速膨胀、员工队伍极力扩充、管理及技能短缺、流程及规范不健全等问题成为制约企业有效应对高增长的主要问题。解决这些问题便成为该阶段对企业具有战略意义的关键所在，绩效管理体系则相应地必须针对这些问题的解决设计管理指标。

根据赫兹伯格的"激励—保健"理论，可以把现有的KPI指数分为协调与管控、激励两类。协调与管控部分指的高层管理采用何种管理措施与部门直接互动（包括流程的严谨度、时间的分配、管理重点等），一般包括"人力资源计划/流程"、"财务管控与计划/流程"、"营运管控与计划/流程"，可以直接用考评结果衡量；而"奖励"、"机会"、"价值观与信念"属于激励部分，指的是高层管理为激发整体管理团队所采取的明确激励措施，一般不好考评。

根据我国物流企业的机构设置、物流组织定位，以及国外物流公司的最佳实践，物流绩效的管理最好以物流能力为核心，以供应链成本和最终客户满意度的灵敏性分析为基础，具体的衡量体系可以由3部分组成：供应链物流能力考核、公司物流绩效考核及物流部门绩效考核。

10.1.2 配送中心绩效评价的目标

配送中心绩效评价要达到以下几个目标。

（1）通过评价服务水平和配送成本，并与以往进行比较分析，向管理者和顾客提供绩效评估报告。

（2）应用配送系统标准体系实时对配送系统运作绩效进行控制，以此改进配送运作程序，调整运作方式。

（3）评价配送中心各业务部门和人员的工作绩效，达到激励员工、实现更优化配送运作效率的目的。

（4）评价配送中心作业绩效，了解配送中心空间、人员、设施、物品、订单、时间、成本、品质、作业规划等各个要素的状况，以便做出改进的措施。

10.1.3 配送中心绩效评价的作用

配送中心绩效评价具有以下作用。

（1）提出和追踪物流运作目标及完成情况，并进行不同层次和角度的分析和评价，实现对物流活动的事先控制。

（2）判断配送中心目标的可行性和完成程度，进而调整物流目标。

（3）提升物流绩效。

（4）是企业内部监控的有效工具和方法。

（5）分析和评估配送中心资源的素质与能力，确定物流发展战略。

10.1.4 影响配送绩效评价的因素

1. 快速响应

快速响应关系到配送中心能否及时提供满足顾客需求的配送服务的能力。时间是衡量效率最直接的因素，最能体现配送中心的整体作业能力，因此，配送中心要降低顾客从订货到收货的时间，使配送活动能在较短的时间内完成。信息技术提高了在较短的时间内完成作业和尽快交付顾客所需物品的能力，使用信息技术，配送中心把作业的重点从过去根据预测储备大量的物品，转移到根据顾客需求进行配货和送货上来。

2. 最小变异

变异是指破坏系统稳定的任何意想不到的事件，最小变异用来衡量配送活动的服务质量有无达到客户满意的水平。顾客的最大担心是害怕供应不能保证，因此配送重要的一点是必须提高对顾客供应的保障能力。配送中心应做到减少缺货次数；根据顾客的指示把货物交付到正确的地点；按时按质进行送货。

配送中心要根据顾客的要求进行配送，特别是当出现特殊情况时，按时按质送货就显得尤为重要。特别需要强调的一点是，配送中心的供应保障能力是一个科学的、合理的概念，而不是无限的概念。具体来讲如果供应保障能力过高，超过了实际的需要，就会增加成本，这也属于不合理，所以配送中心的供应保障能力是有限度的。

10.1.5　配送中心作业绩效评价指标的选择

1. 选择评价指标的原则

（1）选出的指标能反映组织整体或个别作业单位的业绩。

（2）选出的指标确实反映负责人或经理人的努力程度，同时，对于不是他所能控制的因素也应能适当显示。

（3）选出的指标要有助于问题点的分析，这样才能协助企业找到应加强改进的方向。

因此，在本书中选取的配送中心业绩评价指标既包含整体评价指标，又包含个别作业单位评价指标，同时，由各个作业切入，考查各部门人员的努力程度。

2. 配送中心作业绩效评价指标的选择

配送中心的基本作业流程由进出货、储存、盘点、订单处理、拣货、配送、采购作业及总体策划 8 个部分组成。配送中心作业绩效评价指标的选择主要依据配送中心作业效率评估的以下 8 个要素进行。

1）设施空间利用率

衡量整个配送中心空间设施是否已充分利用。

所谓设施指除人员、设备以外的一切硬件，包括办公室、休息室、仓储区、拣货区、收货区和出货区等区域空间的安排及一些消防设施等周边硬件。

所谓设施空间利用率就是针对空间利用度、有效度考虑，提高单位土地面积的使用率。要考虑货架、仓储区的储存量、每天理货场地的配货周转次数等，但是要注意在追求空间利用率时不要导致额外的搬运成本。

2）人员利用率

衡量每一个人员有无尽到自己最大的能力。对于人员作业效率的考核分析是每一个企业经营评估的重要指标。人员利用率评估主要从 3 个方面着手：①人员编制；②员工待遇；③人员效率。人员利用率考核指标说明见表10-1。

表10-1 人员利用率考核指标说明

指标名称		应用说明
人均配送量	配送量/配送人员数	评估配送人员的工作分摊（距离、重量、车次）及其作业贡献度（配送量），以衡量配送人员的能力负荷与作业绩效，确定是否增添或减少司机人手，在保证安全驾驶和成本控制之间取得平衡。 (1) 若人均配送体积重量较高，配送人员装卸货工作量较大，配送时间过长，应考虑增加配送人员来减轻负荷。 (2) 若人均配送量、人均配送重量过低，表示配送人员的工作量负荷较低，应减少配送人员或扩大业务量。 (3) 若人均配送量高，人均配送重量低，可推测虽然客户订货量很大，但多属轻负荷货品，应考虑增加每次配送装载量，或减少配送次数及人员数。 (4) 若人均配送距离过大，配送人员的配送时间较长，则不利于安全驾驶，可考虑增加配送人员或通过高速配送路线调整距离。 (5) 若人均配送量、配送距离，配送重量皆不高，但人均配送车次较高，表示针对客户即时需求的配送比例较高，应检讨服务策略，降低配送次数，若无法降低配送次数，则应考虑增加配送人员。 (6) 人均驾驶时间主要涉及安全驾驶的法规要求。
人均配送体积重量	配送总体积重量/配送人员数	
人均配送距离	配送总距离/配送人员数	
人均配送吨千米	配送总吨千米/配送人员数	
人均配送车次	配送总车次/配送人员数	
人均驾驶时间	总配送驾驶时间/配送人员数	

3）设备利用率

衡量资产设备是否发挥最大产能。配送中心的设备主要用于保管、搬运、存取、装卸、配送等物流作业活动，由于各种作业有一定的时间性，设备工时不容易计算，通常从增加预备移动时间和提高设备每单位时间内的处理量来实现提高设备利用率的目的。

4）商品、订单效率

衡量商品销售贡献是否达到预定目标。配送中心应该抓好以下几项工作。

（1）通过对配送中心的出货情况分析，提示采购人员调整水平结构。

（2）根据客户的需求，快速拆零订单。

（3）严格控制配送中心的库存，留有存货以减少缺货率；同时保证避免过多的存货造成企业资金积压、商品质量出问题等损失。

5）作业规划管理能力

衡量目前管理阶层所做的决策规划是否合适。规划是一种手法，用来拟定根据决策目标应采取的行动。规划的目的是为整个物流活动过程选择合理的作业方式、正确的行动方向。

要最佳的产出效果，规划管理人员必须先决定作业过程中最有效的资源组合，才能配合环境，设计出最好的资源方式，来执行物流运作过程中的每一环节的工作。这里面及时修正是很重要的环节。

6）时间效益率

衡量每一作业有无掌握最佳时间。缩短作业时间，一方面可使工作效率提高，另一方面可使交货期限提前。时间是衡量效率最直接的因素，最容易看出整体作业能力是否降低。例如，某段时间搬运了多少商品，平均一小时配了多少箱商品，平均每天配送了多少家门店的要货？从而很容易了解配送中心整体经营运作的优劣，促使管理人员去寻找问题的症结。

评估时间效益主要是掌握单位时间内收入、产出量、作业单元数及各作业时间比率等情况。

表10-2 配送时间效率考核指标说明

指标名称	应用说明	
季节品比率	$\dfrac{\text{本月季节品存量}}{\text{平均库存量}}$	改善对策： ① 若季节品比率很高，表示公司淡旺季配送量差距很大，在旺季增加外雇车，以节省自有车在淡季时的闲置成本。 ② 若季节品比率很低，表示公司淡旺季差别不大，此时可考虑增添自有车来提高配送效率。
配送时间比率	$\dfrac{\text{配送总时间}}{\text{配送人员数} \times \text{工作天数} \times \text{正常每天工作时数}}$	观察配送时间对配送的贡献度。 改善对策：若配送时间比率太低，说明资源利用率低。 ① 配送人员较少，以致花费较长时间配送，应增加配送人员来降低配送时间，以便更迅速地交货。 ② 配送贡献度不高。订货客户的距离较远，或出车次数太多，但出货量及营业额并无相应增加；出货量少或出货商品计量方式不合理，与时间不成比率。 ③ 配送效率时间。未能按路线分别规划配装货物，应按区域分配固定订货时间，尽量集中订货，减少零散订货量，也可提升配送效率。
单位时间配送量	$\dfrac{\text{出货量}}{\text{配送总时间}}$	观察按照出货量计算的配送时间效率
单位时间配送生产力	$\dfrac{\text{营业额}}{\text{配送总时间}}$	观察按照营业额计算的配送时间效率

7）成本率

衡量此项作业的成本费用是否合理。配送中心的物流成本是指直接或间接用于收货、储存保管、拣货配货、流通加工、信息处理和配送作业的费用的总和。

8）质量水平

衡量配送中心服务质量有无达到客户满意的水准。所谓质量不仅包括商品的质量优劣，还包括各项物流作业的特殊的质量指标，如耗损、缺货、呆滞品、维修、退货、延迟交货、事故、误差率等。

对于物流质量的管理，一方面要建立起合理的质量标准，另一方面需多加重视存货管理及作业过程的监督，尽可能避免不必要的损耗、缺货、不良率等，以降低成本，提高客户的服务质量。

维持和提高质量标准，其对策不外乎从人员、商品、机械设备和作业方法等4个方面着手。

10.2　物流配送中心绩效评估的指标

10.2.1　进出货作业

1. 进货

进货作业包括接收商品、装卸搬运、码托盘、核对该商品的数量及质量（主要是外表质量）和签单，然后将有关信息书面化等一系列工作。

2. 出货

将拣选、分拣完的商品，做好复核检查，并根据各辆卡车或配送路径将商品搬运到理货区，而后装车配送的物流活动。

3. 配送中心管理人员需研究的问题

（1）进出货作业人员的工作量安排是否合理？

（2）进出货装卸设备利用率如何？

（3）站台停车泊位利用率如何？

（4）供应商进货时间的控制如何？

（5）客户、门店要求交货的时间集中度控制如何？

4. 进出货作业效率评估指标

1）空间利用率

考核站台的使用情况，是否因数量不足或规划不佳造成拥挤或低效。

站台使用率＝进出货车次装卸货停留总时间/（站台泊位数×工作天数×每天工作时数）

若采用进出货站台分开的配送中心，则用以下方式计算。

进货站台使用率＝进货车次装卸货停留总时间/（进货站台泊位数×工作天数×每天工作时数）

出货站台使用率＝出货车次装卸货停留总时间/（出货站台泊位数×工作天数×每天工作时数）

2）站台高峰率

站台高峰率＝高峰车数/站台泊位数

若站台使用率偏高，表示站台停车泊位数量不足，而造成交通拥挤，可采取下列改善措施。

（1）增加停车泊位数。

（2）为提高效率，要做好时段管理，让进出配送中心的车辆能有序地行驶、停靠、装卸货作业。

（3）增加进出货人员，加快作业速度，减少每辆车装卸停留时间。

若站台使用率低，站台高峰率高，表示虽车辆停靠站台时间平均不高，站台停车泊位数量仍有余量，但在高峰时间进出货仍存在拥挤现象，此种情况主要是没有控制好进出货时间引起的，关键是要将进出货车辆的到达作业时间岔开，可采取以下措施。

（1）应要求供应商依照计划准时送货，及规划对客户交货的出车时间，尽量降低高峰时间的作业量。

（2）若无法与供应商或客户达成共识分散高峰期流量，则应特别安排人力在高峰时间以保持商品快速装卸搬运。

3）人员负担和时间耗用

考核进出货人员工作分配及作业速度，以及目前的进出货时间是否合理。

每人每小时处理进货量 = 进货量/（进货人员数 × 每日进货时间 × 工作天数）

每人每小时处理出货量 = 出货量/（出货人员数 × 每日出货时间 × 工作天数）

进货时间率 = 每日进货时间/每日工作时数

出货时间率 = 每日出货时间/每日工作时数

若进出货人员共用，则以上指标应将进出货量、时间合并加总。

每人每小时进出货量 = （进货量 + 出货量）/（进出货人员数 × 每日进出货时间 × 工作天数）

进出货时间率 = （每日进货时间 + 每日出货时间）/每日工作时数

若每人每小时处理进出货量高，且进出货时间率也高，表示进出货人员平均每天的负荷不轻，原因出在配送中心目前的业务量过大，可考虑增加进出货人员，以减轻每人的工作负荷。

若每人每小时处理进出货量低，但进出货时间率高，表示虽配送中心一日内的进出货时间长，但每位人员进出货负担却很轻。原因是进出货作业人员过多和商品进出货处理比较繁杂、进出货人员作业效率较低，可采取以下措施。

（1）考虑缩减进出货人员。

（2）对于工效差的问题，应随时督促、培训，同时应尽量想办法减少劳力及装卸次数（如托盘化）。

若每人每小时进出货量高，但进出货时间率低。表示上游进货和下游出货的时间可能集中于某一时段，以致作业人员必须在此段时间承受较高的作业量。可考虑平衡人员的劳动强度和避免造成车辆太多、站台泊位拥挤，采取分散进出货作业时间的措施。

4）设备移动率

评估每台进出货设备承担的工作量是否合理、达标。

每台进出货设备每天装卸量 =（出货量 + 进货量）/（装卸设备数 × 工作天数）

每台进出货设备每小时装卸量 =（出货量 + 进货量）/（装卸设备数 × 工作天数 × 每日进出货时数）

若此指标数值较低，表示设备利用率差，资产过于闲置。应采取积极开拓业务，增加进出货量，如果业务工作量不可能扩大，则考虑将部分装卸设备移至他用（出租等）。

10.2.2 储存作业

指对存货或物品做妥善保管，充分利用仓库空间，注重库存控制，减少资金占用，降低保管成本，减少积压、过期、变质物品的物流活动。

在管理方面要求善于利用仓库空间，有效利用配送中心每一平方米面积；加强存货管理，保证存货可得性，降低存货的缺货率；防止存货过多而占用资源和资金。衡量储存作业的指标主要有以下几种。

1. 设施空间利用率

储区面积率 = 储区面积/配送中心建筑面积

可使用保管面积率 = 可保管面积/储区面积

储位容积使用率 = 存货总体积/储位总容积

单位面积保管量 = 平均库存量/可保管面积

平均每品项所占储位数 = 货架储位数/总品项数

平均每品项所占储位数若能规划为 0.5 ~ 2.0，即使无明确的储位编号，也能迅速存取商品，不至于造成储存、拣货作业人员找寻困难，也不会产生同一品项库存过多的问题。

2. 库存周转率

这是考核配送中心货品库存量是否适当、经营绩效的重要指标。

库存周转率 = 出货量/平均库存量

库存周转率 = 营业额/平均库存金额

周转率越高，库存周转期越短，表示用较少的库存完成了同样的工作，使积压、占用在库存上的资金减少，也就是说，资金的使用率高，企业利润也随货品周转率的提高而增加。

通常可采取下列做法来提高库存周转率。

（1）缩减库存量，通过配送中心自行决定采购、补货的时机及存货量。

（2）建立预测系统。

（3）增加出货量。

3. 存货管理费率

库存管理费率用来衡量配送中心每单位存货的库存管理费用。

库存管理费率 = 库存管理费用/平均库存量

应对库存管理费用的内容逐一检查分析，寻找问题予以改进。一般库存管理费用包括以下几种。

（1）仓库租金。

（2）仓库管理费。用于出库验收、盘点等人事费，警卫费，仓库照明费，空调费，建筑物、设备及器具的维修费等。

（3）保险费。

（4）损耗费。变质、破损、盘损等费用。

（5）货品淘汰费用。流行商品过时、季节性商品换季等造成的费用。

（6）资金费用。货品变价损失、机会成本损失等。

例如，可采取尽可能少量、频繁的订货方式，以减少库存管理费用。

4. 呆废货品率

呆废货品率用来测定配送中心货品损耗影响资金积压的状况。

呆废货品率 = 呆废货品件数/平均库存量

呆废货品率 = 呆废货品金额/平均库存金额

改善对策有以下几条。

（1）验收时力求严格把关，防止不合格货品混入。

（2）检查储存方法、设备与养护条件，防止货品变质，特别是对货品的有效期管理更应重视。

（3）随时掌握库存水平，特别是滞销品的处置，减少呆废货品积压资金和占用库存。

10.2.3 盘点作业

进行盘点的目的是通过经常定期或不定期的盘点库存，及早发现问题，以免造成日后出货更大的损失。

在盘点作业中，以盘点过程中所发现的存货数量不符的情况作为评估重点，评价指标具体有以下几种。

1. 盘点质量

盘点数量误差率 = 盘点误差量/盘点总量

盘点品项误差率 = 盘点误差品项数/盘点实施品项数

2. 平均盘差商品的金额

平均盘差商品的金额 = 盘点误差金额/盘点误差量

10.2.4 订单处理作业

从接到客户订货开始到准备着手拣货之间的作业阶段称之为订单处理。它包括接单、客户的资料确认、存货查询、单据处理等。主要评价指标有以下几种。

1. 订单分析

通过对日均受理订单数、每订单平均订货数量和平均订货单价的分析,观察每天订单变化情况,以拟定客户管理策略及业务发展计划。

日均受理订单数 = 订单数量/工作天数

订单平均订货数量 = 出货量/订单数量

日均商品单价 = 营业额/订单数量

2. 订单延迟率

衡量交货的延迟状况。

订单延迟率 = 延迟交货订单数/订单数量

改善对策有以下几条。

(1) 找出作业瓶颈,加以解决。
(2) 研究物流系统前后作业能否相互支持或同时进行,谋求作业的均衡性。
(3) 掌握库存情况,防止缺货。
(4) 合理安排配送时间。

3. 订单货件延迟率

衡量配送中心是否实施客户重点管理,使有限的人力、物力得到有效的利用。

订单货件延迟率 = 延迟交货订单数/订单数量

应考虑实施顾客 ABC 分析,以确定客户重要性程度,采取重点管理。例如,根据订单资料,按客户的购买量占配送中心营业额的百分比做客户 ABC 分析,尽可能减少重要客户延迟交货的次数,以提高服务水平。

4. 紧急订单响应率

这是分析配送中心快速订单处理能力及紧急插单业务的需求情况。

紧急订单响应率 = 未超过 12 小时出货订单/订单数量

改善对策为制定快速作业处理流程、操作规程及快速送货计费标准。

5. 缺货率

衡量存货控制决策是否合理,是否应该调整订购点及订购量的基准。

缺货率 = 接单缺货数/出货量

改善对策为加强库存管理,登录并分析存货异常情况,掌握采购、补货时机,督促供应商送货的准时性。

6. 短缺率

短缺率 = 出货短缺数/出货量

改善对策为注重每位员工、每次作业的质量;做好每一作业环节的复核工作。

10.2.5 拣货作业

拣货作业是配送作业的中心环节，是依据顾客的订货要求或配送中心的作业计划，准确、迅速地将商品从其储位或其他区域拣取出来的作业过程，拣货时间、拣货策略及拣货的精确度影响出货品质。除极少自动化程度较高的配送中心外，大多是靠人工配合简单机械化设备的劳动力密集作业，耗费成本较多。拣货作业主要包括以下要素。

（1）每张客户订单都至少包含一项以上的商品，而将这些不同种类数量的商品从配送中心取出集中在一起，即称为拣货作业。

（2）由于拣货作业多数依靠人工配合简单机械化设备，是劳动力密集型的作业，因此，必须重视对拣货人员的负荷及效率的评估。

（3）拣货的时间及拣货的运用策略往往是接单出货时间长短最主要的决定性因素，而拣货的精确度更是影响出货质量的重要环节。

（4）拣货是配送中心最复杂的作业，其耗费成本比例不少，因此，拣货成本也是管理人员关心的重点。

拣货作业效率的评估要素包括以下几种。

1. 人均作业能力

衡量拣货的作业效率，以便找出在作业方法及管理方式上存在的问题。

人均每小时拣货品项数 = 订单总笔数/（拣货人员数×每天拣货时间×工作天数）

提升拣货效率的方法是拣货路径的合理规划；储位的合理配置；确定高效的拣货方式；拣货人员数量及工况的安排；拣货的机械化、电子化。

2. 批量拣货时间

衡量每批次平均拣货所需的时间，可供日后制定分批策略时作为参考。

批量拣货时间 =（每日拣货时数×工作天数）/拣货分批次数

批量拣货时间短，表示拣货的反应时间很快，即订单进入拣货作业系统乃至完成拣取所费的时间很短，它特别有利于处理紧急订货。

3. 每订单投入拣货成本

每订单投入拣货成本 = 拣货投入成本/订单数量

每件商品投入拣货成本 = 拣货投入成本/拣货单位累计件数

4. 拣误率

衡量拣货作业质量的指标。

拣误率 = 拣取错误笔数/订单总笔数

降低拣误率的主要措施为选择最合理的拣货方式；加强拣货人员的培训；引进条形码、拣货标签或电脑辅助拣货系统等自动化技术，以提升拣货精确度；改善现场照明度；检查拣货的速度。

10.2.6 配送作业

配送是从配送中心将商品送达客户处的活动。要研究如何有效地配送（即用适当的配送人员、适合的配送车辆及每趟车最佳运行路径来配合，以实现配送量大、装载率高）人员、车辆及配送时间、规划方式都是配送中心管理人员在配送方面应该考虑的重点问题。因配送造成的成本费用支出及因配送路途耽搁引起的交货延迟，也是必须注意的因素。配送效率主要包括以下评估指标。

1. 人均作业量

评估配送人员工作能力及作业绩效。

平均每人的配送量 = 出货量/配送人员数

平均每人的配送距离 = 配送总距离/配送人员数

平均每人的配送重量 = 配送总重量/配送人员数

平均每人的配送车次 = 配送总车次/配送人员数

2. 车辆平均作业量

衡量车辆的空间利用率。

平均每辆车的配送量 = 配送总件数/(自车数量 + 外车数量)

平均每辆车的吨千米数 = 配送总距离×配送总重量/(自车数量 + 外车数量)

平均每辆车的配送距离 = 配送总距离/(自车数量 + 外车数量)

平均每辆车的配送重量 = 配送总重量/(自车数量 + 外车数量)

3. 空驶率

衡量车辆的空间利用率。

空驶率 = 空车行驶距离/配送总距离

要减少空驶率，关键是做好回程顺载工作，可从回收物流着手，如容器的回收（啤酒瓶、牛奶瓶）、托盘、笼车、拣货周转箱的回收，原材料的再生利用（如废纸板箱）及退货处理等。

4. 车辆运行状况

配送车移动率 = 配送总车次/[(自车数量 + 外车数量)×工作天数]

平均每车次配送吨千米数 = (配送总距离×配送总重量)/配送总车次

5. 外车比率

评估外车使用数量是否合理。

外车比例 = 外车数量/(自车数量 + 外车数量)

一般使用外雇车辆的原因是为了应付季节性商品和节假日商品与平日形成的旺淡季供货状况的需求。若季节性商品比例较高，表示配送中心淡旺季的出货量的差别很大，应尽量考虑多雇用外车、减少自车的数量;若季节性商品的比例很低,表示配送中心的淡旺季出货量的差别不大,应选择使用自车来提高配送效率。

6. 配送成本

配送成本考核的指标说明见表 10-3。

表 10-3 配送成本考核指标说明

指 标	指标计算公式	应用说明
配送成本比率	自车配送成本 + 外车配送成本 / 配送总费用	配送成本包括自车配送成本及联系委托外车配送成本,而一般租车的运费计算方式包括:①以配送重量计算;②以配送量计算;③以配送车次计算;④以距离(客户点)计算;⑤以物品价值计算。可以由每吨重、每立方米配送体积、每车次、每千米距离的配送成本来探求配送总成本花费过高的原因
每吨配送成本	自车配送成本 + 外车配送成本 / 配送总重量	
每立方米配送成本	自车配送成本 + 外车配送成本 / 出货品总体积数	
每单元配送成本	自车配送成本 + 外车配送成本 / 出货品总单元数	
每车次配送成本	自车配送成本 + 外车配送成本 / 配送总车次	
每千米配送成本	自车配送成本 + 外车配送成本 / 配送总距离	
配送延迟率	配送延迟车次 / 配送总车次	掌握交货时间,尽量减少配送延迟情况,以确保公司信用度

若单独配送的配送成本偏高时,应考虑采用"共同配送"策略,以降低较远距离、较少出货量而造成的过高配送成本。

7. 配送延迟率

考核配送的准点率。

配送延迟率 = 配送延迟车次/配送总车次

往往造成配送延迟率过高的原因是车辆、设备故障,路况不佳,供应商供货延迟、缺货及拣货作业延迟。

10.2.7 采购作业

由于出货使库存量逐次减少,当库存量降到某一定点(即订货点)时,即应马上采购补充商品。采用何种订购方式、供应商信用、货品品质是进货作业应重点考虑的问题,以防进货发生延迟、短缺,造成整个后续作业的困难。采购作业效率具有以下评估指标。

1. 出货品成本占营业额比率

衡量采购成本的合理性。

出货品成本占营业额比率＝出货品采购成本/营业额

改善对策为采取"集中采购"的方式，可以因一次采购量大而获得"数量折扣"，还可以减少采购的手续费。

2. 货品采购及管理总费用

衡量采购与库存政策的合理性。

货品采购及管理总费用＝采购作业费用＋库存管理费用

改善对策为对于单价比较高的货品，其采购次数较多时费用较省；单价较低的货品，一次大量采购较为便宜。

3. 进货数量误差率、次品率和延迟率

衡量进货准确度和有效率，以配合调整安全库存。

进货数量误差率＝进货误差率/进货量

进货次品率＝进货不合格数量/进货量

进货延迟率＝延迟进货数量/进货量

10.2.8 物流配送中心经营管理综合指标

整体评估方面，重点是配送中心资产营运、财务效益、人员等的评估。

1. 配送中心评效

配送中心评效是衡量配送中单位面积（每平方米）的营业收入（产值）。

配送中心评效＝营业额（产值）/建筑物总建筑面积

2. 人员作业能力

人员作业能力是衡量配送中心的人员单产水平。

人员作业量＝出货量/配送中心总人数

人员作业能力＝营业额/配送中心总人数

改善对策为有效地利用省人化物流机械设备，减少配送中心从业人员，首先考虑削减间接人员，尤其是当直间工比率不高时。

3. 直间工比率

衡量配送中心作业人员及管理人员的比率是否合理。

直间工比率＝一线作业人数/（配送中心总人数－一线作业人数）

4. 固定资产周转率

衡量配送中心固定资产的运行绩效，评估所投资的资产是否充分发挥效用。

固定资产周转率＝产值/固定资产总额

5. 产出与投入平衡率

判断是否维持低库存量，与库存的差距多大。

产出与投入平衡率 = 出货量/进货量

产出与投入平衡率是指进出货件数的比率，而如果想以低库存作为最终目标，且不会发生缺货现象，则产出与投入平衡比率最好控制在 1 左右，实现整个目标的关键是要切实做好销售预测。

10.3 物流配送中心作业绩效评价分析

10.3.1 物流配送中心作业绩效评价指标的分析

1. 作业绩效评价分析方法

1）比较分析法

比较分析法是指对两个或几个有关的可比数据进行对比，揭示差异和矛盾。比较分析是最基本的方法，没有比较，分析就无法开始。

2）功效系数方法

功效系数法是指根据多目标规则原理，将所要考核的各项指标分别对照不同分类和分档的标准值，通过功效函数转化为可以度量计分的方法，是配送中心绩效评价的基本方法，主要用于配送中心定量指标的计算分析。

3）综合分析判断法

综合分析判断法是指综合考虑影响配送中心绩效的各种潜在的或非计量的因素，参照评议参考标准，对评议指标进行印象比较分析判断的方法，主要用于定性分析。

2. 作业绩效评价指标的分析

指标分析的步骤如下。

（1）判断数据的好坏。

（2）发现问题点。

（3）确定问题。

（4）查找原因。

（5）寻找解决方法。

3. 作业绩效评价问题的改善流程

（1）在所有问题点中决定亟待解决的问题。

（2）收集有关事实，决定改善目标。

（3）分析事实，检讨改善方法。

（4）拟订改善计划。

（5）试行改善计划。

（6）评价试行实施结果，并使之标准化。

（7）制定管理标准，执行标准。

10.3.2 顾客服务绩效评价分析

1. 配送中心服务的可得性

可得性是指当顾客需要时,能够满足顾客需求的能力。衡量可得性一般采用以下3种指标。

(1) 订货完成率。

(2) 缺货频率。

(3) 供应比率。

2. 配送中心的作业绩效

作业绩效可通过订发货周期、一致性、灵活性、故障与恢复等指标进行衡量。

3. 配送中心顾客服务的可靠性

1) 物流绩效倍增系统

物流绩效倍增系统是一个对企业现有物流条件进行一系列的改善,达到提升物流绩效的方法体系。它的核心点主要有3个:绩效、分析与检查、管理。

2) 物流绩效倍增系统的运作程序

(1) 收集日常物流配送工作各项数据资料,确定各项作业耗费的生产工时。

(2) 分析各物流工作岗位的绩效损失原因。

(3) 根据科学方法来确定每个物流配送工作岗位的标准工时。

(4) 测算物流绩效的损失状况。

(5) 消除物流绩效损失。

扩展性学习案例

烟草商业企业卷烟物流配送中心绩效评价标准

1. 范围

本标准规定了烟草行业商业企业卷烟物流配送中心绩效评价的术语和定义,结合烟草行业商业企业卷烟物流配送中心运行实际,按照国家烟草专卖局对商业企业卷烟物流配送中心的相关要求,确定了烟草商业企业卷烟物流配送中心绩效评价的方法、要求和指标体系等方面的内容。

本标准适用于烟草行业商业企业卷烟物流配送中心。

2. 评价标准引用文件

下列文件中的条款通过本标准的引用而成为本标准的条款。凡是注日期的引用文件,其随后所有的修改单(不包括勘误的内容)或修订版均不适用于本标准,然而,鼓励根据本标准达成协议的各方研究是否可使用这些文件的最新版本。凡是不注日期的引用文件，其最新版本适用于本标准。

GB/T 18354—2006　　　　物流术语

GB/T 20523—2006　　　　企业物流成本构成与计算

国烟财〔2006〕812号　　　烟草行业商业企业卷烟物流费用管理办法和核算规程

YC/Z 260—2008　　　　　烟草行业物流标准体系

YC/T 261—2008　　　　　烟草行业卷烟物流配送中心作业规范

YC/T 262—2008　　　　　烟草行业物流单证

3. 术语及定义

GB/T 18354—2006、GB/T 20523—2006、YC/T 261—2008中确立的及下列术语和定义适用于本标准。

（1）直接成本（Direct Cost）指为完成物流作业或服务而引起的直接相关的，可以从传统的成本会计中提取出来的费用，如分拣、仓储、送货及库存等方面的直接费用。

（2）间接成本（Indirect Cost）包括固定资产折旧成本、管理费用等，一般是在固定的基础上分摊的作为一种物流运作的资源分配的结果。

（3）综合成本（Total Cost）指能综合反映卷烟物流配送中心运行情况的成本，其构成的费用直接影响物流中心绩效评价。

4. 评价内容及指标体系

1）评价内容

从管理、成本、效率、服务、安全5个维度对烟草行业商业企业卷烟物流配送中心进行综合、量化的绩效评价。

（1）管理指标。从基础管理、质量管理、队伍建设等方面对卷烟物流配送中心实际运营情况进行定性评价。

（2）成本指标。成本指标主要包括直接成本、间接成本、综合成本及各成本所占的比率，是衡量物流中心整体运作的定量指标。

（3）效率指标。通过对相关指标的评价，使整个物流中心的运作流程化、标准化，减少运作中不必要的中间环节，提高效率，降低成本。

（4）服务指标。在一定的成本和满足一定工作效率的前提下，确定服务评价标准，提升客户满意度。

（5）安全指标。安全是保证物流正常运作的前提条件，通过对安全管理评价，消除安全隐患，保障人身安全和国家财产不受损失。

2）指标体系

具体指标体系详见《YC/T 304—2009附录A》。

5. 评价办法

烟草行业商业企业卷烟物流中心绩效评价标准中共设有管理、成本、效率、服务、安全 5 个一级指标；二级指标 36 个，其中管理指标 9 个，成本指标 7 个，效率指标 14 个，服务指标 4 个，安全指标 2 个。具体的评分办法如下。

评价总分值为 100 分。

一级指标权重：管理指标为 25%；成本指标为 25%；效率指标为 30%；服务指标为 10%；安全指标为 10%。

二级指标标准分值和得分标准详见《YC/T 304—2009 附录 A》。各考评单位在实际考评时也可按照本标准第六部分内容进行修正。

每个二级指标的得分值相加，得到该卷烟物流配送中心的实际绩效评价得分。

6. 实施保证

（1）各省、市烟草专卖局（公司）设立烟草行业商业企业卷烟物流配送中心绩效考评组织，并建立和完善相应的考评制度和评价规则。

（2）以真实发生的数据为基础进行评价，并按要求保存、上报。

（3）在保证总分值不变的前提下，二级指标分值可进行适当调整，但不得超过标准分值的 ±20%。

思考题：

1. 该烟草商业企业卷烟物流配送中心绩效评价标准对制定配送中心绩效指标体系和考核标准有何启发？

2. 如何制定配送中心的绩效管理体系？

本章小结

配送中心作业绩效评价指标的选择主要依据配送中心作业效率评估的 8 个要素，即设施空间利用率、人员利用率、设备利用率、商品订单效率、作业规划管理能力、时间效益率、成本率、质量水平。

物流配送中心绩效评估指标主要按照配送中心的基本作业流程，分为进出货、储存、盘点、订单处理、拣货、配送、采购作业及总体策划等 8 个部分。

作业绩效评价分析方法主要有比较分析法、功效系数方法和综合分析判断法。

综合练习

一、名词解释

配送中心绩效　配送中心绩效评价　快速响应　最小变异　设施空间利用率

二、判断题

1. 绩效管理强调的是对过程的监控。　　　　　　　　　　　　　　　　（　　）

2. 配送中心绩效评价主要是对事后的分析与评估。   (   )
3. 设备利用率主要是衡量资产设备有无发挥最大产能。   (   )
4. 质量水平主要是衡量配送中心服务质量是否达到企业规定的水准。   (   )
5. 空间利用率主要是考核站台是否因数量不足或规划不佳造成拥挤或低效。(   )
6. 储存作业要求善于利用仓库空间，有效利用配送中心每一平方米面积。 (   )
7. 库存周转率越高，表示用较少的库存完成了同样的工作，使积压、占用在库存上的资金减少。   (   )
8. 呆废货品率主要是由于验收时把关不严造成的。   (   )
9. 盘点的目的是通过经常定期或不定期地盘点库存，掌握库存的数量和品种。
                                                                (   )
10. 拣货是配送中心中最简单的作业。   (   )

三、简答题

1. 简述配送中心绩效评价的目标。
2. 简述配送中心绩效评价的作用。
3. 选择评价指标的原则有哪些？
4. 简述配送中心作业绩效评价的8个指标。
5. 简述紧急订单响应率。

参考文献

[1] 丁立言. 物流配送 [M]. 北京：清华大学出版社，2002.

[2] 刘昌祺. 物流配送中心管理技术 [M]. 北京：中国物资出版社，2002.

[3] 储雪俭. 物流配送中心与仓储管理 [M]. 北京：电子工业出版社，2006.

[4] 李玉民. 配送中心运营管理 [M]. 北京：电子工业出版社，2007.

[5] 孙宏岭. 连锁经营企业的物流效率及效益 [M]. 北京：中国物资出版社，2005.

[6] 韩晓莉. 连锁经营与物流配送中心建设 [J]. 商业研究，2002（6）.

[7] 刘庆元. 中国物流配送中心的发展策略 [J]. 中国商贸，2001（14）.

[8] 文龙光，单山鸣. 连锁经营与物流配送 [J]. 经济师，2003（2）.

[9] 张硕慧. 水上危险品安全运输管理 [M]. 大连：大连海事大学出版社，2003.

[10] 金戈. 运输管理 [M]. 南京：东南大学出版社，2006.

[11] 周广亮. 道路交通物流运输管理 [M]. 郑州：郑州大学出版社，2006.

[12] 刘敏文，范贵根，薛民. 危险货物运输包装防护 [M]. 北京：人民交通出版社，2006.

[13] 国家安全生产监督管理总局宣传教育中心. 危险货物装卸押运人员培训教材 [M]. 北京：冶金工业出版社，2006.

[14] 邵举平. 物流管理信息系统 [M]. 北京：清华大学出版社，北京交通大学出版社，2005.

[15] 刘凯. 现代物流技术基础 [M]. 武汉：华中科技大学出版社，2007.

[16] 崔介何. 物流学概论 [M]. 4版. 北京：北京大学出版社，2004.

[17] 贾争现，刘康. 物流配送中心规划与设计 [M]. 北京：机械工业出版社，2004.

[18] 翁心刚. 物流管理基础 [M]. 3版. 北京：中国物资出版社，2009.

[19] 刘斌. 物流配送运营与管理 [M]. 2版. 北京：立信会计出版社，2006.

[20] 杨泽涛，龙子泉. 基于VMI的物流配送中心信息系统的规划与设计 [J]. 物流技术，2002（9）.

[21] 周研波. 第三方物流配送信息系统的研究与实现 [D]. 中国优秀硕士学位论文全文数据库，2006.

[22] 刘向红，马国忠. 通用型物流配送中心信息系统设计 [J]. 铁道运输与经济，2006（11）.

[23] 李玉民. 配送中心运营管理 [M]. 北京：电子工业出版社，2007.

[24] http://www.wal-martchina.com.

[25] http://www.cs1656.com.

[26] 杜庭刚，张淑芳. 配送中心运营管理 [M]. 北京：中国物资出版社，2006.

[27] 徐贤浩. 物流配送中心规划与运作管理 [M]. 武汉：华中科技大学出版社，2007.

[28] 冯耕中. 物流配送中心规划与设计 [M]. 西安: 西安交通大学出版社, 2004.

[29] 张文杰, 张可明. 物流系统分析 [M]. 北京: 高等教育出版社, 2008.

[30] 胡燕祝, 吕宏义. 物流配送中心的规划与管理 [J]. 包装工程, 2007 (5).

[31] 俞明艳. 物流配送中心选址规划研究 [D]. 中国优秀硕士学位论文全文数据库, 2005.

[32] 张席洲, 尹石磊. 物流配送中心规模设计方法研究 [J]. 铁道运输与经济, 2006 (6).

[33] 张景. 基于AHP及混合整数规划法的配送中心选址 [J]. 浙江交通职业技术学院学报, 2009 (2).

[34] 李日保. 现代物流信息化 [M]. 北京: 经济管理出版社, 2005.

[35] http://www.tobacco.gov.cn.

[36] http://www.56856.cn/news/1891.htm.

[37] 常红, 孟初阳. 物流机械 [M]. 北京: 人民交通出版社, 2003.

[38] 王国华. 现代物流技术与装备 [M]. 北京: 中国铁道出版社, 2004.

[39] 邓爱民. 物流设备与运用 [M]. 北京: 人民交通出版社, 2009.

[40] 姜大立, 张剑芳, 王丰, 杨西龙. 现代物流装备 [M]. 北京: 首都经济贸易大学出版社, 2008.

[41] 魏国辰. 物流机械设备运用与管理 [M]. 北京: 中国物资出版社, 2007.

[42] 田奇. 仓储物流机械与设备 [M]. 北京: 机械工业出版社, 2008.

[43] 张念. 仓储与配送管理 [M]. 大连: 东北财经大学出版社, 2008.

[44] 陈修齐. 物流配送管理 [M]. 北京: 电子工业出版社, 2004.

[45] 张念. 仓储与配送管理 [M]. 大连: 东北财经大学出版社, 2004.

[46] 赵家俊, 于宝琴. 现代物流配送管理 [M]. 北京: 北京大学出版社, 2004.

[47] [意] 斯伯伦萨, [瑞士] 斯泰伯利. 配送物流新趋势 [M]. 北京: 清华大学出版社, 2003.

[48] 李永生, 郑文岭. 仓储与配送管理 [M]. 北京: 机械工业出版社, 2009.

[49] 刘俐. 现代仓储管理与配送中心运营 [M]. 北京: 北京大学出版社, 2008.

[50] 许胜余. 物流配送中心管理 [M]. 成都: 四川人民出版社, 2008.

[51] 尹立新. 物流与配送实务 [M]. 北京: 人民邮电出版社, 2007.

[52] 张洪革. 仓储与配送 [M]. 北京: 中国劳动社会保障出版社, 2006.

[53] 黄世秀. 配送中心运作与管理 [M]. 重庆: 重庆大学出版社, 2006.

[54] 朱占峰. 配送中心管理实务 [M]. 武汉: 武汉理工大学出版社, 2008.

21世纪全国高等院校物流专业创新型应用人才培养规划教材

序号	书名	书号	编著者	定价	序号	书名	书号	编著者	定价
1	物流工程	7-301-15045-0	林丽华 刘占峰	30.00	30	交通运输工程学	7-301-19405-8	于 英	43.00
2	现代物流决策技术	7-301-15868-5	王道平 王 煦	30.00	31	国际物流管理	7-301-19431-7	柴庆春	40.00
3	物流管理信息系统	7-301-16564-5	杜彦华 吴秀丽	33.00	32	商品检验与质量认证	7-301-10563-4	陈红丽 缪 瑞	32.00
4	物流信息管理	7-301-16699-4	王汉新	38.00	33	供应链管理	7-301-19734-9	刘永胜 杜志平	49.00
5	现代物流学	7-301-16662-8	吴 健	42.00	34	逆向物流	7-301-19809-4	甘卫华	33.00
6	物流英语	7-301-16807-3	阚功俭	28.00	35	供应链设计理论与方法	7-301-20018-6	王道平 李 淼	32.00
7	第三方物流	7-301-16663-5	张旭辉 杨勇攀	35.00	36	物流管理概论	7-301-20095-7	李传荣	44.00
8	物流运作管理	7-301-16913-1	董千里	28.00	37	供应链管理	7-301-20094-0	高举红	38.00
9	采购管理与库存控制	7-301-16921-6	张 浩	30.00	38	企业物流管理	7-301-20818-2	孔继利	45.00
10	物流管理基础	7-301-16906-3	李蔚田	36.00	39	物流项目管理	7-301-20851-9	王道平 李建立	30.00
11	供应链管理	7-301-16714-4	曹翠珍	40.00	40	供应链管理	7-301-20901-1	王道平 杨 岑	35.00
12	物流技术装备	7-301-16808-0	于 英	38.00	41	现代仓储管理与实务	7-301-21043-7	周兴建 张北平	45.00
13	现代物流信息技术	7-301-16049-7	王道平 周 叶	30.00	42	物流学概论	7-301-21098-7	李 创 王丽萍	44.00
14	现代物流仿真技术	7-301-17571-2	王道平 张学龙	34.00	43	航空物流管理	7-301-21118-2	刘元洪	32.00
15	物流信息系统应用实例教程	7-301-17581-1	徐 琪	32.00	44	物流管理实验教程	7-301-21094-9	李晓龙	25.00
16	物流项目招投标管理	7-301-17615-3	孟祥茹	30.00	45	物流系统仿真案例	7-301-21072-7	赵 宁	25.00
17	物流运筹学实用教程	7-301-17610-8	赵丽君 马建华	33.00	46	物流与供应链金融	7-301-21135-9	李向文 冯茹梅	30.00
18	现代物流基础	7-301-17611-5	王 侃	37.00	47	物流信息系统	7-301-20989-9	王道平 关忠兴	28.00
19	现代企业物流管理实用教程	7-301-17612-2	乔志强 程宪春	40.00	48	物料学	7-301-17476-0	肖生苓 孙术发	44.00
20	现代物流管理学	7-301-17672-6	丁小龙	42.00	49	智能物流	7-301-22036-8	李蔚田 神会存	45.00
21	物流运筹学	7-301-17674-0	郝 海 熊德国	36.00	50	物流项目管理	7-301-21676-7	张旭辉 孙 晖	38.00
22	供应链库存管理与控制	7-301-17929-1	王道平 侯美玲	28.00	51	新物流概论	7-301-22114-3	李向文 冯茹梅	34.00
23	物流信息系统	7-301-18500-1	修桂华 姜 颖	32.00	52	物流决策技术	7-301-21965-2	王道平 程肖冰	38.00
24	城市物流	7-301-18523-0	张 潜 吴汉波	24.00	53	物流系统优化建模与求解	7-301-22115-0	李向文	32.00
25	营销物流管理	7-301-18658-9	李学工 王学军	45.00	54	集装箱运输实务	7-301-16644-4	孙家庆	34.00
26	物流信息技术概论	7-301-18670-1	张 磊 吴 忠	28.00	55	库存管理	7-301-22389-5	张旭凤	25.00
27	物流配送中心运作管理	7-301-18671-8	陈 虎	40.00	56	运输组织学	7-301-22744-2	王小霞	30.00
28	物流项目管理	7-301-18801-9	周晓晔	35.00	57	物流金融	7-301-22699-5	李蔚田	39.00
29	物流工程与管理	7-301-18960-3	高举红	39.00					

相关教学资源如电子课件、电子教材、习题答案等可以登录 www.pup6.com 下载或在线阅读。

扑六知识网(www.pup6.com)有海量的相关教学资源和电子教材供阅读及下载(包括北京大学出版社第六事业部的相关资源),同时欢迎您将教学课件、视频、教案、素材、习题、试卷、辅导材料、课改成果、设计作品、论文等教学资源上传到 pup6.com,与全国高校师生分享您的教学成就与经验,并可自由设定价格,知识也能创造财富。具体情况请登录网站查询。

如您需要免费纸质样书用于教学,欢迎登录第六事业部门户网(www.pup6.com)填表申请,并欢迎在线登记选题以到北京大学出版社来出版您的大作,也可下载相关表格填写后发到我们的邮箱,我们将及时与您取得联系并做好全方位的服务。

扑六知识网将打造成全国最大的教育资源共享平台,欢迎您的加入——让知识有价值,让教学无界限,让学习更轻松。

联系方式: 010-62750667、dreamliu3742@163.com、lihu80@163.com,欢迎来电来信咨询。